|高职高专经济与管理校企合作系列教材|

# 人力资源管理实务

**高职高专经济与管理校企合作系列教材编委会**

顾　　问　樊行健（西南财经大学原副校长、博士生导师、会计学教授）

主　　任　王媚莎

副 主 任　程忠国　谢宗云

编　　委　李越恒　李立新　阚文婷　覃常员

　　　　　邱漠河　李佩珍（企业）　戴玉林（企业）

**本书编委会**

主　　编　阚文婷

副 主 编　沈华艳　罗亮梅　孙伶俐

参编人员　袁　航　窦　涛　刘　静　陈志清

·广州·

## 内容提要

本教材是一部校企合作开发教材,也是一本融理论与实践应用为一体的人力资源管理综合性教材。

本教材共分9个项目,分别是:初识人力资源管理、工作分析与工作设计实务、人力资源管理规划实务、员工招聘与配置实务、员工培训与开发实务、绩效管理实务、薪酬管理实务、劳动关系管理实务和职业生涯规划与管理实务。

本教材可用作高职院校人力资源管理、工商企业管理等专业的人力资源管理课程的教材,也可作为本科院校管理类专业学生学习人力资源管理的实操指导教材,同时还可以作为社会各企事业单位从事人力资源管理工作的相关人员的实际操作指引。

## 图书在版编目(CIP)数据

人力资源管理实务/阚文婷主编. —广州:广东高等教育出版社,2021.6
(高职高专经济与管理校企合作系列教材)
ISBN 978-7-5361-7038-4

Ⅰ. ①人… Ⅱ. ①阚… Ⅲ. ①人力资源管理-高等职业教育-教材 Ⅳ. ①F243

中国版本图书馆 CIP 数据核字(2021)第 103207 号

RENLI ZIYUAN GUANLI SHIWU

| 出版发行 | 广东高等教育出版社 |
|---|---|
| | 社址:广州市天河区林和西横路 |
| | 邮编:510500　营销电话:(020)87554152　38493773 |
| | http://www.gdgjs.com.cn |
| 印　刷 | 广州市穗彩印务有限公司 |
| 开　本 | 787毫米×1 092毫米　1/16 |
| 印　张 | 18.5 |
| 字　数 | 474千 |
| 版　次 | 2021年8月第1版 |
| 印　次 | 2021年8月第1次印刷 |
| 定　价 | 47.00元 |

(版权所有,翻印必究)

# 总　序

我国经济发展从"低端制造"向"精品制造"转型升级的关键是大力发展高等职业教育，高职院校已成为高素质产业大军的重要培养基地，成为契合产业升级、发展经济的中坚力量。但据国家统计局公布的统计数据，我国当今技能劳动者仅占就业人员的19%，高技能人才的数量不足5%，高职院校肩负着为社会输送高端技能型人才历史重任。我国自1999年大规模创办高等职业教育以来，教育部先后出台了一系列重要文件，对高职教育改革发展及人才培养等方面提出了明确的要求。

我国高职教育起步晚、基础弱，需要学习、借鉴、创新与改革，教材改革是高职教育改革重要的组成部分，教材作为体现高职教育特色的知识载体和教学工具，直接关系到高职院校能否培养出符合当今社会要求的高端技能型人才。

为适应我国经济发展和就业形势的需要，我们联合广东及兄弟省份二十余所高职院校经管类专业教师共同筹划出版经济与管理系列教材。为编写本套系列教材，我们成立了由经管类行业企业专家、企业管理人员、高职院校经管类专业教师组成的教材编委会。在组编教材过程中，我们做了大量的前期工作，如认真研读教育部关于高职教育改革文件，领会主要精神；深入调研，了解社会与企业对经管类专业人才的需求与要求；分析当前教材编写存在的问题，总结经验，构建教材编写思路等。

本套经管类系列教材涵盖财务会计、工商企业管理、市场营销、金融管理、投资理财、物流管理、电子商务、连锁经营等十多个专业，涉及经管类专业主干课程所需要的教材30余部，统一编写体例、分期分批推进出版。总体来看，本套教材具有以下特点：

1. 理论与实践并重，突出能力培养

现代高职教育要求理论教学与实践教学并举，重视实践教学，突出能力培养，要求学生做到既要具有一定的理论基础，同时，也要具备一定的实践操作能力。因此，我们在设计教材内容时，应尽可能做到理论知识内容完整、够用，同时，通过一定数量的项目实训，训练同学们运用有关理论解决实际问题。提高同学们发现问题、分析问题与解决问题的能力。以基于工作岗位、工作任务、行动导向为基本出发点，"教学做"一体化，理论与实践并重，突出能力培养。

2. 教材体例符合高职教育规律

本套教材编写体例基本上是按照能力与知识目标要求、情景案例导入、相关知识链接、项目操作与实训等逻辑顺序安排教材内容。课程项目化，项目任务化，在教材体例及行文逻辑方面，注重符合条理性强、思路清晰且缜密的要求。同时，教材中植入了大量与专业课程相关的案例、事例或情景，包括导入式、说明式、启发式、分析讨论式等各种案例、事例或情景，以培养学生运用知识的能力。

3. 行业、企业与学校三方联合，共同开发

编写本套系列教材，我们成立了由经管类行业企业专家、企业管理人员、高职院校经管类专业教师组成的教材编委会。行业企业专家和企业管理人员参与教材的指导及讨论工作，在反复调研、分析与讨论的基础上，构建教材内容与编写体例，力求教材理论与实训内容切合实际需要，力求反映高职教育教学规律。

4. 教材内容与职业技能鉴定内容对接，与职业资格证书考试对接

在编写本套教材时，主编及参编人员认真研读相应专业的职业技能鉴定及职业从业资格考试的内容与要求，设计教材内容，使教材内容与职业技能鉴定内容对接，与职业资格证书考试对接，学好课程知识，为以后参加相应职业资格考试和实现高质量就业，带来相应帮助。

5. 反映专业领域新发展

经管类专业知识更新换代快，客观要求我们要及时更新教学内容。一方面，我们密切关注专业领域最新动态与成果；另一方面，我们认真研究同类教材，汲取其科学合理的成分，坚持创新与汲取相结合的原则。根据专业实际，在教材内容安排上，适当融入新理论、新思想、新方法、新技术，反映专业领域的新成果与新发展。

本套经管类系列教材在一定程度上体现了以培养高等技术应用性专门人才为根本任务，以适应社会需要为目标，以培养技术应用能力为主线，以服务为宗旨，以就业为导向，工学结合，校企结合，适应经济和社会发展需要，突出实践能力培养等高职教育教学改革要求与精神，具有一定的特色。该系列教材既可作为普通高等院校经管类专业教材，也可作为高等职业院校和中职学校相应专业教材，企业管理人员也可根据需要选用本系列教材作为学习与培训参考用书。

本套系列教材的出版，是广东及兄弟省份众多院校合作交流的成果，教材的编写得到20多所高等职业院校的学校领导及二级学院领导、经管类专业带头人及骨干教师的支持和参与。行业企业专家参与教材的指导、讨论，并负责教材部分内容的撰写。教育部高职高专教指委、广东省众多行业协会、广东高等教育出版社等单位领导，对教材规划与编写提出了许多宝贵意见。我们教材编委会对大家的辛勤付出表示诚挚的谢意。

由于编写时间仓促，编著者学识、眼界及经验存在局限性，书中疏漏在所难免，敬请同行、专家和广大读者批评指正。

高职高专经济与管理校企合作系列教材编委会
2015年12月

# 前 言

在当今的知识经济时代,人力资源已成为企业最重要的生产要素与最宝贵的资源,其在企业中的核心地位得到了国际社会前所未有的认可,使得企业越来越重视人力资源管理。因此,培养具备一定的人力资源管理理论知识和人力资源管理业务处理能力的技能型应用人才,是当前社会和企业迫切需要的。

本教材是一部校企合作开发教材,也是一本融理论与实践应用为一体的人力资源管理综合性教材。在借鉴国内外人力资源管理教材的知识体系和内容结构的基础上,本教材力求做到体系完整、重点突出,并着力从我国高职教育特点及企业人力资源管理人员的实际需求出发,注重结合企业人力资源管理岗位对人才的需求,通过学习人力资源管理的基本理论知识以及训练基本技能,全面系统地提高学生人力资源管理的实践能力和应用能力。

本教材共分9个项目,分别是:初识人力资源管理、工作分析与工作设计实务、人力资源管理规划实务、员工招聘与配置实务、员工培训与开发实务、绩效管理实务、薪酬管理实务、劳动关系管理实务和职业生涯规划与管理实务。这9个项目涵盖了企业人力资源管理工作所需要掌握的主要知识和技能,每一个项目由理实基础、操作示例、实训演练三部分构成。理实基础包括理论基础和实训基础,主要涉及人力资源管理的基础知识,理论基础部分严格遵循以"必需、够用"为度,重点介绍实训基础;操作示例部分设计了一系列人力资源管理的具体操作示例,为教学创造一个相对真实的企业人力资源管理环境;实训演练部分设计了若干个实训的环境,使学生能够在学习理实基础和操作示例的基础上及时加以训练,从而巩固和深化所学知识。每个项目还都设置了职业情境、学习目标、先导案例、思考与练习等,通过"教中学"和"学中做",把企业人力资源管理真实场景搬进课堂,把企业需要和行业标准融入实训,引导学生积极主动地参与实训活动,改变传统的课堂教学模式,把课堂交给学生去施展和体验,让学生真正掌握必需的操作技能。

本教材可用作高职院校人力资源管理、工商企业管理等专业的人力资源管理课程的教材,也可作为本科院校管理类专业学生学习人力资源管理的实操指导教材,同时还可以作为社会各企事业单位从事人力资源管理工作的相关人员的实际操作指引。

本教材由广州城建职业学院、广州工程技术职业学院、广东科贸职业学院、广州新华学院等院校教师和广东省邮政速递物流有限公司等企业管理人员联合编写。

由广州城建职业学院阚文婷担任主编，负责确定本教材编写的框架和思路，并负责全书的整理、修订及统稿工作；沈华艳、罗亮梅、孙伶俐担任副主编，袁航、窦涛、刘静、陈志清等参与了教材的编写工作。

在本教材编写的过程中，我们参考和借鉴了国内外许多学者的相关著作、教材、研究成果、文献资料和企业的资料。人力资源管理是一门不断发展和完善的学科，由于编者水平有限，教材中难免出现不妥或疏漏之处，敬请广大读者批评指正，以便今后进行补充和修正。

编　者

2021 年 2 月

# 目　录

## 项目一　初识人力资源管理

职业情境 …………………………………………………………………………（1）
学习目标 …………………………………………………………………………（1）
　　能力目标 ……………………………………………………………………（1）
　　知识目标 ……………………………………………………………………（1）
先导案例 …………………………………………………………………………（1）
**第一部分　理实基础** …………………………………………………………（2）
　　一、理论基础 ………………………………………………………………（2）
　　二、实训基础 ………………………………………………………………（5）
**第二部分　操作示例** ………………………………………………………（18）
　　一、人力资源部工作计划实例 …………………………………………（18）
　　二、人力资源部重点工作计划实例 ……………………………………（22）
**第三部分　实训演练** ………………………………………………………（25）
　　一、人力测试 ……………………………………………………………（25）
　　二、案例分析 ……………………………………………………………（27）
　　三、组建模拟公司 ………………………………………………………（29）
思考与练习 ……………………………………………………………………（30）

## 项目二　工作分析与工作设计实务

职业情境 ………………………………………………………………………（31）
学习目标 ………………………………………………………………………（31）
　　能力目标 …………………………………………………………………（31）
　　知识目标 …………………………………………………………………（31）
先导案例 ………………………………………………………………………（32）
**第一部分　理实基础** ………………………………………………………（32）
　　一、理论基础 ……………………………………………………………（32）
　　二、实训基础 ……………………………………………………………（38）
**第二部分　操作示例** ………………………………………………………（50）
　　一、招聘专员工作描述实例 ……………………………………………（50）
　　二、招聘专员工作规范实例 ……………………………………………（51）

三、外贸专员工作说明书实例 ……………………………………………………（51）
　　四、人力资源部经理工作说明书实例 ………………………………………（53）
　　五、工作分析调查表实例 ………………………………………………………（54）
　　六、公关宣传部经理工作日志实例 ……………………………………………（57）
**第三部分　实训演练** ………………………………………………………………（58）
　　一、工作分析访谈法实训演练 …………………………………………………（58）
　　二、编制某个职位的工作说明书 ………………………………………………（59）
　　三、企业工作分析案例诊断 ……………………………………………………（59）
思考与练习 ……………………………………………………………………………（61）

# 项目三　人力资源管理规划实务

职业情境 ………………………………………………………………………………（62）
学习目标 ………………………………………………………………………………（62）
　　能力目标 ……………………………………………………………………………（62）
　　知识目标 ……………………………………………………………………………（62）
先导案例 ………………………………………………………………………………（62）
**第一部分　理实基础** ………………………………………………………………（63）
　　一、理论基础 ………………………………………………………………………（63）
　　二、实训基础 ………………………………………………………………………（68）
**第二部分　操作示例** ………………………………………………………………（74）
　　一、企业年度人力资源规划方案实例 …………………………………………（74）
　　二、如何做好人力资源规划 ……………………………………………………（77）
**第三部分　实训演练** ………………………………………………………………（80）
　　一、人力资源需求分析 …………………………………………………………（80）
　　二、人力资源供给分析 …………………………………………………………（80）
　　三、制定人力资源规划 …………………………………………………………（81）
　　四、人力资源规划案例分析 ……………………………………………………（81）
思考与练习 ……………………………………………………………………………（81）

# 项目四　员工招聘与配置实务

职业情境 ………………………………………………………………………………（82）
学习目标 ………………………………………………………………………………（82）
　　能力目标 ……………………………………………………………………………（82）
　　知识目标 ……………………………………………………………………………（82）
先导案例 ………………………………………………………………………………（82）
**第一部分　理实基础** ………………………………………………………………（83）
　　一、理论基础 ………………………………………………………………………（83）
　　二、实训基础 ………………………………………………………………………（90）

## 第二部分　操作示例 (101)
一、招聘计划实例 (101)
二、招聘广告的撰写及实例 (104)
三、求职申请表实例 (109)
四、面试提纲实例 (111)
五、求职者应对面试问题的回答思路 (114)
六、录用（不录用）通知书实例 (117)
## 第三部分　实训演练 (118)
一、举办一次模拟招聘会 (118)
二、工作实例分析 (119)
三、新闻实例分析 (119)
## 思考与练习 (120)

# 项目五　员工培训与开发实务

## 职业情境 (121)
## 学习目标 (121)
能力目标 (121)
知识目标 (121)
## 先导案例 (121)
## 第一部分　理实基础 (122)
一、理论基础 (122)
二、实训基础 (127)
## 第二部分　操作示例 (142)
一、培训需求调查分析实例 (142)
二、企业培训方案实例 (146)
三、企业培训总结报告实例 (155)
## 第三部分　实训演练 (157)
一、开展培训需求调查，设计员工培训方案 (157)
二、设计培训课程 (158)
## 思考与练习 (158)

# 项目六　绩效管理实务

## 职业情境 (159)
## 学习目标 (159)
能力目标 (159)
知识目标 (159)
## 先导案例 (159)
## 第一部分　理实基础 (160)
一、理论基础 (160)

二、实训基础 …………………………………………………………………… (165)
第二部分　操作示例 ……………………………………………………………… (182)
　　一、绩效管理体系设计实例 …………………………………………………… (182)
　　二、生产部门岗位绩效指标设置实例 ………………………………………… (184)
　　三、绩效考核 KPI 体系分析实例 …………………………………………… (186)
　　四、绩效反馈面谈实例 ………………………………………………………… (187)
第三部分　实训演练 ……………………………………………………………… (188)
　　一、绩效考核指标设计练习 …………………………………………………… (188)
　　二、绩效标准设计练习 ………………………………………………………… (189)
　　三、设计绩效考核调查问卷 …………………………………………………… (190)
思考与练习 ………………………………………………………………………… (190)

# 项目七　薪酬管理实务

职业情境 …………………………………………………………………………… (191)
学习目标 …………………………………………………………………………… (191)
　　能力目标 ………………………………………………………………………… (191)
　　知识目标 ………………………………………………………………………… (191)
先导案例 …………………………………………………………………………… (191)
第一部分　理实基础 ……………………………………………………………… (192)
　　一、理论基础 …………………………………………………………………… (192)
　　二、实训基础 …………………………………………………………………… (196)
第二部分　操作示例 ……………………………………………………………… (208)
　　一、员工薪酬管理制度设计实例 ……………………………………………… (208)
　　二、员工福利管理制度设计实例 ……………………………………………… (212)
　　三、员工奖金管理制度设计实例 ……………………………………………… (214)
　　四、生产人员薪酬方案设计实例 ……………………………………………… (216)
　　五、企业员工工资发放实例 …………………………………………………… (217)
第三部分　实训演练 ……………………………………………………………… (221)
　　一、设计薪酬制度 ……………………………………………………………… (221)
　　二、薪酬加班费计算 …………………………………………………………… (221)
　　三、薪酬综合计算 ……………………………………………………………… (222)
　　四、福利项目设计 ……………………………………………………………… (222)
思考与练习 ………………………………………………………………………… (223)

# 项目八　劳动关系管理实务

职业情境 …………………………………………………………………………… (224)
学习目标 …………………………………………………………………………… (224)
　　能力目标 ………………………………………………………………………… (224)
　　知识目标 ………………………………………………………………………… (224)

先导案例 …………………………………………………………………… (224)
**第一部分　理实基础** ………………………………………………… (225)
　一、理论基础 ……………………………………………………………… (225)
　二、实训基础 ……………………………………………………………… (235)
**第二部分　操作示例** ………………………………………………… (245)
　一、劳动合同书实例（以广东省为范例） ……………………………… (245)
　二、续签劳动合同实例 …………………………………………………… (250)
　三、解除劳动合同实例 …………………………………………………… (251)
　四、终止劳动合同实例 …………………………………………………… (251)
　五、劳动争议处理实例 …………………………………………………… (253)
**第三部分　实训演练** ………………………………………………… (254)
　一、劳动关系判断 ………………………………………………………… (254)
　二、劳动合同签订 ………………………………………………………… (254)
　三、劳动合同变更 ………………………………………………………… (255)
　四、经济补偿金的核算 …………………………………………………… (255)
　五、劳动争议的处理 ……………………………………………………… (255)
思考与练习 …………………………………………………………………… (256)

# 项目九　职业生涯规划与管理实务

职业情境 …………………………………………………………………… (257)
学习目标 …………………………………………………………………… (257)
　能力目标 ………………………………………………………………… (257)
　知识目标 ………………………………………………………………… (257)
先导案例 …………………………………………………………………… (257)
**第一部分　理实基础** ………………………………………………… (258)
　一、理论基础 ……………………………………………………………… (258)
　二、实训基础 ……………………………………………………………… (265)
**第二部分　操作示例** ………………………………………………… (270)
　一、霍兰德职业兴趣测试实例 …………………………………………… (270)
　二、企业职业生涯规划 …………………………………………………… (274)
　三、个人职业生涯规划 …………………………………………………… (277)
**第三部分　实训演练** ………………………………………………… (282)
　一、企业人才工程关注员工职业生涯规划 …………………………… (282)
　二、个人职业生涯规划 …………………………………………………… (283)
思考与练习 …………………………………………………………………… (283)

# 项目一
# 初识人力资源管理

## 职业情境

李明是某高职学院一名应届毕业生，经过和其他应聘者的一番激烈竞争后，应聘到了广州一家公司的人力资源部担任行政文员。这份工作来之不易，李明暗下决心要努力工作。人力资源部王经理很欣赏这个勤奋好学又能吃苦的年轻人，他希望李明能尽快熟悉人力资源管理的工作。

如果你是李明，又是第一次接触人力资源管理工作，你该如何开始新的工作？

## 学习目标

- 能够分析现代人力资源管理与传统人事管理的区别。
- 树立正确的人力资源管理理念，培育社会主义核心价值观。

## 能力目标

- 树立正确的人力资源管理理念，培育社会主义核心价值观。
- 能够理解人力资源管理的基本原理。
- 能够运用所学的理论知识分析案例。

## 知识目标

- 掌握人力资源的含义和特点。
- 掌握人力资源管理的含义和内容。
- 熟悉人力资源管理的基本原理。

## 先导案例

### 启迪公司的管理困境

启迪公司是一家 2009 年创办的民营高科技企业。在公司成立之初资金不宽裕的情况下，几位合伙人主动提出不领取工资直至公司盈利为止。在他们不计报酬、努力工作的精神感召下，公司的员工们也经常义务加班。经过几年的努力，到 2012 年该公司已发展成一家集开发、生产、经销于一体的高科技企业，在省内 IT 业界也有了一定的知名度。

2012—2015 年，启迪公司处于高速发展阶段。企业经济效益连年大幅增长，员工待遇也随之不断改善,加之所处行业属于朝阳产业,员工普遍认为在这样的公司工作事业会有所发展,同时还吸引了大批具有专业技术知识的年轻人加入公司。

然而,自2016年公司进入稳定期以来,随着经济效益增幅的缩减,公司员工大多数安于现状、不思进取,尤其中层管理者流动频繁,使公司的管理出现脱节现象,员工的士气大受影响,企业生产效率明显下降,公司由此陷入恶性循环。最近,员工中开始流传一种说法:从启迪公司跳槽到其他公司的人都做得不错,待遇比在启迪公司时好,工作强度也比启迪公司小。而且,人员流动多倾向于国内的知名外企。

针对以上企业面临的问题,公司总经理感到非常棘手,计划由人力资源部经理负责处理,提出建议并共同商讨对策,使公司早日摆脱目前的困境。

◉请思考:
1. 导致公司出现上述问题的原因是什么?
2. 如果我们是启迪公司人力资源部经理,该如何看待公司存在的问题并提出建议?

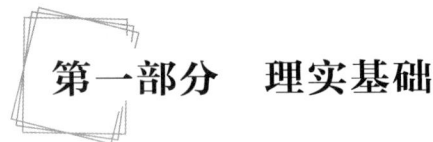

# 第一部分　理实基础

## 一、理论基础

### (一) 人力资源

**1. 人力资源的含义**

人力资源(human resource,简称HR),又称劳动力资源或劳动力,是指能够推动整个经济和社会发展、具有劳动能力和一定智力、从事劳动和未来从事劳动的所有人口的总和。经济学把为了创造物质财富而投入于生产活动中的一切要素通称为资源,包括人力资源、物力资源、财力资源、信息资源、时间资源等。其中人力资源是一切资源中最宝贵的资源,是第一资源。人力资源包括数量和质量两个方面。人力资源的最基本方面,包括体力和智力,从现实应用的状态,包括体质、智力、知识、技能四个方面。

**2. 人力资源的特点**

由于人本身所具有的生物性、能动性、智力性和社会性的特点,决定了人力资源不同于其他的资源,它的特殊性主要体现在以下四个方面。

(1) 人力资源是一种"活"的资源,而物质资源是"死"的资源,物质资源只有通过人力资源的有效开发、加工和制造才会产生价值。

(2) 人力资源是创造利润的主要来源,特别是在高新技术等行业,人力资源的创新能力是企业利润的源泉。

(3) 人力资源是一种战略性资源,企业为了在某个领域或某个行业中占领制高点,并得到长期的发展,必须有大量的顶尖人才为企业服务。

(4) 人力资源是可以开发的资源,人的创造力是无限的,通过对人力资源的有效管理和开发可以极大地提高企业的生产效率,从而实现企业的目标。

人力资源还具有时效性、增值性、消耗性、协同效应等特点。

## （二）人力资源管理

### 1. 人力资源管理的含义

人力资源管理（human resource management，简称 HRM）是根据组织的战略目标制定相应的人力资源战略规划，并为实现组织的战略目标进行人力资源这一特殊资源的获取、使用、保持、开发、评价和激励。人力资源管理的本质就是对企业组织中的"人"进行管理，通过工作分析、人力资源规划、员工招聘选拔、绩效考评、薪酬管理、员工激励、人才培训与开发等一系列手段来提高劳动生产率，最终实现企业发展目标的一种管理行为。人力资源管理的最终目标就是促进企业目标的实现。从"人"和"事"的角度讲，是要运用科学方法，达成"人"与"事"、"人"与"人"的和谐，充分发挥人的潜能，使人尽其才，事得其人，人事相宜，以实现组织目标的过程。

根据定义，可以从两个方面来理解人力资源管理，具体如下。

对人力资源外在要素——量的管理。对人力资源进行量的管理，就是根据人力和物力及其变化，对人力进行恰当的培训、组织和协调，使二者保持最佳比例和有机结合，使人和物都充分发挥出最佳效应。

对人力资源内在要素——质的管理。主要是指采用现代化的科学方法，对人的思想、心理和行为进行有效的管理（包括对个体和群体的思想、心理和行为的协调、控制和管理），充分发挥人的主观能动性，以实现组织目标。

### 2. 人力资源管理的内容

在现代企业中，凡是与人有关的都与人力资源的开发和管理有关。在人力资源管理活动中，吸引员工、凝聚员工、激励员工是人力资源管理的三大目标，人力资源管理的所有工作都是围绕着这三大目标展开的。一般而言，人力资源管理工作包括以下几个方面。

（1）工作分析与设计。工作分析与设计是人力资源管理中的基础性工作。它是通过对工作岗位的考察与分析，根据不同的工作内容，设计为不同的职务，确定每个岗位的职责和任务、工作环境、任职人员的资格条件要求等，并制定相应的工作说明书和工作规范制度，为员工招聘、培训、调配、晋升等工作提供依据。

（2）人力资源规划。人力资源规划是根据企业总体发展战略目标与经营计划，评估组织的人力资源现状及其发展趋势，收集和分析人力资源供求信息和资料，预测人力资源供求的发展趋势，从而制定人力资源招聘、培训与发展规划，以确保企业在需要的时间和需要的岗位上获得需要的人力，为实现企业战略目标提供服务。

（3）招聘与配置。招聘是人力资源管理过程中一项重要的、具体的、经常性的工作，是人力资源管理活动的基础和关键环节，它直接关系到组织内各级人员的质量、数量及各项工作的顺利开展。招聘是指企业根据组织内的岗位需要及工作岗位职责，利用各种方法和手段，如接受推荐、刊登广告、举办人才交流会、到职业介绍所登记等从组织内部或外部吸引应聘人员。同时还要对应聘人员进行一定的选拔，以确保招聘到合适的人才。在招聘的过程中，企业需要采用科学的方法和手段对所需要的人员进行测评和选拔，确定最后的录用人选。招聘后的员工经过岗前培训就可以安排到相应的岗位，这就是人力资源的配置。

（4）培训与开发。培训与开发是现代人力资源管理的重要组成部分。通过培训和开发可以提高企业劳动生产率，提高员工个人、群体和整个企业员工的知识、能力、工作态度和工作绩效，进一步开发员工的智力潜能，使员工的个人价值得以提升。

（5）绩效管理。绩效管理是指制定员工的绩效目标并收集与绩效有关的信息，定期对员工的绩效目标完成情况做出评价和反馈，以改善员工工作绩效并最终提高企业整体绩效的过程。通过绩效管理，可以考核员工工作绩效，及时做出信息反馈，奖优罚劣，进一步提高和改善员工的工作绩效。

（6）薪酬管理。薪酬管理是在企业经营战略和发展规划的指导下，综合考虑内外各种因素的影响，确定自身的薪酬水平、薪酬结构和薪酬形式，并进行薪酬调整和薪酬控制的整个过程。薪酬管理是人力资源管理活动中最敏感、最被人关注、技术性最强的部分。它涉及一系列的决策，是一项非常复杂的活动。有效的薪酬管理是组织吸引和保留优秀人才、激励员工努力工作、改善企业绩效、塑造良好企业文化、发挥人力资源效能的较有利的杠杆之一。

（7）劳动关系管理。劳动关系是劳动者与用人组织在劳动过程和经济活动中产生的关系。劳动关系是否健康、和谐稳定，将直接影响到企业的社会形象、品牌价值，甚至企业的经营业绩。根据相关法律法规正确处理劳动争议、劳务派遣、集体合同是劳动关系管理的重要内容。

（8）职业生涯管理。职业生涯管理是现代企业人力资源管理的重要内容之一，是企业帮助员工制定职业生涯规划和帮助其职业生涯发展的一系列活动。职业生涯管理主要包括两种：一是组织职业生涯管理，是指由组织实施的、旨在开发员工的潜力、凝聚员工、使员工能自我实现的一系列管理方法。二是自我职业生涯管理，是指个体在其职业生命周期（从进入劳动力市场到退出劳动力市场）的过程中，由职业发展计划、职业策略、职业进入、职业变动和职业位置等一系列变量构成。

职业生涯管理是一个动态过程，能够很好地满足管理者、员工、企业三者的需要。通过职业生涯管理不仅可以使员工个人职业发展目标与企业发展目标统一起来，而且使员工不断获得成长，进而使员工产生强烈归属感、忠诚感和责任心，从而最大限度地提高其工作积极性。

3. 人力资源管理六大模块

人力资源管理六大模块，是通过模块划分的方式对企业人力资源管理工作所涵盖的内容进行的一种总结。具体是指：人力资源规划、招聘与配置、培训与开发、绩效管理、薪酬福利管理、劳动关系管理。

各大模块的工作各有侧重点，但是各大模块是紧密联系的，就像生物链一样，任何一个环节的缺失都会影响整个系统的失衡。所以，人力资源管理工作是一个有机的整体，各个环节的工作都必须到位，同时要根据不同的情况，不断地调整工作的重点，才能保证人力资源管理保持良性运作，并支持企业战略目标的最终实现。

人力资源管理六大模块之间相互衔接、相互作用、相互影响，形成人力资源管理的有效体系。其中，人力资源规划是人力资源管理起点，主要通过规划帮助组织预测预计未来的人员需求数量及基本素质构成；招聘与配置，以人力资源规划为依据，为组织提供人才，解决组织人员配置、人岗匹配的问题；培训与开发，其主旨是育人；绩效管理是六大模块的核心，旨在帮助人、提高人，解决组织如何用人的问题；薪酬福利管理，旨在激励人，解决企业留人的问题；劳动关系管理，旨在管理人，帮助企业形成合理化人力资源配置的有效循环。

### （三）人力资源管理与人事管理

人力资源管理这一概念最早出现于 20 世纪 20 年代的美国，20 世纪 80 年代中后期被引入我国，直到 20 世纪 90 年代初，它还不为国人所理解和认同。不少人认为人力资源管理与人事管理两者只是名称不同，其内容、实质是完全一样的；也有些人认为人力资源管理与人事管理是完全割裂开的，两者毫无关系。其实人力资源管理是在人事管理的基础上发展、演变而成的。人力资源管理与人事管理是继承和发展的关系。一方面，人力资源管理是在人事管理的基础上发展和形成的，是人事管理的继承，它依然要履行人事管理的很多职能；另一方面，人力资源管理又是人事管理的发展，它研究的立场和视角完全不同于人事管理，无论从学科发展角度看，还是从管理思想的变革来看，人力资源管理都表现出许多新思想、新职能和新内涵，是人事管理理论与实践的一次飞跃。两者之间的区别见表 1-1。

表 1-1　人力资源管理和人事管理的区别

| 类型 | 人力资源管理 | 人事管理 |
| --- | --- | --- |
| 管理视角 | 视员工为资源 | 视员工为成本 |
| 管理目的 | 组织和员工利益的双赢 | 组织目标的单赢 |
| 管理活动 | 重培训开发 | 重使用、轻开发 |
| 管理内容 | 管理内容的丰富化 | 简单的事务管理 |
| 管理地位 | 决策层 | 执行层 |
| 部门性质 | 生产效益部门 | 成本部门 |
| 管理模式 | 以人为中心 | 以事为中心 |
| 管理方式 | 民主式、参与式 | 命令式、控制式 |
| 管理体制 | 主动开发型 | 被动反观型 |
| 管理导向 | 重过程 | 重结果 |
| 管理形式 | 动态管理 | 静态管理 |
| 管理策略 | 战术与战略性相结合 | 战术性 |

随着我国经济体制改革的深入，企事业单位的人力资源部门、人事部门的工作内容在不断调整，不断变化，传统的人事管理工作正逐渐被现代人力资源管理所取代，如我国的劳动保障部已正式改名为人力资源和社会保障部，无论从名称还是从职能上都更好地体现与发挥了人力资源的各项功能。

## 二、实训基础

### （一）人力资源管理的任务

人力资源管理的基本任务，是根据企业发展战略的要求，通过有计划地对人力资源进行合理配置，做好企业员工的培训和人力资源的开发，采取各种措施，激发企业员工的积极性，充分发挥他们的主观能动性，做到人尽其才，才尽其用，更好地促进生产效率、工作效率和社会效益、经济效益的提高，进而推动整个企业各项工作的开展，以确保企业战略目标的实现。

人力资源管理的任务，如图1-1所示，概括起来有四大项：选人、育人、用人、留人。

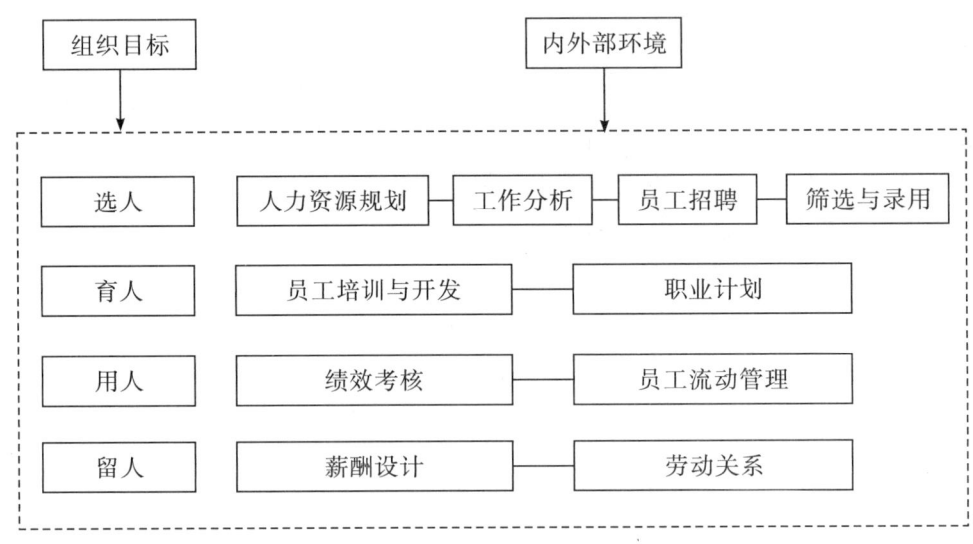

图1-1 人力资源管理的任务

1. 选人

好的开始是成功的一半，企业成功的最先决条件就是找对人。企业一旦找对人无疑是为企业今后的健康发展提供了智力保障。企业选人时需注意以下几个方面。

（1）选人要与企业的战略目标相匹配。人力资源是战略规划实施及战略目标实现的保障，各个企业在不同的阶段都会制定不同的、与实际相适应的总体战略规划，我们在选择人才时，必须考虑到资源配置要与战略目标的实现相适应。企业没有战略目标，就谈不上人力资源规划，更谈不上人力资源规划的实施，企业在选人时就会盲目。

（2）选人要与行业环境和企业地位相适宜。行业环境和企业地位的不同，也会影响到我们选择人才的具体操作。首先，要分析所在行业的环境及行业在整个产业结构中所处的地位如何；其次，分析企业在行业中所处的地位。行业和企业的地位不同，所对应的人才层次也不同，为企业量身定制人才选拔策略，才不会导致人才的滥用或者流失。

（3）选人要与地域的经济水平和人文环境相结合。选人还要考虑到地域的经济水平和人文环境因素，不能好高骛远，要讲求实际，尤其是在选拔高校毕业生时，我们应尽量帮助其认识本企业的地域环境、行业环境、人文环境和当地的实际经济水平，提高企业自身的透明度，这样，选择者和被选择者双方才能互相了解，才能有益于企业选择合适的人才，真正做到物有所值，甚至物超所值。

（4）选人要考虑人才市场的供应现状。人才市场的供应与需求通常是不为企业所操控的，企业在选人时逃脱不掉供求现状的影响，所谓计划没有变化快，企业需要具体情况具体分析，及时调整人才招聘计划，市场人才兴旺时，适当增加招聘人才数量，加大人才储备；市场人才紧缺时，可适当减少招聘数量和降低招聘标准，以适应市场变化。

（5）选人要兼顾短期和长期人才需求。企业根据战略目标要制订短期和长期的人才战略。根据人才战略选择和储备相应人才，以满足短期人员需求和长期人才储备，只有合理储备、优化配置，才能使企业长期处于正常的运转与发展状态。

（6）选人要考虑人力资源成本。人力资源成本是为取得和开发人力资源而产生的费用支出，包括人力资源取得成本、使用成本、开发成本和离职成本。选人要根据岗位所需人才的素质条件，选择适合人员，切忌处处用高人。用高人不但会使直接工资成本升高，还容易引起人才流失，造成机会成本升高。

错误雇用是人才流失的真正原因，选人环节不到位，容易造成人才流失。所以，选对人不但会促进企业目标的实现，还会大大降低人力资源成本。

2. 育人

育人是一个长期的、持续的培育过程，是人成为人才的前提条件。企业的持续发展离不开育人。育人是组织为了提高员工在执行某项特定工作或任务时所必要的知识、技能及态度或培养其解决问题的能力所采取的一系列活动。每个组织都需要受过良好训练并具有丰富经验的人才去运作，以维持组织生存所必要的活动。因此，加强员工的培训与训练便成为组织维持其高效运作所必须投入的一项工作。

员工培训要有针对性，要有效地进行员工的能力现状分析，根据不同的员工群体，进行分类培训，也就是说，要衡量员工行为或工作绩效差异是否存在，企业可以通过生产、成本、能力测验、个人态度调查等指标，了解组织员工的现有水平与企业目标之间的差异。根据差异，安排培训内容和方式。

3. 用人

发挥员工的聪明才智是人力资源管理的重要组成部分，它是通过用人机制发挥作用的。用人机制的核心是因材适用，用最合适的人做最合适的事。只有通过科学的用人机制，实现能力与岗位的最佳配置，才不至于使人力资源开发浮于形式，为开发而开发。企业用人时需注意以下几个方面。

（1）"因事设岗、人岗匹配"。能力强、业绩佳、个人素质好的人，并不一定就是合适人选。试想在一个观念陈旧、员工素质普遍偏低的环境或组织中，选聘一个观念超前、能力优异的人才，会出现什么样的结果？在选聘人才的过程中，除了关注人才个体的素质外，还应认真分析人才拟任职岗位及团队的结构特点，如团队成员的学历、性别、年龄、思想观念等。强调人才与其拟任职位的兼容匹配，避免聘用人才因"鹤立鸡群"而产生"孤独感"，影响人才能力的有效发挥，甚至会使人才流失，造成人力资源浪费和成本升高。

（2）工作目标要有挑战性。要使工作的要求和目标尽量明确合理并富有一定的挑战性，能真正激发员工内在的工作热情。工作目标和要求太低，员工很容易完成，久而久之会造成员工的懈怠，不思进取；工作目标和要求太高，员工通过自己的努力无法完成，会使员工失去自信，放弃努力；要设定员工"跳着脚"能完成的目标，这样不但会使企业目标能够得以实现，还会使员工的工作能力得到不断提升。

（3）岗位应动态调整。应对员工与工作的配合进行不断的调整，使能力较高的员工去从事更高层次的、承担更大责任的工作，保持员工与工作的动态平衡。企业不同的岗位需要的知识和技能不同，同一岗位不同的级别要求也不同，每个员工所掌握的知识和技能也在不断地发展变化，所以，企业应对职位和工作进行分层细化，单一的层级制变为多级制，使员工随着自身能力的发展，相应的职位、薪酬随之不断地提升变化，从而调动员工积极性。

（4）加强考核评价。通过合理公正的考核制度，实现"人尽其才，才尽其用"的用人目的。考核前将考评的标准量化、公开化，让员工明白怎样得到"萝卜"和能得到怎样的"萝卜"。只有人人都明白目的和要求，才能竭力去争取实现。将考核结果与工资、福利、晋升、末位淘汰制挂钩，使公司整体素质不断地螺旋式上升。

4. 留人

如何使用员工，发挥其才能，并留住员工为公司长期效力、创造效益，是人力资源管理的关键。高薪为何留不住人才？因为人的需要不只是高薪，作为管理者要了解人才的心。留才之道在于留心。企业领导者应该创造足够的沟通机会，从言谈中、从生活工作交往的细节中去充分了解人才内心的不同需要，建立个人的需求库，以个人需求为基础进行激励，并利用相应的留"心"手法，配合高薪，方能留住人才。企业留人可以从以下几个方面入手。

（1）薪酬、福利留人。薪酬、福利作为一种激励措施，无疑是从根本上影响着员工的行为。因此，薪酬、福利仍是现阶段主要的留人手段之一。如何将企业发展战略及企业文化所需要的产出和行为与薪酬体系进行有效联结，是薪酬设计要解决的问题。薪酬、福利包括劳动报酬、文化娱乐、进修学习、医疗保健、劳动保障、年终奖励、家属安置、员工持股等。要真正留住人才，激励方式的选择和应用也是极为重要的，要针对不同人才选择不同的激励方式。企业应改革分配激励机制，实行多元化的分配，建立重业绩、重贡献，向关键岗位和优秀人才倾斜的分配机制。真正实现"一流人才、一流业绩、一流报酬"的人才激励机制，使人才的价值得到充分体现。

（2）企业文化留人。企业文化的核心是企业的价值观，是企业综合素质的重要标志。一个科学的价值理念必将起到凝聚人心，鼓舞人心，激励员工奋发向上的作用，这将为企业人力资源的开发提供不竭动力。因此，在建设企业文化和培育、弘扬企业精神、价值观时，应注重其科学内涵，注重文化的感召力、凝聚力，建设人格文化，体现人的价值、人的尊严，营造不断进取的浓厚氛围，激励员工不断学习，深挖潜能，自我超越，使企业文化建设与人力资源开发相辅相成，有机结合，和谐统一。

（3）感情留人。情感投资具有潜移默化的感恩效果。所以企业对人才要有爱心、真心，帮助他们营造一种积极向上、团结和谐的人际氛围和工作、生产、生活环境，使大家心情舒畅地工作，让优秀的人才彼此相互依恋，增强公司的凝聚力和吸引力。

（4）事业留人。人力资源管理最终还是人本的管理，所以要考虑员工自身的发展是否与企业的发展同步，用人的同时也是在培育人，应该尽量让企业的人才在不断地为企业服务的同时得到自我发展。只有将企业的目标和员工的职业生涯有机结合起来，人的管理才能真正起到作用。所以工作是否具有持续性、挑战性、趣味性，企业是否具有一个让其发挥的大舞台等都是留住人才的关键。企业首先要打造一个有利于发展、有利于创新、有利于竞争的事业，并且为职工提供一个具有挑战性、竞争性、有利于自身发展提高的事业舞台，使员工能力不断得到发挥。关注员工的职业发展计划，指导员工的职业生涯设计并与员工共同努力，促进其职业生涯计划的实现。

（5）领导留人。"员工选择加入的是企业，而离开大多是因为领导"，所以领导层对下属的态度、看法、评价，领导者的人格、信誉、信用，是员工选择是否留下的关键。在留人问题上，领导者担负着特别重要的、无法替代的责任，"留人工程"是实实在在的"一把手工程"。因此，领导层特别是一把手，必须坚定地树立正确的留人理念。

企业的人力资源开发与管理是一个系统工程，各个环节相辅相成。人力资源管理中选人是管理人的开始，育人是管理的关键，用人是管理的过程，留人是管理的归宿。企业只有努力营造出"选人""育人""用人""留人"的良好环境，建立一个良好的激励及约束机制，充分调动和发挥人才的主观能动性，使人才真正成为企业走向未来的核心竞争力，才能最终实现企业的快速、健康、可持续发展。

### （二）人力资源管理的基本原理

人力资源管理的基本原理揭示出人力资源管理的内涵，对于实际的人力资源管理工作具有重要的指导意义。

1. 系统优化原理

系统优化原理又称为同素异构原理。系统优化原理一般是指事物的成分因在空间组合关系和方式的不同，即在结构形式和排列次序上的不同，会产生不同的结果，引起不同的变化。表现为组织架构的设计中人力资源部门为满足系统优化而进行的人力资源调整。它是人力资源开发与人力资源管理中最重要的原理。例如，在群体成员的组合上，同样数量和素质的一群人，由于排列组合不同而产生不同的效应；在生产过程中，同样人数和素质的劳动力因组合方式不同，其劳动效率高低也不同。人力资源管理要求通过一系列管理活动和制度安排，使组织内部人力资源管理各个分系统之间的结构优化合理，从而使组织中各部分和各个成员的行为指向组织所期望的目标。根据这一原理，企业必须建立有效的组织人事调控机制，根据企业生产经营的需要，重视组织内部各种信息的传递和反馈，不断地对组织与人员结构方式进行调整，以保证系统的正常运行。人力资源的系统优化原理包含以下内容：一是系统的整体功能不是简单地等于部分功能的代数和，人力资源管理追求的目标是 $1+1>2$；二是系统的整体功能追求最优化；三是系统的内部消耗要求最小化；四是系统内部人员工作状态最优化。

2. 能岗匹配原理

能岗匹配原理是指根据岗位的要求和员工的能力，将员工安排到相应的工作岗位上，保证岗位的要求与员工的实际能力相一致、相对应。"能"是指人的能力、才能，"岗"是指工作岗位、职位，"匹配"是一致性与对称性。能岗匹配原理是人力资源管理要遵守的基本原理之一。能岗匹配原理的本质是通过合适的人安排到合适的岗位上工作，合理配置资源，并使之效益最大化。能岗匹配就是根据人的能力大小分配不同的岗位和职责，把人安排到相应的职位上，给予不同的职务与权力，保证工作岗位的要求与人的实际能力相适应，做到人尽其才，才尽其用。企业员工聪明才智发挥得如何，员工的工作效率和成果如何，都与人员使用上的能岗适合度成函数关系。能岗适合度是人员的"能"与所在其"岗"的配置程度。能岗适合度越高，说明能岗匹配越合理、越适当，即位得其人、人适其位、适才适所，这不但能提高效率，还会促进员工能力的提高和发展，反之亦然。

根据这一原理,企业必须建立以工作岗位分析与评价制度为基础,运用人员素质测评技术等科学方法甄选人才的招聘、选拔、任用机制,从根本上提高能位适合度,使企业人力资源得到充分开发和利用。能岗匹配原理具体包含两个方面的含义:一是指某个人的能力要胜任某个岗位的要求,即所谓人得其职;二是指某个岗位所要求的能力某个人完全具备,即所谓职得其人。

3. 要素有用原理

要素有用原理是指在人力资源管理中,任何要素(人员)都是有用的,关键是为他们创造发挥作用的条件。也就是说,"没有无用之人,只有用不好的人"。人力资源都具有其作用和价值,关键是怎么用的问题。

人力资源管理者要为所有员工找到适合的岗位,并为他们的价值发挥最大化创造条件。伯乐式的领导者使人才任用能发挥关键作用,千里马依赖伯乐去发现。"天生我才必有用",但人才的任用需要一定的环境。良好的政策会给人才的任用创造出各种机遇。

4. 互补增值原理

互补增值原理是指个体在知识、能力、性别、年龄、气质、社会关系等方面互补的人如果能合理地组织在一起,每个人均可以取长补短,充分发挥个体的长处,进而提高组织的生产效率与效益。

互补的形式是多层次的、多样化的,如个性互补、体力互补、年龄互补、知识互补、技能互补、组织才干互补、主客观环境和条件互补等。

5. 激励强化原理

激励强化原理是指在人力资源管理过程中,要适时创造条件,满足员工的合理需要,以调动员工的积极性、主动性的发挥,更好地提高劳动生产效率。激励的目的是提高员工的工作积极性、主动性、创造性,使员工对企业更具有主人翁精神和归属意识。例如,对员工要有奖有惩、赏罚分明,才能保证各项制度的贯彻实施,才能使每个员工自觉遵守劳动纪律,严守岗位,各司其职,各尽其力。

激励包括物质激励、精神激励和信息激励三大方面,也包括正激励与负激励两大类型。有效的激励必须是"适时、适度、适法"的。要使激励获得良好的效果,必须坚持满足需求、公平、灵活性等原则。

6. 动态发展原理

动态发展原理是指在动态中用好人、管好人,充分利用和开发员工的潜能和聪明才智。从宏观上来讲,现代社会是动态发展的社会,环境复杂多变,人力资源也在不断地流动。人才在流动中寻找适合自己的位置,组织则在流动中寻找适合组织要求和发展的人才。所以,人力资源开发要正确地认识人才流动,保持一种动态性开发的态势,促进人才流动得到优化配置。

从微观上说,在人员配备过程中,人与事、人与岗位的适应性是短期的、相对的,不适应是长期的、绝对的,从不适应到适应是一个动态的过程。只有不断地调整人与事的关系才能达到重新适应,也就是要从静态设计到动态调节,以达到阶段性的相对平衡状态。同时,人员配备和调整不应是一次性活动,而是一项经常性的工作,这样才能促进组织的持续性发展。只有建立有上有下,有升有降,有进有出,不断调整,合理流动的健康用人机制,才能充分发挥每个员工的潜力、优势和长处,使企业和个人都受益。

## （三）人力资源管理的八大角色

随着现代企业管理水平的不断提高，对HR的功能提出了新的要求，作为HR，在今天不再是仅仅扮演服务员的角色，更多更重要的功能在于涉足企业战略规划，HR各个模块也应趋向于专业化。要做到专业化，就必须扮演好以下几个重要的角色。

1. 企业决策者的幕僚

现代企业要想在竞争激烈的市场上获得生存空间就必须获取强有力的核心竞争力，而人力资源作为企业利润和财富的源泉，就成了企业构建核心竞争力的重要主体。故如何做好人力资源管理，如何充分激发现有人力之潜力也成为企业所关注的问题。人力资源因素必须纳入企业战略规划的考量要素，HR就必须充当起决策者的幕僚，在企业战略规划中以HR的专业角度给出专业建议，并及时提供相关人力资源信息供高阶主管做策略参考。

2. 员工内在潜力的拓荒者

培训作为HR重要工作模块之一，逐渐成为挖掘现有人力资源潜力的重要工具，因而也备受企业的重视。现代HR的培训就不能再局限于给培训单位安排教室这样行政的层面，而更多的要关注培训需求的挖掘和培训效果的评估，构建一套以绩效提升为导向的培训体系。围绕提升绩效给予主管和员工适当的培训项目，以期达到最大限度激发员工潜力之目的。

3. 懂得数理统计的经济学家

从现代的HR来看，许多人力资源政策或体系的构建已逐步摆脱原来那种"拍脑袋"的经验主义处理方式，而更趋向于数字化的分析与数学模式构建，在大型企业中，这一点更重要。而数字化HR的基础在于数理统计的运用，故而要求HR从业人员应具备这方面的专业知识，有较强的数字敏感度；另外，真正专业的HR同样要有成本意识，必须是懂得"以最低成本获取最大利润"、市场供需均衡理论、博弈论等经济学理论的经济学家。这一点在薪资福利建设方面体现得尤为突出。

4. 人事纠纷中的法官

处理劳资纠纷，平衡劳资关系一直以来都是HR不可逃避的工作重点，这个看似小的事却不小，如果处理不当，可能要承担法律责任，甚至影响公司名誉。故而在处理人事纠纷时必须慎重、严谨。必须像法官一样，做到客观、公正，凡事讲证据，以法律为依据。只有这样才能在不触及法律的情况下处理好人事纠纷问题。

5. 发现千里马的伯乐

"选人、育人、用人、留人"是众所周知的人力资源的基本职能，这其中，"选人"是第一步。如何做一个真正的伯乐，如何选一个对的人，放在对的位置，就是人力资源管理工作最重要的一步。选对人，放对位置才能实现公司与员工的双赢；选错人，放错位置不仅给公司增加人事成本、时间成本，更重要的是因为选错人而带来的机会成本（也即是如果选了一个对的人可能会创造出的价值，对选错了人的企业来说这个未知的价值就是机会成本）。所以，能否做识千里马的伯乐是HR的重要绩效指标。

6. 企业纪律的稽核警察

企业的规章制度就其对象而言分为人和物两类，而对人的部分旨在规范人的行为或激励员工的积极表现，因为在企业各项规章制度的贯彻执行中HR扮演一个稽核警察的角色。如针对公司的加班管控政策，HR 每月对各单位加班状况做统计分析，从而发现超标单位并及时通过沟通予以解决，从而逐步杜绝违反加班管控的现象。那么要做好稽核警察，自然就要具备警察应有的基本素质，如敏锐的洞察力、公私分明的作风等。

7. 企业文化的传教士

企业文化何以传播，公司决策者的理念何以传达，共同价值观如何形成，最好的途径就是让 HR 充当传教士，通过 HR 多种形式的传播途径搭起与员工沟通的桥梁。这不仅仅包括利用公告、企业书刊等形式传播，更包括通过薪酬福利体系、晋升体系、各种留才激才策略来体现，更可以通过举办各种主题活动充分向员工传递企业文化信息，从而逐渐构建共同的企业价值观。

8. 周到谦和的服务生

对 HR 来说，还有许多行政性的事务是必须要处理的基础性工作，而这也正是与员工联系最紧密的一部分，所以对于这一部分同样不能忽视，它充分体现 HR 的形象和专业素质。企业中，员工和用人单位就是我们的客户，我们更要做好服务生的角色，应本着以人为本，认真负责的态度，提供给客户最周到的服务。

### （四）人力资源管理人员应具备的素质要求

人力资源管理者的素质要求是由人力资源管理的任务、职能以及人力资源管理者的角色所决定的。现代企业人力资源管理的总趋势是以人为本，本着认识人、尊重人、开发人、激励人的理念，把人看成是一种重要资源来管理，当作一种资本来开发利用。

人力资源管理者是战斗在第一线的基层管理人员，是人力资源决策信息的提供者，人力资源管理的这种变化与角色的扮演对人力资源管理者的基本素质提出了很高的要求，它要求人力资源管理者必须具有合理的知识结构、基本的工作能力、先进的人力资源管理理念、良好的执行与实施能力、过硬的人格品质与健全的心理素质（价值观与道德观）。

1. 合理的知识结构

人力资源管理者必须具备合理的、广博的知识，其知识结构应是"金字塔"式的，基础知识是塔基，相关知识是塔身，而塔尖则是专业知识。相关知识包括组织行为学、心理学、项目管理学、经济学、统计学、市场营销学、财务管理学、生产管理学、战略学、法律等。

2. 基本的工作能力

仅有合理的知识结构，对人力资源管理者来说是远远不够的，要胜任此工作，还必须具备大量的直接经验，这些直接经验体现于基本的工作能力之中。人力资源管理者的基本工作能力包括写作能力、组织能力、表达能力、观察能力、应变能力、交际能力等。

（1）写作能力。写作是人力资源管理者的基本任务，人力资源部门的规章制度、文书通告等大多出自人力资源管理者之手。所以写作能力是人力资源管理者的基本功。符合人力资源工作要求的文字写作本身就是人力资源工作的有机组成部分。人力资源管理者应是一名写作高手，在文字中不仅要能够准确表达意思，而且要能准确地表达态度和情感。简单来说，人力资源公文里的文字写作不仅要符合一般的写作要求，而且要符合人力资源工作的要求。

（2）组织能力。人力资源管理者的组织能力是指人力资源管理者在从事人力资源管理活动过程中计划、组织、安排、协调等方面的活动能力。人力资源管理者的组织能力包括以下三方面：计划性、周密性、协调性。

（3）表达能力。作为经常要和各方联系的人力资源管理者，具有较强的交际能力是很必要的。你可能要借助报告、信件、演讲和谈话来表达自己的看法；你可能会用微笑、点头、拍肩膀来激励手下的员工，通过各种方式向员工表明你已经看到了其所取得的成绩；你也可能需要不失时机地安慰失望者和悲伤者，让员工充分体会到你言行中所表达出的支持与关怀。善于与人交流永远都是人力资源管理者必备的素质。

（4）观察能力。人力资源管理者的观察能力是人力资源管理者在人力资源管理理论的指导下，对周围的人和事从人力资源管理者角度予以审视、分析、判断的能力。人力资源管理者观察能力的强弱对于人力资源管理工作的效果和组织的人力资源管理状态来说至关重要。

（5）应变能力。人力资源管理者的应变能力是指人力资源管理者在遇到突发性的事件或问题时的协调和处理能力。人力资源管理工作的内容有时是多变，因而对人力资源管理者来说，具备较强的应变能力也成为从事人力资源管理工作的基本要求之一。

（6）交际能力。人力资源管理工作要求人力资源管理者具有一定的交际能力，人力资源管理者的交际能力不是日常生活中的应酬，而是与交往对象——员工迅速沟通，赢得好感的特殊才能。

（7）其他能力。其他能力包括综合分析能力、直觉能力和认识自我的能力等。

3. 先进的人力资源管理理念

先进的人力资源管理理念主要是"管理观念"和"价值观念"的转变。强调提高员工的素质与能力，具体包括指导思想的转变、管理方法的转变、管理手段的转变、管理组织的转变、管理环境的转变、管理者自我意识的转变、管理内容的转变、管理目标和管理效果的转变等。

另外，人力资源管理应走向制度化、规范化，必须摒弃那些凭经验的随意性的管理方法，掌握人力资源管理的先进方法，例如：任务管理法、权变管理法、法律管理法、经济手段法和定量分析法等。

4. 良好的执行与实施能力

人力资源管理要求管理者服从上级的命令，凡是领导已决策的事情，首先是要服从，坚决执行。因为一个乐队只能有一个指挥，步调一致才能得到胜利。下属认为领导错了，往往不是领导偏差，而是下属因视角、高度、宽度、信息量等原因自我产生了偏差。

在执行决策的过程中，人力资源管理者需要提供决策实施过程中的反馈信息，让领导及时掌握情况。切记不能在任何场合对领导的决策加以非议。在市场经济中，能坐在决策位置上的领导，绝大多数是有水平有能力、想把工作做好的，只要能及时把执行情况反馈给他们，他们自有分寸。

5. 过硬的人格品质与健全的心理素质（价值观与道德观）

人力资源管理者的人格品质不应成为一个空洞的口号，它应包括两方面的内容：政治修养与职业道德。其中最重要的就是职业道德，它的基本要求是：

（1）爱心：爱职业、爱员工、敬重领导。

（2）责任心：认真做好工作中的每一件"小事"。人力资源管理工作事无巨细，事事重要，事事都是责任。

(3) 业务精益求精：时时、事事寻求合理化，精通人力资源管理业务，知人善任，用人有方，追求人与事结合的最佳点。

(4) 具有探索、创新、团结、协调、服从、自律、健康等现代意识。

(5) 树立诚信观念。诚信乃做人做事之本。

### (五) 人力资源管理面临的新挑战

在知识经济时代下，人力资源管理作为企业获取竞争优势的工具，正面临着诸如经济全球化、社会知识化、信息网络化、人口城市化以及企业管理变革方面的挑战。

1. 来自社会经济变化的挑战

(1) 经济全球化。经济全球化蕴含着对新市场、新产品、新观念、新的企业竞争力和经营方式的新思考。所以，一个成功的全球企业应能感知到全球市场和产品的微妙差别；了解并理解全球范围内各种不同文化和宗教的差异，以及它们对产品和服务的影响力，并能在全球范围内共享信息；能采取有效的激励政策来鼓励全球员工，并在全球范围内共享自己的构想与智慧；能创建一种观念，保证既能尊重各地条件的同时，又能相互接近各自的全球经验等。同时，为在全球化背景下获得竞争优势，企业还要建立一个复杂的、由全球各地区优势交织而成的网络。这些都是全球化给企业带来的挑战，要求企业各部门用全球思维方式重新思考企业人力资源的角色与价值增值问题，建立新的模式和流程来培养全球性的竞争力。

(2) 社会知识化。在未来社会里，知识将成为企业竞争优势的来源，知识管理能力将成为企业核心竞争力的关键；企业将更加重视员工及其技能与知识，真正将知识视为企业的财富。人力资源管理及相应的组织安排将被纳入企业战略管理领域，持续的组织学习和持续的员工培训与开发将被视为企业战略性武器。

(3) 信息网络化。计算机、国际互联网、电子通信和其他技术的迅猛发展，对企业管理方式产生了巨大冲击。例如，通信设施和电脑网络的普及改变了企业的内部权力等。信息技术的飞速发展将使企业愈发认识到创造发明技术、操纵技术的"人"的重要作用。

(4) 人口城市化。在一些城市化程度很低的国家里，将会有越来越多的农村富余劳动力以各种各样的方式转移到城镇，成为企业未来员工队伍中的重要组成部分。由于不同类型员工所接受的教育程度不同，他们的知识、技能会呈现出明显的差异。因此，他们对企业的价值也不同，根据贡献付酬的原则，不同员工的薪酬形式也将不同。这样，他们相互之间的不平等将会显露出来，成为员工关系管理的新问题。

2. 来自企业管理的挑战

(1) 企业生存基础的变化。企业家创立企业的哲学或价值观决定了企业的使命，企业的使命决定了企业的战略和目标及其实现的途径与手段。没有使命感的企业，不可能激发员工的激情，不可能有真正的凝聚力；同时，企业需要盈利，但企业的使命必须超越金钱，低级的使命不可能造就卓越的组织。所以，企业的生存基础在于员工、顾客、社会，提高员工的满意度、顾客的满意度是企业追求的目标。

(2) 企业发展源泉的变化。在经营环境日益变化的情况下，企业发展的源泉在于企业能够不断发现环境变化所带来的威胁和发展机遇，能够不断寻找到解决问题的合理方案和支持这一方案的资源。企业对环境变化的适应程度依赖于组织拥有的知识以及组织不断更新知识的学习能力。所以，知识和学习将是未来企业发展的源泉。员工的知识资本在企业资本构成中占有的份额将逐步增加，曾经主导企业管理的"资本"将为"知本"所代替。知识员工的参与和授权将得到普遍认同，在企业发展战略上他们会拥有更多的发言权。

（3）企业发展战略的变化。20世纪90年代以后，企业发展战略主要体现在企业核心竞争力的塑造和时间的争夺上。随着从关注成本的降低转变为关注差别化优势，从注重规模、效率转化到注重创新、速度、制造、技术、管理，成为知识经济企业战略管理的主题。所有这些战略的实现都有赖于企业员工的积极性、主动性和对企业的忠诚与认同。因此，未来企业的发展将用增长战略代替成本减少战略，企业通过持续的增长，将为员工个人生涯发展创造更多的机会。

（4）企业组织形态的变化。未来企业之间的竞争不再是技术上的竞争，而是在如何使用技术上的竞争。因此，企业将十分强调自己的核心能力，并将人力资源管理作为营造自己的核心技术和核心能力的主要途径，并且利用人力资源管理的系统性和难以模仿性使企业获得持续竞争优势。此外，拥有核心能力的企业如果与其他组织联合，会更大程度地发挥自己的优势，获得尽可能多的附加值。在这样的背景情况下，虚拟组织、动态联盟将成为未来新的组织形态，业务外包和联合、兼并、战略联盟将成为企业经营中的经常性活动。

（5）企业活动内容的变化。未来企业发展的方向是建立学习型组织，就是能够不断创造知识、应用知识和转移知识的组织。组织的获取依赖于员工的学习和员工知识的转移，员工的创造性思维依赖于员工拥有自由活动的空间和时间。因此，员工的学习、培训活动将成为企业里除了生产经营活动之外的最重要的活动，将成为日常工作的一个组成部分。

### （六）人力资源管理发展的趋势

伴随着日益激烈的商业化竞争，企业对人力资源管理提出了更高的要求。人力资源管理已经远远突破了劳动力配置等浅层次的人事管理模式，向企业管理的纵深和全方位发展，管理的理念、方式等都呈现出新的趋势。

1. **从现场管理到非现场管理——非现场管理越来越重要**

网络技术的发展，现代通信手段的升级，无线联络、电子邮件、网络会议等的使用正成为人们日常工作联系的主要方式。同时，城市的扩大和交通的发达，企业工作场所正由统一集中向点式分布扩大，员工居住地也越来越分散，居家办公进一步普及，在家工作正成为现代劳动就业的重要发展趋势。

随着知识密集型产业的快速发展，知识型员工的人数逐渐超过从事传统制造业和服务业的人数，目标导向、绩效导向、工作以项目为核心的发展趋势日益明显。传统的劳动人事管理主要局限于员工在企业中、上班时间内的行为管理；而现代人力资源管理已经开始将影响组织绩效、员工工作绩效的一切因素考虑在内，大大拓展了人力资源管理的范围。

2. **从动荡流动到稳定内敛——企业HR趋向稳定和内敛**

近年来，随着市场化的发展，全国范围内的人才流动不断加剧，尤其是最近10年，人才终身服务于一家"单位"的现象几乎已不复存在。

劳动力的大规模迁移或人才的快速流动也给企业人力资源管理带来了严峻的挑战。人才流动不仅可能大大增加企业的管理成本，影响企业的生产效率，而且可能导致客户的外流和商业机密的泄漏，使企业遭受不可估量的重大损失。所以人才竞争越来越激烈，与此相伴随，人员流动也更加频繁，劳动力市场呈季节性动荡、人才市场处于一种非严格规范的状态之中。

2008年1月1日开始实行的劳动合同法是一个转折点。这些法律法规的实施，将加速人力资源管理法制化进程，逐步实现从动荡、无序流动到稳定、内敛的转变。法制化将大大改变管理的主观随意性，提升管理的科学化水平，加速我国管理包括人力资源管理与国际接轨的进程，使其逐步达到与国际通行的普遍规则相一致的程度。

3. 从相对低成本到相对高成本——企业的HR成本快速提高

在未来相当长的时间里，我国经济社会仍将主要面临就业问题。但与此同时，我国也将进入一个工资上涨的时间通道。促进就业，提高就业者的薪酬水平，让全体国民能共享中国经济社会发展的成果，是保持我国经济持续健康发展、构建社会主义和谐社会的国家取向，也是企业必须承担的社会责任和面对的艰巨课题。

同时，随着企业之间的竞争特别是人才竞争的日趋激烈，一方面，需要引入人才的公司会提供更好的条件来吸引优秀人才，另一方面，公司要想方设法留住优秀员工，其留人的主要条件便是薪酬福利。这两方面的原因都会促使企业投入更高的成本来进行薪酬福利项目的设计与执行。除了法定福利项目外，企业在公司自主福利项目的建立上也会越来越投入。这样，相互攀比将使企业薪酬福利的投入越来越多，用工成本越来越高。

4. 从自给自足到分工合作——人力资源外包逐渐成为潮流

过去，我国企业的人力资源管理总是追求大而全，或许是工作性质的"特殊性"，一般都希望万事不求人，用"可靠的自己人"做好自己的事。但现在情况变了，观念也变了，人力资源外包应运而生。其实质是降低成本、提高效率，从而有效地适应外部环境，使企业人力资源和机构运行更精干、灵活、高效，实现企业可持续性竞争优势和战略目标。

外包就是将组织的人力资源活动委托给组织外部的专业机构承担，基础性管理工作向社会化的企业管理服务网络转移，比如档案管理、社会保障、职称评定等庞杂的事务性工作、知识含量不太高的工作等，逐渐从企业内部人力资源部门转移出去，而工作分析、组织设计、招聘培训、绩效考核等具有专业性的职能则交给外部管理咨询公司。

在发达国家和跨国企业，人力资源外包已经成为潮流。我国企业也必将顺应趋势，从自给自足过渡到更加注重分工合作。

5. 从手工过渡到自动化——HR信息化正在加速发展

信息化是实现有效管理和战略管理的重要手段。信息技术系统可以解决显性知识的收集和共享问题。21世纪新的信息技术的应用，尤其是互联网的普及，加快了企业信息化的进程。

全球经济一体化加剧了企业之间的竞争，企业对人力资源管理的观念产生了重大的变化，逐渐意识到为了获取独特的竞争优势，人力资源管理必须从事务性的角色转变到战略合作伙伴角色。信息技术在人力资源管理领域的应用及时地满足了企业的这些需求。

知识经济的发展，人力资源管理信息化成为企业关注的焦点，企业通过导入人力资源管理软件系统，建立了一个综合性的、功能丰富的人力资源平台，实现了企业人力资源的优化和管理的现代化。目前，加快信息化建设成为我国企业的焦点，诸如人事信息管理、薪酬福利管理、岗位管理、员工培训管理、全面绩效管理等已经纳入企业完整的人力资源管理系统之中。

6. 从分割到统一——区域合作导致 HR 循环经济圈形成

当今是强调国际化和战略管理的时代。在全球化进程中，区域一体化趋势正在加强。比如在东亚地区，中、日、韩三国人力资源市场、雇佣模式、人才系统、文化理念等正面临共同的挑战，并实现相近的变革，逐步走向融合。同时，东亚文化中的人本、和谐理念与美国式人力资源管理制度和技术也在逐渐融合。因此，无论是美国、日本、韩国还是中国，全球化背景下人力资源管理的整体趋势是在加速融合。

我国组建人力资源和社会保障部，就是为了更好地发挥我国人力资源优势，进一步解放和发展生产力，统筹机关企事业单位人员管理，整合人才市场与劳动力市场，建立统一规范的人力资源市场，促进人力资源合理流动和有效配置，统筹就业和社会保障政策，建立健全从就业到养老的服务和保障体系，从而真正形成全国性人力资源管理与开发体系，促进人力资源竞争力的全区域整合。

建立统一、规范的人力资源市场将打破现有的各种壁垒和障碍，包括区域和行业壁垒。区域合作将导致循环经济圈的形成，包括 HR 循环经济圈将加速形成。其实，国内许多区域已经出现了这种合作，并且有逐渐加大、增强之势。比如长江三角洲、珠江三角洲、以武汉为中心的长江中部经济带，以及环渤海、西部、东北等区域的人力资源或人才人事合作循环机制。

7. 从国内竞争到国际竞争——劳动力大国正在过渡到人力资源强国

随着我国经济的快速发展，人力资源出现了许多新的特点。一方面是人口出生率在减少，另一方面是人口老龄化在加剧。未来 10 年我国企业将面临 HR 的短缺局面，将从强调劳动力规模和廉价优势过渡到注重建设人力资源强国。

全球化使全球市场联系越来越紧密，跨国公司成了世界经济的主宰性力量，战略联盟、虚拟组织成为新的重要组织形式。相应地，人力资源管理的边界也从清晰到模糊，从封闭走向开放，国际人力资源管理与柔性化组织人力资源管理成为人力资源管理的新领域。

突破传统意识中的国家边界和企业边界，培养全球观念和竞争协作精神，实施有效的跨文化管理，将成为我国企业人力资源管理必须面对的挑战。在这一不断整合提升与动态的进化过程中，如何将各种理论、模式与中国的管理实践结合起来，从而实现我国由劳动力大国过渡到人力资源强国。

8. 从泛化普用过渡到职业和专业——HR 的职业化和专业化进一步加强

人力资源价值的显现和地位的提升，使人力资源管理成为一个热门行当，对人力资源管理者本身也提出了越来越高的要求。

现代人力资源管理的内容已经突破了传统的封闭体系，正在不断创新。人们不仅需要转变观念，而且需要具备许多素质特征和技术手段。人力资源管理是一门最具实践性的学问，但是现实在走极端：搞管理的很多不懂理论，懂理论的基本不搞管理，理论与实践相结合的空间十分巨大。

有关研究表明，优秀的人力资源管理者的主要职责可用四种角色来表示：一是人事管理专家，要求熟悉机构或企业的人事管理程序，了解政府有关法规政策；二是业务伙伴角色，要求熟悉组织业务，参与制订业务计划，处理问题，保证业务计划得到有效执行；三是领导者角色，要求发挥影响力，协调平衡组织、部门要求与员工需求之间的关系；四是变革推动者角色，要求协助组织及其管理者，在人力资源及理念方案上为组织变革提供有力的支持。

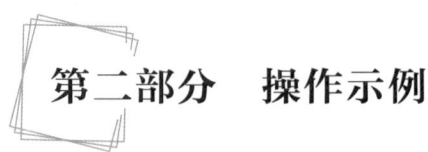

# 第二部分　操作示例

## 一、人力资源部工作计划实例

### ××公司人力资源部2019年工作计划

（一）工作目标

1. 业务环境及需求

（1）内部因素。2019年应满足以下内部因素变化对人力资源管理工作提出的需求。

一是公司管理架构转变为强矩阵式以后，对跨部门产品线的人员配备、培养、考核与激励提出了新的要求。

二是根据人力资源管理中存在的问题以及能力发展的要求，应在2018年的相关工作基础上构建任职资格体系、考核与激励体系、内部培养与晋升体系。

三是配合公司二次创业在管理改进上的相关行动。

（2）外部因素。2019年外部因素变化呈现以下特征。

一是经济大环境不景气，对于求职者而言，就业环境恶化，人才供给较充分。

二是电信行业由国家重点投资拉动行业，本公司业绩有上升潜力，可以抓住人才供给充裕的机会补充一些来自其他相关行业的高端人才和优秀的基础人才，作为培养储备或进行人力资源的更替。

三是国家在经济不景气的情况下，为了社会稳定，安抚民心，可能将推出提高居民收入和社保全国联网的举措，并在改革城乡二元制户口结构方面可能有统一趋势，这将大大增加我公司薪酬和社保福利开支。近期已经有12个省份宣布取消农业户口。

2. 人力资源管理目标

人力资源管理的总体目标是：优化人力资源结构，提高人力资源素质，满足公司各部门对人力资源数量、质量和结构的需求；完善考核激励体系，营造组织氛围，调动员工积极性。从人力资源各模块的实际水平和改进需求出发，包括以下具体目标。

（1）建立起职位管理体系，推进各职位序列任职资格体系建设。

（2）实施人力资源规划，引进高层次人才，淘汰低绩效员工，优化人才结构。

（3）建立起关键岗位人才内部晋升机制，健全职业生涯管理。

(4) 实施"蓄水池"计划，做好基础人才培养和人才储备。
(5) 完善上岗引导人制度或引入导师制，健全内部人才培养方式。
(6) 提高管理干部的执行力和领导力素质。
(7) 建立起与任职资格对应的公平合理的激励性薪酬体系。
(8) 实施周计划、月计划和季度述职制度，建立起绩效过程监控体系和绩效考核体系。
(9) 降低员工流动率，营造良好的组织氛围。

(二) 工作思路

1. 做好人力资源规划，扭转招聘工作的被动局面

(1) 思路分析。

长期以来有些部门将引进人才作为管理改进和解决问题的主要方式之一，人员招聘需求量大，加之员工流失率较高，使得人力资源部招聘工作量大，并且总是不能满足用人部门要求，处于被动服务的局面。

招聘工作的被动局面只是表面现象，其背后反映的是我公司人力资源管理的深层次问题：

一是人员结构不合理，各岗位高、中、低端人才结构建设缺乏目标，导致招聘需求比较盲目。

二是人才培养机制缺乏，高端人才对相应中低端人才的培养欠缺，内部晋升者少，没有形成人才梯队由低向高逐级培养晋升的操作习惯，既造成中低端人才流失，也增加了高端人才招聘的困难。

三是组织氛围对员工心理的消极影响。

四是招聘计划存在不合理之处，由于缺乏内部培养晋升机制，常常简单地将用人需求当作招聘计划。

归根结底是我们在招人和用人方面存在短视行为，头痛医头、脚痛医脚，各岗位的不同层级缺乏为未来储备和培养人才的思想意识和行为习惯。

(2) 工作安排。

① 组织各部门抓好人力资源规划工作。直接指向各部门人力资源的数量、质量和结构建设目标，每季度盘点各部门人力资源结构和素质现状，根据岗位任职人员具体情况确定人员补充方式，选择内部转岗、晋升，或者外部招聘，从而引导各部门做好内部人才的梯队建设。

② 做好关键岗位人力资源规划。把承载本部门核心能力的关键岗位人才培养作为人力资源规划工作的重要内容。做好关键岗位工作分析、任职资格要求以及晋升培养规划。

③ 实施高端人才招聘策划和基础人才"蓄水池"行动。招聘工作的总体方针是，重点招聘本公司缺乏的高端人才和具有培养潜质的基础岗位人才，对于工作中所需的中低端人才尽可能内部培养。为此，要做好内部人才"蓄水池"计划，将一些基础岗位作为蓄水池，做好基础人才的招聘和培养规划。

④ 满足用人部门人员需求，做好招聘基础工作。完善各相关岗位的招聘面试指导手册及试题。

2. 明确培训目的，健全培训体系

（1）思路分析。

明白学习进步之意义的多，真正坚持学习进步的少。对于组织培训而言，情况类似。不管是部门负责人还是员工，大多数都有学习意识，但真正有组织地开展培训相对较少。即使有一些行动，也会有落入形式主义的可能。每季度也做培训计划，但总感觉有点零敲碎打。

培训工作现状可以概括为有行动，缺目的；有计划，缺规划；有意识，缺行动。其中最大的问题当属培训目的性和最终效果检测之缺失。

2019年的培训工作应当达成以下四点目的。

一是致力于提高各级经理层的管理素质。

二是致力于帮助新员工尽快熟悉并适应公司环境，胜任工作，创造业绩。

三是致力于组织生产、销售和研发人员岗位知识和技能的培训，从而提高其工作质量和效率。

四是致力于加快关键岗位人才内部培养机制的建立。

人力资源部在以上几类培训中扮演的角色和组织方式是不同的。前两类由人力资源部直接主持开展，后两类由人力资源部组织和监管。第三类培训以任职资格体系建设为基础，人力资源部要向业务部门提出明确的培训要求，由本部门组织开展，人力资源部协助。第四类完全依赖业务部门的努力，人力资源部提出要求和监控。

（2）工作安排。

① 对于各级经理层管理素质培训，拟以三种方式开展。

一是实施"执行力和领导力训练营"行动，针对公司管理现状和存在问题，以提高干部执行力和领导力为专题，策划系列课程，安排在一个季度内完成第一次课程，形成管理习惯，持续检验其效果。

二是组织规划公司管理干部基础管理素质的培训课程，主要针对新任管理干部或后备干部，以本公司师资为主。也可采取读书会的形式。

三是关注外部培训课程资源，选择适合公司现任管理干部现实水平和实际需求的课程，实施外派培训，主要是针对管理现状中存在的问题和现任管理干部中的实际需求。

② 对于新员工入职培训，重点抓上岗引导人制度的建立和培训课程的完善。上岗引导人真正担起培训和引导新员工的责任，认真做好新员工转正评审。培训课程涉及人力资源部负责的有关制度和文化方面，也涉及各部门负责的业务知识和技能的培训，重点是生产和销售两类岗位。

③ 对于研产销相关岗位知识和技能培训，要配合任职资格体系的建立，人力资源部与业务部门配合规划好各岗位应知应会的知识技能要求，监督各部门严格按任职资格要求开展相关培训。

④ 对于关键岗位核心人才内部培养机制的建立，要配合关键岗位人才梯队建设，督促各部门做好相关的后备人才培养。

3. 完善绩效管理体系，坚定不移执行绩效考核

（1）思路分析。

绩效考核不是技术性问题，而是组织管理问题。绩效考核体现了公司对管理干部和

一般员工的绩效要求,核心问题是一种管理习惯的形成。养成行为习惯,关键在于坚持。

绩效考核体系应完成的任务非常明确,概括为三大任务。

一是健全绩效指标及其监控体系。

二是坚持不懈抓好绩效过程监控。

三是严格施行考核结果应用。

人力资源部的责任是确保绩效管理体系的完整性和对实施过程的监控。

(2) 工作安排。

① 在各级部门考核指标的基础上,健全关键岗位的指标设置,这是一项长期的任务。对于影响公司和各部门绩效的相关指标的完成情况的统计和监控,应建立指标数据统计、分析和改进监控的相对稳定的渠道。

② 以培育管理习惯为目的,坚持抓好绩效过程监控。包括全体员工周计划和月计划,以及管理干部季度述职。

③ 严格实施考核结果。坚持做好全体员工绩效等级档案记录。根据部门绩效和岗位绩效表现,实施绩效工资浮动或者是效益奖的发放。对于绩效等级特别差的员工,启动相应的降级降薪和淘汰机制。

4. 健全薪酬体系,提高薪酬的激励作用

(1) 思路分析。

薪酬体系的激励性改进有两大特征:一是强烈的政策性;二是对任职资格等级划分的依赖性。

2019年在薪酬体系建设方面已经理顺了思路,在基础工作准备方面也已经创造了条件,在研发职位序列薪酬体系建设实践方面也积累了一定的经验。2019年薪酬体系建设有三个基本任务:一是薪酬体系和绩效工资改革的系统性分析和整体方案的研究制定,为薪酬政策决策的前提;二是基于职位管理的各职位序列岗位任职资格体系的建立,为薪酬体系标准建立的基础;三是绩效考核的有效实施,为员工绩效工资实施的依据。

(2) 工作安排。

① 关于绩效工资方案,需要体现各岗位薪酬结构的特点,以及相应的关键绩效目标。应在全面研究公司薪酬总额及其与公司效益的关联关系的基础上,将绩效工资纳入薪酬总额预算。

② 关于任职资格体系,这是人力资源管理的基础工作,更是薪酬体系建立的基础工作。主要工作是首先规划公司的职务体系,按照各职务序列的岗位等级设置薪酬标准,明确各职务序列等级及其相应的资格,并对任职员工做出综合评估,这样才能确保薪酬体系的公平性。

③ 具体的薪酬体系建设进度按照职务序列安排。我们初步把公司职务体系划定为五大序列,近50个子序列。继2017年对研发人员内部职称等级划分之后,2018年又对营销人员、工程技术人员、销售支持人员和生产人员做任职资格等级的划分。

5. 完善劳动合同管理,规范人事手续办理流程

(1) 思路分析。

健全规范的劳动合同管理,可以最大限度地规避劳动用工纠纷给企业带来的经济利益损失。规范各项人事手续办理的工作流程,可以加快业务办理速度,提升效率,同时

更有效地避免因时间延误造成企业经济利益损失。

2019年人事管理工作重点任务有：劳动合同管理规范化，续签工作制定规范化的流程，杜绝合同空白期出现，使用工更为规范，在符合法律规定的前提下，减少因解聘带来的企业违约金支出；规范入职、离职、转正、转岗手续的办理流程，尤其对驻办事处人员的手续办理流程进行规范，与社保福利实现无缝链接，避免因为流程不顺畅，手续办理滞后带来的损失。

（2）工作安排。

① 关于劳动合同管理，在实现全员劳动合同签订的基础上，续签工作更加规范化，对于人员的留用和解聘，做到前置管理。

② 对于人员信息的管理和人事手续的办理，借助ERP（企业发源计划）工具，实现管理更加规范，流程更加顺畅，减少工作衔接的漏洞。

③ 完善各种手续办理的作业流程，并对具体经办人进行必要的培训，以提升工作效率。

## 二、人力资源部重点工作计划实例

人力资源部重点工作计划实例可见表1-2。

表1-2　人力资源部2019年重点工作计划

| 序号 | 重点工作/关键举措 | 交付件 | 完成时间 |
| --- | --- | --- | --- |
| 1 | 人力资源规划：从各部门人力资源的数量、质量和结构的需求和目标出发，盘点人力资源结构和素质现状，明确补充方式（招聘或培养计划），优化人才结构 | 各部门人才结构和编制表，含招聘计划和培养计划 | 各季度 |
| 2 | 关键岗位人才职业生涯管理：把承载各部门核心能力的关键岗位人才的选拔培养作为核心人才建设的重要工作，对关键岗位做工作分析和人才梯队计划，督促各部门做好内部人才培养 | 关键岗位及其任职人才库，后备人才培养计划 | 7月 |
| 3 | 高端人才招聘改进：策划高端人才招聘方案，针对各岗位人才特点选择合适的渠道 | 高端人才招聘计划及其实施情况 | 各季度 |
| 4 | 基础人才"蓄水池"行动：盘点关键岗位内部人才来源的基础岗位及其人才现状，将之作为内部人才培养的"蓄水池"，重点关注该类人才的补充和培养，做好人才储备 | "蓄水池"基础岗位和人才列表及其人员补充和培训计划 | 4月 |
| 5 | 招聘基础工作：招聘面试指导手册编制，招聘试题库建设 | 招聘面试指导手册 | 9月 |
| 6 | 强化上岗引导人制度：按计划实施新员工入职培训，督促用人部门为新员工指定上岗引导人，检查其职责履行情况，开展引导人工作交流，完成与新员工的沟通要求，落实新员工转正评审 | 制度得到100%执行 | 1月、4月、7月、10月 |

续上表

| 序号 | 重点工作/关键举措 | 交付件 | 完成时间 |
|---|---|---|---|
| 7 | 实施执行力和领导力训练营：联系外部培训资源，策划执行力和领导力培训方案、习惯培育和效果测评方案，提高领导干部队伍素质 | 训练营方案实施及培训效果保障 | 3～5月 |
| 8 | 基础管理素质培训：针对本年度新任管理干部，结合公司管理制度和实践，以及基本管理知识，以达到深入了解公司管理现状和管理改进方向，明确其职责和公司对他们的相关要求 | 基础素质培训课程及其实施 | 2月出方案，每季度实施 |
| 9 | 操作工人岗位知识技能培训：完成工人任职资格等级划分，制定相关培训要求，督促生产中心完成相关的培训要求 | 工人任职资格等级及其培训要求，督促培训实施 | 3月出方案，4～5月实施 |
| 10 | 销售人员岗前培训：系统整理销售人员岗前培训的知识技能要求，规划培训课程和培训方式，协调解决培训师资，督促销售系统开展培训 | 销售人员岗前培训大纲和方案，督促培训实施 | 5月出方案 |
| 11 | 培训基础工作：培训师资建设方案 | 培训师管理制度及其实施 | 2月出方案 |
| 12 | 绩效考核体系改进：结合公司实际及以往考核的经验教训，形成系统、完整、可操作的绩效考核方案，明确绩效考核结果在薪资升降或转岗、辞退方面的应用，修订绩效考核制度 | 修订并发布绩效考核制度，严格按制度实施 | 1月发布 |
| 13 | 绩效指标体系完善：在各级部门指标明确的基础上，分析和优化关键岗位的绩效指标设置 | 管理干部业绩承诺书的签订和关键岗位绩效指标优化方案 | 各季度 |
| 14 | 员工周计划和月计划工作：确定员工周计划、月计划实施范围，发布相关通知要求，每周抽样检查，确保100%实施 | 实施率100% | 1月出方案，全年实施 |
| 15 | 管理干部季度述职：4月、7月和2020年1月组织一级部门管理干部述职，并检查二级部门管理干部述职情况，并按季度开展干部民主测评 | 经理层100%述职 | 各季度 |
| 16 | 绩效考核实施和结果应用：每季度组织实施绩效考核，建立考核数据库，将考核结果作为绩效工资升降、奖金发放和岗位变动、降薪或辞退的依据 | 考核覆盖100%，严格按制度兑现考核结果 | 各季度 |
| 17 | 营销人员任职资格等级及其薪酬体系优化：完成客户经理、办事处主任、内勤等级划分和相应任职资格要求，改善薪酬结构，对现有人员进行综合评价 | 任职资格方案及其实施 | 2月 |

续上表

| 序号 | 重点工作/关键举措 | 交付件 | 完成时间 |
|---|---|---|---|
| 18 | 研发人员任职资格等级及其薪酬体系完善：根据研发人员任职资格等级评定实施经验教训，发布相关制度文件，并在公司研发体系普遍应用 | 研发人员薪酬体系相关制度文件，节能和监控部的实施 | 3月 |
| 19 | 工程技术人员任职资格等级及其薪酬体系建立：对售后服务人员、售后技术支持和相应的工程技术人员，建立相应的等级，明确任职资格和薪酬标准 | 工程技术人员任职资格方案及其实施 | 5月 |
| 20 | 生产工艺技术人员任职资格等级及其薪酬体系建立：对生产工艺技术人员做出等级划分及其任职资格要求，实施现有人员的等级评定，完善其薪酬标准，解决历史遗留问题 | 生产工艺技术人员任职资格方案及其实施 | 1月 |
| 21 | 生产工人任职资格体系的完善：与生产中心合作对操作工人按其工种和技术复杂程度划分等级，明确任职资格要求，监督生产中心严格按任职资格要求开展上岗培训工作 | 生产工人任职资格方案及其实施 | 3~5月 |
| 22 | 生产工人计件工资体系完善：与生产中心合作核定各工种操作工人工时标准和工时定额，完善对工人薪酬支付的管理，确保骨干技术工人比例和稳定性，强化对加班工资的管理 | 生产工人计件工资体系完善方案 | 3~4月 |
| 23 | 职能类人员任职资格等级划分及其薪酬体系完善：完善职能类人员岗位说明书，明确其任职资格要求，对职能类人员开展岗位价值评估 | 岗位说明书及其岗位价值评估 | 7月 |
| 24 | 管理干部任职要求和聘任程序：明确公司对管理干部素质标准要求，规范提拔和竞聘工作程序，提高干部适岗性和干部队伍素质 | 干部管理相关文件制度发布和实施 | 1月 |
| 25 | 绩效工资实施：发布绩效工资浮动方案和研产销效益奖金实施办法，每季度根据绩效考核结果实施绩效工资调资或奖金发放 | 绩效工资方案发布和实施 | 各季度 |
| 26 | 完善人事管理：与用友公司合作正式运行薪酬软件，开通包含办事处在内的所有员工的工资查询系统；完善劳动合同及其员工入离职、转岗等管理；完善员工档案管理 | 薪酬软件运行和工资正常查询 | 3月 |
| 27 | 职位管理：对公司职位体系进行规划，以此为基础开展任职资格体系建设，完善岗位说明书 | 职位体系规划，岗位说明书覆盖率达到100% | 10月 |

# 第三部分　实训演练

## 一、人力测试

### 你是否具备人力资源管理潜能？

指导语：请你如实回答下列 60 道题，假设题目中的内容是一般情况下，或是大多数情况下发生的，请只用"是"或"否"来回答。

（1）买东西喜欢讨价还价吗？
（2）曾在某些集会中担任过主持人吗？
（3）在就餐或买东西时是否曾指责过服务员服务不佳？
（4）曾经率先发动组织集会，或团体活动吗？
（5）曾使兴趣索然的场合变得生气勃勃吗？
（6）在大众面前讲话感到困难吗？
（7）与陌生人说话感到困难吗？
（8）第一次做某件事时会觉得很紧张吗？
（9）常常因犹豫不决而坐失良机吗？
（10）参加活动时常常告诫自己不要争出风头吗？
（11）热衷于有创造性工作时，即使没有朋友支持也能独立进行吗？
（12）让你在跳舞和演戏中选择，你是喜欢选择跳舞吗？
（13）与其共同负责，还不如个人负责更好吗？
（14）受到打击时，宁愿自己个人承受吗？
（15）做事时更喜欢一个人去完成吗？
（16）写信时需要再重新誊写过吗？
（17）和多数人相比一个人独处更愉快吗？
（18）虽是正当的事但遭到嘲笑会觉得没趣吗？
（19）遇到令人烦恼的事物，希望有他人在你身边吗？
（20）更喜欢运动而不太喜欢看书吗？
（21）很少注意他人的脸色吗？
（22）你已买下的东西过后会常去退换吗？
（23）是否很少担心将来的事？
（24）你充满自信吗？
（25）做没有兴趣的工作时，不需要别人鼓动吗？
（26）事事都有决断力吗？
（27）被人嘲笑时，自己也笑得出来吗？

（28）虽然遭到他人反对，还会坚持己见吗？
（29）发生了意外事件时，你会立即行动出力协助吗？
（30）你非常喜欢与众人交往吗？
（31）有过羞愧到无地自容的经历吗？
（32）是否经常在积蓄财产？
（33）经常反思自己的过错吗？
（34）因为困惑常常变更正在进行的事情吗？
（35）与上司相处会觉得拘束吗？
（36）事情受到挫折会很快泄气吗？
（37）你是一个十分敏感的人吗？
（38）工作时有旁观者会觉得不安吗？
（39）在开会时常会言不达意、言不由衷或有言不敢发吗？
（40）会因为小事受挫而意志消沉吗？
（41）大家聚集一堂你会感到快乐吗？
（42）你讲话时别人会用心听吗？
（43）你愿意承认自己的错误吗？
（44）朋友们会来征求你的意见吗？
（45）是否常常不原谅他人的过错？
（46）常常设法提起他人感兴趣的话题吗？
（47）对大部分事情，可以按自己的想法表达出来吗？
（48）大家讨论问题时，是否站在团体的立场上，听取各人的意见？
（49）在决策家庭事务或工作问题之前，是否先设法了解家人的意见？
（50）你认为所谓意见主要是由经验造成的吗？
（51）假若你改变了观点，旁人会认为你是弱者吗？
（52）受到别人批评时会感到不自在吗？
（53）与他人交谈时，你会不注意对方说话吗？
（54）他人不同意你的意见，你会不高兴吗？
（55）你是否限制交朋友的圈子？
（56）寄出信件后常会后悔吗？
（57）常常说一些不便让别人知道的话吗？
（58）对一些需要对质的问题不希望当面回答，怕别人指责你的错误吗？
（59）在商量过程中，常常与人争论，或发出命令式口气吗？
（60）你能承认你的辩论对手也有道理吗？

**计分标准：**

第（1）~（5）、第（11）~（15）、第（21）~（30）、第（41）~（50）题各题答"是"者得2分，答"否"者得0分。

第（6）~（10）、第（16）~（20）、第（31）~（40）、第（51）~（60）题各题答"否"者得2分，答"是"者得0分。

各题未答"是"或"否"者均得1分。

满分120分,最低分0分。

**测试结果:**

100分以上:管理潜能较优;90~99分:管理潜能良好;80~89分:管理潜能一般;70~79分:管理潜能较差;69分以下缺乏管理潜能。

第1~10题反映指挥他人能力,满分20分。15分以上:较强;11~14分:一般;10分以下:较差。

第11~20题反映独立性,满分20分。15分以上:较强;11~14分:一般;10分以下:较差。

第21~40题反映性格内向或外向,满分40分。30分以上:外向;21~29分:中性倾向;20分以下:内向。

第41~60题反映社会性反应,满分40分。34分以上:极强;30~33分:较强;26~29分:一般;22~25分:较弱;21分以下:极弱。

## 二、案例分析

**案例一**

### 微软引领HR管理新潮流

"你的企业E化了吗"这已成为时下许多人力资源经理关心的问题。在软件业中称霸一方的"微软",启用现代化手段进行人力资源管理已有一段时间了,这种手段为企业节省了人力,提高了效率,并使人力资源部完完全全从传统的事务性工作中解脱出来。

"微软"凭借拥有一批优秀软件人才的优势,开发出了一套适用于内部人力资源管理的系统软件,从此,微软的人力资源部不再有繁杂的纸张、厚重的材料,员工的培训发展、福利休假、薪酬、业绩考核等事务全部由互联网及系统软件代替,全球员工查找信息,只要输入个人独有的密码,各种信息便一览无遗。在这一领域,微软可谓是E化道路的"领航者",它正引领着一种新的潮流。

——招聘员工网上找。在网上发布招聘信息并不是什么稀奇的事,不过微软的招聘信息不仅对外,同时也对内,微软在全球各个国家开设的公司有哪个职位空缺,都发布在网上,微软的职员可以跨国提出申请。如果你对哪个国家的空缺职位感兴趣,并愿意长期移居过去,便可以发出申请信,那个国家的微软公司人力资源部会对你的技能、业绩进行一番调查,然后在网上进行测评,认为你可以胜任,那么你就很幸运地成为那个国家微软公司的员工了,你的一切关系(包括保险、薪酬、福利等)都将转移过去。到目前为止,微软已有不少员工通过这种方式到自己向往的国家和职位去工作了。

——培训课程网上寻。员工的职业发展及技能提高可是大事,在微软的网站上有各种课程,员工可以根据个人的需求,找寻相应的课程,同时网站成为员工与人力资源部之间的桥梁,信息的更新、员工的意见,都能及时地反映出来。

——休假、报销网上批。员工想休假了,可到网上申请,系统上有记录每位员工已休天数、未休天数,获得批准后,数据就会自动更新。报销也没有以往琐碎的票据,可直接到网上申请,省时省力。

——个人绩效网上定。微软的绩效考核半年进行一次,先由员工个人为这半年来的业绩做评估，评分，然后放到网上，等待部门经理签字、评分。没有经过部门经理评分、签字的信息呈红色；经理评分后，如果员工认为经理的评价比较符合事实，再进行最后的确认，确认后信息呈绿色，业绩考核的过程就完成了。此外，部门经理评分的同时还要为每位员工制定下个半年的目标。如果员工对经理的评价存有异议，便可以拒绝确认，更高层经理及人力资源部的人员看到后，会与员工沟通，直至了解到员工拒签的原因。

——个人信息网上查。每位员工只要输入个人所持有的密码，就可以查到全方位的信息，包括职位、录用信息、升迁及调动信息、薪资福利状况等。不仅可以看个人的，还能看到别人的，当然这是受访问权限约束的，也就是说，你仅可以看到比自己级别低的员工的信息。部门经理可以看到所管部门员工的个人信息，这样有助于对本部门的管理。

微软（中国）公司人力资源部总监张铭先生对这种 E-HR（电子人力资源管理）的管理做了分析。他说："E-HR 在北美很流行，我们希望微软在中国领先于潮流，目前已有一些较大型的企业正在使用微软开发的这套系统。我认为，由于观念上、技术上等多方面因素，E-HR 的使用会受到一些局限性的影响。但无可争议的是外企领先、国企滞后；IT（information technology）公司领先，其他行业滞后；对企业管理重视者领先，反之则滞后。与此同时，它也是人力资源部对 E 化的认识及人力资源部从业人员自身素质高低的有力体现。"

◉ 请思考：
1. 你如何理解人力资源管理的 E 化？它给人力资源管理带来了什么样的冲击？
2. 目前在中国企业，人力资源管理的 E 化主要体现在哪些方面？

案例二

## 中国外轮代理总公司人事经理隋纯东访谈"人事经"

去国有企业中国外轮代理总公司的人事部采访之前，难免让人想起那一张张面沉似水的"人事脸"，尤其那不温不火、滴水不漏的谈话"功夫"，多少令人担心这种采访会取得什么好的素材，但初见人事经理隋纯东，瘦高的身材透着干练，祥和的目光显现着成熟、幽默，率直的言谈表露着真诚，似乎和想象中的国企人事科长有着明显的差异，也许不仅我们国有企业大环境在变，连国企的人事经理的工作风格也在变，但他们是否在人事管理的观念上有所变化呢？因此，我们的话题首先就从"人事部到底是干什么的"谈起。

国企该如何留住核心员工？外轮代理业目前在我国是一个比较开放的行业，也是一个主要靠人力资本赚钱的行业，几个人就可成立一家公司，承揽代理业务，竞争相当激烈，因此，那些能给公司带来80%收入的核心员工，往往就成为别的公司"猎取"的重点对象。由于我们人事部"管着"包括下属80余家企业约5 000人的职工队伍。而且，许多骨干已经流向一些外企或民企，这让我们也感到了一种强烈的危机意识，于是，我们在公司全系统实施"人才工程"，通过采取岗位竞聘的办法，让优秀人才显露出来，发挥出他们的作用，使他们从以前"你要我干这个岗位"到"我很想干"的转变。

具体办法首先是改革收入分配制度，公司高层领导按年薪制，其他职工降低固定收入部分，加大岗位浮动部分和效益提成部分，给予特殊贡献的人才以特殊的待遇等。另外，以前我们采取的是薪点工资制，但这种工资是一种比较典型的论资排辈的制度，所以，我们把它改为岗位工资，让一些后勤服务部门或其他辅助人员按市场一般价调整，而让为企业效益做出直接贡献的人员的收入，随每年企业效益的提高而提高，甚至关键的岗位都可以由对方报价。

这样做的目的，就是让核心员工感到企业非常看重他们，希望能留住他们的心。当然，我们留人和激励员工还采取了许多其他方法，比如提供好的培训机会作为奖励员工的重要手段，让能力越强、贡献越大、工作越离不开的人去参加培训，而不是说让那些有较多空闲、工作中可有可无的人去参加培训。这是我们留住核心员工的一个很重要的手段。当然，企业为此也做了较大的投入，比如现在在MBA研修班进修的费用每人至少三四万元，但我相信这种投入是会有可观的回报的。

以上这些做法尽管在外资或民营企业看来，还依然略显传统，但作为一个国有企业，要真能把这些做好，并非易事。上级领导指示我们国有企业，要"事业留人、感情留人、适当待遇留人"，前两条指示既有思路，也可以找到具体办法，但什么叫适当待遇留人？要想提高国企竞争力，为什么就不能用一流的待遇留住一流的人才？有人开玩笑说：虽然家家都有本难念的经，但国企人事部的经尤其难念。但我并不这样悲观。尽管国企受国家整个大政策的制约，许多事我们想做却不能做，比如，如果把国企住房补贴与市场房价之差的费用算在员工的工资上，或者纳入奖励体系，绝对能吸引一大批业界优秀人才。

人事经理如何做人事？

我刚到人事部的时候，让我讲两句话，我当时就非常犹豫，因为我没来人事部之前，我总觉得人事部的人都是老琢磨别人的人，不是考核这个人，就是算计那个人（比如工资等），大家的各种利益似乎全都攥在人事部的人手里，所以，我多少有点心怵。

但我现在自己干了这项工作以后，我觉得必须改变大家对我们的印象，要让他们觉得我们不仅是其他部门的战略伙伴，更是向他们提供优质资源和良好服务的朋友和贴心人。比如，国有企业的工资总量是有额度的，有的时候即使企业效益很好，员工的工资上涨幅度也是要受限制的，但我们会想方设法解决这些问题，员工就很感谢我们。

我虽然在国企人事部干的时间不长，但我感觉在这个部门能接触到各种人，可以让我学到很多东西，知道如何在领导层之间进行协调，就如一位人事老前辈所讲，当好人事经理关键要把握三条：授权有限、守口如瓶、推功揽过。

在我们采访即将结束的时候，隋纯东经理意味深长的一句话给我们留下了深刻印象，"做人事经理绝不能干一辈子，有机会还是应做做业务，否则你不会真正理解干人事的意义"。

● 请思考：

1. 传统人事管理与现代人力资源管理有何不同之处？
2. 如何理解本案例的最后一句话？

## 三、组建模拟公司

以小组为单位组建模拟公司，商讨出创建模拟公司的初步设想，包括模拟公司的名称、将从事的业务范围、组建的理由和可行性分析，并绘制公司的组织结构图。

## 思考与练习

1. 什么是人力资源？人力资源有哪些特点？
2. 什么是人力资源管理？人力资源管理的内容和任务有哪些？
3. 简述人力资源管理和人事管理的主要区别。
4. 人力资源管理需遵循哪些原理？
5. 人力资源管理专业人员应具备哪些基本素质？

闯关练习

案例：沃尔玛的人力资源管理

案例：福特的人才观

# 项目二
# 工作分析与工作设计实务

 职业情境

对于一个没有工作经验的大学生而言，要想很好地开展人力资源管理的相关工作，熟悉公司各部门和公司整体运作方式是首要任务，因此，王经理派李明去生产车间体验两周。

可是，第一天到车间，李明就发现：工人之间并不是他想象的那么"和谐"。纺织工玲姐操作的机器周围的地板上，到处是碎布、油渍，车间组长叫玲姐负责打扫干净，玲姐却说这不是她分内的事，签订的合同里并没有打扫卫生这一条。车间组长考虑到玲姐平时的为人较为泼辣，不愿与她计较。正好维修工李师傅经过车间，组长顺势把这项任务就转给了他。李师傅说他只负责机器的维修和保养，这种清洁一类的事，就不应该由他来做。面对车间主任的左右为难，李明主动过去解围，拿起扫把就把这件小事做了。

问题虽然解决了，但在李明心里出现了一个疑问：车间并没有配备专职清洁人员，这种情况下，打扫卫生这件事似乎和大家都有关又似乎都没关系，那么这件事到底应该由谁来做呢？到底该如何解决这个问题呢？

 学习目标

### 能力目标

- 能够灵活运用工作分析的方法收集岗位信息。
- 学会编写工作说明书。
- 培养学生的责任意识和担当意识。

### 知识目标

- 掌握工作分析的流程。
- 掌握工作分析的方法。
- 熟悉工作说明书的内容。

访谈法          工作分析流程

 **先导案例**

**益华公司的管理难题**

益华国际饮料有限公司是一家生产奶茶的外商独资企业。由于开创初期实施了卓有成效的经营战略，使产品一炮打响，并迅速占领了国内市场份额。

随着市场的扩大，企业规模也急剧扩张，生产线由最初的两条扩展到12条，公司人员也增加到上千人。然而，随之而来的是管理上显露出了种种问题：首先是出现了大量的"窝工"现象，即有的岗位员工疲于奔命，有的岗位员工无所事事；其次是令出多门，同一个问题很多部门都在管，要求互相矛盾，结果适得其反，反而没人管；最为突出的是报酬问题，各部门人员都觉得自己付出比别人多，而得到的酬劳并不比别人多，所以都认为不公平。生产部门的人强调自己的劳动强度大。确实，在炎热的夏季，车间温度高达40℃，劳动强度可想而知。经营部门的人员强调，他们整天在外边跑，既辛苦又承受着巨大的心理压力。还有的部门强调自己的责任重大等，大家各执一词。

● 请思考：
1. 益华公司显露的问题其原因是什么？
2. 解决问题的关键是什么？

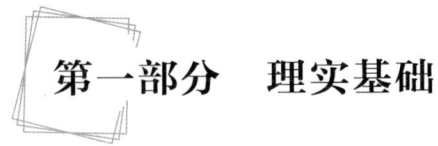

# 第一部分　理实基础

## 一、理论基础

### （一）工作分析

**1. 工作分析的含义和内容**

（1）工作分析的含义。工作分析（job analysis），也被称作职位分析、岗位分析，它是指了解企业内的职位并以一种格式把职位的有关信息描述出来，从而使他人能了解职位的过程。具体来讲，工作分析就是对组织中某个特定工作岗位的目的、任务或职责、权利、岗位关系、劳动条件和环境，以及员工承担本岗位任务应具备的相关资格进行收集与分析，以便对该岗位的工作做出明确的规定，并制定出工作说明书的过程。

工作分析所需分析的信息内容有：①工作名称分析，包括工作特征的揭示与概括、名称的选择与表达；②工作内容分析，包括工作任务、工作责权、工作关系、工作强度分析；③工作环境分析，包括物理环境、安全环境、社会环境分析；④工作过程分析，包括对工作环节、人员关系与所受影响的分析；⑤任职资格分析，包括必备知识、经验、操作技能、能力、心理素质分析。

总之，工作分析就是通过一定的技术方法，对目标工作的性质、特点等进行分析，从而为企业管理，尤其是人力资源管理提供基础的信息，包括工作任务与职责、工作环境以及任职资格等。

工作分析是人力资源管理的基础，它贯穿于人力资源管理的全过程，工作分析最直接的结果是形成工作说明书。工作说明书又称为职务说明书，是把某一职务的职责、权限、工作内容、工作程序和工作方法、执行标准、任职资格等信息以文字的形式记录下来以供管理人员使用的专门文件。工作说明书在人力资源管理体系中处于重要的地位，为招聘、培训、薪酬和考评等工作提供标准。

工作说明书的基本内容包括工作描述和工作规范。工作描述说明有关工作的特征，一般用来表达工作内容、任务、职责、环境等；工作规范又称任职说明，说明对从事工作的人的具体要求和任职者所需要的资格要求，如学历、技能、经验和体能等。

（2）工作分析的任务。工作分析的任务主要是解决两个问题。

① 某个职位做什么事情？这个问题与工作描述有关，包括职位名称、工作职责、工作要求、工作关系、工作环境等内容。

② 什么样的人做最适合？这个问题与工作规范有关，包括学历、专业、年龄、能力、证书、工作经验等内容。

（3）工作分析的内容。工作分析的内容可以概括为"6W1H"七个方面。

① What（工作内容）——做什么？指的是从事什么样的工作活动，主要包括：任职者所要完成的工作活动、任职者的工作活动结果产出、任职者的工作活动标准。

② Why（工作原因）——为什么做？指的是任职者的工作目的，也是该项工作在整个组织中的作用，主要包括：工作的目的；工作在组织中与其他工作之间的联系与互相影响的关系。

③ Who（工作主体）——谁来做？指的是从事该项工作的人员必备的要求，主要包括：身体素质要求、知识技能要求、教育与培训要求、经验要求、个性特征要求。

④ When（工作时间）——何时做？指的是该项工作活动进行的时间安排，主要包括：工作时间安排是否有固定的时间表；工作活动的开展频度区分，如每日、每周以及每月进行的活动等。

⑤ Where（工作地点）——在哪里做？指工作进行的环境，主要包括：自然环境、社会环境和心理环境。

⑥ for Whom（工作对象）——为谁做？指的是在工作中与其他岗位发生的关系及相互的影响，主要包括：工作的请示汇报对象；工作的信息提供对象或工作结果提交对象；工作监控与指挥对象。

⑦ How（工作方式）——如何做？即明确完成工作所需的设备、信息、资料、方式方法等。

（4）工作分析中常见的术语。在工作分析的过程中，需要使用到相关的专业术语，需要我们特别注意的是，这些专业术语中有的与人们在日常生活中使用的术语有近似之处，而有的却与人们通常意义上的理解完全不同。

① 行动。行动又叫工作要素，是指工作中不能再继续分解的最小动作单位。例如，餐厅服务员为客人倒酒就包括了放酒杯、打开瓶盖、倒酒三个行动。

② 任务。任务是指为了达到某种目的所从事的一系列活动。它可以由一个或者多个行动组成。例如复印文件，就包括了启动复印机、将复印纸放入复印机内、将复印文件放好、按复印按钮进行复印四项行动。

③ 职责。职责是某人在某方面承担的一项或多项任务组成的集合。例如，销售人员

为了完成销售产品的职责，需要完成制订销售计划、进行销售推广等任务；打字员的职责包括打字、校对、机器维修等任务。

④ 职位。职位又称岗位，由一个人完成的一项或多项相关职责组成的集合。例如，销售经理这个职位承担有销售产品、维护销售渠道、带领团队等职责。一般情况下，个体与职位是对应匹配的，也就是说理论上职位的数量等于员工的人数。

⑤ 职务。职务是指一组重要职责相似或相同的职位。例如某公司有两位副总经理，一位分管采购、生产、销售工作；另一位分管财务、行政工作。虽然这两个职位的工作职责并不完全相同，但是它们的重要性和工作量相似，因此这两个职位可以统称为副总经理职务。

与职位不同的是，职务和员工不一定相对应。一个职务可能有多个职位与它相对应。职位不随人员的变动而变动，当某个人的职务发生变化时，他原来所担任的职位依然存在，并不会因他的离去而发生变化或消失。职位可以按照不同的标准加以分类，但职务一般不加以分类。

⑥ 职业。职业是指在不同组织从事相似的工作活动的一系列工作的总称。例如，教师、医生、秘书、公务员、工人等。

⑦ 职系。职系是指一些工作性质相同，而责任轻重和困难程度不同，所以职级、职等是不同的职位系列。一个职系就是一种专门的职业。例如，软件程序员、系统分析员、数据库工程师可以归入"研发"职系。

⑧ 职级。职级是分类结构中最重要的概念。指将工作内容、难易程度、责任大小、所需资格皆很相似的职位划为同一职级，实行同样的管理、使用与报酬。每个职级的职位数并不相同，小到一个，多到几千。例如，中学一级数学教师与小学高级数学教师属于同一职级。

⑨ 职等。工作性质不同或主要职务不同，按其困难程度、职责大小、工作所需资格等条件充分相同之职级的归纳称为职等。同一职等的所有职位，不管它们属于哪个职系的哪个职级，其薪金报酬相同。例如，大学讲师与研究所的助理研究员以及工厂的工程师，均属于同一职等。

⑩ 职组。工作性质相近的若干职系综合而成为职组，也叫职群。例如，产品工程师、网络工程师可以归入"产品职系"，"产品职系"与"研发职系"可以并入"技术"职组。

2. 工作分析的作用和意义

工作分析是整个人力资源开发与管理的奠基工程，在人力资源开发与管理过程中，具有十分重要的作用和意义。没有工作分析，就无法进行清晰的岗位描述与任职资格说明；没有清晰的岗位描述，就无法比较和评价岗位的价值；没有清晰的岗位职责描述，就无法确定岗位的关键职责与行为要项，进而无法提取恰当、准确、直击要害的绩效考评指标；缺乏绩效考评，就无法确定薪酬中的弹性、激励部分；没有工作分析就难以进行职位评价，无法确定基本的薪酬结构；没有职位评价与绩效管理，就无法让员工明确职业发展的通道以及个人在绩效上的差距。具体来说，工作分析在人力资源管理中的作用与价值主要表现在以下几个方面。

（1）工作分析是整个人力资源开发与管理科学化的基础。人力资源管理过程包括岗位设计、招聘、配置、培训、考核、付酬等环节，每个环节的工作均需要以工作分析为基础。岗位设计要以岗位职责与职务说明书为依据，招聘要以职位说明书为依据，配置要以工作要求为依据，培训要以工作内容和要求为依据，考核要以工作目标为依据，付酬要以岗位职责大小、所需技能高低与实际贡献大小为依据。这一切都要以工作分析为基础。因此，工作分析有助于工作评价、人员测评、定员、定额、人员招聘、职业发展设计与指导、绩效考评、薪酬管理及人员培训的科学化、规范化和标准化，如图2-1所示。

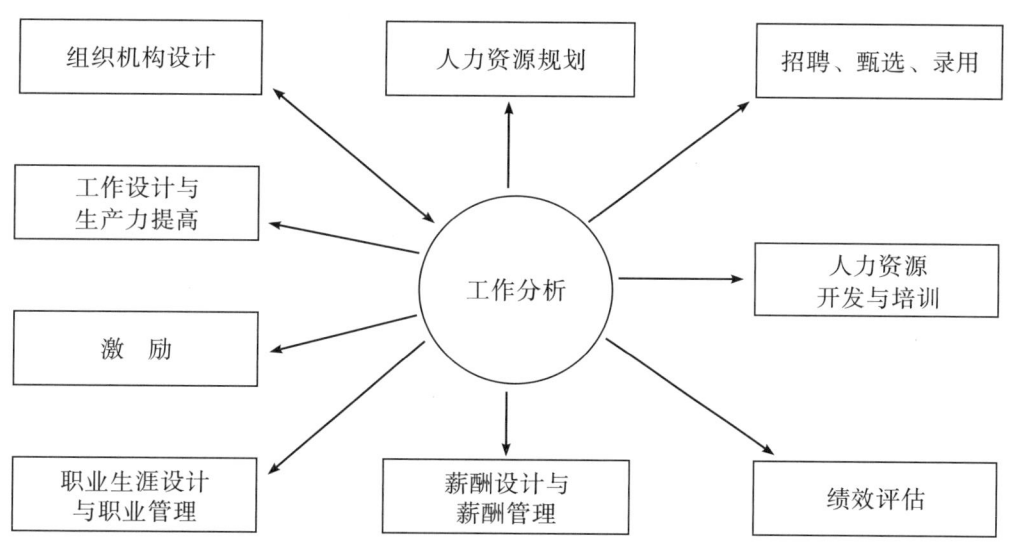

图2-1　工作分析与人力资源管理各个环节的关系

（2）工作分析有助于选拔和任用合格人员。由于工作分析对各个职位的任职资格条件做出了充分的分析，因此就为企业的招聘录用工作提供了标准，减少了主观判断，有利于企业选拔和录用到合格的人员，实现人力资源管理"人尽其才、位得其人、能位匹配"的基本原则。

（3）工作分析为员工培训提供了明确的依据。工作分析明确了从事某个职位应具备的知识、技能等条件，因此可以据此对新员工进行岗前培训，使他们了解自己的工作；还可以根据员工与任职资格要求的差异进行相应的培训，以提高员工的绩效水平。

（4）工作分析有助于提高绩效管理水平。工作分析对职位做出了清晰的描述，并提出了任职资格要求，因而为员工的绩效评估提供了标准与依据，使绩效考核更加科学，从而帮助企业提高绩效管理的水平。

（5）工作分析有助于实现公平报酬。工作分析对职位承担的责任、工作环境、任职资格等都做出了具体的描述，这样企业就可以对职位进行工作评价，判断职位的价值，从而根据职位的价值分配报酬，实现报酬的相对公平性。

（6）工作分析有助于改进工作设计与优化劳动环境。通过工作分析，可以揭示工作中存在的薄弱环节，反映工作设计中不合理、不科学的部分，发现劳动环境中危害员工生理卫生健康和劳动安全，加大员工劳动强度，造成过度紧张疲劳等不合理的因素，有助于改善工作设计，优化劳动环境和工作条件，使员工在安全、健康、舒适的环境下工作,提高员工的满意度,调动员工工作的积极性。

(7) 工作分析有助于员工职业生涯管理。工作分析使员工充分了解本岗位在整个组织中的地位和作用,明确自己的工作性质、任务、职责、权限和晋升路线,以及今后职业发展的方向和愿景,更有利于员工"量体裁衣",结合自身的条件制定职业生涯规划,进行职业生涯管理,促进自身的发展。

3. 工作分析的前提和时机

企业进行工作分析的前提与时机的把握对于工作分析的成败至关重要。工作分析的进行必须有企业高层的支持;企业领导对工作分析的了解与认同;工作分析只是一个提供依据的工作过程,不能直接产生效益;工作分析必须有专业的人员进行;工作分析必须得到各个部门的支持与配合;工作分析是一个连续的、动态的工作。

(1) 企业进行工作分析的前期征兆。具体如图 2-2 所示。

① 战略空置,缺乏管理支持、落地。
② 组织管理体系、业务流程运行不畅。
③ 组织变革、新流程、新技术引进。
④ 组织运行关键点无人负责、控制。
⑤ 人浮于事、职责不明。
⑥ 职位说明书虚置,与实际不符。
⑦ 其他人力资源管理工作(如薪酬、招聘、培训、考核等)缺乏信息基础。

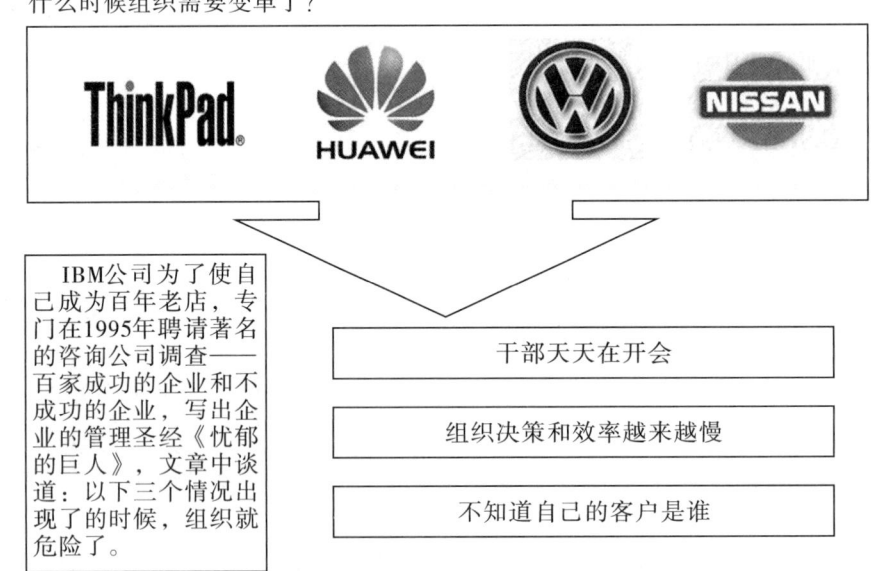

图 2-2 工作分析时机分析图

(2) 工作分析的必要前提条件。组织战略目标相对稳定,组织工作流程相对稳定,组织结构相对稳定,工作职责相对明确,充分的人力资源,是工作分析的必要前提条件。

(3) 工作分析的时机。

① 建立一个新的组织、部门或职位。新的组织、部门或职位由于它们的设计、目标

的分解、人员招聘，需要进行工作分析。

②调整一个新的组织、部门或职位。由于宏观、微观环境的变化，组织的发展战略需要做出调整，就会使部门、职位工作的内容、工作性质发生变化，需要进行工作分析。

③补充、完善一个组织、部门或职位的工作分析。在组织、部门或职位中原来没有工作说明书或原有职位说明书不能满足科学管理需要的，现在需要从工作分析这一基础环境进行"补课"。

### （二）工作设计

1. 工作设计的含义

工作设计（job design），又称岗位设计，是指为了有效地达到组织目标与满足个人需要而进行的工作内容、工作职能和工作关系的设计。也就是说，工作设计是指根据组织需要，并兼顾个人的需要，规定每个岗位的任务、责任、权力以及组织中与其他岗位关系的过程。

工作设计是在工作分析的信息基础上，研究和分析工作如何做以促进组织目标的实现，以及如何使员工在工作中得到满意以调动员工的工作积极性。一个好的工作设计可以减少单调重复性工作的不良效应，充分调动劳动者的工作积极性，也有利于建设整体性的工作系统。

2. 工作设计的内容

工作设计的主要内容包括工作内容的设计、工作职责的设计和工作关系的设计三个方面。

（1）工作内容的设计。工作内容的设计是工作设计的重点，一般包括工作的广度、深度、完整性、自主性以及反馈性五个方面。

①工作的广度，即工作的多样性。工作设计得过于单一，员工容易感到枯燥和厌烦，因此设计工作时，尽量使工作多样化，使员工在完成任务的过程中能进行不同的活动，保持工作的兴趣。

②工作的深度。设计工作应具有从易到难的一定深度层次，对员工工作的技能提出不同程度的要求，从而增加工作的挑战性，激发员工的创造力和克服困难的能力。

③工作的完整性。保证工作的完整性能使员工有成就感，即使是流水作业中的一个简单程序，也是要全过程，让员工见到自己的工作成果，感受到自己工作的意义。

④工作的自主性。适当的自主权力能增加员工的工作责任感，使员工感到自己受到了信任和重视。认识到自己工作的重要，使员工工作的责任心增强，工作的热情提高。

⑤工作的反馈性。工作的反馈包括两方面的信息：一是同事及上级对自己工作意见的反馈，如对自己工作能力、工作态度的评价等；二是工作本身的反馈，如工作的质量、数量、效率等。工作反馈信息使员工对自己的工作效果有一个全面的认识，能正确引导和激励员工，有利于工作的精益求精。

（2）工作职责的设计。工作职责的设计包括工作的责任、权力、方法以及工作中的相互沟通和协作等方面。

①工作责任。工作责任设计就是员工在工作中应承担的职责及压力范围的界定，也就是工作负荷的设定。责任的界定要适度，工作负荷过低，无压力，会导致员工行为轻

率和低效；工作负荷过高、压力过大又会影响员工的身心健康，导致员工的抱怨和抵触。

②工作权力。权力与责任是对应的，责任越大权力范围就越广，二者脱节会影响员工的工作积极性。

③工作方法。包括领导对下级的工作方法、组织和个人的工作方法设计等。工作方法的设计具有灵活性和多样性，不同性质的工作根据其工作特点的不同采取的具体方法也不同，不能千篇一律。

④相互沟通。沟通是一个信息交流的过程，是整个工作流程顺利进行的信息基础，包括垂直沟通、平行沟通、斜向沟通等形式。

⑤协作。整个组织是有机联系的整体，是由若干个相互联系相互制约的环节构成的，每个环节的变化都会影响其他环节以及整个组织运行，因此各环节之间必须相互合作、相互制约。

（3）工作关系的设计。组织中的工作关系，表现为协作关系、监督关系等各个方面。

通过以上三个方面的工作设计，为组织的人力资源管理提供了依据，保证事（岗位）得其人，人尽其才，人事相宜；优化了人力资源配置，为员工创造更加能够发挥自身能力，提高工作效率，提供有效管理的环境保障。

## 二、实训基础

### （一）工作分析的流程

工作分析是一个全面评价的过程，由一系列活动组成，这个过程由以下几个阶段构成，其基本流程如图2-3所示。

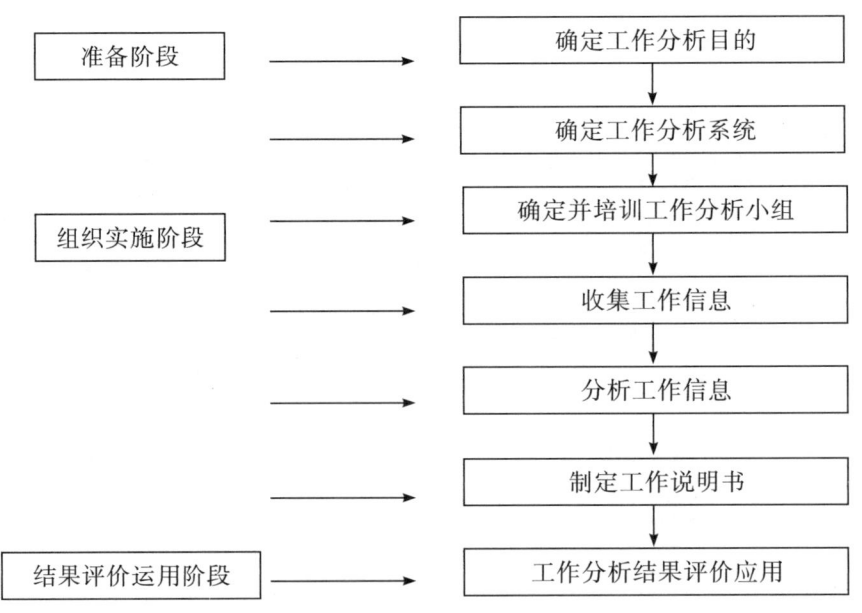

图2-3　工作分析流程

1. 准备阶段

（1）确定工作分析的目的。工作分析的目的在于，对各种特定工作进行如实地描述，正确认识这些工作；对工作进行设计或再设计，编制或修订工作说明书；明确对工作的岗位任职者资格、素质的要求，制定招聘标准和招聘测试方案；制订有关工作任职者的培训计划，提供培训的针对性和培训的效果；明确工作任务、职责、权力及其与相关工作的关系，杜绝争权和推诿责任，实现协调合作；进行工作比较，平衡薪资待遇，实现公平公正；进行工作绩效评价，提高评价的客观性和公正性。

（2）确定工作分析系统。包括整个工作的进程、选择分析的目标职务、分析人员及人数、所需费用等。

2. 组织实施阶段

（1）确定并培训工作分析小组。工作分析小组构成包括：组织高层领导、各部门主管、工作分析专家、任职者。

（2）收集工作信息。

① 工作分析所需要收集的信息类型包括：

工作活动：做什么（What），为什么做（Why），谁来做（Who），何时做（When），在哪里做（Where），为谁做（for Whom），如何做（How）。

工作中使用的机器、工具、设备、辅助设施和材料。

工作条件：工作环境、劳动强度、工作背景、工作进度安排、报酬信息等；对任职者的要求：身体特征、教育和培训背景、技能和能力、工作经验、工作态度等。

② 信息收集方法的选择。收集信息的方法多种多样，主要包括观察法、访谈法、问卷法、工作实践法、工作日志分析法。

（3）分析工作信息。编制任务清单，确定部门职责与岗位职责。然后对每一个岗位的工作职责和任务清单进行评估，以确认资格要求。

（4）编制工作说明书。工作说明书是工作分析的具体化，是工作分析的成果，它包括工作描述和工作规范两部分内容。

3. 结果评价运用阶段

对工作分析结果进行评价和应用。

（二）工作分析的方法

工作分析的方法很多，选择恰当的工作分析方法是工作分析成功的关键之一。而要想恰当选择工作分析的方法，必须熟悉工作分析各种方法的优缺点与适用范围。

1. 资料分析法

资料分析法是一项经济有效的信息收集方法，是指通过对现有的与工作相关的文档资料进行系统性分析，提取每个工作职位的任务、职责、权力、工作负荷、任职资格等方面的信息，为进一步调查奠定基础。

资料分析法的一般操作步骤如图 2-4 所示：

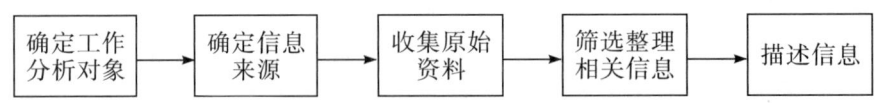

图2-4 资料分析法操作步骤图

(1) 确定工作分析对象。就是要明确对什么样的职位进行分析。

(2) 确定信息来源。就是选择获得资料的渠道,可以来自组织,也可以来自个人。

(3) 收集原始资料。具体分为内部信息和外部信息。

① 内部信息指来自以下信息载体的信息:《员工手册》《公司管理制度》《职位职责说明》《绩效评价》《会议记录》《作业流程说明》《ISO质量文件》《分权手册》《工作环境描述》《员工生产记录》《工作计划》《设备材料使用与管理制度》《作业指导书》等。

② 企业外部信息主要指其他企业工作分析的结果,这些资料可以为本企业的工作分析提供参照。为了保证所收集到的信息有较强的适用性,在收集信息的时候应该注意两点:第一,目标企业应该与本企业在性质上或者行业上具有较高的相似性;第二,目标职位应该与本企业典型职位有较高的相似性。

(4) 筛选整理相关信息。包括:①各项工作活动与任务;②各项工作与任务的细节,重点是各项活动、任务的主动词,对于动作的先后可以用数字加以区分;③文献分析中遇到的问题;④引用的其他需要查阅的文献;⑤知识、技能、能力要求;⑥特殊环境要求(如工作为先、警告等);⑦工作中使用的设备;⑧绩效标准;⑨工作成果。

(5) 描述信息。

以一种格式把职位的有关信息描述出来,包括工作描述和工作规范的相关内容。

资料分析法的优点主要有:分析成本较低,工作效率较高;能为进一步开展分析提供基础资料和信息。

资料分析法的主要缺点有:一般收集到的信息不够全面,尤其是小企业或管理落后企业往往无法收集到及时、有效的信息;一般不能单独使用,要与其他工作分析方法结合起来使用。

资料分析法多适用于比较常见、正规且有一定历史的工作。

2. 观察法

观察法是指工作分析人员在工作现场,在不影响被观察人员正常工作的条件下,运用感觉器官或在其他工具(如视听器材:录像机、照相机、录音机等)的协助下,针对某些特定的作业活动,通过观察将有关工作的内容、方法、程序、设备、工作环境等信息记录下来,并在此基础上归纳分析有关的工作因素,达到分析目的的一种方法。为了保证观察顺利进行,在观察之前,一般要编制观察提纲。观察提纲范例见表2-1。

表2-1　工作分析观察提纲

| 被观察者姓名： | 年龄： | 性别： |
| --- | --- | --- |
| 观察者姓名： | 观察地点： | 观察时间： |
| 工作类型： | 工作部分： | |

观察内容：

1. 正式开始工作的时间
2. 上午工作多少时间
3. 上午休息几次
4. 第一次休息时间从几点到几点
5. 第二次休息时间从几点到几点
6. 与同事交谈约多长时间
7. 每次交谈约多长时间
8. 上午抽了几支香烟
9. 上午喝了几次水
10. 什么时候开始午休
11. 上午完成了多少件产品
12. 平均每件产品所需完成时间
13. 出了多少件次品
14. 搬了多少次原材料
15. 室内温度多少
16. 室内光线如何
17. 噪声分贝是多少

观察法的操作流程如图2-5所示：

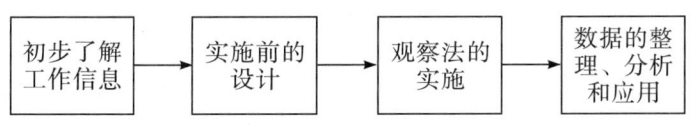

图2-5　观察法的操作流程

（1）初步了解工作信息。
① 明确工作分析观察的目的。
② 根据现有的资料形成工作的总体概念。
③ 准备一个初步的任务清单。
④ 为在数据收集过程中涉及的不清楚的主要项目做一个注释。
（2）实施前的设计。
① 观察对象的选择和培训。
② 选择合适的方法。
③ 对工作分析人员进行选拔和培训，目的是增强观察过程的可信度和信息收集的准

确性。

（3）观察法的实施。

① 进入观察现场。在进入现场后，需要做一些铺垫工作，如相关的承诺，与任职者建立良好的互相信任关系；简要的介绍，打消任职者"跟随效应"下的想法；设备安装，尽量避开任职者，以避免对其造成影响。

② 现场记录。观察者要严格遵守观察记录的流程要求。观察时特别注意三个方面：首先，保持距离。观察者与工作者最好处于"单向知觉"状态，也就是说，最好的情况是观察者能清晰地观察工作者的工作活动，而工作者无法看到观察者。其次，交流。观察者可以在工作间歇（如喝水、简短休息）时，与工作者就观察所获信息进行沟通、确认。

（4）数据的整理、分析和应用。

观察结束后应对收集的信息数据进行归类整理，形成观察记录报告。观察法数据分析是一项庞杂的工作，要对大量的活动描述进行归类分析。

观察法的优点主要在于：工作分析人员能够比较全面和深入地了解工作要求，掌握第一手资料，基本上排除了主观因素的影响，比较客观和准确；搜集信息非常广泛，在观察过程中，除了能有效了解工作内容、工作特征外，还能发现工作中的正式行为和非正式行为、工作人员的工作态度及影响高绩效的因素等，从而提供工作外在特征方面最有深度的信息，为获得工作情境资料提供有效的途径；观察法在搜集信息目的性方面有较大的灵活性，可以根据职位分析的实际需要，有选择地搜集各种不同的信息。

观察法的缺点在于：观察者需经培训才能了解观察什么和如何观察；这种方法的应用多局限于短期和重复循环的工作；适用范围较窄，不适用于脑力劳动成分较高的工作，也不适用于处理紧急情况的间歇性工作；观察法的工作量较大，尤其是对于大型企业中工序复杂的职位，需要耗费大量的人力和财力，花费时间较多；有些被观察的员工会因觉察到被监视，从而产生紧张、反感情绪，导致动作变形。

观察法适用于相对简单、重复性高、外显性强和容易观察的工作。体力工作者和事务性工作者，如流水线工人、搬运工、文秘等职位适合用观察法。

3. 访谈法

访谈法又称面谈法，是一种应用最为广泛、最成熟、最有效的工作分析方法。它是指工作分析人员就某一职位面对面地询问任职者、主管、专家等对工作的意见和看法。在一般情况下，应用访谈法时要以标准化访谈格式记录，目的是便于控制访谈内容及对同一职位的任职者的回答进行比较。

（1）访谈法的必备准备工作。

① 访谈前的信息准备工作：方法对象是谁？差异程度如何？访谈目的是什么？需要什么信息？访谈结构化吗？需要的材料和工具有什么？

② 确定访谈方法：个别员工访谈法、群体员工访谈法、主管人员访谈法。

③ 访谈技巧培训。调查方案的内容包括明确访谈的目的、确定访谈的步骤、拟订提出的问题、安排提问的顺序、选取访谈的对象等。

④ 编制访谈提纲。访谈提纲是指对访谈的内容或问题列出一个大致的纲目，其内容是围绕岗位展开的，形式可以多样化。

（2）访谈内容。

具体包括以下问题。

① 请问您的姓名、职务、职务编号是什么？

② 您所在的部门？直接上级主管是谁？部门经理是谁？

③ 您所在岗位的目标是什么？

④ 您工作的主要职责是什么？请列举1~2个实例。

⑤ 工作中遇到的最大挑战是什么？有其他人员的协助吗？

⑥ 工作中容易出错的地方有哪些？产生错误的原因主要是什么？对其他工作有什么影响？

⑦ 岗位的任职资格要求大致有哪些？例如教育背景、工作经验等。

⑧ 工作中需要和哪些部门的人员接触？

⑨ 企业经常从哪些方面对您的工作绩效进行考核？您认为从这些方面来考核是否合理？有无改进的建议？

⑩ 请描述一下您工作的环境。有什么需要改善的吗？

（3）访谈法的优缺点。访谈法的优点主要包括：可以对工作者的工作态度与工作动机等较深层次的内容进行比较详细的了解；运用面广，能够简单而迅速地收集多方面的工作资料；使工作分析人员了解到短期内观察法不容易发现的情况，有助于管理者发现问题；有助于与员工沟通，缓解员工工作压力；收集信息的成本较低。

访谈法的缺点包括：访谈法需要专门的技巧，工作分析人员需要受过专门训练；比较费精力、费时间，影响正常的工作；收集的信息往往已经扭曲和失真，如访谈法易被员工认为是其工作业绩考核或薪酬调整的依据，所以他们会故意夸大或弱化某些职责；工作分析人员可能会问一些含糊不清的问题，影响工作信息的收集；访谈法不能单独作为信息收集的方法，只能与其他方法一起使用。

（4）访谈法运用的原则。

在运用访谈法时，必须注意以下五个准则。

① 与主管人员密切合作。工作分析时必须注意与主管人员的密切合作，以便找到对工作内容最为了解的员工以及能对自己所承担的工作任务和职责进行客观描述的工作承担者，获得最有价值的信息。

② 必须尽快地与被访谈者建立融洽的关系。其要点包括：知道对方的名字，用通俗易懂的语言交谈；简单地介绍访谈的目的；向他们解释你是怎样挑选到他们作为访谈对象的；等等。

③ 访谈时尽量避免谈论"人"。工作分析人员必须牢记，他所应该做的不只是被动地接受信息，衡量、评价、分析的是工作，而不是某一名员工。

④ 设计一张具有指导性的问卷或提纲。在访谈时，应该依照一张具有指导性的问卷或提纲来提问，这种问题清单上不仅有问题，而且要留出被访者可以填写的空白。

⑤ 进行群体访谈时须有直接主管人员在场再进行群体访谈。应该注意的一项基本原则是工作承担者的上级主管人员要在场。如果他们当时不在场，事后也应该单独去跟这些主管人员谈一谈，听一听他们对被分析工作中所包含的职责的看法。

访谈法不适合作为工作分析信息收集的唯一方法，而应与其他方法结合使用。通常分析者不可能实际去做（如飞行员的工作）或者去观察（如建筑设计师的工作）的工作岗位的分析均采用访谈法。

4. 工作实践法

工作实践法也称参与法，它是指工作分析人员通过直接参与某项工作，从而细致、深入地体验、了解和分析工作的特点和要求，由此掌握工作要求的第一手资料的工作方法。

工作实践法的优点：亲临现场，可以客观地了解工作的实际任务，以及在体力、环境、社会等方面的要求；由于分析者亲自体验工作，所以能获得真实的信息，从而弥补在工作中一些观察不到的内容。

工作实践法的缺点：对于许多高度专业化的工作，或需要经过大量培训才能胜任的工作，由于分析者不具备某项工作的知识和技能，因而就无法参与。

因此，工作实践法只适用于一些比较简单的工作，或者适用于短期内就可掌握其方法的工作，而不适用于需要进行大量培训或有危险性的工作。要注意的是，工作分析人员需要真正地参与到工作中去体会工作，而不是仅仅模仿一些工作行为。

5. 问卷调查法

问卷调查法是工作分析中较常用的方法之一，是以问卷形式列出一组任务或行为，对某个职位的任务或行为的出现频率、重要性、难易程度以及与整个工作的关系等进行调查的方法。问卷调查法是一种快速有效的方法，使用范围也较为广泛。采用问卷调查法，工作分析人员首先要拟订一套切实可行、内容丰富的问卷，然后由员工进行填写。需要注意的是，问卷的设计直接关系着问卷调查的成败，既可以是定性的问卷，也可以是定量的问卷，但是无论哪一类，问卷设计一定要完整、科学、合理。工作分析问卷调查表见表2-2。

表2-2 工作分析问卷调查表

职称：　　　　　　代号：　　　　　　职级：
所属部门工作地点：
工作的一般目标：
职责摘要：
详细内容：
定期性工作：
非定期性工作：
通常每天工作时数：
督导（向谁直接负责）：
督导者的职位：
对下属员工的监督：
设备及物料：
请指出你所负责的设备与程序：
请指出你所负责的材料或产品：
工作环境：
户外工作：
需派海外工作：

续上表

工作中容易引发的危险：
担任此职务所需的资格或条件：
个人特征：
教育程度：
工作经验：
职业或特殊训练：
知识技能：
体力：
其他：
填写人姓名：
填写日期：

（1）问卷调查法的优缺点。

问卷调查法的优点主要包括：费用低、速度快、节省时间，可以在工作之余填写，不会影响正常工作；调查范围广，可用于多种目的、多样用途的工作分析；调查样本量很大，适用于需要对很多工作者进行调查的情况；调查的信息可以量化，由计算机进行数据处理。

问卷调查法的缺点主要包括：问卷设计质量的优劣决定了工作分析信息收集的质量；设计理想的调查问卷需要花费较多的时间、人力、物力和财力，成本很高；在问卷使用前，应进行测试，以了解员工对问卷中所提问题的理解程度，为避免误解，还经常需要工作分析人员亲自解释和说明，这就降低工作效率；由于问卷填写工作单独进行，缺少交流和沟通，因此被调查者可能不积极配合，不认真填写，从而影响调查的质量；对于调查者的性格、行为动机、价值观等较深层次的信息难以获得。

问卷调查法适用于脑力工作者、管理工作者或工作不确定性因素很大的员工，比如研发设计人员、行政经理等。问卷调查法通常会与观察法和访谈法结合使用。

（2）使用问卷调查法的注意事项。

① 使用问卷调查的人员一定要受过工作分析的专业训练。

② 为答卷人提供安静的场所和充裕的时间，注意不要和答卷人正在进行的工作产生冲突。

③ 在调查时，对调查表中的调查项目应进行必要的说明和解释。

④ 鼓励答卷人真实客观地填写问卷，不要对表中填写的任何内容产生顾虑。

⑤ 工作分析人员能够随时或尽快地解答答卷人填写问卷时提出的问题。

⑥ 答卷人填写完问卷后，工作分析人员要认真地进行检查，检查是否有漏填、误填现象。

⑦ 及时回收调查表，以免遗失。

⑧ 认真鉴定调查表所提供的信息，结合实际情况，做出必要的调整。

6. 工作日志法

工作日志法又称工作写实法，是指任职者在一定周期内，按时间顺序准确、详细记录自己的工作内容、工作过程以及责任、权利、人际关系、工作负荷、感受等，然后经过归纳分析，实现工作分析目的的一种分析方法。工作日志法的主要用途是作为原始工作信息收集方法，为其他职位分析方法提供信息支持，特别是在缺乏文献时，工作日志的优势就表现得更加明显。工作日志表见表2-3。

## 工作日志填写说明

在填写工作日志之前，请仔细阅读下面的说明：

（1）填写工作日志是为了清楚地了解您的工作任务和职责，以便改进工作流程，提高工作效率。关注的焦点是工作本身，绝对不涉及对您工作表现的评价。

（2）关于工作日志中时间的填写方法：

开始时间：一项工作活动开始的时间（以分钟为单位）。

结束时间：一项工作活动结束的时间（以分钟为单位）。

所耗时间：从事一项工作活动总共所耗费的时间（以分钟为单位）。

当一项活动是延续一段时间的活动时，可以记下开始时间和结束时间及所耗时间（中间如果插入其他活动，另外记下时间）；当活动持续的时间非常短暂，但是在一段时间内反复出现时，可以不记录每次的开始时间和结束时间，而记下在一段时间内发生的次数和总共所耗的时间。

（3）请您在每天的工作开始之前将工作日志放在手边，按工作活动发生的顺序及时填写，切忌在一天工作结束后一并填写。

（4）对工作活动内容的描述要尽可能具体化，判断工作内容描述是否具体化的标准就是没有亲自观察过您工作过程的人可以比较清晰地想象出您的工作活动。

（5）不要遗漏那些细小的工作活动，以保证信息的完整性。

（6）活动的描述中用职位代替人名，不要使看工作日志的人感到费解。

（7）若因工作需要外出办事，应在归来后立即补充记录。

（8）请您提供真实的信息，以免损害您的利益。

（9）请您注意保管，以防遗失。

表2-3　工作日志表

（封面）

工作日志

姓名：

年龄：

岗位名称：

所属部门：

直接上级：

从事本业务工龄：

填写日期自_____月_____日至_____月_____日

（封二）

注：工作日志填写说明

1. 请在每天工作开始前将工作日志放在手边，按工作活动发生的顺序及时填写，切忌在一天工作结束后一并填写。

续上表

2. 要严格按表格要求进行填写，不要遗漏那些细小的工作活动，以保证信息的完整性。
3. 请提供真实的信息，以免损害您的利益。
4. 请注意保留，以免遗失。
感谢您的真诚合作！
（正文）

### 工作日志记录表

6月3日　　工作开始时间8:00　　　　　工作结束时间17:30

| 序号 | 工作活动名称 | 工作活动内容 | 工作活动结果 | 所耗时间/分钟 | 备注 |
|---|---|---|---|---|---|
| 1 | 复印 | 协议文件 | 5页 | 3 | 存档 |
| 2 | 起草公文 | 贸易代理委托书 | 28页 | 70 | 报批 |
| 3 | 贸易洽谈 | 箱包出口 | 1次 | 150 | 承办 |
| 4 | 布置工作 | 对美出口业务 | 1次 | 40 | 指示 |
| 5 | 会议 | 讨论欧洲贸易 | 1次 | 60 | 参与 |
| … | …… | …… | …… | … | …… |
| 18 | 请示 | 贷款数额 | 1次 | 15 | 报批 |
| 19 | 计算机录入 | 经营数据 | 2屏 | 60 | 承办 |
| 20 | 接待 | 参观 | 3人 | 40 | 承办 |

工作日志法的优点主要包括：收集的信息比较全面，信息的可靠性较高；成本较低。

工作日志法的缺点主要有：信息整理的工作量大，归纳工作烦琐；使用范围小；使用这种方法必须要求从事这一工作的人对此项工作的情况与要求最为清楚；工作执行人员在填写时，会因不认真而遗漏很多工作内容，从而影响分析结果；在一定程度上会影响正常工作。

工作日志法适用于工作循环周期短、工作状态稳定的职位。适用于确定工作职责、工作关系、劳动强度等方面的信息。

7. 关键事件法

关键事件法（critical incidents technique，简称CIT）通过对工作的关键行为和任务的分析来描述工作。CIT是一种由工作分析专家、管理者或工作人员在大量收集与工作相关信息的基础上详细记录其中的关键事件以及具体分析其岗位特征和要求的方法。关键事件是指使工作成功或失败的行为特征或事件，如成功与失败、盈利与亏损、高效与低产等。关键事件法记录的内容主要包括：导致事件发生的原因和背景、有效和无效行为的特征现象、关键行为的后果、员工控制后果的能力。其特殊之处在于基于特定的关键行为与任务信息来描述具体工作活动。

关键事件法的优点主要包括：研究焦点集中在可观察、可测量的职位行为上，因此使工作行为的描述和行为标准的确立更加准确；能够确定行为可能带来的利益和所起作用。

关键事件法的缺点主要包括：需要花大量时间收集"关键事件"，并加以概括和分类；不能对工作行为提供一种完整的描述，如无法描述工作职责、工作任务、工作背景和最低任职资格；对中等绩效的员工难以涉及，遗漏了平均绩效水平的描述。

运用关键事件法应注意：调查的期限不宜过短；关键事件的数量应足够说明问题，事件数目不能太少；正反两方面的事件要兼顾，不能偏颇。

### （三）工作说明书的编制

工作说明书是工作分析人员根据某项职务工作的特点，通过工作分析，把每个职务的性质、任务、责任、权力、工作内容、任职条件等用书面形式记录下来即成为企业的工作说明书。工作说明书包括工作描述和工作规范。

1. 工作描述

工作描述（job description）是工作分析的直接结果，是对工作的描述，一般用来表达工作内容、任务、职责、环境等。工作描述项目的多少取决于工作分析的目的，见表2-4。

表2-4 工作描述内容分类

| 分类 | 内容项目 | 项目内涵 | 应用目标 |
| --- | --- | --- | --- |
| 核心内容 | 工作标识 | 工作名称、所在部门、工作关系、薪酬范围等 | 作为区别其他工作的信号和对这一工作的基本了解 |
| | 工作概要 | 关于该职位的主要目标与工作内容的概要性陈述 | |
| | 工作职责 | 该职位必须获得的工作成果和必须担负的责任 | |
| | 工作环境 | 职位存在的物理环境、心理环境、安全状况 | |
| 选择性内容 | 工作权限 | 该职位在人事、财务和业务上做出决策的范围和层级 | 组织优化、职位评价 |
| | 履行程序 | 对各项工作职责的完成方式的详细分解与描述 | 绩效考核、上岗引导 |
| | 工作范围 | 该职位能够直接控制的资源的数量和质量 | 管理职位评价、上岗引导 |
| | 职责的量化信息 | 职责的评价性和描述性量化信息 | 职位评价、绩效考核 |
| | 工作负荷 | 职位对任职者造成的工作压力 | 职位评价 |
| | 工作特点与领域 | — | 上岗引导、职位评价 |

2. 工作规范

工作规范是根据工作描述的结果，提出对从事该项工作人员的特定要求，因此也称作任职资格。工作规范又称为资格说明书，是工作分析结果的另一种表现形式，主要说明任职者需要具备什么样的资格条件及相关素质，才能胜任某一岗位的工作。对于一般的工作而言，其任职资格有以下几种。

（1）体能条件。体能是通过力量、速度、耐力、协调、柔韧、灵敏等运动素质表现出来的人体基本的运动能力。特定岗位要求的身体和形象条件：身高、性别、体重、健康状况（疾病，尤其是传染性疾病）、外貌、声音等。

（2）智力条件。如：记忆力、思维力、想象力、创造力、判断力、应变力、敏感力等。

（3）知识。指受教育程度/学历：文盲、小学肄/毕业、初中肄/毕业、高中肄/毕业（含职高、中专和中技）、大学肄/毕业（含大专和大本）、研究生肄/毕业（含硕士研究生和博士研究生）。可分为一般了解性知识、熟练掌握性知识和精通性知识。专业：高等教育专业分类。工作经验：可分为一般工作经验、专业工作经验和管理工作经验。知识培训。

（4）技能。指技巧和准确性。一般要通过特定技能鉴定部门鉴定确定技能等级。可分为语言、文字表达技能（中外文），计算机技能（软硬件），专业技术技能等。

（5）心理素质。如：认真、仔细、严谨、虚心、随意、好动、外向等。

（6）职业道德。如：责任心、诚信、敬业、尊重与自尊等。

（7）非工作行为条件。如：证书、婚姻状况、国籍、政治面貌等。

（四）工作设计的模式

工作设计是在工作分析的信息基础上，研究和分析工作如何做以促进组织目标的实现，以及如何使员工在工作中得到满意以调动员工的工作积极性。工作设计的模式有很多，下面介绍几种常用的模式。

1. 工作轮换

工作轮换是将员工轮换到另一个同样水平、技术要求相接近的工作职位上工作。应遵循的原则是对过于敏感或有高度机密性的职位，不适合经常调动；明确哪些职位之间可以互相轮换。

工作轮换的优点是丰富了工作内容，减少员工对工作的枯燥单调感，使员工的工作积极性得到提高；员工能学到更多的技能，提高对环境的适应能力，也为员工的职业生涯设计提供参考。缺点是使训练员工的成本增加，而且一个员工在转换工作的最初时期效率较低，此外，变动一个员工的岗位就意味着其他相关联的岗位会随之而变动，会增加管理人员的工作量和工作难度。

2. 工作扩大化

工作扩大化是在横向水平上增加工作任务的数目或变化性，将原来狭窄的工作范围、频繁重复的情况加以改善，使工作多样化。主要包括延长工作周期、增加职位的工作内容和包干负责制三种方式。

3. 工作丰富化

工作丰富化关注提高工作的挑战性、意义性和完整性等方面，有利于在工作特征上得到改进。主要包括任务组合、构建自然性工作单元、建立员工—客户关系、纵向扩充工作内涵、开放反馈的渠道等方式。

工作丰富化的优点是认识到员工在社会需要方面的重要性，可以提高员工的工作动力、满意度和生产率，降低缺勤率和离职率。缺点是成本和事故率都比较高，还必须依赖管理人员来控制。

4. 工作特征再设计

工作特征再设计是一种人性化的设计方法，是指针对员工设计工作而非针对工作特征要求员工。它主要表现为充分考虑个人存在的差异性，区别地对待各类人，以不同的要求把员工安排在适合于他们独特需求、技术、能力的环境中去。

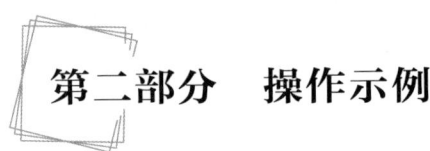

# 第二部分　操作示例

## 一、招聘专员工作描述实例

### 某公司招聘专员的工作描述

职务名称：招聘专员　　　　　所属部门：人力资源部

职务代码：XL-HR-021　　　　工资等级：9～13

直接上级职务：人力资源部经理

工作目的：为企业招聘优秀、适合的人才。

工作要点：

1. 制订和执行企业的招聘计划。
2. 制定、完善和监督执行企业的招聘制度。
3. 安排应聘人员的面试工作。

工作要求：认真负责、有计划性、热情周到。

工作责任：

1. 根据企业发展情况，提出人员招聘计划。
2. 执行企业招聘计划。
3. 制定、完善和监督执行企业的招聘制度。
4. 制定招聘工作流程。
5. 安排应聘人员的面试工作。
6. 管理应聘人员的材料。
7. 鉴别应聘人员的材料、证件。
8. 负责建立企业人才数据库。
9. 完成直属上司交办的所有工作任务。

衡量标准：

1. 上交的报表和报告的时效性和建设性。
2. 工作档案的完整性。
3. 应聘人员材料的完整性。

工作难点：提供详尽的工作报告。

工作禁忌：工作粗心，不能有效地向应聘者介绍企业的情况。

## 二、招聘专员工作规范实例

### 某公司招聘专员的工作规范

职务名称：招聘专员　　　　所属部门：人力资源部
职务代码：XL-HR-021　　　工资等级：9~13
直接上级职务：人力资源部经理

一、知识和技能要求
1. 学历要求：本科及以上。
2. 工作经验：3年以上大型企业工作经验。
3. 专业背景：从事人力资源招聘工作2年以上。
4. 英文水平：达到国家四级水平。
5. 计算机水平：熟练使用Windows和Office系列。

二、特殊才能要求
1. 语言表达能力：能够准确、清晰、生动地向应聘者介绍企业情况；准确、巧妙地解答应聘者提出的各种问题。
2. 文字表述能力：能够准确、快速地将希望表达的内容用文字表述出来，对文字描述很敏感。
3. 观察能力：能够很快地把握应聘者的心理。
4. 处理事务能力：能够将多项并行的事务安排得井井有条。

三、综合素质
1. 有良好的职业道德，能够保守企业人事秘密。
2. 独立工作能力强，能够独立完成布置招聘会场、接待应聘人员、应聘者非智力因素评价等任务。
3. 工作认真细心，能准确地把握同行业的招聘情况。

四、其他要求
1. 能够随时出差。
2. 假期一般不超过1个月。

## 三、外贸专员工作说明书实例

表2-5　某外贸企业外贸专员工作说明书

| 岗位名称 | 外贸专员 | 岗位编号 | |
|---|---|---|---|
| 所在部门 | 市场部 | 岗位定员 | 1 |
| 直接上级 | 市场部主管 | 工资等级 | |
| 直接下级 | | 薪酬类型 | |
| 所辖人员 | | 岗位分析日期 | |

续上表

本职：负责公司国外市场的销售工作；负责公司产品出口的相关工作；负责公司英文说明书和其他翻译类工作

职责与工作任务：

|  | |  |
|---|---|---|
| 职责一 | | 职责表述：负责公司国外市场的销售服务，收集销售市场的信息 |
| | 工作任务 | 贯彻落实公司制定的价格及策略，进行产品的国外市场推广 |
| | | 构架和维护公司的 B2B、B2C 商务平台 |
| | | 及时更新 B2B、B2C 网站中的产品信息及供应信息，在其他 B2B、B2C 网站建立公司的供应信息 |
| | | 从公司 B2B、B2C 网站平台搜集买方信息，对于在留言中对公司产品有兴趣的单位和个人整理出来并及时回复 |
| | | 开发和维护客户关系，及时和客户进行交流，记录并反馈客户意见，建立和完善客户档案 |
| | | 负责跟进销售账款的及时回笼 |
| 职责二 | | 职责表述：负责产品出口流程的管理和跟进 |
| | 工作任务 | 负责公司进出口资质的申报 |
| | | 负责产品报关相关工作 |
| | | 负责出口订单的跟踪，单证、物流以及跟单工作中涉及的各项内容 |
| | | 负责产品订舱、拖柜相关工作 |
| | | 负责报关单据和客户清关文件的制作，配合财务做好核销、对账工作 |
| | | 负责出口统计和其他相关工作 |
| | | 负责对需要进行代理的出口相关工作进行跟进并及时上报领导 |
| 职责三 | | 职责表述：负责公司英文网站和英文说明书的翻译和管理 |
| | 工作任务 | 负责架设公司英文网站，并进行管理和更新 |
| | | 负责公司产品说明书、宣传彩页的翻译并及时更新 |
| | | 负责公司产品、销售需要的其他翻译类工作 |
| 职责四 | | 职责表述：上级交代的其他工作 |

权力：

续上表

| 工作协作关系: | |
|---|---|
| 内部协调关系 | 公司各部门、市场部经理、销售部经理 |
| 外部协调关系 | 海关、报关处、出口相关其他政府部门、出口代理公司、物流公司 |
| 任职资格: | |
| 教育水平 | 本科及以上水平 |
| 专业 | 电子商务、外贸类相关专业 |
| 培训经历 | 有报关员证、单证员证者优先 |
| 经验 | 2年以上工作经验 |
| 知识 | 熟悉进出口贸易、报关相关工作 |
| 技能技巧 | 熟练使用计算机等自动化设备 |
| 个人素质 | |
| 其他: | |
| 使用工具/设备 | 计算机 |
| 工作环境 | 办公室 |
| 工作时间特征 | |
| 所需记录文档 | |

考核指标：

备注：

## 四、人力资源部经理工作说明书实例

表2-6 某公司人力资源部经理工作说明书

| 职位名称 | 人力资源部经理 | 岗位编码 | JLHR-001 | 所属部门 | 人力资源部 |
|---|---|---|---|---|---|
| 直接上级 | 总经理助理 | 编制时间 | 2019年5月 | 修改时间 | 2019年10月 |

续上表

| 职位描述（主要工作职责，依重要顺序列出每项职责） | 负责程度<br>（全责/部分/协助） |
|---|---|
| 1. 根据公司的战略规划，制定公司人力资源规划 | 全责 |
| 2. 组织编写、修订、完善公司的各项人事管理制度并组织实施 | 全责 |
| 3. 对人事管理制度的执行情况进行检查、监督 | 全责 |
| 4. 拟订本部门的年度和季度及月工作计划并组织实施 | 全责 |
| 5. 组织开展工作分析，编写或修订工作岗位说明书 | 全责 |
| 6. 负责公司年度定岗定编方案的拟订 | 全责 |
| 7. 合理调配人力资源，正确评估人力价值，控制和降低公司的人力成本 | 全责 |
| 8. 协调员工关系，处理员工的投诉 | 全责 |
| 9. 参与企业的品牌宣传，企业文化策划与建设 | 部分 |
| 10. 公司领导交办的其他相关事宜 | 全责 |

| 沟通关系 | 内部 | 公司领导、各部室 |
|---|---|---|
| | 外部 | 咨询顾问公司、劳动局、社保机构、人才机构、高等院校 |
| 任职资格要求<br>（参考） | 学历与专业 | 本科以上学历，人力资源相关专业 |
| | 工作经验、知识 | 5年以上大中型企业人力资源管理经验 |
| | 技能/能力 | 熟练运用办公软件，具有很强的沟通协调、组织管理能力，有亲和力，较强的文字组织能力 |
| | 其他要求 | 有较强的团队协作精神 |

任职人签字　　　　　　直接上级签字　　　　　　人力资源部经理签字

# 五、工作分析调查表实例

### 表2-7　工作分析调查表

一、基本信息

| 姓名： | 填写日期：　年　月　日 |
|---|---|
| 职务名称： | 职务编号： |
| 所属部门： | 部门经理姓名： |

二、调查信息

1. 请准确、简洁地列举你的主要工作内容（若多于8条可以附纸填写，下同）：

（1）_____　（2）_____

（3）_____　（4）_____

（5）_____　（6）_____

（7）_____　（8）_____

续上表

2. 请认真、详尽地描述你的日常性工作（如果有工作日志，请附后）：

3. 请详尽地列举你有决策权的工作项目：
（1）_____  （2）_____
（3）_____  （4）_____
（5）_____  （6）_____
（7）_____  （8）_____

4. 请详尽地列举你没有决策权的工作项目：
（1）_____  （2）_____
（3）_____  （4）_____
（5）_____  （6）_____
（7）_____  （8）_____

5. 请简明地描述你的上级是如何监督你的工作的：

6. 请简明地描述你的哪些工作是不被上级监督的：

7. 请详细地描述你在工作中需要接触到哪些职务的其他员工？并且讲明接触的原因：

续上表

8. 请简明地列举你编写的需要作为档案留存的文件名称和内容提要：
   (1) _____   (2) _____
   (3) _____   (4) _____
   (5) _____   (6) _____
   (7) _____   (8) _____

9. 请列举工作中需要用到的主要办公设备和用品：




10. 请描述你在人事和财物方面的权限范围：




11. 你认为胜任这个职务需要几年的相关工作经验：
    不需要    1年    2年    3年    4年    5年及以上    不好估计

12. 你认为胜任这个职务需要什么样的文化程度：
    初中    高中    大专    本科    硕士及以上    不好估计

13. 你认为一位没有相关工作经验的大专学历的人员，需要多长时间的培训才可以胜任工作：
    不需要培训    3天以内    15天以内    1个月以内
    3个月以内    半年以内    半年以上    不好估计

14. 你认为什么样的性格和能力的人能更好地胜任该职务：



15. 你认为什么样的心理素质的人员能更好地胜任该职务：



16. 你认为什么样的知识范围能够更好地胜任该职务：

续上表

17. 请描述该职务的工作环境，你认为什么样的工作环境更适合工作：

18. 请列举你直接领导的下属的职务、姓名和工作内容：

19. 你对该职务的评价：

20. 你认为如何才能更好地完成工作：

21. 请将该表没有列出的，但你认为有必要的内容写在下面：

注意事项：
（1）填写人应保证以上填写的内容真实、客观，并且没有故意的隐瞒。
（2）该问卷内容将作为职务分析的重要依据，如果填写人发现有遗漏、错误，或其他需要说明的情况，请立即与人力资源部职务分析小组联系。

填写人签字：

职务分析负责人签字：

## 六、公关宣传部经理工作日志实例

表2-8  某公司公关宣传部经理工作日志

| 6月9日  星期二 | | | 工作活动 |
| --- | --- | --- | --- |
| 开始时间 | 结束时间 | 所用时间/分钟 | |
| 8：30 | 9：30 | 60 | 审阅企业宣传专员交来的最新一期《万家人》稿件，对稿件的内容和排版设计提出意见 |
| 9：30 | 11：30 | 120 | 与广告公司协商广告有关事宜，品牌管理专员同时参加 |

续上表

| 6月9日 星期二 | | | 工作活动 |
|---|---|---|---|
| 开始时间 | 结束时间 | 所用时间/分钟 | |
| 11：30 | 12：00 | 30 | 继续阅读稿件 |
| 13：00 | 14：30 | 90 | 到集团公司主任办公室谈话，讨论关于举办大型广场晚会的问题 |
| 14：30 | 15：30 | 60 | 向公共关系专员传达集团办公室主任对广场晚会的意见，并讨论有关具体实施的问题，让公共关系专员草拟具体的实施计划 |
| 15：30 | 16：00 | 30 | 与几个媒体的朋友通电话，讨论广告宣传的有关问题 |
| 16：00 | 17：30 | 90 | 与企业宣传专员讨论对最新一期《万家人》杂志的意见，并进一步讨论对今后该杂志发展的意见 |

| 6月10日 星期三 | | | 工作活动 |
|---|---|---|---|
| 开始时间 | 结束时间 | 所用时间/分钟 | |
| 8：30 | 9：00 | 30 | 回复几个业务有关的 E-mail |
| 9：00 | 11：00 | 120 | 面试两个公关宣传专员的应聘者 |
| 11：00 | 12：00 | 60 | 与人力资源部的员工关系主管讨论《万家人》杂志的有关问题 |
| 13：00 | 15：30 | 150 | 参加市场部有关暑期促销活动的会议 |
| 15：30 | 16：30 | 60 | 文化演出公司前来洽谈有关大型广场晚会的事项 |
| 16：30 | 17：30 | 60 | 审阅《万家灯火》双周刊的大样 |

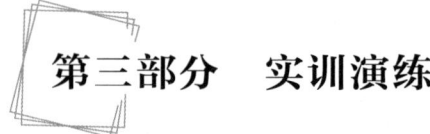

# 第三部分　实训演练

## 一、工作分析访谈法实训演练

每位同学设计一张具有指导性的问卷或提纲，选择一位熟识的教师，在征得教师同意的前提下，对教师的工作进行访谈，并做好记录。

## 二、编制某个职位的工作说明书

每位同学选择模拟公司某个特定的职位,参照工作说明书的编制要求和格式,编制一份工作说明书。

## 三、企业工作分析案例诊断

### 房地产 A 公司工作分析

A 公司是我国中部省份的一家房地产开发公司。近年来,随着当地经济的迅速增长,房产需求强劲,公司有了飞速的发展,规模持续扩大,逐步发展为一家中型房地产开发公司。随着公司的发展和壮大,员工人数大量增加,众多的组织和人力资源治理问题逐渐凸显出来。

公司现有的组织机构,是基于创业时的公司规划,随着业务扩张的需要逐渐扩充而形成的,在运行的过程中,组织与业务上的矛盾已经逐渐凸显出来。部门之间、职位之间的职责与权限缺乏明确的界定,扯皮推诿的现象不断发生;有的部门抱怨事情太多,人手不够,任务不能按时、按质、按量完成;有的部门又觉得人员冗杂,人浮于事,效率低下。

公司的人员招聘方面,用人部门给出的招聘标准往往比较含糊,招聘主管往往无法准确地加以理解,使得招聘回来的人大多差强人意。同时目前的许多岗位不能做到人事匹配,员工的能力不能得以充分发挥,严重挫伤了士气,并影响了工作的效果。公司员工的晋升以前由总经理直接做出决策。现在公司规模大了,总经理已经几乎没有时间与基层员工和部门主管打交道,基层员工和部门主管的晋升只能根据部门经理的意见来做出决策。而在晋升中,上级和下属之间的私人感情成了决定性的因素,有才干的人往往不能获得提升。因此,许多优秀的员工由于看不到自己未来的前途,而另寻高就。在激励机制方面,公司缺乏科学的绩效考核和薪酬制度,考核中的主观性和随意性非常严重,员工的报酬不能体现其价值与能力,人力资源部经常可以听到大家对薪酬的抱怨和不满,这也是人才流失的重要原因。

面对这样严重的形势,人力资源部开始着手进行人力资源治理的变革,变革首先从进行职位分析、确定职位价值开始。职位分析、职位评价究竟如何开展,如何抓住职位分析、职位评价过程中的要害点,为公司本次组织变革提供有效的信息支持和基础保证,是摆在 A 公司面前的重要课题。

首先,他们开始寻找进行职位分析的工具与技术。在阅读了国内目前流行的基本职位分析文献之后,他们从其中选取了一份职位分析问卷,作为收集职位信息的工具。然后,人力资源部将问卷发放到了各个部门经理手中,同时他们还在公司的内部网上上传了一份关于开展问卷调查的通知,要求各部门配合人力资源部的问卷调查。

据反映,问卷在下发到各部门之后,却一直搁置在各部门经理手中,而没有发下去。很多部门是直到人力资源部开始催收时才把问卷发放到每个人手中。同时,由于大家都很忙,很多人在拿到问卷之后,都没有时间仔细思考,草草填写完事。还有很多人在外地出差,或者任务缠身,自己无法填写,而由同事代笔。此外,据一些较为重视这次调查的员工反映,大家都不了解这次问卷调查的意图,也不理解问卷中那些生疏的治理术语,何为职责、何为工作目的,许多人对此并不理解。很多人想就疑难问题向人力资源部进行询问,可是也不知道具体该找谁。因此,在回答问卷时只能凭借个人的理解来进行填写,无法把握填写的规范和标准。

一个星期之后,人力资源部收回了问卷。但他们发现,问卷填写的效果不太理想,有一部分问卷填写不全,一部分问卷答非所问,还有一部分问卷根本没有收上来。辛劳调查的结果却没有发挥它应有的价值。

与此同时,人力资源部也着手选取一些职位进行访谈。但在试着访谈了几个职位之后,发现访谈的效果也不好。因为,在人力资源部,能够对部门经理访谈的人只有人力资源部经理一人,主管和一般员工都无法与其他部门经理进行沟通。同时,由于经理们都很忙,能够把双方凑在一块,实在不轻易。因此,两个星期时间过去之后,只访谈了两个部门经理。

人力资源部的几位主管负责对经理级以下的人员进行访谈,但在访谈中,出现的情况却出乎意料。大部分时间都是被访谈的人在发牢骚,指责公司的治理问题,抱怨自己的待遇不公等。而在谈到与职位分析相关的内容时,被访谈人往往又言辞闪烁,顾左右而言他,似乎对人力资源部这次访谈不太信任。访谈结束之后,访谈人都反映对该职位的熟悉还是停留在模糊的阶段。这样持续了两个星期,访谈了大概1/3的职位。人力资源部经理认为时间不能拖延下去了,因此决定开始进入项目的下一个阶段——撰写职位说明书。

可这时,各职位的信息收集却还不完全。怎么办呢?人力资源部在无奈之下,不得不另觅他途。于是,他们通过各种途径从其他公司中收集了许多职位说明书,试图以此作为参照,结合问卷和访谈收集到的一些信息来撰写职位说明书。

在撰写阶段,人力资源部还成立了几个小组,每个小组专门负责起草某一部门的职位说明,并且还要求各组在两个星期内完成任务。在起草职位说明书的过程中,人力资源部的员工都颇感为难,一方面不了解别的部门的工作,问卷和访谈提供的信息又不准确;另一方面,大家又缺乏写职位说明书的经验,因此,写起来都感觉很费劲。规定的时间快到了,很多人为了交稿,不得不急急忙忙,东拼西凑了一些材料,再结合自己的判定,最后成稿。

职位说明书终于出台了。人力资源部将成稿的职位说明书下发到了各部门,同时,还下发了一份文件,要求各部门按照新的职位说明书来界定工作范围,并按照其中规定的任职条件来进行人员的招聘、选拔和任用。但这却引起了其他部门的强烈反对,很多直线部门的治理人员甚至公开指责人力资源部,说人力资源部的职位说明书是一堆垃圾文件,完全不符合实际情况。

于是,人力资源部专门与相关部门召开了一次会议来推动职位说明书的应用。人力资源部经理本来想通过这次会议来说服各部门支持这次项目。但结果却恰恰相反,在会上,人力资源部遭到了各部门的一致批评。同时,人力资源部由于对其他部门不了解,对于其他部门所提的很多问题,也无法进行解释和反驳,因此,会议的最终结论是,让人力资源部重新编写职位说明书。经过多次重写与修改,职位说明书始终无法令人满意。最后,职位分析项目不了了之。

人力资源部的员工在经历了这次失败的项目后，对职位分析彻底丧失了信心。他们开始认为，职位分析只不过是"雾里看花，水中望月"的东西，说起来挺好，实际上却没有什么大用，而且认为职位分析只能针对西方国家那些治理先进的大公司，运用在中国的企业，根本就行不通。原来雄心勃勃的人力资源部经理也变得灰心丧气，但他却对这次失败耿耿于怀，对项目失败的原因也是百思不得其解。

那么，职位分析真的是他们认为的"雾里看花，水中望月"吗？该公司的职位分析项目为什么会失败呢？

◉请思考：

1. 该公司为什么决定从职位分析入手来实施变革，这样的决定正确吗？为什么？
2. 在职位分析项目的整个组织与实施过程中，该公司存在着哪些问题？
3. 该公司所采用的职位分析工具和方法主要存在着哪些问题？
4. 如果你是人力资源部新任的主管，让你重新负责该公司的职位分析，你要如何去开展？

◉思考与练习

1. 什么是工作分析？工作分析有什么重要的意义？
2. 工作分析的程序是什么？
3. 常用的工作分析方法有哪些？各有什么特点？
4. 工作说明书主要包括哪些内容？
5. 什么是工作设计？工作设计需要考虑哪些因素？

闯关练习

# 项目三
# 人力资源管理规划实务

职业情境

转眼之间,李明已经在公司工作5个多月了,为了进一步锻炼李明,王经理在国庆前交给李明一项工作任务,要求李明为公司草拟一份下一年度的人力资源规划。

李明接到任务后,感觉压力很大,因为他从未有过人力资源规划方面的实战经验,那么,他到底应该怎么做才能圆满地完成这份规划呢?

学习目标

能力目标

- 学会使用人力资源需求预测的方法。
- 学会使用人力资源供给预测的方法。
- 能够正确运用人力资源需求和供给预测的方法,制定合理的人力资源规划。
- 培养学生的大局意识和前瞻性意识。

知识目标

- 掌握人力资源规划的含义和内容。
- 掌握人力资源规划的程序。
- 熟悉平衡人力资源供求的措施。

德尔菲法

人力资源规划的流程

先导案例

### 手忙脚乱的人力资源经理

D集团由一家手工作坊发展而来,企业日益正规后,每年年初制订人力资源计划:即根据公司经营目标预测当年收入、利润、产量,以此定编员工人数,若人数少便招聘,若人数超编便减人。一般年初招聘新员工。

可是,一年中不时有人升职、平调、降职、辞职,由于有编制限制不能多招聘人员,而且人力资源部也不知应多招聘多少人、招什么样的人,结果人力资源经理一年到头地往人才市场跑。

近来,由于3名高级技术工人退休,2名跳槽,导致生产线面临瘫痪。集团召开紧急会议,责令人

力资源经理 3 天之内招到合适的人员顶替空缺，恢复生产。

人力资源经理三天两晚没睡觉，频繁奔走于各地人才市场，最后勉强招到 2 名已经退休的高级技术工人，恢复了生产。

人力资源经理刚喘口气，地区经理便打电话来说："公司已经超编，不能接收前几天分去的 5 名大学生。"人力资源经理不由怒气冲冲地说："你自己说缺人，我才招的，现在你又不要了！""是啊，我两个月前缺人，你现在才给我，我早就不缺了。"地区经理说。"招人也是需要时间的，我又不是孙悟空，你一说缺人，我就变出一个人给你。"人力资源经理说。

◉请思考：

1. 人力资源经理为何如此手忙脚乱？
2. 人力资源经理该怎么做？

# 第一部分　理实基础

## 一、理论基础

### （一）人力资源规划的含义和内容

1. 人力资源规划的含义

人力资源规划有广义和狭义之分。广义的人力资源规划是企业所有人力资源计划的总称，是战略规划与战术计划（即具体的实施计划）的统一；狭义的人力资源规划是指为实施企业的发展战略，完成企业的生产经营目标，根据企业内外环境和条件的变化，运用科学的方法，对企业人力资源的需求和供给进行预测，制定相宜的政策和措施，从而使企业人力资源供给和需求达到平衡，实现人力资源的合理配置，有效激励员工的过程。

简单地讲，人力资源规划就是对企业在某个时期内的人员供给和人员需求进行预测，并根据预测的结果采取相应的措施来实现人力资源的供需平衡。

组织的人力资源规划是组织整体规划的重要组成部分，而且人力资源规划要适应整个组织的整体规划。

2. 人力资源规划的分类

人力资源规划可以按时间、层次等，进行不同的分类。企业在制定规划时，可以根据具体情况灵活选择。

从规划的期限上看，人力资源规划可区分为长期规划（5 年以上）、中期计划（1～5 年）和短期计划（1 年及以内）。

从规划的层次上看，人力资源规划可分为总体规划和业务规划。总体规划主要是指计划期内，根据企业战略确定的人力资源管理的总目标、总政策、实施步骤和总预算安排。业务规划是总体规划的展开和具体化，每一项业务规划都由目标、政策、步骤、预算等部分组成，其主要作用是确保总体规划的目标得以实现。具体业务规划包括：

（1）定员计划。定员计划也称劳动定员或人员编制。是指在一定的技术组织条件下，为保障组织生产经营活动的正常进行，按一定素质要求，对组织配备各类人员所预先规定的限额计划。组织从设计组建时起，就要考虑需要多少人，各种人应具备什么样的条件，如何将这些人合理组合起来，既能满足生产和工作的需要，又使各人都能发挥其应有的作用。这就需要制定用人标准，即需要加强定编、定岗、定员、定额工作，促进企业劳动组织的科学化。合理的定员有利于提高员工队伍的素质，是用人的科学标准，其目的是要做到人尽其才、人事相宜，创造一个贯彻执行定员标准的良好环境。

（2）调配计划。人员调配计划是企业根据组织运行的实际情况，对企业在中、长期内可能产生的空缺职位进行调整，旨在促进人力资源数量、质量和结构的完整与改善。在企业进行招聘录用活动时，必须预测未来的一段时间内员工的使用情况。这样才能制订出合理的人员调配计划，保证企业在每一发展阶段都有适合的员工担任各种岗位工作。一般来讲，人员调配计划是和晋升计划相联系的，因为晋升计划会造成组织内的职位空缺，导致企业相应层次的人员需求加大。

（3）晋升计划。晋升计划是组织根据发展目标、人员需要和内部人员分布状况，制定的员工职务提升方案。对组织来说，要尽量把有能力的员工配置到能够发挥其最大作用的岗位上去，这对于调动员工的积极性和提高人力资源利用率是非常重要的。职务的晋升对员工的激励作用巨大，因此，人员晋升计划的最直接的作用就是激励员工。

（4）人员补充计划。也称为人员招聘计划，指根据组织内外环境变化和组织发展战略，通过有计划地吸收外部人员，从而对组织中长期可能产生的空缺职位加以补充的计划。

（5）人员培训开发计划。人员培训开发计划就是组织通过对员工有计划的培训，引导员工的技能发展与组织的发展目标相适应的策略方案。人力资源具有再生性，组织可以通过有计划、有步骤的培训来开发人力资源的潜力，培养出企业发展所需要的合适人才。人员培训计划的具体内容包括：受训人员的数量、培训的目标、培训的方式方法、培训的内容、培训费用的预算等。

（6）员工薪酬激励计划。薪酬激励计划一方面是为了保证组织人工成本与经营状况之间恰当的比例关系；另一方面是为了充分发挥薪酬的激励功能。通过薪酬激励计划，可以在预测组织发展的基础上，对未来的薪酬总额进行预算，并设计、制定、实施未来一段时间的激励措施，如激励方式的选择，以充分调动员工的工作积极性。

（7）员工职业生涯规划。员工职业生涯规划既是员工个人的发展规划，又是组织人员规划的有机组成部分。通过员工职业生涯规划，能够把员工个人的职业发展与组织需要结合起来，从而有效地留住人才，稳定员工队伍。特别是对那些具有相当发展潜力的员工，组织可以通过个人职业生涯规划的制订，激发他们的主观能动性，使其在组织发展中发挥出更大的作用。

3. 人力资源规划的内容

（1）战略规划。即人力资源战略规划，是根据企业总体发展战略的目标，对企业人力资源开发和利用的大政方针、政策和策略的规定，是各种人力资源具体计划的核心，是事关全局的关键性规划。

（2）组织规划。组织规划是对企业整体框架的设计，主要包括组织信息的采集、处理和应用，组织结构图的绘制，组织调查、诊断和评价，组织设计与调整，以及组织机构的设置等。

（3）制度规划。企业人力资源管理制度规划是人力资源总规划目标实现的重要保证，包括人力资源管理制度体系建设的程序、制度化管理等内容。

（4）人员规划。人员规划是对企业人员总量、构成、流动的整体规划，包括人力资源现状分析、企业定员、人员需求与供给预测和人员供需平衡等。

（5）费用规划。人力资源费用规划是对企业人工成本、人力资源管理费用的整体规划，包括人力资源费用预算、核算、审核、结算，以及人力资源费用控制。

4. 人力资源规划的作用

（1）人力资源规划使组织更能适应组织内外环境变化的需要。人力资源规划是随着组织内外环境的变化，调整组织内部环境，尤其是对人力资源的调整和配置的过程。根据组织发展目标的需要，对人力资源现在的需求和未来的人才储备做出科学预测和安排，了解组织内各种人才需求的人数和特征，使组织能迅速把握人力资源的动态平衡，从而有效地支持和保证组织目标的实现。

（2）人力资源规划是组织发展战略制定的依据。组织的发展战略是对未来的一种规划，这种规划需要将自身的人力资源状况作为一个重要的变量加以考虑。如果预测的人力资源供给无法满足设定的目标，那么就要对战略和规划做出相应的调整。所以，健全的人力资源规划反过来会有利于组织战略的制定，使战略更加切实可行。

（3）人力资源规划有助于保持组织人员队伍的稳定。组织的正常运转需要保持人员队伍的相对稳定。但是组织活动受复杂的、动态的环境影响，组织为了自身的生存和发展，必须随时依据环境的变化及时做出相应的调整，这些调整往往会引起组织人员数量和结构的变化。因此，组织为了保证人员状况的稳定，就必须提前了解这些变化并制定出相应的措施，在这种情况下，人力资源规划就显得非常有必要。人力资源规划有助于改善组织人力配置的许多问题，同时谋求人力资源使用的平衡，实现人力资源的有效利用和科学开发。

（4）人力资源规划有利于降低用人成本。人力资源在为组织创造价值的同时也给组织带来了一定的成本开支，而理性的组织又是以利润最大化为目标，追求以最小的投入实现最大的产出。因此，如果组织拥有的人力资源超出自身的需求，不仅造成了人力资源的浪费，还会增加人工成本的开支。通过人力资源规划，使组织有机会对人力资源的结构进行分析和研究。当组织了解人员当前余缺、能力与岗位的匹配状况时，就能有效地重新调配人员，将员工的数量和质量控制在合理的范围内，从而节省了人工成本的支出。

## （二）人力资源规划的程序

人力资源规划的过程一般包括五个阶段，即准备阶段、预测阶段、制定规划阶段、实施阶段和评估阶段，如图 3-1 所示。

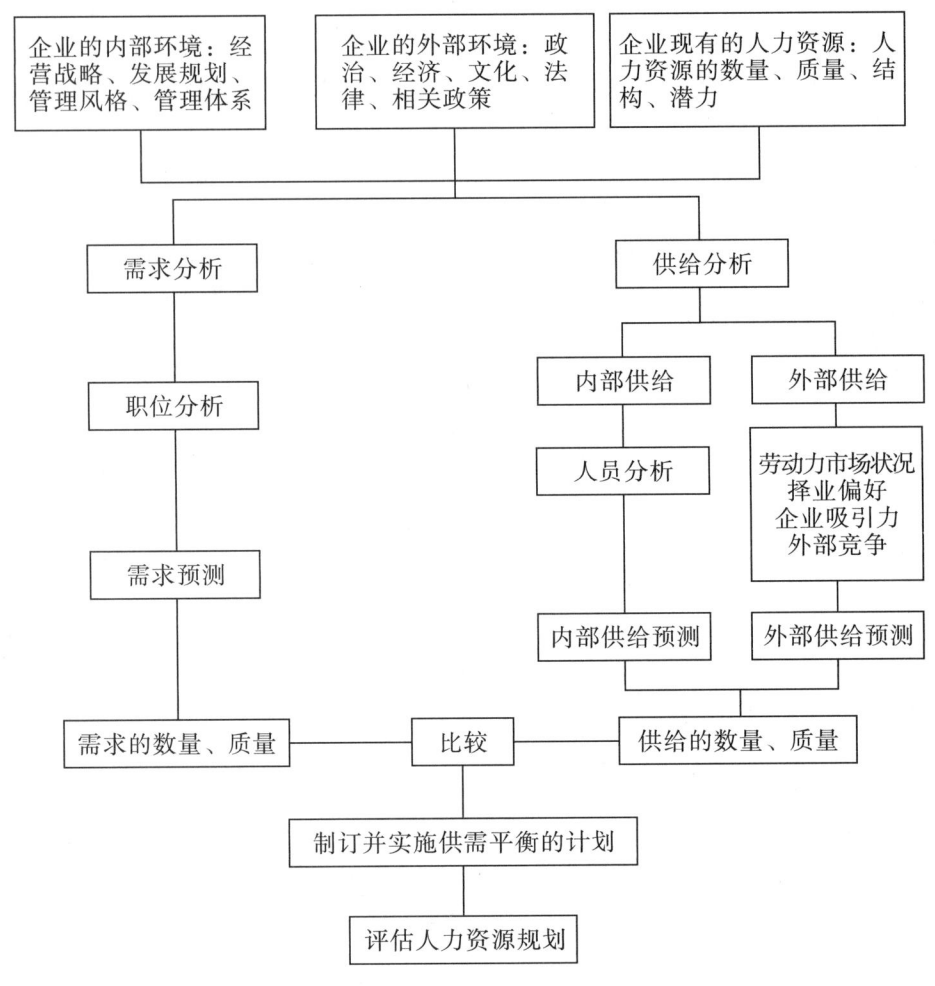

图 3-1 人力资源规划的程序

1. 准备阶段

任何一项规划或者计划要想做好，都必须充分地占有相关的信息，人力资源规划也不例外。由于影响企业人力资源供给和需求的因素有很多，为了能够比较准确地做出预测，就需要收集和调查与之有关的各种信息，这些信息主要包括以下几个方面的内容。

（1）外部环境的信息。外部环境的信息包括两类：一是经营环境的信息，如社会的政治、经济、文化以及法律环境等，由于人力资源规划同企业的生产经营活动是紧密联系在一起的，因此这些影响企业生产的因素都会对人力资源的供给和需求产生作用；二是直接影响人力资源供给和需求的信息，如外部劳动力市场的供求状况、政府的职业培训政策、国家的教育政策以及竞争对手的人力资源管理政策等。

（2）内部环境的信息。内部环境的信息也包括两个方面：一是组织环境的信息，如企业的发展战略、经营规划、生产技术以及产品结构等；二是管理环境的信息，如公司的组织结构、企业文化、管理风格、管理结构（管理层次与跨度）以及人力资源管理政策等，这些因素都直接决定着企业人力资源的供给和需求。

（3）现有人力资源的信息。这其实是对企业现有人力资源的数量、质量、结构和潜力等进行"盘点"。根据经验，"盘点"的资料应当包括员工的自然情况、录用资料、教育资料、工作经历、工作业绩记录、工作能力和态度记录等方面的信息。只有及时准确地掌握企业现有人力资源的状况，人力资源规划才有意义，为此就需要借助于完善的人力资源信息系统，以便能够及时更新、修正和提供相关的信息。

公司人力资源部正式制定人力资源规划前，必须向各职能部门索要公司整体战略规划数据、企业组织结构数据、财务规划数据、市场营销规划数据、生产规划数据、新项目规划数据、各部门年度规划数据信息。整理企业人力资源政策数据、公司文化特征数据、公司行为模型特征数据、薪酬福利水平数据、培训开发水平数据、绩效考核数据、公司人力资源人事信息数据、公司人力资源部职能开发数据。人力资源规划专职人员负责从以上数据中提炼出所有与人力资源规划相关的数据信息，并且整理编报，为有效的人力资源规划提供基本数据。

2. 预测阶段

这一阶段的主要任务就是要在充分掌握信息的基础上，选择有效的预测方法，对企业在未来某一时期的人力资源供给和需求做出预测。在整个人力资源规划中，这是最为关键的一部分，也是难度最大的一部分，它直接决定规划的成败。只有准确地预测出供给和需求，才能采取有效的措施进行平衡。

3. 制定规划阶段

一份完整的人力资源战略规划是企业人力资源管理的基础和核心，企业的人力资源其他管理工作都会时刻围绕着它来不断展开。制定人力资源规划包括制定人力资源总体规划和业务规划，并确定时间跨度。在供给和需求预测出来以后，就要根据两者之间的比较结果，通过人力资源的总体规划和业务规划，制定并实施平衡供需的措施，使企业对人力资源的需求得到正常的满足。人力资源的供需达到平衡，是人力资源规划的最终目的，进行供给和需求的预测就是为了实现这一目的。在制定相关的措施时要注意，应当使人力资源的总体规划和业务规划与企业的其他计划相互协调，只有这样，制定的措施才能够得以有效实施。例如，如果财务预算没有增加相应的工资费用，那么人员的招聘计划就无法实施。

人力资源规划主要包括以下内容：与企业的总体战略规划有关的人力资源规划目标、任务的详细说明；企业有关人力资源管理的各项政策策略及有关说明；企业业务发展的人力资源计划；企业员工招聘计划、升迁计划；企业人员退休、解聘、裁减计划；员工培训和职业发展计划；企业管理与组织发展计划；企业人力资源保留计划；企业生产率提高计划等相关内容。

4. 实施阶段

实施阶段是人力资源规划最重要的阶段。实施前要做好充分的准备工作，制订详尽的计划；实施时要严格按照规划进行，并设置完备的监督和控制机制，以确保人力资源规划的顺利实施。

5. 评估阶段

对人力资源规划实施的效果进行评估是整个规划过程的最后一步。由于预测不可能做到完全准确，因此人力资源规划也不是一成不变的，它是一个开放的动态系统。

人力资源规划的评估包括两层含义：一是指在实施的过程中，要随时根据内外部环境的变化来修正供给和需求的预测结果，并对平衡供需的措施做出调整；二是指要对预测的结果以及制定的措施进行评估，对预测的准确性和措施的有效性做出衡量，找出其中存在的问题以及有益的经验，为以后的规划提供借鉴和帮助。

## 二、实训基础

### （一）人力资源需求预测

人力资源需求预测，是指人力资源主管部门根据组织的战略目标、发展规划和工作任务，在综合考虑了多种因素的影响后，对组织未来人力资源的数量、质量和结构进行估计的活动。

1. 人力资源需求的影响因素

人力资源需求的影响因素大体分为三类：企业外部环境、企业内部因素及人力资源自身因素。

（1）企业外部环境。对企业外部环境因素进行分析是进行人力资源规划的前提。

社会、政治、法律及经济环境都会影响企业的人力资源需求。

技术革命也将对企业人力资源需求产生重大的影响。企业自动化水平提高，需要的人员数量就会减少，同时对人员的知识技术与技能的要求也会随之提高。

企业产品或劳务需求的变化也会影响企业人力资源需求；市场需求扩大，企业规模扩大，需要的人力多，反之亦然。

人口、交通、文化教育、劳动用工制度、人力竞争、择业期望则构成企业外部人力资源供给的多种制约因素。

只有了解和掌握这些外部环境因素的变化，才能为企业制定出有效的人力资源规划。

（2）企业内部因素。企业的战略目标决定了其发展速度、新产品的开发和研制、产品市场占有率等，因此，它是企业内部影响人力资源需求的最重要因素。

企业的产品组合、生产技术、生产规模、经营区域等也会对人员提出相应的要求。企业的管理方针、预算以及行动规划也对人力资源需求有着直接的影响，如企业拟建立分公司或新的部门，其人力资源需求就要跟着变化。

企业劳动定额的先进及合理程度也影响其人力资源需求量。

（3）人力资源自身因素。企业人员的状况对人力资源需求量也有重要影响。如退休、辞职人员数量的多寡，合同期满终止合同的人员数量，死亡、休假人数等都直接影响到人力资源需求量。

人力资源需求预测是编制企业人力资源规划的起点，其准确性对规划的成效有着决定性的作用。

2. 人力资源需求预测的方法

人力资源预测有许多种方法，常用的方法有经验预测法、德尔菲法、比例分析法、工作负荷预测法和回归预测法。

（1）经验预测法。经验预测法是人力资源预测中最简单的方法，它适用于较稳定的小型企业。经验预测法，顾名思义就是用以往的经验来推测未来的人员需求。在实际操作中，一般先由各个部门的负责人根据本部门未来一定时期内工作量的情况，预测本部门的人力资源需求，然后再汇总到企业最高领导层那里进行平衡，以确定企业最终的需求。

需要注意的是，经验预测法只适合于一定时期内企业的发展状况没有发生方向性变化的情况，对于新的职务，或者工作方式发生了较大变化的职务，不适合使用经验预测法。

（2）德尔菲法。德尔菲法适用于技术型企业的长期人力资源预测。德尔菲法是指邀请在某一领域的一些专家或有经验的管理人员对某一问题进行预测并最终达成一致意见的结构化的方法。在德尔菲法的实施过程中，始终有两方面的人在活动，一是预测的组织者，二是被选出来的专家。首先应注意的是德尔菲法中的调查表与通常的调查表有所不同，它除了有通常调查表向被调查者提出问题并要求回答的内容外，还兼有向被调查者提供信息的责任，它是专家们交流思想的工具。德尔菲法的特点如下：

① 吸收专家参与预测，充分利用专家的经验和学识。
② 采用匿名或背靠背的方式，能使每一位专家独立自由地做出自己的判断。
③ 预测过程经过几轮反馈，使专家的意见逐渐趋同。

德尔菲法的这些特点使它成为一种十分有效的判断预测法。

（3）比例分析法。比例分析法是在企业经营方式相对稳定的情况下，当企业规模变动时，根据已确定的各类人员之间，人员与设备、产量之间的各种比例关系，预测人员的需求数量。

这种方法是根据历史数据，把企业未来的业务活动量转化为人力资源需求的预测方法。具体做法：根据历史数据，找出企业业务增量与人力资源增量之间的比例关系——据此预测实现未来目标的业务活动增量所需的总人员需求量，将总人员需求量按比例折算成各类人员的需求量。

（4）工作负荷预测法。工作负荷预测法是根据工作分析的结果算出单位预算劳动生产量，再按未来的生产量目标算出总工作量，计算出人员的需求量。用公式可表示为：

$$A 年所需员工数 = A 年工作总量 / A 年员工完成的人工作量$$

（5）回归预测法。回归预测法是数理统计学中的方法。由于人力资源的需求总是受到某些因素的影响，回归预测法的基本思路就是要找出那些与人力资源需求关系密切的因素，并依据过去的相关资料确定出它们之间的数量关系，建立一个回归方程，然后再根据这些因素的变化以及确定的回归方程来预测未来的人力资源需求。

使用回归预测法的关键是要找出那些与人力资源需求高度相关的变量，这样建立起来的回归方程预测结果才会比较准确。

3. 人力资源需求预测的基本步骤

人力资源需求预测分为现实人力资源需求预测、未来人力资源需求预测和未来人力资源流失预测三部分。具体步骤如下：

（1）根据职务分析的结果，来确定职务编制和人员配置。
（2）进行人力资源盘点，统计出人员的缺编、超编及是否符合职务资格要求。
（3）将上述统计结论与部门管理者进行讨论，修正统计结果。
（4）该统计结论为现实人力资源需求。

(5) 根据企业发展规划,确定各部门的工作量。
(6) 根据工作量的增长情况,确定各部门还需增加的职务及人数,并进行汇总统计。
(7) 该统计结论为未来人力资源需求。
(8) 对预测期内退休的人员进行统计。
(9) 根据历史数据,对未来可能发生的离职情况进行预测。
(10) 将(8)(9)统计和预测结果进行汇总,得出未来人力资源流失情况;将现实人力资源需求、未来人力资源需求和未来人力资源流失汇总,即得出企业整体人力资源需求预测。

### (二)人力资源供给预测

人力资源供给预测是人力资源规划中的核心内容,是指对某一未来时期内,组织内部所能供应的及外部劳动力市场所提供的一定数量、质量和结构的人员情况进行预测的过程。从人力资源供给来源看,人力资源供给可以分为外部供给和内部供给两个方面,其中,外部供给是指外部劳动力市场对组织的员工供给,内部供给是指在组织内部对未来企业人力资源的供给。外部供给在大多数情况下,不为组织所了解或掌握,因而通常通过对本地劳动力市场、企业雇佣条件和竞争对手的策略分析来实现。

1. 内部人力资源供给预测

内部人力资源供给预测的方法主要有人员接替法、技能清单和马尔可夫分析法。

(1) 人员接替法。该方法通过建立人员替换图来跟踪企业内的某些职位候选人的当前绩效和晋升机会,来预测企业内部人员供给的一种方法。当前绩效一般由考核部门或上级领导确定,提升潜力则是在前者的基础上由人力资源部门通过心理测验、面谈等方式得出。人员替换图的四个步骤如下:

① 确定人力资源规划所涉及的工作岗位范围。
② 确定关键岗位的接替人选。
③ 评价接替人选目前工作的情况和是否能达到提升的要求。
④ 确定候选人的职业发展需要,并将个人的职业目标和企业目标相结合。

(2) 技能清单。技能清单是把组织的人力资源信息合成一体,以最简单的形式提供所有员工的基本信息,包括一份有关员工的姓名、特定的特征和技能的清单。由于技能清单中的信息是在做晋升和调动决策时所要考虑的因素,因此,它应该包含有关每一个员工技能的整套信息,"而不仅仅是那些与员工目前工作有关的信息"。一般来说,技能清单应包括七大类信息:

① 个人数据:年龄、性别、婚姻状况。
② 技能:教育经历、工作经历、培训。
③ 特殊资格:专业团体中的成员、特殊成就。
④ 薪酬和工作历史:现在和过去的薪酬、加薪日期、承担的各种工作。
⑤ 公司数据:福利计划数据、退休信息、资历。
⑥ 个人能力:在心理或其他测试中的测试成绩、健康信息。
⑦ 个人的特殊偏爱:地理位置、工作类型。

由于计算机的广泛利用,技能清单的普及程度迅速增加。尽管在传统上大多数想要得到的信息都可以从个人的人事档案中获取,但在能方便地利用计算机之前,进行编辑是很费时的。今天的局域网甚至有能力处理综合的技能清单,然后,安排员工进行培训以适应组织的需要。

(3) 马尔可夫分析法。马尔可夫分析法是一种统计方法,其方法的基本思想是通过找出过去人事变动的规律,以此来推测未来人事变动趋势。但它是建立在这样一个前提下的,即企业内部人员有规律的转移,而且其转移概率有一定的规则。运用马尔可夫分析法,可按下列五个步骤来进行:

① 设定企业的职位结构及各项职位之间的关系。
② 搜集历史资料,统计每个职位的升迁变动、离职等。
③ 根据历史资料,预估工作岗位间的转换稳定程度及转换方式。
④ 一旦工作的转换形式明确而稳定,可按过去的数字概率来预估。
⑤ 有了概率,便可按矩阵代数的规则预测未来人数的变动和需求。

下面以某企业的人事变动为例具体说明,该企业分为高级经理、部门经理、业务主管、基层管理和普通员工五个级别,经过对公司历史资料的分析,发现以下级别的人员的流动具有一定的规律性,见表3-1。

表3-1 员工流动可能性矩阵图

| 工作级别 | | 终止时间 | | | | 流出(离职) | 总量 |
| --- | --- | --- | --- | --- | --- | --- | --- |
| | | 高级经理 | 部门经理 | 业务主管 | 基层管理 | | |
| 起始时间 | 高级经理 | 0.7 | 0.1 | 0 | 0 | 0.2 | 1.00 |
| | 部门经理 | 0.15 | 0.6 | 0.1 | 0 | 0.15 | 1.00 |
| | 业务主管 | 0 | 0 | 0.8 | 0.1 | 0.1 | 1.00 |
| | 基层管理 | 0 | 0 | 0.05 | 0.85 | 0.1 | 1.00 |

用这些统计数据得出工作岗位级别变动的概率,结合现有员工数,就可以推测出未来的人员变动(供给量)情况,见表3-2。

表3-2 马尔可夫分析矩阵图

| 工作级别 | 现有员工数/人 | 高级经理/人 | 部门经理/人 | 业务主管/人 | 基层管理/人 | 流出/人 |
| --- | --- | --- | --- | --- | --- | --- |
| 高级经理 | 10 | 7 | 1 | 0 | 0 | 2 |
| 部门经理 | 20 | 3 | 12 | 2 | 0 | 3 |
| 业务主管 | 50 | 0 | 0 | 40 | 5 | 5 |
| 基层管理 | 100 | 0 | 0 | 5 | 85 | 10 |
| 终止时间员工数 | 180 | 10 | 13 | 47 | 90 | 20 |

马尔可夫分析法的主要优点是可以和任何预测人力资源需求的方法一起运用。

2. 外部人力资源供给预测

当企业内部的人力资源供给无法满足需要时，企业就会考虑从企业外部的人力资源供给情况来解决。一方面由于生产规模的扩大，劳动力的自然减员，需要引进专业人才和招募员工；另一方面在一个成长中的企业，如果完全采取内部递补，则容易滋生"任人唯亲"与官僚作风，外部人力资源供给可以给企业注入新鲜的活力，刺激内部员工的工作积极性，还可以为企业带来新的技术和管理理念，所以，企业必须不断地从外界补充"新鲜血液"。对于企业外部人力资源供给预测，以下因素需要予以考虑。

（1）本地区内人口总量。它决定了该地区可提供的人力资源总量。当地人口数量越大则人力资源供给就越宽裕。

（2）本地区人力资源的结构。

（3）本地区的经济发展水平。

（4）本地区的教育水平。

（5）本地区同一行业平均工资收入水平、与相邻地区的工资收入水平、当地的物价指数等都会影响劳动力的供给。

（6）本地区劳动力的择业心态与模式、本地区劳动力的工作价值观等也将影响人力资源的供给。

（7）本地区外来劳动力的数量与质量。

（8）本地区同行业对劳动力的需求也会对本企业人力资源的需求有重要的影响。

（9）还有许多本地区外的因素对当地人力资源供给有影响，如全国人力资源的增长趋势、全国对各类人员的需求与供给、国家教育状况、国家劳动法规等。

3. 人力资源供给预测的基本步骤

人力资源供给预测分为内部供给预测和外部供给预测两部分，具体步骤如下。

（1）进行人力资源盘点，了解企业员工现状。

（2）分析企业的职务调整政策和历史员工调整数据，统计出员工调整的比例。

（3）向各部门的人事决策人了解可能出现的人事调整情况。

（4）进行情况汇总，得出企业内部人力资源供给预测。

（5）分析影响外部人力资源供给的地域性因素，包括：公司所在地的人力资源整体现状；公司所在地的有效人力资源的供求现状；公司所在地对人才的吸引程度；公司薪酬对所在地人才的吸引程度；公司能够提供的各种福利对当地人才的吸引程度；公司本身对人才的吸引程度。

（6）分析影响外部人力资源供给的全国性因素，包括：全国相关专业的大学生毕业人数及分配情况；国家在就业方面的法规和政策；该行业全国范围的人才供需状况；全国范围的人员的薪酬水平和差异。

（7）根据（5）（6）的分析，得出企业外部人力资源供给预测。

（8）将企业内部人力资源供给预测和企业外部人力资源供给预测汇总，得出企业人力资源供给预测。

**（三）人力资源供求的平衡**

人力资源规划的最终目的是要实现企业人力资源供给和需求的平衡，因此在预测出人力资源的供给和需求之后，就要对这两者进行比较，并根据比较的结果采取相应的措施。

企业人力资源供给和需求预测的比较，一般会有以下四种情况。

第一，供给和需求在数量、质量以及结构方面都基本相等。

第二，供给和需求在总量上平衡，但是结构上不匹配。

第三，供给大于需求。

第四，供给小于需求。

一般情况下，在企业的运营过程中，企业始终处于人力资源的供需失衡状态。在企业扩张时期，企业人力资源需求旺盛，人力资源供给不足，人力资源部门用大部分时间进行人员的招聘和选拔；在企业稳定时期，企业人力资源在表面上可能会达到稳定，但企业局部仍然同时存在着退休、离职、晋升、降职、补充空缺、不胜任岗位、职务调整等情况；在企业衰败时期，企业人力资源总量过剩，人力资源需求不足，人力资源部门需要制定裁员、下岗等政策。

人力资源部门的重要工作之一就是不断地调整人力资源结构，使企业的人力资源始终处于供需平衡状态。只有这样，才能有效地提高人力资源利用率，降低企业人力资源成本。

1. 需求大于供给的情况

当企业出现人力资源需求大于供给的情况，即企业所需要的人力资源数量无法得到满足时，企业可考虑采取以下措施。

（1）外部招聘。外部招聘是最常用的人力资源缺乏调整方法，当人力资源总量缺乏时，采用此种方法比较有效。但如果企业有内部调整、内部晋升等计划，则应该先实施这些计划，将外部招聘放在最后使用。

（2）内部招聘。内部招聘是指当企业出现职务空缺时，优先由企业内部员工调整到该职务的方法。它的优点首先是丰富了员工的工作，提高了员工的工作兴趣和积极性；其次，它还节省了外部招聘成本，利用内部招聘的方式可以有效地实施内部调整计划。在人力资源部发布招聘需求时，先在企业内部发布信息公告，欢迎企业内部员工积极竞岗，任职资格要求和选择程序与外部招聘相同。当企业内部员工应聘成功后，对员工的职务进行正式调整，员工空出的岗位还可以继续进行内部招聘。当内部招聘无人能胜任时，才进行外部招聘。

（3）内部晋升。当较高层次的职务出现空缺时，优先提拔企业内部的员工。在许多企业里，内部晋升是员工职业生涯规划的重要内容。对员工的提升是对员工工作的肯定，也是对员工的激励。由于内部员工更加了解企业的情况，会比外部招聘人员更快地适应工作环境，提高工作效率，同时节省外部招聘成本。

（4）技能培训。对公司现有员工进行必要的技能培训，使之不仅能适应当前的工作，还能适应更高层次的工作。这样，就为内部晋升政策的有效实施提供了保障。如果企业即将出现经营转型，企业应该及时向员工进行新的工作知识和工作技能培训，以保证企业在转型后，原有的员工能够符合职务任职资格的要求。这样做的最大好处是防止企业的冗员现象。

（5）其他措施。在法律许可范围内，适当安排员工加班；制订有效的激励计划，提高员工士气和劳动积极性；减少工作任务或将部分工作任务转包给其他企业。

2. 供给大于需求的情况

当企业出现人力资源供给大于需求的情况，即企业的人力资源出现了过剩。企业可考虑采取以下措施。

（1）鼓励员工提前退休。企业可以适当地放宽退休的年龄和条件限制，促使更多的员工提前退休。如果将退休的条件修改得足够有吸引力，会有更多的员工愿意接受提前退休。

（2）减少人员补充。当出现员工退休、离职等情况时，对空闲的岗位不再进行人员补充。

（3）增加无薪假期。当企业出现短期人力过剩的情况时，采取增加无薪假期的方法比较适合。比如规定员工有一个月的无薪假期，在这一个月没有薪水，但下个月照常上班后，可正常领取薪水。

（4）裁员。裁员是一种最无奈，但最有效的方式。在进行裁员时，首先制定优厚的裁员政策，比如为被裁减者发放优厚的失业金等；其次，裁减那些主动希望离职的员工；最后，裁减工作考评成绩差的员工。

（5）其他措施。缩短上班时间或降低工资率；加强培训和进行适当的工作轮换；企业争取开拓新市场、新产品或新业务，以新的增长点来调整企业的人力资源供求关系。

3. 企业员工供需结构不平衡

企业人力资源供给和需求完全平衡一般是很难达到的，即使在供需总量上达到了平衡，往往也会在层次和结构上出现不平衡。对于结构性的人力资源供需不平衡，一般要采取下列措施实现平衡：

（1）进行人员内部的重新配置，包括晋升、调动、降职等，来弥补那些空缺的职位，满足这部分的人力资源需求。

（2）对人员进行有针对性的专门培训，使他们能够从事空缺职位的工作。

（3）进行人员的置换，释放那些企业不需要的人员，补充企业需要的人员，以调整人员的结构。

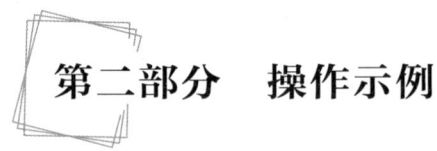

# 第二部分　操作示例

## 一、企业年度人力资源规划方案实例

### ××公司2019年度人力资源规划

（一）职务设置与人员配置计划

根据公司2019年发展计划和经营目标，人力资源部协同各部门制订了公司2019年的职务设置与人员配置计划。在2019年，公司将划分为8个部门，其中行政副总负责行政部和人力资源部，财务总监负责财务部，营销总监负责销售一部、销售二部和产品部，技术总监负责开发一部和开发二部。具体职务设置与人员配置如下：

1. 决策层（5人）

总经理1名、行政副总1名、财务总监1名、营销总监1名、技术总监1名。

2. 行政部（8人）

行政部经理1名、行政助理2名、行政文员2名、司机2名、接线员1名。

3. 财务部（4人）

财务部经理1名、会计1名、出纳1名、财务文员1名。

4. 人力资源部（4人）

人力资源部经理1名、薪酬专员1名、招聘专员1名、培训专员1名。

5. 销售一部（19人）

销售一部经理1名、销售组长3名、销售代表12名、销售助理3名。

6. 销售二部（13人）

销售二部经理1名、销售组长2名、销售代表8名、销售助理2名。

7. 开发一部（19人）

开发一部经理1名、开发组长3名、开发工程师12名、技术助理3名。

8. 开发二部（19人）

开发二部经理1名、开发组长3名、开发工程师12名、技术助理3名。

9. 产品部（5人）

产品部经理1名、营销策划1名、公共关系2名、产品助理1名。

（二）人员招聘计划

1. 招聘需求

根据2019年职务设置与人员配置计划，公司人员数量应为96人，到目前为止公司只有83人，还需要补充13人，具体职务和数量如下：

开发组长2名、开发工程师7名、销售代表4名。

2. 招聘方式

开发组长：社会招聘和学校招聘。

开发工程师：学校招聘。

销售代表：社会招聘。

3. 招聘策略

学校招聘主要通过参加应届毕业生洽谈会、在学校举办招聘讲座、发布招聘张贴、网上招聘等四种形式；社会招聘主要通过参加人才交流会、刊登招聘广告、网上招聘等三种形式。

4. 招聘人事政策

（1）本科生。

A. 待遇：转正后待遇3 000元，其中基本工资2 500元、住房补助200元、社会保障金300元左右（养老保险、失业保险、医疗保险等）。试用期基本工资2 000元，满半个月有住房补助。

B. 考上研究生后协议书自动解除。

C. 试用期3个月。

D. 签订3年劳动合同。

（2）研究生。

A. 待遇：转正后待遇5 000元，其中基本工资4 500元、住房补助200元、社会保险金300元左右（养老保险、失业保险、医疗保险等）。试用期基本工资3 000元，满半月有住房补助。

B. 考上博士后协议书自动解除。

C. 试用期3个月。

D. 公司资助员工攻读在职博士。

E. 签订不定期劳动合同，员工来去自由。

F. 成为公司骨干员工后，可享有公司股份。

5. 风险预测

（1）由于今年本市应届毕业生就业政策有所变动，可能会增加本科生招聘难度，但由于公司待遇较高并且属于高新技术企业，可以基本回避该风险。另外，由于优秀的本科生考研的比例很大，所以在招聘时，应该留有候选人员。

（2）由于计算机专业研究生愿意留在本市的较少，所以研究生招聘将非常困难。如果研究生招聘比较困难，应重点通过社会招聘来填补"开发组长"空缺。

（三）选择方式调整计划

2018年，开发人员选择实行了面试和笔试相结合的考查办法，取得了较理想的结果。

在2019年，首先要完善非开发人员的选择程序，并且加强非智力因素的考查，另外在招聘集中期，可以采用"合议制面试"，即总经理、主管副总、部门经理共同参与面试，以提高面试效率。

（四）绩效考评政策调整计划

2018年已经开始对公司员工进行了绩效考评，每位员工都有了考评记录。另外，在2018年对开发部进行了标准化的定量考评。

在2019年，绩效考评政策将做以下调整：

（1）建立考评沟通制度，由直接上级在每月考评结束时进行考评沟通。

（2）建立总经理季度书面评语制度，让员工及时了解公司对他的评价，并感受到公司对员工的关心。

（3）在开发部试行"标准量度平均分布考核方法"，使开发人员更加明确自己在开发团队中的位置。

（4）加强考评培训，减少考评误差，提高考评的可靠性和有效性。

（五）培训政策调整计划

公司培训分为岗前培训、管理培训、技能培训三部分。

岗前培训在2018年已经开始进行，管理培训和技能培训从2019年开始由人力资源部负责。在2019年，培训政策将做以下调整：

（1）加强岗前培训。

（2）管理培训与公司专职管理人员合作开展，不聘请外面的专业培训人员。该培训分成管理层和员工两个部分，重点对公司现有的管理模式、管理思路进行培训。

（3）技能培训根据相关人员申请进行。采取公司内训和聘请培训教师两种方式进行。

（六）人力资源预算

1. 招聘费用预算

（1）招聘讲座费用：计划本科生和研究生各4个学校，共8次。每次费用300元，预算2 400元。

（2）交流会费用：参加交流会4次，每次平均400元，共计1 600元。

（3）宣传材料费：2 005元。

（4）报纸广告费：6 000元。

2. 培训费用

2018年实际培训费用35 000元，按20%递增，预计今年培训费用约为42 000元。

3. 社会保障金

2018年社会保障金共交纳600 000元，按20%递增，预计今年社会保障金总额为720 000元。

人力资源部<br>2019年1月5日

## 二、如何做好人力资源规划

人力资源规划通常被定义为根据企业的发展规划，通过企业未来的人力资源的需要和供给状况的分析及估计，对职务编制、人员配置、教育培训、人力资源管理政策、招聘和选择等内容进行的人力资源部门的职能性计划。按照这个定义，人力资源规划包括三个关键要素，即依据企业战略规划、分析供给与需求、提出具体措施。

人力资源规划的操作就是在确定了公司发展战略规划的基础上，通过预测未来的组织架构、岗位架构、定编、定员，对比现有人员状况盘点结果，参照外界人员供需状况，结合企业内部文化与策略，提出未来人力资源工作的策略与措施的过程及结果，简称"四定未来、一盘现状、二析影响"。"四定未来"即预测未来的组织架构、岗位架构、人员编制和岗位素质需求。"一盘现状"即盘点确定现有人员状况。"二析影响"即分析外界人员供需状况及内部文化与策略的影响。

企业在明确了未来发展战略的前提下，在开始进行人力资源规划时，首先要完成"四定未来"与"一盘现状"的工作，并将"四定未来"与"一盘现状"的结果进行对比，得出未来人力资源的量与质的需求，根据这一需求，在充分考虑"二析影响"的基础上，制定未来的人力资源规划。

（一）如何"四定未来"

"四定未来"包括确定未来的组织架构、岗位架构、人员编制和岗位素质要求，下面分别介绍几种典型的"四定"方法。

1. 以"价值链+业务流程"分析的方法，确定未来的组织架构

"价值链"分析的方法由哈佛大学商学院教授迈克尔·波特提出，他认为企业内外价值增加的活动可分为基本活动和支持性活动。基本活动是涉及产品的物质创造及其销

售、转移买方和售后服务的各种活动。支持性活动是辅助基本活动，并通过提供采购投入、技术、人力资源以及各种公司范围的职能支持基本活动。

"价值链+业务流程"分析的方法就是将价值链的分析思路和以流程为中心的分析思路相结合。企业在明确了未来战略发展规划后，首先，根据战略发展的规划与重点，按照价值创造链条和价值产生的流程进行分解，确定企业未来价值产生的核心流程，通常包括产品研发、物资采购与仓储、生产、物流配送、销售、售后服务等环节。其次，确定支持核心流程实现的辅助流程，通常包括人力资源、财务会计、行政后勤、信息系统、品质管理、营销策划、企业文化等环节，企业根据自身的战略定位，对核心流程中的环节进行取舍。最后，根据企业的规模、行业特性、管理基础等因素，确定未来的组织架构。

2. 以"职能分解+流程整合"分析的方法，确定未来岗位架构

在确定了未来组织架构的基础上，预测未来岗位架构的具体步骤如下：

（1）将各部门的职能进行分解。首先，将设计组织架构时明确的部门责任用一句话表述。其次，按照专业性、业务流、效率性和风险控制几个方面，将部门的总职能分解为各个主要的模块。最后，再按照部门职能实现的业务流，将模块职能再进一步地分解。

（2）根据职能分解的结果，结合部门职能完成的主要业务流，按照专业性的原则，将业务流中相邻的职能进行合并。

（3）根据"职能分解+流程整合"的分析结构，按照效率性和风险控制的原则，确定公司的岗位架构。

3. 确定未来的人员编制与素质的要求

定编定员就是根据企业的业务方向和规模，在一定的时间内和一定的技术条件下，本着精简机构、节约用人、提高工作效率的原则，规定各类人员必须配备的数量。

定编方法1：比例定编法，这是一种依据相关人员之间的比例关系来计算确定编制人数的方法。通用计算公式为：

$$定员人数 = 员工总数或某一类人员总数 / 比例定编标准$$

这种方法主要应用在以下情况：确定定编人数随员工总数或某一类人员总数成比例增减变化的工作岗位的定编，如某些管理人员的定编或服务性单位的定编；确定某些生产工人的定编，如木模工可按造型工的人数和比例定编，焊工可按铆工的人数和比例定编等。

定编方法2：岗位定编法，这是一种根据岗位数量和岗位工作量计算定编人数的方法，是依据总工作量和个人劳动效率计算定编人数的一种表现形式。这种定编方法主要适用于装置性生产中，以看管设备为主的工种以及其他看管性岗位。因为这些岗位的劳动消耗量和产品数量没有直接关系，不能实行劳动定额。人员数量和生产任务不相联系，而和看管范围、岗位责任和安全因素等密切相关。基本的计算公式是：

$$定编人数 = [单台设备班（岗位）定编 \times 同类设备（岗位）数量] \times 班次 \times 替休人员系数 / 出勤率$$

公式中的替休人员系数，在实行三班轮休制和两班半轮休制的条件下为7/6，在实行四班三运转的条件下为4/3。

定编方法3：设备定编法，这是一种根据机器设备开动的数量和班次、工人看管设

备定额来计算定编的方法。这种定编方法主要适用于以机械操作为主的工种，特别是有较多同类型机器设备、采用多设备看管的劳动组织。设备定编法所揭示的实行多设备看管的交叉作业原理，具有普遍的意义，可应用于其他不需工人操作的时间，进行兼职作业或交叉作业，以充分利用工时和节约人员。通用的计算公式为：

$$定编人数 = 机器设备台数 \times 每台设备开动班次/工人看管定额 \times 出勤率$$

定编方法4：效率定编法，这是一种根据一定时间内的生产任务和个人劳动效率确定企业定编人数的方法。利用效率定编法确定编制，有利于保证公司的劳动效率，克服人浮于事的现象。这种定编方法主要适用于有劳动定额的岗位，特别是以手工操作为主的工种，因为其所需人数不受机器设备数量等因素的影响。基本的计算公式为：

$$定编人数 = 生产任务/工人劳动效率 \times 出勤率$$

定员的方法：定员有两种典型的方法，一种是建立该岗位的素质模型的方法；另一种是建立该岗位任职资格的方法。采用素质模型的方法确定目标岗位对人员素质要求，比较适合核心岗位，采用任职资格的方法确定目标岗位的人员素质要求，比较适合一般管理岗位和基层操作岗位。在构建和开发素质模型与任职资格时，有可以参照的岗位，可以采取通用的行为事例访谈与主题分析的方法。但是，对目前没有可参照的岗位，就应该采取策略分析与职责分析的方法。

### （二）如何"一盘现状"

"一盘现状"指对现有人员状况的盘点，主要包括"量"的盘点和"质"的盘点，具体操作如下所述。

#### 1. 量的盘点

现有人员量的盘点的内容主要包括：人力结构盘点、人力专长盘点。人力结构盘点包括静态分析和动态分析。静态分析包括：平均年龄分析、平均年资分析、员工类别分析（营销、技术、经营、管理等）、学历分析等；动态分析包括：离职率和调动率（内部调动率、内部提升率）。人力专长盘点包括：特殊学历、特殊技术专长、特殊工作经验、特殊教育培训经历，可以另外安排的工作等方面。人力盘点的其他项目包括：预定退休的人员名册、预定轮调异动的人员名册等。如果企业有相关的人力资源管理系统，基础数据比较完善，这部分的盘点很容易完成。如果企业基础数据不是很完善，则需要进行一次彻底的调查。量的盘点操作相对简单，只要企业相关人员能够组织好，就不会出现大的问题。

#### 2. 质的盘点

现有人员质的盘点的内容，不同企业不同的岗位体系及能力素质模型体系与任职资格体系，盘点的内容都不相同。质的盘点的主要方法包括：问卷调查、心理测评、评价中心、民主评议等方法。如果企业曾经为每一位员工建立了能力素质档案，并开展了员工职业生涯规划的相关工作，那么，这部分的盘点也比较容易完成。但是，由于目前国内大部分企业还没有为员工建立能力素质档案及开展生涯规划的工作，因此，需要全面地开展一次质的盘点。按照成本最低、效果最佳的原则，可以对不同层级岗位的人员采取不同的盘点方法，对基层人员采取问卷调查的方法即可，对骨干人员采用心理测评的方法，对核心员工及中高层管理人员采用评价中心的方法，对核心技术人员采用任职资格评估的方法。

### （三）如何"二析影响"

"二析影响"主要包括外部影响的分析和内部影响的分析两个方面。外部影响的分析就是对一定时期内，社会上对本企业人力资源规划中需求的人员供给与需求情况的分析，内部影响的分析就是对企业内部文化和用人策略的分析。

外部影响的分析主要从三个渠道进行：一是对公共信息的分析，主要是各级劳动人事部门对外发布的消息；二是对从专业的调研公司买入的相关数据的分析；三是对中介发布的招聘信息及求职者信息的分析，也包括对参加招聘会的相关企业的需求及应聘人员的分析。

内部影响的分析主要从文化和用人策略分析，这对已经开展企业文化建设及明确用人策略的公司比较容易实现，但是，对于尚未开展企业文化建设及用人策略的公司比较难以实现，通常的做法是通过对公司高层管理人员的访谈来获得相关信息。

在完成了"四定未来""一盘现状""二析影响"三个环节以后，将"四定未来"与"一盘现状"的结果相对照，确定满足企业战略发展的人力资源需求，再与"二析影响"的分析结果相结合，提出能够实现战略发展所需要的人力资源的具体策略与措施。

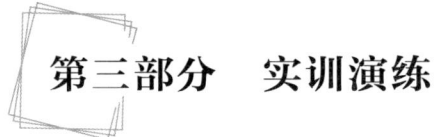

# 第三部分　实训演练

## 一、人力资源需求分析

（1）某公司制作一件玩具的标准时间是 2 小时，公司每天的业务目标量是 800 件，每个工人每天的工作时间是 8 小时。请计算该玩具制作岗位所需要的工人数量。

（2）某高校某门课程一个月需要讲授 800 课时，一位教师每天讲授 4 课时，每月工作 20 天。请计算该课程需要的教师人数。

## 二、人力资源供给分析

某一大型商场有五类人员：商店经理（P）、商店经理助理（M）、地区经理（S）、部门经理（J）、销售协会成员（E）。在过去一年里，有 90% 的商店经理仍留在该商场，10% 的人离职；有 83% 的商店经理助理仍在原职，11% 的人成为商店经理，6% 的人离职；有 66% 的地区经理助理仍在原职，11% 的人晋升为商店经理助理，8% 的人降为部门经理，有 15% 的人离职；有 72% 的部门经理仍在原职，10% 的人晋升为地区经理，2% 的人降为销售协会成员，有 16% 的人离职；有 74% 销售协会成员仍在原职，6% 的人晋升为部门经理，20% 的人离职。

请用马尔可夫法分析该商场人力资源的供给情况，并进行必要的分析说明。

## 三、制定人力资源规划

各小组以模拟公司为背景,制定 1 份 1 年期的人力资源规划。

## 四、人力资源规划案例分析

冯如生几天前才调到五金制品公司的人力资源部任职经理,就接受了一项紧迫的任务,要求他在 10 天内提交一份本公司 5 年的人力资源规划。虽然冯经理从事人力资源管理工作已经多年,但面对桌上那一大堆文件、报表,不免一筹莫展。经过几天的整理和苦思,他觉得要编制好这个规划,必须考虑下列各项关键因素。首先是本公司现状。公司共有生产与维修工人 825 人,行政和文秘白领职员 143 人,基层与中层管理干部 79 人,工程技术人员 38 人,销售员 23 人。其次,据统计,近五年来职工的平均离职率为 4%,没理由预计会有什么改变。不过,不同类别的职工的离职率并不一样,生产工人离职率高达 8%,而技术人员和管理干部则只有 3%。再者,按照既定的扩产计划,白领职员和销售员要新增 10%~15%,工程技术人员要增 5%~6%,中、基层干部不增也不减,而生产与维修的蓝领工人要增加 5%。有一点特殊情况要考虑:最近本地政府颁布了一项政策,要求当地企业招收新职工时,要优先照顾妇女和下岗职工。本公司一直未曾有意排斥女性或下岗职工,只要他们来申请,就会按同一种标准进行选拔,公平对待,但也未予特殊照顾。如今的事实却是,销售员除一人是女性外,其余全是男性;中、基层管理干部除两人是女性外,其余也都是男性;工程师里只有 3 个是女性;蓝领工人中约有 11% 是女性或下岗职工,而且都集中在最底层的劳动岗位上。

冯如生还有 5 天就得交出计划,其中包括各类干部和职工的人数、从外界招收的各类人员的人数以及如何贯彻市政府关于照顾女性与下岗人员政策的计划。此外,五金制品公司刚开发出几种有吸引力的新产品,所以预计公司销售额五年内会翻一番,冯如生还提出一项应变计划以备应付这类快速增长。

●请思考:
1. 冯经理在编制人力资源规划时要考虑哪些情况和因素?
2. 他该制定一项什么样的招工方案?
3. 在预测公司人力资源需求时,他能采用哪些技术?

## 思考与练习

1. 什么是人力资源规划?人力资源规划的内容有哪些?
2. 人力资源现状调查要考虑哪些因素?
3. 人力资源需求预测的方法有哪些?
4. 人力资源供给预测的方法有哪些?
5. 简述人力资源规划的程序。
6. 怎样平衡人力资源的供给和需求?

闯关练习

# 项目四
# 员工招聘与配置实务

### 职业情境

李明所在的公司因业务量不断增加,为了满足公司发展的需要,根据人力资源规划,公司近期准备招聘一批新员工,王经理决定安排李明参与公司新一轮的人员招聘活动,让他在真实环境中进一步了解和熟悉人力资源管理的具体工作内容。李明接到新任务后,非常兴奋,认为这是一个很好的机会,想到自己作为一个新人能有机会参与这样的工作,内心充满期待。然而人员招聘对李明来说又是一个全新的领域,他根本不知道自己在招聘工作中到底该做什么?该怎么做?如果你是李明,为顺利完成此次招聘任务,你将会做怎样的准备工作呢?

### 学习目标

#### 能力目标

- 学会编制招聘计划。
- 学会设计和撰写招聘广告。
- 能够组织、设计和实施面试,安排入职等。
- 培养学生的公平意识和竞争意识。

招聘流程讲解

招聘依据讲解

#### 知识目标

- 熟悉员工招聘流程。
- 掌握招聘渠道和人才甄选方法。
- 掌握员工招聘与配置的原则。

### 先导案例

**他们为什么选择离开?**

H公司是一家生产型企业,由私人投资兴办,成立于2012年。其公司负责人刘总正在为公司的人才引进问题烦恼。H公司成立8年多以来,业务量日益增长,市场逐渐扩大,逐步站稳了脚跟。前一段时间,公司新添加了一些新产品的制造业务,同时也增设了相应的新岗位。因此,人力资源部门的李经理向刘总提出了招聘的要求。这一建议得到了刘总的支持。

公司发展到现在，业务得到了新的拓展，要增加一些新的岗位，如新产品的制造部经理、技术主管等岗位。现有的在职员工的知识素质、技能似乎还差一截。因此，李经理想利用此次机会招聘优秀的外部人才为公司新产品的生产制造注入新的活力。人力资源部门抽取了一些工作人员，再加上一些重要部门的主管，构成了招聘小组，开始了招聘工作。此次招聘与以往不同的是，李经理认为公司要获取持久的竞争优势，并能够长久地发展，必须招聘一些知识层次较高、工作经验丰富、能力素质都很优秀的人才加入公司。

招聘后，新员工试用的效果并不尽如人意。许多刚刚应聘的人员提出了换岗或者干脆主动放弃该工作的机会。人力资源部的李经理对此困惑不已。新招进来的员工共6名，基本上都有2年以上制造业的工作经验。从学历看，有3个博士，2个硕士，1个本科生。他们都被安排在新产品制造各个岗位中，公司提供的薪水并不低，领导对他们的工作还是基本持满意态度；另外，工作环境也还比较理想。因此，对于新员工提出的主动辞职，李经理陷入了沉思。他找来部门主管，询问了新产品的制造情况，发现岗位设置不大合理，特别是岗位对任职者的需求和实际任职者的能力之间存在较大差异。新招的员工具有良好的专业背景，并且拥有相关工作经验，他们的能力超过了这些岗位对员工的技能要求。许多人认为工作没有挑战性，工作成就感很难获得，因此，提出了辞职的请求。

◉请思考：
1. 导致 H 公司出现以上问题的主要原因是什么？
2. 你认为解决这个问题的关键在哪里？

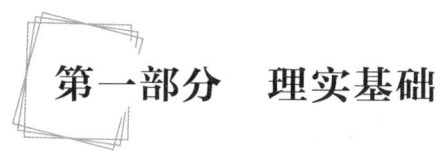

# 第一部分　理实基础

人才是组织最重要的储备，人力资源招聘就是为企业获取人才。人力资源招聘是一个条理性、实践性非常强的工作，如果对招聘理论不熟，对流程认知不清，则会导致招聘工作大打折扣，甚至带来较多的管理内耗。

数字化、网络化、智能化时代的浪潮正改变着人类的工作方式与生活方式，人力资源招聘领域也呈现出新的变革趋势，从传统线下招聘到在线再到移动端招聘、从流程性招聘到精细化社群招聘、从坐等简历到主动邀请、从人工筛选简历到智能化大数据简历分析，从传统用工配置到灵活雇佣调配，等等，无不促使着我们重新认识招聘，迎接变革。

## 一、理论基础

### （一）招聘的定义和目标

招聘是指组织在总体发展战略规划的指导下，制订相应的职位空缺计划，寻找、筛选、录取组织所需人才的过程。招聘包括招募、甄选与录用三个部分，招募是指组织通过多种方式吸引候选人来申请空缺职位的过程；甄选是指组织采用特定的方法对候选人进行综合评价，以挑选合适人才的过程；录用是指组织做出决策，确定人选，并进行初步安置、试用、正式录用的过程。

招聘的目的就是从候选人中选出组织最合适、最需要的人才,最终实现人才与岗位的匹配、人才与组织的匹配,以及人才与环境的匹配。

**(二) 招聘依据**

招聘是人力资源管理体系中非常重要的一个环节,开始招聘前,应该明确组织的人力资源规划和工作分析。人力资源规划是招聘的指引,工作分析得出的工作职责、任职资格和能力素质以及胜任素质模型是甄选的依据。

1. 人力资源规划

项目三提到人力资源规划就是对组织在某个时期内的人员供给和人员需求进行预测和评估,并采取相应措施来实现人力资源的供需平衡。人力资源规划需要对行业现状、组织发展战略、组织文化和管理模式以及自身所处的发展阶段等进行考量做出总体规划,总体规划包括人力资源的净需求、人才工作重大政策与方针,以及人力资源投资预算。在总体规划基础上,需要对各项人力资源管理与开发工作进行具体的业务规划。业务规划包括岗位编制规划、招聘规划、培训与开发规划、绩效管理规划、薪酬福利规划等。总体规划为招聘工作提出方向,保证招聘工作与战略导向一致。每一业务规划都由目标、政策、步骤和预算等构成,其中岗位编制规划和招聘规划能够保证招聘目标的实现。

2. 工作分析

人员招聘时,可以通过工作分析来确定某一岗位的具体要求,这在项目二工作分析时有说明,工作分析的直接目的是编写《岗位说明书》。例如,所要招聘的岗位有哪些?岗位职责是什么?需要什么知识与技能、素质才能胜任?这些岗位性质、职责、任职资格条件与胜任素质等都在《岗位说明书》中一一列明。《岗位说明书》可以帮助组织有效地进行人才甄选,也可让应聘者了解岗位情况进行自我筛选。这样,可以避免"大材小用"或"小材大用"。

3. 胜任素质模型

基于相对比较平面的《岗位说明书》,越来越多的现代组织开始构建立体的胜任素质模型,并基于胜任素质模型进行招聘。胜任素质模型,是指担任某一特定任务角色需要具备的胜任特征的总和,它是针对特定职位表现优异的那些要求组合起来的一组胜任特征。胜任素质的提出者麦克利兰认为,胜任素质包括六个方面的内容。

(1) 知识:某一特定领域的有用信息。

(2) 技能:从事某一活动的熟练程度。

(3) 社会角色:希望在他人面前表现出来的形象(如以组织领导、主人的形象展现自己)。

(4) 自我概念:对自己的身份、个性和价值的认识和看法(如将自己视为权威还是教练)。

(5) 特质:个体行为方面相对持久稳定的特征(如善于倾听他人、谨慎等)。

(6) 动机:那些决定外显行为的自然而稳定的思想(如总想把自己的事情做好,总想控制影响别人,总想让别人理解、接纳、喜欢自己)。

有关胜任素质模型的理论,最知名的是斯潘塞的冰山素质模型理论和博亚特兹的洋葱素质模型理论,本质上都是继承了麦克利兰的理论,只是表述上有差异。其中冰山素质模型对胜任素质的构成要素的描述是这样的:该模型认为知识、技能是外在表现,是"冰山以上部分";社会角色、自我概念、特质和动机等是人内在的部分,是"冰山以下部分"。

胜任素质模型一般包括胜任特征名称、胜任特征定义、胜任素质维度、行为等级标准及其描述。例如华为的领导力模型包括三个关键素质能力,即发展客户能力、发展组织能力和发展个人能力。每个关键素质能力又有两到四个胜任特征,其中发展组织能力包括团队领导力、塑造组织能力和跨部门合作,每个胜任特征有清晰的定义、维度和行为等级及其描述。

相对传统以《岗位说明书》为蓝本的招聘,基于胜任素质模型的招聘更关注岗位胜任素质的科学性、客观性与标准化;据此招聘到的人员都具有较高的绩效,有助于保证组织运作的高效,以及更好地实现组织发展目标。

(三)招聘程序

从招聘的定义可以看出,招聘工作是一个流程性比较强的工作,它是由相互关联的多项工作环环相扣而成,每一环节又具备一定的独立性,具体包括:招聘需求、招聘计划、招聘实施、人才甄选、人才录用、招聘评估等,如图4-1所示。

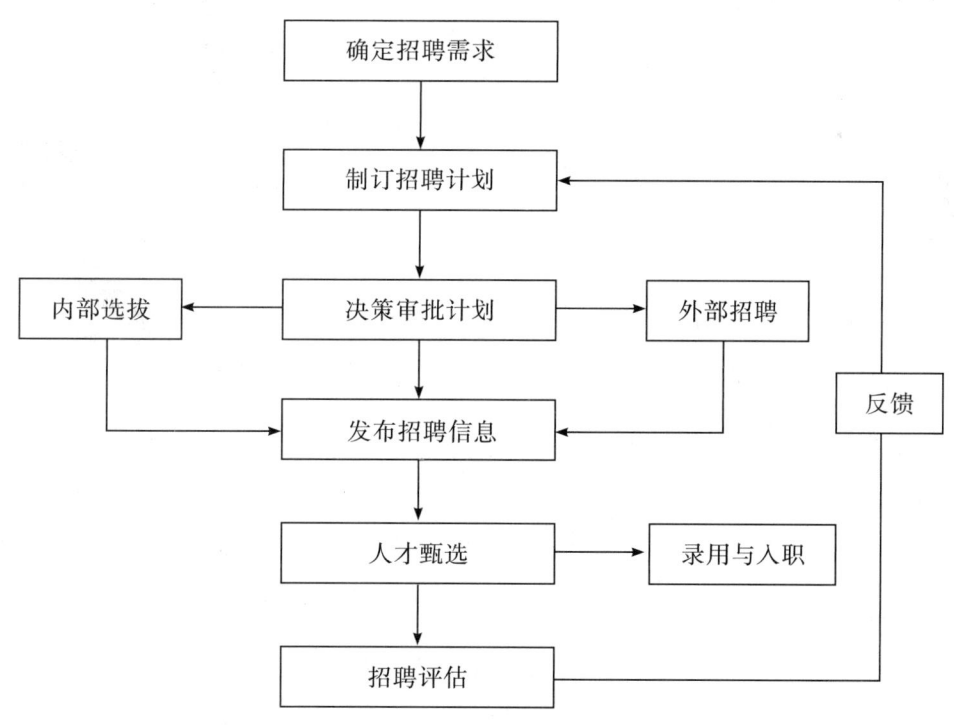

图4-1 人力资源招聘的程序

1. 确定招聘需求

确定招聘需求是招聘活动的起点。招聘需求包括数量和质量两个方面,数量是指空缺职位,质量是指所需岗位的任职资格与胜任素质等。招聘需求的确定,要以人力资源规划、岗位分析和胜任素质模型为基础,如上述第(二)点所述。并不是所有的职位空缺都需要通过招聘来解决,例如,可以调整组织架构、将业务进行外包、增加其他岗位的工作职责等。一旦组织确定通过招聘来解决人才需求,才会启动整个招聘程序。

2. 制订招聘计划

"凡事预则立,不预则废。"招聘计划是在人力资源规划和工作分析的基础上产生的,是招聘方开展招聘工作的指导性文件,有助于组织招聘工作有的放矢,有条不紊地进行。根据组织规模与性质,以及实际情况,招聘计划包括但不限于招聘目的、招聘职位及任职资格、招聘渠道、招聘方式、录用安排和经费预算等。制订招聘计划是项复杂的工作,从招聘需求产生到最后录用,一定要把流程和其中各个环节的安排清晰制定出来,不然就容易导致招聘的失败。有以下几个问题,需要问问自己。

首先,制订计划时,有没有与用人部门就招聘需求进行充分的沟通?例如,需要了解清楚用人部门对任职资格的理解是否到位,对于关键胜任能力有何具体要求等。

其次,制定的招聘渠道与招聘方式,是否符合岗位、企业、行业实情,经费预算是否合理。

再次,人员录用、上岗培训、试用期考核等与用人部门是否沟通清楚与到位。

最后,招聘计划是否与上级领导有充分交流与沟通?

制订详细的招聘计划,进行充分的计划沟通,有利于招聘工作的实施,避免招聘工作的盲目性和随意性。关于招聘计划的制订,请参考"第二部分 操作示例"。

3. 发布招聘信息

制订计划且获审批后,则可展开招聘。组织在招聘过程中,应根据招聘周期、招聘成本、岗位层级、招聘地理区域、求职人员渠道分布特性等选择渠道发布招聘信息,将组织招聘信息传递到适当的目标群。当目标群体接收到信息后,就会通过各种方式投递简历或咨询问题。关于招聘渠道,请查看下文"二、实训基础"。

4. 人才甄选

人才甄选是招聘过程中的关键环节。组织根据任职资格条件进行初步筛选、初试、复试等,其中可以运用各种科学测评的方法,测试求职者的基本素质、能力、知识和个性等。

5. 录用与入职

实施招聘的最终结果是录用人才,即与录用者办理入职手续、签订劳动合同,以完成员工的正式入职。此时,人力资源部门应与用人部门共同安排新员工入职后的一系列工作,包括岗前培训、试用期考察和转正等。

6. 招聘评估

招聘工作结束后,应及时对结果和过程进行评估和反馈,发现问题并总结经验,为后续招聘工作提出改善意见,以提升招聘工作效率。

总之,招聘是人力资源管理体系中非常重要的一个工作,它不是单独存在的,它既与人力资源规划、培训管理、薪酬管理等理论上有紧密联系,又与企业用人部门有着实质性的沟通与协调。

这里需要说明的是,在招聘过程中,起决定性作用的是用人部门,它直接参与整个招聘过程,并在其中拥有计划、筛选与面试、录用、人员配置与绩效评估等决策权。人力资源部门在招聘环节的主要作用是组织与服务，关于招聘过程中用人部门与人力资源部门的工作职责分工，如表4-1所示。

表4-1　招聘过程中用人部门与人力资源部门的工作职责分工

| 流程 | 用人部门 | 人力资源部门 |
| --- | --- | --- |
| 制订招聘计划和发布招聘信息 | 1. 参与招聘计划的制订<br>2. 确定用人标准 | 1. 招聘计划的制订与审批<br>2. 招聘信息的发布 |
| 人才甄选 | 1. 确定候选人名单<br>2. 参与笔试、面试等选拔 | 1. 简历初筛<br>2. 笔试、面试等测试工作的组织 |
| 录用与入职 | 1. 录用人员决策<br>2. 确定录用人员的待遇、汇报对象、试用期安排等 | 1. 录用人员资料核实<br>2. 录用人员报到、劳动合同订立、试用期培训、绩效评估的组织等<br>3. 招聘评估 |

### （四）影响招聘的因素

为帮助组织高效地建立人才队伍，满足组织发展的需求，我们需要充分考虑影响招聘工作的重要因素。

1. 宏观因素

（1）国家法律和法规因素。国家法律与法规对招聘活动具有规范与限制作用，规范的是人力资源市场秩序、网络招聘行为、组织招聘活动等，限制的是招聘活动中的法律底线。其中《中华人民共和国劳动法》（以下简称《劳动法》）第十二条规定的"劳动者就业，不因民族、种族、性别、宗教信仰不同而受歧视"，第五十八条规定的"国家对女职工和未成年工实行特殊劳动保护。未成年工是指年满十六周岁未满十八周岁的劳动者"等，以及《中华人民共和国劳动合同法》（以下简称《劳动合同法》）第七条规定的"用人单位自用工之日起即与劳动者建立劳动关系"，第十条规定的"建立劳动关系，应当订立书面劳动合同"等，均规范了招聘中的求职者享有平等就业权、知情权等。

另外，国家和地区对最低工资要求、工资支付方式等都会影响组织招聘计划实施及招聘成本预算。国家在不同时期对不同产业、行业的扶持和限制等调整政策也对组织招聘策略及计划产生一定影响。

（2）劳动力市场因素。组织招聘时，会发现不同类型不同岗位人员供求状况存在很大差异，这就反映出外部的劳动力市场供给状况、劳动力价格、劳动力市场成熟度，以及劳动力市场地理位置等会影响组织的招聘效果。当劳动力市场供应相对充足时，组织则拥有更多的选择机会，也会更容易招到高水平的人才，相反，则无法满足招聘需求。组织可以根据这些特点，及时调整招聘策略，合理规划招聘渠道与相关活动。

（3）宏观经济和行业特性因素。如果宏观经济运行良好，便会产生更多的就业机会与选择，而劳动力市场供需也较为旺盛，反之，如果经济下行，失业率上升，也会给劳动力市场带来影响。以上观点是基于供求关系理论上的解释，可以呈现如下三种现实：

第一，招聘热度不减的情况。一直以来，求职者对政府部门、事业单位、国企招聘的报考热情依旧;另外,求职者对互联网新兴产业、云计算、大数据、人工智能、新零售、金融等趋之若鹜。第二,组织招聘岗位减少的情况。经济增速放缓下,又面临组织转型升级时,用工规模缩小,企业招聘意愿下降,对就业的吸纳作用也会减弱。第三,就业压力上升的情况。上述提到的组织加速转型升级和经济增速下行双重压力下,劳动力的就业能力与岗位需求不相匹配的矛盾将更突出,则就业压力上升;如果受到重大突发公共事件的影响,例如2020年初爆发的新型冠状病毒感染的肺炎疫情对劳动力市场、失业率上升、就业下滑的影响,就是通过对经济中各个行业的影响传导而来的。

2. 微观因素

(1) 组织实力。组织实力体现在其满足市场需求的能力,组织良好的发展状况和前景、强大的技术实力、优秀组织文化、具有竞争力的薪酬体系等,都能促使组织吸引到更多的人才。

(2) 雇主品牌。除了组织实力外,"雇主品牌"在新时代逐渐成为求职者的考虑因素。越来越多的企业开始重视"雇主品牌"建设,作为雇主对现有员工和潜在员工的"口碑"和"承诺",也成了影响招聘的因素之一。

(3) 招聘预算与时间。招聘预算的成本与时间的宽裕度也明显影响到招聘效果。招聘资金充足的组织,在招聘渠道与面试工具上会有更多的选择,可以投入更多的资源吸引人才。另外,招聘时间的长短也制约着招聘渠道的选择与录用决策。当招聘需求紧急,且市场人才短缺时,短时间内的招聘与录用质量一般不高;如果时间相对充裕,市场人才供需相对均衡,组织才愿意花更多时间比较与选择。

(五) 招聘录用与配置原则

招聘合适的人才后,把人才配置到合适的岗位或者安排合适的任务才算是完成了一次有效的招聘。有效的招聘需要遵循科学客观的原则以及尊重人才发展的规律,具体原则如下:

1. 知人善用和用人所长的原则

知人善用,是善于发现人才、善于欣赏人才优点、善于发掘人才潜能,并能将员工的优点和潜能充分发挥在最合适、最关键的地方。对任何一个组织而言,选人用人都是一件谨慎且重要的工作,要想做到知人善用,必须要公正客观地认识人、悉心发掘和培养人,营造"能者上,庸者下"的良好氛围。"金无足赤、人无完人",每个人都有优缺点,对于管理者而言,用人所长是最大限度地发挥每位员工的优势,并且要关注人才的长处,努力创造条件,让员工实现自我管理和自我激励,并将个人价值与企业价值有机结合起来。另外,个体之间取长补短可以形成整体优势,实现组织目标的最优化。知人善用、用人所长,方能人尽其才。

2. 人岗匹配和能岗匹配原则

(1) 人岗匹配。人岗匹配是招聘与配置的核心。"只用最合适的人,不用最优秀的人",而这也恰恰反映了组织用人的根本目的:人才是来创造业绩达成目标的,而不是装门面的。再优秀的人如果不能融入企业,不能创造业绩,就不是企业所需要的人才。采取正确的措施和手段对人力资源进行合理配置后,合适的人在合适的岗位上,将会使得员工的工作绩效、工作满意度等得到提升,从而提高组织的整体效能。

（2）能岗匹配。组织岗位有层次（职级）和种类之分，一般分为四个层级，即决策层、管理层、执行层和操作层。不同岗位不同职级处在不同的能级水平。每个人也具有不同的水平和能力，组织在员工管理中应关注员工的能级水平，与所处的层次、岗位的能级要求是否相对应。

3. 人与组织匹配和人与环境匹配原则

在人岗匹配和能岗匹配的基础上，需要进一步考虑人与组织匹配和人与环境匹配。因为人与组织相互信任，员工认同企业的价值观，员工在工作绩效、工作满意度等方面较高；人在所处的内、外工作环境下，对内能与团队成员良好互动，对外能应对各种易变的、不确定的、复杂的、模糊的环境，员工的适应能力、应变能力较强。

（1）人与组织匹配。人与组织匹配，从组织的视角来看，是员工在组织环境中能否有效地沟通、合作，能否积极地应对冲突，充分协调等；从个体视角看，个体职业生涯的发展，不仅是对特定岗位的胜任，也依赖于其内在特征对组织潜在特征的适应。例如，在人才选拔时，组织会考察候选人的求职动机、价值观等与企业文化是否一致；候选人也会考虑自己是否能适应组织的"加班文化"或"高强高压工作"等。

（2）人与环境匹配。人与环境匹配是指个人不仅能与工作环境中的团队、项目和谐相处，还能在时代、企业的大环境中，更好地适应时代变革、企业创新等。例如，在2020年新型冠状病毒肺炎疫情的影响下，部分岗位的工作环境发生了变化，"共享员工""居家办公"等都需要人不断适应新的环境。

4. 动态优化与配置原则

人岗、能岗、人与组织、人与环境的匹配，是一个动态适应的过程。我们可以通过适当的晋升、降职、轮换、解雇、弹性安排等手段对人才进行动态的优化与配置。一方面，随着组织内外环境的变化，个体资质与能力，岗位任职资格与条件随之会有相应变化，组织有必要定期进行人才盘点，及时了解人才现状、人岗适应程度，通过动态优化与配置，以适应组织发展和业务的需求。另一方面，工作负荷与工作时间方面也需要动态优化，例如，工作满负荷的情况要考虑员工的身体和心理承受力，可以弹性地进行工作任务调配；工作淡旺季时，针对旺季人手不足、淡季人员过剩的情况，可实施弹性工作制等。

**（六）人力资源配置的形式**

人力资源配置工作，不仅涉及企业外部，更多的、更困难的工作存在于企业内部。从实际表现来看，主要有以下三种人力资源配置形式。

1. 人岗关系型

这种配置类型主要是通过人力资源管理过程中的各个环节来保证企业内各部门各岗位的人力资源质量。它是根据员工与岗位的对应关系进行配置的一种形式。就企业内部来说，这种类型中的员工配置方式大体有如下几种：招聘、轮换、试用、竞争上岗、末位淘汰（当企业内的员工数多于岗位数，或者为了保持一定的竞争力时，在试用过程或竞争上岗过程中，对能力最差者实行下岗分流，这便是一种末位淘汰配置方式）、双向选择（当企业内的员工数与岗位数相当时，往往先公布岗位要求，然后让员工自由选择，最后以岗选人，这便是一种双向选择的配置方式）。

2. 移动配置型

这是一种从员工相对岗位移动进行配置的类型。它通过人员相对上下左右岗位的移动来保证企业内的每个岗位人力资源的质量。这种配置的具体表现形式大致有三种：晋升、降职和调动。

3. 流动配置型

这是一种从员工相对企业岗位的流动进行配置的类型。它通过人员相对企业的内外流动来保证企业内每个部门与岗位人力资源的质量。这种配置的具体形式有三种：安置、调整和辞退。

## 二、实训基础

### （一）招聘渠道

当制订招聘计划时，我们不得不考虑组织的岗位空缺该通过何种渠道进行填补？也就是通过什么方式可以招到人。组织的招聘渠道有两个：内部招聘和外部招聘。内部招聘是指组织在其内部获取所需人才的一系列活动，包括内部晋升、岗位轮换和内部推荐等。内部招聘在对候选人的认识、鼓舞员工士气等方面有一定优势，但也容易出现思维定式、缺乏创新等。外部招聘是从组织以外获取人才的一种方式，包括现场招聘、网络招聘、校园招聘、招聘中介等。外部招聘优势在于有更大的候选人遴选空间，新员工能为组织注入新鲜"血液"，带来新活力；但外部招聘与甄选会具有一定的难度，新员工需要较长时间的培训，也会影响内部的员工士气等。这两种渠道相辅相成，共同为组织获取人才提供支持与保障。

1. 内部招聘

内部招聘是指在组织内公布职位空缺、发布招聘公告，从内部寻找人才的方式。组织内部产生职位空缺时，如果通过内部招聘，则会优先满足符合条件的员工自荐、鼓励员工晋升或竞聘、推荐员工轮岗、审批员工调岗等。

（1）内部晋升。内部晋升是将下级职位的人才通过晋升的方式提拔到更高的职位，可以给予员工更多、更广的发展机会，有效地激励员工。同时，内部晋升也属于人力资源开发的范畴，一般情况下，组织对核心岗位人才的培养，都会着重考虑内部晋升。

内部晋升的方式很多，包括绩效考核晋升和竞聘上岗等。

（2）岗位轮换。岗位轮换，即轮岗，是指组织有计划地让员工轮换不同的岗位，以考察人才的适应性、培养优秀的复合型人才的方式。对员工来说，轮岗可以找到适合自己发展的位置，激发潜能，提升个人价值。

2. 外部招聘

外部招聘也称为社会招聘，是指组织对外发布信息吸引候选人申请，主要有如下七种途径：现场招聘、网络招聘、校园招聘、职业中介机构（包括猎头公司）、传统媒体广告招聘、社交招聘、员工推荐等。

（1）现场招聘。现场招聘是指较为正规且传统的面对面的招聘方式。现场招聘大致分两类，一类是短期集中式的人才交流会，另一类是相对固定且长期的人才市场。两类招聘都是在由政府或行业主导的劳动力市场，或临时选定的大型广场进行。大部分招聘会具有特定的主题，例如"应届毕业生专场""研究生学历人才专场"或"IT类人才专场"等，通过对毕业时间、学历层次、知识结构等的区分，企业可以很方便地选择适合的专场设置招聘摊位进行招聘。另外，还有企业通过参加行业展会搜寻人才，这种招聘渠道一般适用于专业性较强的企业。

（2）网络招聘。互联网时代最主流的招聘方式便是网络招聘。网络招聘，也称为互联网招聘、在线招聘，是指组织依托自身网站、第三方招聘线上平台，使用简历数据库或搜索引擎等工具完成招聘。网络招聘有别于现场招聘，其信息发布和简历筛选、笔试、面试等通过网络进行。目前第三方招聘平台主要有综合性招聘平台、社交平台、猎头平台等，综合性招聘平台如智联招聘、前程无忧等，社交平台包括招聘类APP、社交群、论坛、公众分类信息平台等，猎头平台包括猎聘网、BOSS直聘等。

（3）校园招聘。校园招聘有广义和狭义之分，狭义的校园招聘是指企业直接从学校招聘应届毕业生，广义的校园招聘是指企业通过各种方式招聘应届毕业生。高校作为一个巨大的人才储备库，可谓"人才济济，藏龙卧虎"。学生具备系统的专业理论功底，尽管还缺乏丰富的工作经验，但其仍然具有很多就业优势：富有热情、学习能力强、善于接受新事物、可塑性极强，更容易接受公司的管理理念和文化。校园招聘一般由应届毕业生通过网络申请、企业现场宣讲、学校推荐、校园竞赛等方式进行。其中校园竞赛式招聘是一种新兴的招聘方式，由企业通过举办专业性的技术大赛或商业大赛进行人才遴选。例如华为软件精英挑战赛、苏宁校园营销大赛等。

（4）职业中介机构。职业中介机构包括人才交流服务中心、职业中介公司、猎头公司等，其扮演的角色是既为企业择人，又为求职者择业。人才交流服务中心，作为由政府或行业主导的机构，承担着人才引进、交流、服务等功能。职业中介公司，一般又称为专业人力资源公司，其掌握着大量的人才信息，组织可以将全部或部分的招聘、甄选工作委托（外包）给这些机构。猎头公司是为适应企业对高层次人才与稀缺人才的需求，以及高层次人才与稀缺人才求职需求而发展起来的。企业向猎头公司委托招聘业务，又被称之为猎头服务或人才寻访服务。猎头公司的优势是对行业、企业和人力资源需求有较详细的了解，对求职者信息掌握较为全面，在供需匹配上较为慎重，一般都会建立自己的人才库，推荐的人才素质优，推荐效率高。

（5）传统媒体广告招聘。传统媒体广告招聘是企业通过报纸、杂志、电视和广播等方式对外发布招聘信息，并吸引人才来应聘的一种方式。另外，近年来电视求职类节目也成为招聘人才的重要方式，例如《职来职往》《你好！面试官》等。由于各种媒体的定位、覆盖范围不同，在选择传统媒体发布招聘广告时，需要考虑该媒体的定位、受众的特征，以及该媒体本身的信息传播能力等。

（6）社交招聘。社交招聘是指在社交网络开展的招聘。移动互联网时代，微博、微信、各类APP等社交工具的普及，正悄然改变组织的招聘方式。例如企业在官方微信公众号、官方微博等社交平台发布招聘信息时，会同时在平台上与求职者互动，与求职者建立信任连接；还有Linkedin（领英）、大街网、拉勾网等社交平台，以及部分网络招聘平台的社交功能，使招聘方与求职者能及时、深入地互动。与网络招聘不同的是，社交招聘不仅仅建立了"招聘广告"与"简历"连接，更加速了招聘方与求职者，以及潜在求职者的互动。社交招聘受众广、活跃度高、互动性强，在提高职位匹配度的同时，也有利于降低企业的招聘成本。

（7）员工推荐。员工推荐是由本组织员工向组织推荐候选人的一种方法。员工既可以推荐所在部门或组织其他优秀员工，又可以推荐外部的亲朋好友等，如果是内部推荐则属于内部招聘。一些企业还制定了员工推荐奖励计划，激励员工推荐。

面对上述多种招聘渠道，哪个最适合呢？每个组织都应该有自己的核心招聘渠道，最多是2~3个，例如宝洁的人才主要来自校园招聘；海底捞的招聘主要通过员工介绍，同时其基础销售、市场、行政岗位也可能通过现场或网络招聘。企业在不同时期需要不同的人才，招聘渠道也可能改变。没有一成不变的最优渠道，适合企业的才是最好的。常见招聘渠道的优缺点和适用范围，如表4-2所示。

表4-2 常见的招聘渠道、优缺点及适用范围比较

| 类型 | | 优点 | 缺点 | 适用范围 |
|---|---|---|---|---|
| 内部招聘 | 内部晋升 | 激发员工的内在积极性；保持企业内部的稳定性；规避识人用人的失误；获取的费用低 | 影响企业活力 | 适用于内部有充分的高一层的岗位，采取竞聘上岗，做到唯才是用 |
| | 岗位轮换 | 扩充视野，提高管理水平，增加部门间横向协调，树立全局观念；克服长期从事某岗位的烦躁和厌倦感 | 可能会牵一发而动全局，带来管理难度 | 适用于管理人员的培养和培训，具体操作时应征求轮换人的意见，用人所长，科学评估，时间合理 |
| 外部招聘 | 现场招聘 | 求职者集中，便于短时间内获取较多人才信息，且能直接交流 | 现场需要大量招聘人员收集资料，不可能逐一进行面试；解决短期需求，人才层次不全面，招聘数量和质量受限 | 适用于招聘中层和基层员工 |
| | 网络招聘 | 成本低、覆盖面广、受众时效长 | 直接交流性差 | 适用于招聘各层次员工 |
| | 校园招聘 | 经历单纯，可塑性强，融入速度快，专业对口 | 员工没有相关工作经验，培训成本高，上岗后需一段时间适应 | 适用企业基层专业岗位，需要进行员工知识结构的更新和人力资源的长期开发 |
| | 职业中介机构（包括猎头公司） | 能提供广泛的信息、为企业选择人才，为人才提供就业信息，招聘时间短，猎头招聘成功率高 | 中介机构的素质参差不齐；猎头费用高，适用范围窄 | 中介机构一般适用于家政、司机、操作工等传统岗位；猎头适用于招聘中高级管理人员，专业技术人员和市场稀缺人员 |

续上表

| 类型 | | 优点 | 缺点 | 适用范围 |
|---|---|---|---|---|
| 外部招聘 | 传统媒体广告招聘 | 招聘的同时,可宣传企业形象 | 其中广播电视和报纸招聘费用较高,行业杂志受众较少 | 适用于区域性(全国、地区)招聘 |
| | 社交招聘 | 企业和人才实现频繁互动,彼此受益,人性化的交互机制,有利于同步线下宣传做招聘的O2O(Online To Offline)等 | 移动信息平台的监管力度薄弱,信息的真实性稍存疑,承载信息的全面性受限 | 适用于知名度和受关注度较高的企业、科技类企业 |
| | 员工推荐 | 招聘成本较低,素质可靠,流动率较低 | 难以招到创新、优异人才,容易形成裙带关系,造成管理问题 | 内部制度完善,人才配置稳定的成熟型组织 |

3. 招聘渠道的分析

内部招聘与外部招聘两种渠道各有优劣,组织选择哪种渠道进行招聘,可以从招聘成本、目标人才、信息传播效果三个方面考虑。

(1) 招聘成本。招聘成本直接影响招聘渠道的选择,企业要本着低成本、高效率的原则,针对不同岗位人才,选择合适的渠道。例如,招聘高端人才和专业技术性较强且比较稀缺的人才,企业可以选择猎头公司;普通操作性岗位,可以选择人才市场;一般基层行政、技术、市场、营销类等岗位,可以选择网络渠道进行。

(2) 目标人才。不同行业、不同岗位的人才对各类招聘渠道所发布信息的敏感度不同,家政和司机等岗位求职者会倾向于通过信息分类网站、人才市场、人才中介等寻找信息,互联网人才热衷于网络求职和社交求职;高端人才倾向于其人际圈或猎头推荐。

(3) 信息传播效果。招聘方与求职方本身就存在信息不对称,如何快速相互了解和沟通交流成为效率关键。现场招聘、网络招聘和社交招聘在双方沟通上效率较高,而传统媒体广告招聘稍慢,也可能产生双方理解上的偏差。另外,同一招聘渠道,对不同人群也会存在传播效果的差异。

(二) 员工甄选

组织制订招聘计划,并通过适当的渠道将招聘信息发布后,就开始实施招聘了。招聘流程中,最重要的环节就是甄选。员工甄选是指运用一定的工具和手段对求职者进行鉴别和考察。甄选的目的是判断和挖掘应聘者的综合素质,确保招聘的人才能够符合岗位和企业需求。对于企业来说,选对人就是成功的起点,得人才者得天下,失人才者失天下。

1. 甄选内容

组织招聘时,到底应该从哪些方面考核应聘者?上述讲到招聘的依据之一《岗位说明书》和胜任素质模型则是最好的参照,如表4-3所示:

表 4-3 招聘甄选的内容

| 甄选方面 | 甄选内容 |
| --- | --- |
| 专业技能和知识 | 1. 包括专业知识和技能水平；<br>2. 笔试、专业证书 |
| 身体素质 | 1. 包括承担工作任务所需的基本健康状态及在工作中的抗压能力；<br>2. 良好的身体素质是保证员工顺利完成岗位任务的必要保障 |
| 工作经验 | 1. 工作经验是最好的判断应聘者能力的方式，过往经历可以反映出应聘者的专业能力和综合实力；<br>2. 充分的工作经验能确保应聘者快速上岗，并且能较快产生业绩 |
| 个性心理 | 1. 包括个性特点和心理素质；<br>2. 可以通过人才测评方式，了解应聘者所具备的个性心理特征，以判断其发展潜力和个人特点 |
| 综合能力素质 | 1. 包括符合工作要求和企业文化的一系列行为表现；<br>2. 在招聘过程中，应根据岗位能力素质要求对应聘者的能力素质加以分析和判断 |

2. 甄选方法

目前常用的甄选方法有简历筛选、笔试、面试与评价中心技术、心理测评等方式。

（1）简历筛选。组织发布招聘信息后，求职者对组织和职位感兴趣，便会投递简历。简历是求职者第一张通行证，是比较全面的一个档案。组织收到求职者的简历后，需要筛选出与招聘岗位要求匹配度较高的合格简历。简历筛选一般从以下几个方面展开：一是审核应聘者的基本条件是否符合招聘岗位需求。目前，所有招聘类网站的企业用户平台都有系统筛选功能，在某种程度上来说，大大降低了简历甄选的工作量，给组织初次筛选带来便利。例如，组织可以通过查询关键词搜索到符合条件的应聘者，也可以通过设置，屏蔽掉不符合要求的简历，这样可以省下逐一筛选简历的时间，以提高工作效率。二是审核应聘者的具体情况，以便更深入地了解应聘者。由于计算机甄选无法对一些主观信息加以判断，组织可以将初次筛选后的简历，再逐一点击查看具体信息。在审核简历工作经验时，不仅要注意应聘者的工作经验是否与招聘岗位相关，还要看其工作经验与个人成绩的描述是否符合逻辑，是否存在夸大成分。例如，某份简历声称自己在许多领域取得了不少成绩，获得了许多证书，但从其工作经历分析，很难有这样的条件与机会，这样的简历就要引起注意，判定是否有虚假成分存在。另外，组织也可以通过应聘者的简历推断其对该岗位的期望值，如果企业能够给付的薪酬与应聘者的期望存在较大差异，那么需要另作考虑。

简历筛选后，需要进一步对应聘者进行测评，以期人岗匹配、人与组织匹配等。一般而言，企业需要根据岗位性质和应聘人员情况，来设置相应的筛选环节，采用相应的办法进行测评。人才测评的工具很多，在此主要介绍笔试、面试、人才测评等。

（2）笔试。

笔试是指施测者按统一的测评标准通过纸笔作答的形式测评应聘者的方法，它是人才选拔中较常用的方法，也是最基本的技术，常用于批量招聘的初选过程，能够以较少的时间、较高的效率对应聘人员进行客观评价。笔试包括一般知识考试和专业知识考试。一般知识考试包括文化知识、语言理解能力、数字能力、推理能力、外语等各方面，目的是了解求职者对基本知识的了解程度。专业知识考试又称深度考试，考试内容主要是和应聘职位有直接关系的专业知识，目的是了解应聘者掌握相关专业知识的程度与范围。

笔试的优点是一次考试可以覆盖多种试题，特别在大规模招聘中，可以通过笔试进行"海选"，以笔试成绩划分出一个基本线，超过这个基本线的才有可能进入下一轮面试。

（3）面试与评价中心技术。

① 面试。面试是招聘中最常见的方式，通过面试官与应聘者面对面的沟通与交流，来考察应聘者基本素质、实际技能、综合能力、工作动机、发展潜力等。通过面试，组织可以判断应聘者与企业的适配度，但面试也存在困境，企业每次历尽艰辛地从海选中甄选出来的合格者，不多久便主动流失了，或进来后水土不服等。"人之难知，江海不足以喻其深，山谷不足以配其险，浮云不足以比其变"。诚如苏东坡所云，探知人的工作是一项极其复杂的工作。

按照面试内容的构成来划分，有结构化面试和非结构化面试。结构化面试又称标准面试，是指根据确定的测评要素，在每一个测评维度预先制定好面试题与评分标准来进行的面试。如公务员录用面试就是结构化面试。非结构化面试通常没有固定的模式、程序与框架，是具有一定灵活性的面试。另外，按照候选人和面试官的数量，可以分为一对一面试、多对一面试、一对多面试等。

② 评价中心技术。评价中心（assessment center）技术是一种人才素质测评的新方法，它起源于德国心理学家于1929年建立的一套用于挑选军官的非常先进的多项评价程序。评价中心迅速发展始于第二次世界大战后，被认为是现代针对高级管理人员测评的有效方法。评价中心技术不是一个单一的测评方法，而是一组测评方法的综合，包括无领导小组讨论、文件筐测试、角色扮演、管理游戏等。

无领导小组讨论是指一种情景模拟的测评方法，即将应聘者分为几个小组，每组5~7人，所有应聘者都是平等的，要求就某一问题进行自由讨论，最后形成统一意见并提出解决方案。

文件筐测试又称公文处理练习，是评价中心最常用、最核心的技术之一。通过应聘者对应聘职位实际工作过程的一种模拟（如公文处理、会议安排、任务分配等）来对应聘者进行评价。

角色扮演是指通过设置一定的情境，让应聘者扮演其中某一角色来模拟完成工作情境中的一些活动，以实现评价其胜任能力的过程。

管理游戏是指以游戏的方式，为小组成员分配一定的任务，通过应聘者在任务过程中的表现来进行测评。

关于面试与评价中心技术的内容、适应范围或考察点，如表4-4所示。

表4-4 面试与评价中心技术的内容和适应范围

| 面试与评价中心技术 | 内容 | 适用范围或考察点 |
|---|---|---|
| 结构化面试 | 在面试前，需要对面试内容、试题、评分标准和评分方法等进行系统的结构化设计。面试官依照同批次的应聘者提出同样的问题 | 适用于大部分中基层岗位的初步面试 |
| 非结构化面试 | 对面试内容、程序和具体问题不做规定，完全依靠面试官跟踪式提问，或根据现场情境拟定问题考查应聘者 | 适用于所有人员，但带有一定主观性 |
| 评价中心之无领导小组讨论 | 将应聘者分为5~7人不等的小组，小组成员地位平等，不指定领导者。根据所给出的案例进行讨论，并在最后形成统一的意见进行书面汇报或演讲汇报 | 适用于管理人员；主要考查应聘者的组织协调能力、团队合作能力、考核成绩、决策能力、责任感、灵活性及自信心、进取心等 |
| 评价中心之文件筐测试 | 在规定的条件下，对各类公文材料进行处理；公文材料是根据岗位经常会遇到的典型问题而设计的 | 适用于中高层管理人员；主要考查应聘者的组织、计划、分析、判断、决策能力等 |
| 评价中心之角色扮演 | 指通过设置一定的情境，让应聘者扮演其中某一角色来模拟完成工作情境中的一些活动 | 适用于管理潜能的预测和管理人员、专业人员的选拔；主要考查应聘者的判断力、沟通力和影响力等 |
| 评价中心之管理游戏 | 设计一个游戏，为小组成员分配一定的任务，通过应聘者在任务过程中的表现来进行测评 | 适用于管理人员和某些专业人员；主要考查应聘者的综合能力、沟通能力、决策力和应变力等 |

（4）心理测评。传统招聘中，我们对于应聘者的了解一般来自于简历，从其教育背景、工作经验、知识水平等方面来考察是否符合组织所需。但背景类似的候选人如何挑选？他的兴趣与职业匹配吗？他喜欢与人打交道吗？他的思维灵活吗？他善于影响带动他人吗？他有团队合作精神吗？他的抗压能力如何？心理测评作为一种高量化的测评技术，可以对个体的兴趣、人格、能力、技能等方面进行分析，以帮助组织"看到"这些难以触摸的信息，在招聘中发挥着越来越大的作用。通过心理测评，招聘方看到的就不再仅仅是简历中呈现的平面化的信息，而是一个立体化的应聘者，有了这些丰富的信息作为参考，甄选和鉴别就会变得更容易和更准确。

心理测评又称为心理测验或心理测试，是指通过一些心理学方法来测评人的能力水平和人格特征的一种科学方法。按照心理测验的内容划分，可以将心理测评分为认知测评和人格测评。认知测评是对认知行为的测评，人格测评是对社会行为的测评。认知测评包括成就测评、智力测评、能力测评；人格测评包括态度测评、兴趣测评、性格测评、道德测验等。在招聘活动中，运用得较多的是能力测评、人格测评、职业兴趣测评等。

① 能力测评。能力测评用于测试个体表现在认知能力方面的心理特质，如观察力、理解能力、思维能力和推理能力等。我国对一般能力倾向测验的广泛使用出现在选拔公务员时使用的"行政职业能力倾向测验"。随着招聘方式的科学化和多样化，越来越多的组织在进行校园招聘时把一般能力倾向测验作为基本的筛选人才的工具。为使用方便，组织通常采用纸笔形式或者在线测验的形式进行。考察的能力倾向通常包括9个方面，言语理解、言语推理、数学运算、数字推理、图形推理、空间能力、抽象推理、资料分析、思维策略等。不同的工作也就自然要求具有不同个性心理特征的人来承担。大量研究者对各个行业从业者的能力要求进行了区分，例如，金融财务类从业人员需要较高的言语推理、数学运算、数字推理及资料分析能力；互联网从业人员需要在言语推理、抽象推理、空间能力、思维策略能力上高人一筹；飞行员应在空间能力、图形推理、数字推理能力上表现卓越；律师需要具备一定的言语理解、言语推理、思维策略、资料分析、抽象推理的能力；销售人员需要在言语理解、言语推理、数学运算及思维策略能力上表现突出等。

② 人格测评。人格是稳定的、习惯化的思维方式和行为风格，它贯穿于人的整个心理，是人的独特性的整体写照。人格是由多种人格特质构成，包括气质、能力、动机、价值观与社会态度等。人格对于管理者来说是很重要的，它渗透到管理者的所有行为活动中，影响管理者的活动方式、风格和绩效。人格测评的方法有结构明确的自陈式量表和评定量表、结构不明确的投射测验。人格测评常见量表如大五人格量表、明尼苏达人格量表和卡特尔16种人格因素测验等。以下简要介绍卡特尔16种人格因素测验。

16种人格因素测验是由美国伊利诺州立大学卡特尔教授编制的，用于人格测验，简称16PF，是世界上最完善的心理测量工具之一。卡特尔教授认为人格的基本结构元素是特质，可以从16个维度描述个体人格特质，分别是：乐群性、聪慧性、稳定性、恃强性、兴奋性、有恒性、敢为性、敏感性、怀疑性、幻想性、世故性、忧虑性、实验性、独立性、自律性、紧张性。通过测试的16个维度对人进行描绘，可以了解应试者在环境适应、专业成就和心理健康等方面的表现。在人力资源管理中，16PF能够预测应试者的工作稳定性、工作效率和压力承受能力等。同时，也可广泛应用于心理咨询、人才选拔和职业指导的各个环节，为人才决策和人才诊断提供参考。

③ 职业兴趣测评。"你喜欢鼓捣东西，家里的电器被你拆了装、装了拆？你解立体几何题的能力一骑绝尘？你有超强的书写知觉能力，手机号报一遍你就能抄得快而准？求职季，你对自己的前途感到迷茫？快来做霍兰德职业兴趣测验吧！"——这是某高校就业平台的一则职业兴趣测试的消息。

兴趣是人们探索某种事物或事件的认知倾向。职业兴趣是个体兴趣在职业选择时的表现，不同的人在职业兴趣上有很大的差异。一般来说，个体选择与兴趣相符的职业，可以充分调动个体的潜能，有利于提高工作效率。职业兴趣测试是对个体最感兴趣、最易获得成就感和满足感的工作进行的测试，用于了解个体兴趣方向和兴趣序列的一项心理测试方法。常用的职业兴趣测试问卷有霍兰德职业兴趣测验量表、斯特朗－坎贝尔兴趣问卷和库德职业兴趣调查表等。以下简要介绍霍兰德职业兴趣测验。

霍兰德职业兴趣测验的创始人霍兰德，是美国著名的职业指导专家，他于1959年提出了具有广泛社会影响的职业兴趣理论，并编制了霍兰德测验量表，以帮助人们发现和确定自己的职业兴趣和能力特长，从而更好地做出求职择业的决策。他认为职业兴趣可分为现实型、研究型、艺术型、社会型、企业型和常规型共6种类型，每人至少倾向一种或两三种类型，对应的类型他会给出职业建议。

该理论在教育、培训、企业管理等领域有许多应用。一方面让求职者认识到"我适合什么工作？"，以帮助求职者做科学合理的职业规划，让求职者在将来的工作中少走弯路。另一方面帮助组织了解"他适合我们提供的岗位吗？"例如组织招聘时，通过对应聘者职业兴趣的测试判定其属于哪种类型，由此决定录取的岗位。在组织日常管理中，可通过测试员工的职业兴趣，安排与其职业兴趣相匹配的岗位。

请参考本教材项目九"第一部分 理实基础"，有对该理论的详细讲述。

### （三）员工录用

在运用了笔试、面试、心理测试等多种测试方法对应聘者进行评估后，接下来要完成录用决策。录用决策是将录用结果进行综合评价，从而择优录取，确定名单。

做出录用决策后，应及时将录用结果通知相关人员。对于参加组织招聘的候选人，无论录用与否，我们都要求人力资源部主动给予对方答复。答复的目的有两个：一是感谢求职者对于公司的信任和对招聘工作的支持；二是告知对方结果。对于录用人员，可通过口头、书面、或电子邮件等形式发放正式的《录用通知书》（offer），内容至少包括入职时间、入职部门、相关注意事项等。对于未录用人员，组织同样需要礼貌回应，以《辞谢通知书》或其他方式告知，以维系良好的企业形象。

关于《录用通知书》和《辞谢通知书》详见本节"第二部分 操作示例之六"。

### （四）招聘评估

招聘评估作为招聘工作的最后一个环节，是对招聘有效性的一个检验。在组织招聘过程中，何为有效，一是要考虑招聘成本与效率，即录用员工的数量与质量；二是要考虑招聘人员的工作能力与工作成效。以下将从成本效用评价和结果效益评价来进行说明。

1. 成本效用评价

成本效用评价是对招聘中的费用进行调查、核实，并对照预算进行评价的过程。招聘成本，一部分是直接成本，包括招聘支付的招聘信息服务费等招聘成本，以及招聘工作人员差旅费、专家面试等面试成本、人才推荐奖励等录用成本等，另一部分是间接成本，包括内部晋升、岗位轮换等成本，间接成本因难以核算成具体数字，有时不考虑，招聘成本的公式为：

$$招聘总成本 = 招聘成本 + 面试成本 + 录用成本$$

一般用如下几个指标进行衡量成本效用：

$$总成本效用 = 录用人数 / 招聘总成本$$
$$招聘成本效用 = 应聘人数 / 招聘成本$$
$$录用成本效用 = 录用人数 / 招聘成本$$

组织可以通过历年或历次招聘效益情况，自行对比分析。成本效用评价可以使招聘人员对招聘成本的支出有明确的了解，通过效益数据对比，有利于降低组织的招聘费用。

2. 结果效益评价

结果效益评价主要考察企业招聘效率，即企业所招聘的员工是否能够达到招聘目的，是否为企业带来高绩效等。组织用如下几个指标进行衡量：

（1）招聘完成数量。

$$录用比 = 录用人数/参加初试人数（或投递有效简历人数）\times 100\%$$
$$招聘完成比 = 录用人数/计划招聘人数 \times 100\%$$

招聘过程中，录用比越小，说明组织可选择性较高；招聘完成比用以说明招聘数量任务完成情况。

（2）新员工表现情况。

$$试用期合格或优秀率 = 试用期合格或优秀人数/试用期人数 \times 100\%$$
$$晋升率 = 某时段内晋升人数/某时段内入职人数 \times 100\%$$

企业通过考察新员工试用期的表现，以及相关合格率和晋升率，可以反思招聘渠道、招聘测评系统、录用过程等合理性。

### （五）员工配置的时间配置

在实践中，员工配置从配置方式上可以分为时间配置与空间配置。在此简要介绍时间配置中的工时制和工作轮班制。

1. 工时制

根据国家机关、事业单位和企业生产经营等不同特点，我国现行工时制分为如下三种：标准工时制、综合计算工时制和不定时工作制，如表4-5所示。

表4-5　标准工时制、综合计算工时制、不定时工作制综合比较

| 种类 | 标准工时制 | 综合计算工时制 | 不定时工作制 |
| --- | --- | --- | --- |
| 性质 | 工作时间定工作量 | 工作时间定工作量 | 直接确定工作量 |
| 范围 | 一般劳动者 | 特定的三类人员：交通、铁路、水运等需要连续作业的员工；地质、石油及资源勘探等受季节和自然条件限制的员工；其他特殊生产经营情况的企业员工 | 无法按标准工作时间衡量的，从事高级管理、推销、货运、押运、非生产性值班的员工，以及出租车、驾驶员等 |
| 内容 | 8 h/天，40 h/周 | 一个周期内平均8 h/天，40 h/周 | 无固定时间要求 |
| 要求 | 不需要批准 | 需人社部门批准 | 需人社部门批准 |
| 加班 | 工作时间超过标准时间就是加班；休息日、法定节假日安排工作也是加班 | 一个周期内超过总标准工作时间就属于加班；节假日安排工作也是加班 | 一般不存在加班，只有法定节假日安排工作才算加班 |

另外，关于加班的情况：主要是组织由于生产经营的需要，安排劳动者在法定工作时间之外延长工作时间的行为。《劳动法》第四十一条规定："用人单位由于生产经营需要，经与工会和劳动者协商后可以延长工作时间，一般每日不得超过1小时；因特殊原因需要延长工作时间的，在保障劳动者身体健康的条件下延长工作时间每日不得超过3小时，但是每月不得超过36小时。"

2. 工作轮班制

工作轮班是指在实行多班制生产的条件下，组织各班人员在规定时间间隔的班次下，轮流进行生产的一种劳动协作形式。这种工时制度能有效发挥固定资产的价值、增加就业机会，以及保障特殊行业连续作业的目的。实行单班制还是多班制，主要是取决于组织生产经营活动的需要。例如，医疗、化工、发电、服务业、部分制造业等单位，由于其工作或作业需要连续性，不得随意中断，故需要实习轮班制。常用的轮班制有两班制、三班制和多班制。

（1）两班制。两班制度是每天分早、中两班组织劳动，员工不上夜班。两班制有利于身体健康，也便于设备保养和做好作业前的相关准备。两班制通常在连续营业时间长的零售业、交通业等采用。

（2）三班制。三班制是分早、中、晚三班组织生产。按每周40小时工时制下，间断性三班制是指有固定公休日（或指定日）的形式，即公休日（或指定日）停止生产，公休日后轮换班次。倒班的方法分为正倒班和反倒班。正倒班是三班工人都按早、中、夜顺序倒班，反倒班是按早、夜、中顺序倒班。两种倒班方式如表4-6所示。

表4-6 两种倒班方法

| 方式 | 正倒班 | | | | | | | 反倒班 | | | | | | |
|---|---|---|---|---|---|---|---|---|---|---|---|---|---|---|
| 周次 | 第一周 | 公休 | 第二周 | 公休 | 第三周 | 公休 | 第四周 | 公休 | 第一周 | 公休 | 第二周 | 公休 | 第三周 | 公休 | 第四周 | 公休 |
| 班次 早 | 甲 | | 丙 | | 乙 | | 甲 | | 甲 | | 乙 | | 丙 | | 甲 | |
| 班次 中 | 乙 | | 甲 | | 丙 | | 乙 | | 乙 | | 丙 | | 甲 | | 乙 | |
| 班次 夜 | 丙 | | 乙 | | 甲 | | 丙 | | 丙 | | 甲 | | 乙 | | 丙 | |

三班制要充分划清各班的责任，建立严格的交接班制度。

（3）多班制。主要是每天组织4个或以上的轮班制度，包括四班两倒、四班三倒、五班三倒、五班四倒、六班三倒等。例如四班三倒制：4个固定班组工作6天，休息2天，按照早、早、中、中、夜、夜的顺序正向倒班。也可类似地布置为工作3天休息1天，或工作9天休息3天等。多班制相对比较复杂，需要合理配备员工，合理安排倒班，合理组织员工轮休等。为了加强各班员工之间的协作，同样要建立健全交接班制度。

# 第二部分 操作示例

## 一、招聘计划实例

××公司 2020 年度招聘计划书

目　　录

一、招聘目的
二、总结上年度招聘情况
三、本年度招聘计划
四、新员工入职准备
五、资源准备与应急准备

一、招聘目的

为引进大量综合素质高、可塑性强的基层人员，为内部人才的进一步培养和选拔提供保障，结合我司 2020 年度发展战略及各事业部发展计划安排，特制订 2020 年度招聘计划。

二、总结上年度招聘情况（可略）

我司 2019 年度招聘人数为 56 人，涉及五个部门三大岗位类别，主要以网络招聘为主，其他招聘方法为辅。招聘录用比平均为 25%，招聘完成比为 100%，到岗率为 96.4%。相关录用比分析、到岗率分析、招聘渠道分析、新员工试用期情况分析、招聘存在的问题分析等如下（具体略）。

三、本年度招聘计划

根据公司各部门人员配置与需求，经人力资源部审核，并报请公司人才发展委员会批准，现做出如下计划，如表 4-7 和表 4-8 所示。

1. 招聘职位

表4-7 2020年度招聘职位信息

| 用人部门 | 岗位 | 拟增人数/人 | 职位描述（简述，详细以岗位说明书为准） | 招聘要求（简述，详细以岗位说明书为准） | 用人需求时间 |
|---|---|---|---|---|---|
| 招商运营部 | 招商专员 | 20 | （1）负责公司商业项目的招商工作。（2）招商引进后专项活动组织策划、活动后续跟进的监控 | （1）营销、企划等相关专业大专及以上学历。（2）一年以上商业地产招商工作经验，熟悉招商流程，精通相关合同文本的制定。（3）熟悉房地产市场情况和商业地产，能协助完成商业项目的招商工作，具有实操经验（能提供成功案例者优先考虑）。（4）此职位要求能适应出差工作 | 2020年4月前5位安排驻花都项目，6月前5位驻从化项目 |
| 地产项目部 | 项目助理 | 10 | （1）根据项目进展的需要，制作图纸，能根据地形图，清晰地判断项目现场的地理位置。（2）协助项目经理办理房产开发过程中的报批报建手续，商业关系维护等。（3）组织协调部门会议，安排行程等 | （1）房地产等专业本科。（2）能熟练使用 Auto CAD 软件，能比照地形图进行准确的看图。（3）有房地产开发经验者优先，特别是有房产开发过程中的报批报建经验。（4）需具备良好的驾驶技术 | 2020年4月前全部到位 |
| 营销策划部 | 策划专员 | 8 | （1）负责具体项目的市场调研分析，制定项目全程策划方案和整合营销推广方案等。（2）负责积极推进方案的执行与落实 | （1）要求市场营销、广告、传播、中文等专业本科。（2）熟悉房地产项目开发流程。（3）有较强的文案功底，3年以上营销策划经验 | 2020年4月前到位2人，2020年9月前到位1人 |
| …… | …… | …… | …… | …… | …… |
| 招聘人数合计/人 | | | 60 | | |

备注：
（1）以上招聘需求，内外部渠道同时进行，优先内部推荐。
（2）本年招聘渠道以网络为主，其中招商专员岗位（由于要有一定经验），如有比较优秀的毕业生，可以考虑校园招聘（但不做专场招聘）。
（3）此计划未包含机动用人，各部门有临时用人需求请走流程办理。

**2. 招聘时间节点及任务**

表4-8 招聘时间节点及任务

| 时间 | 工作项目 | 工作具体细节 | 负责部门（具体负责人） |
|---|---|---|---|
| 2019年12月—2020年1月31日 | 确定人才需求情况、制订招聘计划 | 1. 确定各部门招聘岗位需求情况<br>2. 制订招聘计划并报批 | 用人部门负责人<br>招聘经理 |
| 2020年3月 | 招聘准备 | 1. 制作招聘广告、公司宣传资料<br>2. 明确招聘小组成员分工<br>3. 制定人员测评等考核标准 | 招聘专员 |
| 2020年3月15日开始 | 发布招聘广告 | 1. 在人才招聘类网站发布信息<br>2. 发动内部推荐 | 招聘专员 |
| 2020年3月15日开始 | 筛选简历、笔试、面试 | 1. 坚持每天刷新招聘信息<br>2. 筛选简历并与求职者联系<br>3. 开展网申、笔试、人才测评、多轮面试等 | 招聘专员<br>用人部门负责人 |
| 2020年4月1日开始 | 做出录用决定 | 确定最终录用人员并审批 | 用人部门负责人<br>招聘专员 |
| 2020年4月1日开始 | 发布录用通知 | 电话或邮件告知录用者报到事宜 | 招聘专员 |
| 2020年4月1日开始 | 安排员工入职 | 确定报到名单和劳动合同签署，以及准备新员工培训事宜 | 招聘专员<br>用人部门负责人 |
| 招聘结束后 | 招聘效果评估 | 公司年度招聘效果统计分析和评估 | 招聘经理 |

**四、新员工入职准备**

1. 入职手续办理

本年度开始所有人事手续实施"秒办"，由招聘专员提前指导新员工在我司人力资源平台上传入职资料，后台在24小时内审核完成。需要纸笔签字的文件，由招聘专员引导新员工入职当天完成。

2. 入职培训安排

各部门负责对新员工进行岗前培训，形式、内容等自定，培训结束一周内向人力资源部提交新员工培训汇报。

人力资源部在本年度为新员工入职举办统一培训班，线上与线下混合进行。线上培训在新员工入职当天前完成，线下培训视报到情况分别在2020年5月、7月和9月，具体安排另行通知。

3. 新员工试用期考核安排

各部门对新员工试用期进行公正严格考核，按时将考核情况提交人力资源部。

五、资源准备与应急准备

1. 宣传准备

人力资源部负责在企业官方网站、微信公众号、微博、企业办公场所、招聘网站等渠道发布招聘。各用人部门负责配合人力资源部进行招聘宣传。

2. 费用预算

本年度招聘所需要费用共计划60 000元。其中员工推荐奖励约20 000元，网络招聘年费20 000元，招聘宣传设计费5 000元，现场招聘会（如有）服务费、交通住宿等15 000元。

3. 应急准备

当遇简历量严重不足、新员工离职率高等情况时，加快实施内部调岗、晋升等灵活机制，以及加大外部各渠道的宣传力度等；当遇业务扩张，需要临时增加招聘计划时，优先联系人才库的人才，同时积极扩充原有招聘渠道。

## 二、招聘广告的撰写及实例

### （一）招聘广告的内容

招聘广告，指组织在相关的招聘媒体（含网络招聘、报纸招聘、现场招聘、店面招聘）发布招聘信息，也是对招聘方的一种宣传。招聘文案在各媒介发布时，需要借助于平面设计、网络设计等，使之呈现得更美观与立体。招聘方案撰写前，要弄明白招聘广告发布的媒体是什么。具体来说，现场招聘广告要求岗位突出，待遇明了，企业优势简洁，避免求职人群走马观花遗漏招聘岗位。网络招聘因为不受字数限制，可以做详细的介绍和描述。报纸招聘和现场招聘因为受到版面和海报大小的限制，字数不能太多，把主要内容说清楚即可。招聘广告内容包括以下内容：

1. 招聘广告标题

招聘广告标题多以"诚聘""虚位以待""放马过来"等字样出现。

2. 组织信息

招聘广告中，关于组织信息介绍应简明扼要，包括组织的经营范围、企业文化等；可以最简洁的语言介绍组织最具特色和富有吸引力的特点等。不应长篇大论，词不达意。

3. 岗位信息

招聘广告中的岗位信息是招聘广告的核心。对招聘岗位的描述，通常包括岗位名称、所属部门、招聘名额、工作职责和任职要求等，一定要明确化。在这里，可以参考《岗位说明书》，但要注意的是，招聘广告中的岗位介绍应从求职者的角度考虑，以求职者能够理解和感兴趣为主，不可照搬《岗位说明书》。

4. 应聘方式

招聘广告中应明确注明应聘者应该准备哪些材料，如简历、资格证、作品等，以及告知应聘方式、时间和流程等。

5. 人才政策与制度

招聘广告可以表达组织如何重视人才的"人才观"和"人才政策"。招聘广告设置的条件应符合法律规定，不得出现种族、性别、年龄等歧视，不能涉嫌欺诈。

最后在整体上把关招聘广告的设计效果，即想想应聘者看后是否会心动。一个优秀的招聘广告要做到：使人过目不忘的广告词；突出的企业标志；鼓励性的话语；清晰的招聘岗位、人数、所需资格条件及待遇等内容。

### （二）招聘文案和广告实例

1. 某企业的招聘信息（摘要）

某公司致力于城市智慧场景的开发与运营，公司项目覆盖商业地产、产城小镇、住宅地产、物流地产四大板块，并形成购物中心、星级酒店、物业服务三大智慧运营领域。2019 年，我司位列中国商业地产百强企业前五。由于业务拓展需要，现诚聘如下英才：

职位：销售助理（招聘人数：10 人，工作地点：南京、西安）

岗位职责：

（1）营销部各种台账的建立及定期数据统计分析，并负责将销售数据与财务核对，处理与销售有关的相关数据，制作日、周、月等数据报表。

（2）定金协议、销售合同以及销售中产生的各种表单的审核、归档。

（3）协助办理个人住房抵押贷款，并及时进行欠款分析、催款等工作。

（4）房产交易过程中各种备案、抵押、产证等手续的办理。

（5）负责销控网页系统的制作、改进和管理工作，负责制作销控表，并根据销售情况及时更新，确保销控的准确性。

任职要求：

（1）大专以上学历，专业不限。

（2）具有三年以上房地产公司相关工作经验，熟悉房地产销售工作的相关流程。

（3）具有强烈的责任心、良好的团队意识和沟通意识。

（4）掌握 OA 办公、Office 办公软件，熟练操作电脑。

（5）沟通协调能力强，抗压力强，细心谨慎，责任心强。

人才是我司的核心资产，公司为员工提供具有竞争力和吸引力的薪酬福利待遇，系统的岗位培训，多元的职业成长路径。公司努力为每一位员工创造能够充分发挥自身价值的舞台，促进员工与公司共同发展。如果您有职业发展梦想，请联系我们！

招聘流程：简历投递—在线笔试—多轮面试—Offer 审批。

简历投递：即日至 2020 年 3 月 31 日止。

网申地址：公司官网或指定邮箱。

（任职信息摘自某公司招聘广告，其他由编者撰写。）

2. 招聘广告语及平面设计（精选）

（1）华为天才少年计划。

拖着世界往前走，华为面向全球招募天才少年

风云变幻，初心不改

中流击水，浪遏飞舟

如果您有志于

探索未知、创造未来

加入我们
用自己的聪明才智
为人类社会的进步做贡献!
我们渴求
有能力有意愿
挑战世界级难题的你
……

详见华为天才少年计划的广告截图,如图 4-2 所示。

 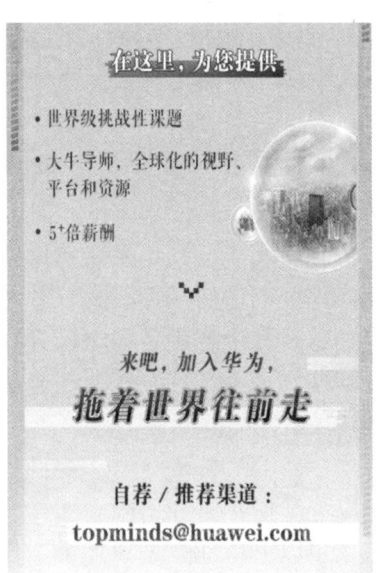

图 4-2　平面媒体招聘广告

(2) 阿里巴巴集团阿里云招聘。
此时此刻,非我莫属!
为了无法计算的价值
欢享成长
不忘初心
共谱云章
服务全球,期待你的加入!
(3) 京东校园招聘。
京东 2020 管理培训生招聘
错过了第一批? 我们还有第二批!
校招意识还没有完全苏醒的夏天,HR 小姐姐知道。
很多同学错过了管培生第一批的申请。
没有关系! 京东管培生第二批招聘来啦~~
方向定位:
产品方向:如果你对互联网产品感兴趣,关注用户体验,我们欢迎创意满满的你。

技术方向：如果你是技术大咖，立志成为一名技术 Leader，我们欢迎文武双全的你。
物流方向：如果你具有工匠精神，善于统筹规划，我们欢迎严谨踏实的你。
……

京东 2020 管理培训生招聘和京东物流 TFS 项目招聘的广告截图，如图 4-3 所示。

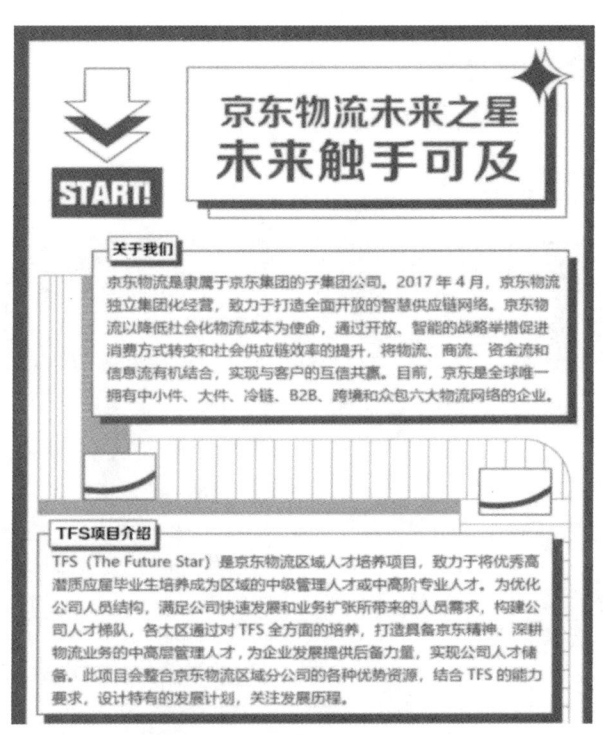

图 4-3　京东 2020 管理培训生招聘和京东物流 TFS 项目招聘的广告截图

（4）顺丰速运校园招聘（在某校的宣传）。

梦想速达未来——2020 年校园招聘

寻找最棒的你！

薪酬福利：

① 进阶薪酬　不怕没提升。

② 完善制度　不怕没保障。

③ 专业培训　不怕没经营。

④ 上市公司　有才有平台。

（5）联合利华暑期实习生项目。

与众不同的暑假从 U 家暑期实习生开始！

我们将为你提供：了解联合利华和快速消费品行业的机会；亲身了解真实企业运作的机会；参与富有挑战性的项目的机会；与人交往，进行团队合作的机会；实用工作技能培训的机会。

你将收获：一份宝贵的工作经验；一群志同道合的朋友；职业经理人的工作指导和经验分享；优先入选联合利华管理培训生的机会。

我们在以下部门提供暑期实习的机会，你有以下选择：

① 市场部。
② 客户发展部。
……

(6) 雪花啤酒招聘。

致力于：

引领产业发展，酿造美好生活

高端人才荟萃，"酒"等你来！

……

雪花啤酒招聘在某综合招聘平台的广告，如图4-4所示。

图4-4 "雪花啤酒"在某招聘平台的广告截图

(7) 中国电信西藏分公司2020年招聘。

智汇高原

梦想"添"翼

……

(8) 新浪深圳招聘。

这是一条正经的招聘文案，我们招人啦！

弹性工作时间、年轻活跃的氛围、下午茶福利

策划、编辑、客户经理、平面设计师……

我们喜爱积极活泼又才华横溢的你

你与美好生活的距离，只差这一份工作

坐标深圳上梅林，具体岗位请戳大图

……

简历请投：×××@sina.com

新浪深圳在新浪微博平台的广告，如图4-5所示。

图4-5 新浪深圳在微博平台的广告截图

## 三、求职申请表实例

见表4-9。

表4-9 求职申请表

### 求职申请表

（本表所填信息仅作招聘参考用，请如实填写，本公司承诺保密）

| 求职意向 | | 期望年薪 | | 相片 |
|---|---|---|---|---|

| 个人资料 ||||
|---|---|---|---|
| 姓名 | | 学位 | | 专业 | |
| 身高 | | | 性别 | | |
| 健康状况 | | | 籍贯 | | |
| 联系电话 | | | 出生年月 | | |
| 手机号码 | | | 党团关系 | | |
| E-mail | | | 婚姻状况 | | |
| 家庭地址 | | | 身份证号码 | | |

续上表

| 联系地址 | | | | 现在户口所在地 | | |
|---|---|---|---|---|---|---|
| 受教育情况（请从最高学历填起，并请填写到高中） ||||||||
| 学院/校名 | 专业 | 时间段 | 所学课程（中学期间的课程不用列明） | 所获学位 | 培养方式 |
| | | | | | |
| | | | | | |
| | | | | | |
| | | | | | |

| 工作经历（请从最近的时间填起） |||||
|---|---|---|---|---|
| 机构名称 | 职位 | 从何年月至何年月 | 月薪 | 离职原因 |
| | | | | |
| | | | | | 
| | | | | |
| | | | | |

个人技能及兴趣

| 语言能力（请圈起合适的选项） | 普通话 | 一般 良好 优秀 | | 广东话 | 一般 良好 优秀 | |
|---|---|---|---|---|---|---|
| | 英语 | 四级 | 六级 | 专业八级 | 英语口语 | 一般 良好 优秀 |
| | ____ | 一般 良好 优秀 | | ____ | 一般 良好 优秀 | |
| 电脑技能 | 证书：计算机office办公软件操作四级（中级）证书 ||| 能力描述： |||
| 其他技能 | ||||||
| 兴趣爱好及专长 | ||||||

| 受奖励情况（请从最近的时间填起） ||||
|---|---|---|---|
| 获奖时间 | 所获奖项名称 | 个人/集体（若集体获奖，请注明担当角色） | 其他补充 |
| | | | |
| | | | |
| | | | |

| 家庭成员情况 ||||||
|---|---|---|---|---|---|
| 姓名 | 关系 | 工作单位 | 现居住地址 | 联系电话 | 备注 |
| | | | | | |
| | | | | | |

续上表

| | | | | | |
|---|---|---|---|---|---|
| | | 其他情况 | | | |
| 内容 | | 是 | 否 | 说明 | |
| 你是否曾因为行为或工作不佳而被解雇？ | | | | | |
| 你是否有亲属在我公司任职？ | | | | 姓名： 关系： 部门： 职务： | |
| 你是否有违法记录？ | | | | | |
| 你是否患过重病或动过手术？ | | | | | |

其他个人说明：

声明：

本人保证上述所填写的各项资料内容的真实性，并无掩饰任何不利于申请此职位之资料。本人自愿承担因隐瞒事实而带来的一切后果。

申请人签名：_____

日期：_____

## 四、面试提纲实例

### 1. 普通面试

表4-10　××公司普通面试提纲

编制部门：人力资源部

| 考查要点 | 测试内容 | 评判标准 |
|---|---|---|
| 自我评估 | （1）请你简单描述一下自己。<br>（2）到目前为止，你认为自己哪方面的技能或个人素质是你成功的主要原因？<br>（3）你认为自己掌握得最好的是哪门课程？你在这门课的学习上有什么心得？<br>（4）我们为什么要录用你？ | （1）应聘者的语言表达能力和逻辑思维能力、自信心、诚信等。<br>（2）看应聘者能否给出几条强有力的理由，说明对自己充满自信 |
| 程序关注度 | （1）你有没有遇到这样或类似的情形：和你打交道的一位客户要求解决问题的方法和公司的制度规定发生冲突。你是怎样解决这个矛盾的？<br>（2）你印象最深的一次违反规定是什么时候？你为什么要违反规定？ | （1）能否对制度、流程的本质、意义进行把握。<br>（2）是否具备在一定的框架内对流程进行科学调整、提高效率的能力 |

续上表

| 考察要点 | 测试内容 | 评判标准 |
| --- | --- | --- |
| 敬业、责任心 | （1）客户找与你不和的一名同事办事，恰巧他不在，你怎么做？<br>（2）如果上司交给你一项你很不喜欢的工作，你将如何去做？能否举个例子？<br>（3）领导不在，你必须做出越级的决定，怎么办？ | （1）同事之间摩擦很正常，看其是否会公私不分，同时看他会不会处理人际关系。<br>（2）能否尽职尽责，积极主动完成自己承诺的工作。<br>（3）草率决定对公司不负责，不敢做决定又是缺乏负责精神，考查应聘者怎么考虑周全 |
| 团队意识 | （1）你喜欢和什么人一起工作？<br>（2）根据你的经验，若某位员工经常迟到、早退、旷工，或不愿意干活的话，会给整个团队带来什么样的问题？这些问题你认为该怎样解决？ | 应聘者喜欢共事的人应该和他有很多共同点，可以判断他的品质，也可以看出他是否从团队的角度考虑问题 |
| 岗位专业问题 | 例如物流专业，如何把配送中的延误降到最低。仓储盘点的流程是什么，注意的控制点有哪些？例如通信专业，简述移动通信中控制邻近波道干扰的方法等 | 考查应聘者对专业知识的把握度 |

2．结构化面试

结构化面试是根据面试前预先设计的具有一定次序的一系列问题对应聘者进行提问，对其答复进行评估的一种面试方式。此面试前，已有一个问题清单和提问框架，面试人员只根据问题清单进行提问，并根据应聘者的回答进行评估即可。

# ××公司结构化面试提纲

一、结构化面试准备与开场

1．准备工作

面试官在面试前应准备好"面试评估表"等相关资料与表单。

面试官在面试前应整理自己的仪容仪表，关闭通信设备，给应聘者留下良好的印象。

2．面试开场

做面试官与应聘者见面时应面带笑容，并做简要的自我介绍，可与应聘者稍作寒暄，以便消除其紧张心理，建立良好的面试氛围。

二、结构化面试试题及考查重点

面试官可以按照如下面试试题依次发问，具体内容见表4-11。

表4-11　结构化面试试题及考查重点

| 工作项目 | 试题 | 考查内容 |
| --- | --- | --- |
| 基本信息 | (1) 请简单介绍一下自己<br>(2) 你为什么选择我们公司<br>(3) 你通过什么渠道了解我们公司<br>(4) 你的业余爱好是什么 | 判断应聘者的基本内涵、从业经验等。最重要的是了解应聘者的知识总量、思维宽度、语言组织能力、逻辑能力、概括能力、应变能力等 |
| 领导能力 | (1) 你认为什么样的员工最难管理<br>(2) 如果你的团队士气低落，你怎么办<br>(3) 你如何考评你的员工 | 应聘者是否能带领团队向公司目标共同努力，争取利润最大化 |
| 责任感 | (1) 你如何理解加班<br>(2) 你是如何保持工作热情的<br>(3) 你为什么离开前公司<br>(4) 你如何理解公司内、外部环境 | 应聘者是否能努力工作，主动承担新的责任和挑战，高质量地完成工作；是否会承担超出本职范围的工作责任 |
| 创新能力 | (1) 如果公司录用你，你将如何开展工作<br>(2) 你最富创造性的工作成果是什么<br>(3) 你的领导认为你最具价值的地方是什么 | 应聘者是否能面对不断变化的环境积极求变创新，遇到问题和机会时能否做出有创意的对策 |
| 解决问题能力 | (1) 你有什么样的职业规划<br>(2) 你能为我们做什么<br>(3) 你如何惩罚或解雇员工<br>(4) 你希望与什么样的上级共事 | 应聘者是否有系统分析问题的能力，是否主动采取行动解决问题，是否会陷入"分析瘫痪"的僵局 |
| 团队意识 | (1) 请你简要介绍你如何管理团队<br>(2) 你的同事工作成绩比你好，你会怎么办<br>(3) 在工作中，你如何与同事进行沟通 | 应聘者是否能积极参与团队工作，与团队共同努力，为了早日实现团队的目标而做出个人的贡献 |

三、结构化面试要求及结束语

(1) 面试官可以针对不太清楚的问题再次发问，或询问应聘者是否有要问的问题。
(2) 面试官可以主动向应聘者介绍公司的基本情况。
(3) 面试官告知应聘者几周内会通知复试，如未通知则应聘者档案会进入公司人才库，如有合适职位会第一时间通知。
(4) 面试官可以通过以下语言来结束面试，并与应聘者握手，送其离开。
　　感谢你抽出时间来面试，我们此次面试到此结束。
　　感谢你申请这个职位，我们此次面试到此结束。
　　感谢你对我公司的关注，并来参加面试，今天的面试就到这里。

3．小组讨论面试

无领导小组讨论是对多名应聘者进行集中面试的一种方式，一般由面试官拟订题目或提出待解决的问题，应聘者自由讨论。讨论结束后，面试官对应聘者的表现进行评分。

# ××公司无领导小组讨论面试提纲

一、无领导小组讨论前准备

1. 面试官编制讨论题目（根据组数）、划分讨论小组（6~8人）、准备所需材料（阅读材料、抽签条、号码签、记录表等），以及对考官进行培训。

2. 考场按易于讨论的方式设置，一般采用圆桌会议式，面试官设在考场四边。

二、实施无领导小组讨论

考核小组做好充分准备后，无领导小组讨论进入实施阶段，一次完整的讨论需要45~60分钟时间，具体实施过程如下：

1. 成员落座，讨论开始。

主持人介绍整个测评程序、宣读指导语、讨论题目及注意事项。

2. 个人发言。

小组成员拿到题目后，给5~10分钟构思小组讨论中的发言。主持人宣布讨论开始，小组成员按要求阐述观点和态度，发言顺序可以依次轮流进行，也可以随机抽取，考核小组控制每位成员的发言时间并记录发言内容，对应聘者形成初步印象。

3. 自由讨论。

此阶段不仅要继续阐明自己的观点，而且还要对别人的观点做出反应，在讨论最后必须达成一致意见。自由讨论为30分钟左右，此阶段面试官不做干预。主考官依据讨论情况，宣布讨论结束后，收回小组成员发言提纲，同时收到各考官的成绩单，考生退场。

4. 讨论评估。

考核小组召开一个评分讨论会，在讨论会上，每个应聘者的表现被逐一评价。

## 五、求职者应对面试问题的回答思路

### 12个经典面试问题回答思路（面试技巧）

虽然如今的面试五花八门，但面试是有规律的，很多公司面试的问题都是差不多的，求职者应对的要领也是类似的。读者无须过分关注分析的细节，关键是要从这些分析中"悟"出面试的规律及回答问题的思维方式，达到"活学活用"。

问题1："请你自我介绍一下。"

提示：

（1）这是面试的必考题目，简要描述你的相关工作经历以及你的一些特征，包括与人相处的能力和个人的性格特征。

（2）表述方式上尽量口语化，不谈无关、无用的内容，条理要清晰，层次要分明。

（3）事先最好以文字的形式写好背熟。

问题2："你对于我们公司了解多少？"或"你为什么选择我们公司？"

提示：

（1）面试官试图从中了解你对公司情况的熟悉了解程度、求职动机以及对此项工作的态度。

（2）建议投递简历时了解公司相关情况，从行业、企业和岗位这三个角度来回答。

参考答案：德勤咨询公司是德勤集团主管咨询业务的子公司，由德勤集团咨询部门发展而来，过去4年，德勤咨询收入的年增长很快，为五大咨询公司之首。德勤咨询分支机构遍布世界，涉及的行业领域包括消费品行业、制造业、通信媒体业、金融服务业、医药业、教育保健以及公共事业等，客户关系管理是它的一大长项。德勤高度重视每一个员工的独特之处。我十分看好贵公司所在的行业，而且这项工作很适合我，相信自己一定能做好。

问题3："你有什么业余爱好？"

提示：

（1）业余爱好能在一定程度上反映应聘者的性格、观念、心态，这是招聘单位问该问题的主要原因。

（2）最好不要说自己没有业余爱好，不要说自己有哪些庸俗的、令人感觉不好的爱好。

（3）最好不要说自己仅限于读书、听音乐、上网，否则可能令面试官怀疑应聘者性格孤僻。

（4）最好能有一些户外的业余爱好来"点缀"你的形象。

参考答案：例如踢足球，看足球。足球是一项很讲究团队配合而且很有激情的运动。

问题4："谈谈你的缺点。"

提示：

（1）不宜说自己没缺点，不宜把那些明显的优点说成缺点。

（2）可以说出一些对于所应聘工作"无关紧要"的缺点，甚至是一些表面上看是缺点，从工作的角度看却是优点的缺点。

参考答案：

（1）你做事常常期望完美，因此，有时候会给人感到吹毛求疵或者过于要求品质，这个缺点从另外一个角度来看也许是优点。例如这种做事的态度放在客户服务部门必定能让客户获得高度的满意。

（2）我不喜欢拖沓，追求工作效率，因此有时候会显得有些着急，不过这个我也已经注意到，在以后的工作中会尽量地避免。

问题5："谈一谈你的一次失败经历"或者"你过去的工作经验中，最令你挫折的事情？"

提示：

（1）不宜说自己没有失败的经历。

（2）宜说明失败后自己很快能振作起来，以更加饱满的热情面对以后的工作。

参考答案：其实在我工作的这些年当中，并没有感觉到特别大的挫折。但是在BW-BCS项目的初期，我和另一个组的领导在有些事情上有些争论，我们的合作有些不顺畅，我当时觉得自己的想法无法被认可，所以有些挫折感。从这件事情我也学到了很多，首先就是要互相尊重，其次是人和人之间需要多沟通。

问题6："对这项工作，你有哪些可预见的困难？"

提示：

（1）不宜直接说出自己技能方面的困难，否则可能令对方怀疑应聘者的能力。

（2）可以尝试迂回战术，说出应聘者对困难所持有的态度——"工作中出现一些困难是正常的，也是难免的，但是只要有坚韧不拔的毅力、良好的合作精神以及事前周密而充分的准备，任何困难都是可以克服的。"

参考答案：可以预见的困难就是在项目中出现从未使用过的系统或问题，这些很难用以前的经验直接解决。但是我想这些困难不是不能克服的，我会通过查看相关资料、参加各种培训、进行各种测试、与其他顾问交流等方式来提升自己的能力，最终解决这些困难。

问题7："你希望与什么样的上级共事？"

提示：通过应聘者对上级的"希望"可以判断出应聘者对自我要求的意识，这既是一个陷阱，又是一次机会。最好回避对上级具体的希望，多谈对自己的要求。

参考答案：

（1）间接回答：作为刚步入社会的新人，我应该多要求自己尽快熟悉环境、适应环境，而不应该对环境提出要求，只要能发挥我的专长就可以了。

（2）直接回答：尊重下属及其劳动成果；给下属在工作中更多的指导；能给下属营造一个宽松的环境，能够让下属专心地工作，发挥自己的特长。

问题8："在完成某项工作时，你认为领导的方式不是最好的，自己还有更好的方法，你应该怎么做？"或"与上级意见不一致，你将怎么办？"

提示：（直接回答）原则上我会尊重和服从领导的工作安排；同时私底下找机会以请教的口吻，婉转地表达自己的想法，看看领导是否能改变想法。如果领导没有采纳我的建议，我也同样会按领导的要求认真地去完成这项工作。

问题9："我们为什么要录用你？"或"你能为我们做什么？"

提示：

（1）应聘者回答这个问题前最好能"先发制人"，了解招聘单位期待这个职位所能发挥的作用，基本原则是"投其所好"。

（2）招聘单位一般会录用这样的应聘者：基本符合条件、对这份工作感兴趣、有足够的信心，以及有丰富的技能或经验。

参考答案：我符合贵公司的招聘条件，凭我目前掌握的技能（详细什么技能）、高度的责任感和良好的适应能力及学习能力，完全能胜任这份工作。我十分希望能为贵公司服务，如果贵公司给我这个机会，我一定能成为贵公司的栋梁！

问题10："你是应届毕业生，缺乏经验，如何能胜任这项工作？"

提示：要体现出应聘者的诚恳、机智、果敢及敬业。

参考答案：作为应届毕业生，在工作经验方面的确会有所欠缺，因此在读书期间我一直利用各种机会在这个行业里做兼职。我也发现，实际工作所需要的知识远比书本知识丰富、复杂。但我有较强的责任心、适应能力和学习能力，而且比较勤奋，所以在兼职中均能圆满完成各项工作，从中获取的经验也令我受益匪浅。请贵公司放心，学校所学及兼职的工作经验使我一定能胜任这个职位。

问题11："你期望的薪水是多少？"

提示：应对这个问题，要看你应聘的是什么样的公司，我们可简单地分为两类，一类是知名度高的大中型企业，另一类是中小型企业。大中型企业一般具有良好的薪酬体系标准，应聘该类型公司的基层岗位，你只要回答依公司制度即可。因为在这种状况下，薪资的弹性不大，若你要求的薪水过高或过低，对你而言，都是负面的。如果是某些薪酬体系不太健全的企业，薪资上的弹性会较大，这时你可以技巧地询问出对方可支付的薪资范围。例如：如果贵公司找到适合的人选，你们提供的薪水范围是多少？你不需要太回避薪水的问题，记住你只要本着诚恳，有礼貌的态度询问即可。

问题12："你还有什么问题要问吗？"

参考答案：

（1）我想问一下，贵公司技术团队一共有多少名成员？大致的岗位分工是什么样的？因为我很注重团队的力量，一个人的能力再强，都是有限的。只有在很好的团队里，个人才能更好地进步，整个团队的能力和服务质量才能提升。

（2）贵公司对员工是否提供提升的机会？

最后说明一下，企业选人有一个大原则，不管主考人员和你在面谈时表现得多愉快，最终决定选谁时，他们还是回到以下几点：你能替公司完成哪些工作？依你的态度、素质等录用后会不会对目前的团队产生不利影响？你想要的薪水符合公司的薪酬水平吗？你有一定的上进心吗？因此，你回答任何问题时，最好不要违背以上几点。

## 六、录用（不录用）通知书实例

1. 录用通知书实例

### 录 用 通 知 书

_____先生/女士：

非常荣幸地通知您，您已通过我司面试考核，欢迎您加入我们公司_____部门的_____职位。

（1）请您于_____年____月____日前根据我司官网的提示，及时上传您的入职资料，待我司审核通过后，请您于_____年____月____日9：00，到位于_____市____区____路____号_____人力资源部签订劳动合同以及相关文件，完成报到手续。

（2）报到时请提供以下资料的原件备查。

最后学历证书原件、身份证原件、资格证书原件等。

若此前有就业经历，请提供与原单位终止劳动关系的证明。

（3）待遇说明。

您在公司的薪资福利待遇，将按公司相关制度及岗位薪酬等级标准规定执行。您有义务对您的薪资内容保密，不将其告知第三方。

如您接受本录用函，请签字后送交人力资源部。

非常高兴您能加盟我司，若有任何疑问，请随时向人力资源部周小姐（电话：××
×）提出。

××公司人力资源部

×年×月×日

本人确认已收到××公司人力资源部录用通知，并自愿接受录用通知书上提供的职位，同时对录用通知书各条款意思理解清楚无误。

签名：　　　　　日期：

（签名需与身份证上名字一致）

2. 给予未录用人员的答复及通知书

（1）初试和复试时告知对方。

① 初试和复试时告知对方，如果在3天之内未接到公司电话、短信或者邮件复试通知，表明初试未通过，你可以选择其他公司应聘。

（2）未被录用的答复的《辞谢通知书》示例。

### 辞谢通知书

××先生/女士：

您好！

非常感谢您对我司的关注！

经过公司的综合考虑和整体衡量，非常遗憾地通知您，您的情况和所聘岗位需求不太吻合（或者由于我们的招聘名额有限），鉴于您在面试中的表现，我们已将您的简历放入我司人才储备库，如果下次有机会，我们会优先考虑您！

再次感谢您对我们的信任与支持，祝您一切如意！

××公司人力资源部

×年×月×日

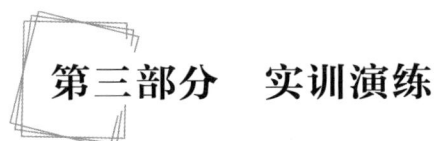

# 第三部分　实训演练

### 一、举办一次模拟招聘会

假设某企业决定在某大学进行校园招聘，招聘的岗位是管理培训生。请以此为背景，设计并举办一次模拟招聘会。做好如下几项工作：

（1）将班级同学分组（5~8组），每组模拟成立公司，并推举一位组长（即公司负责人），作为招聘方。招聘方需完成如下工作：

① 根据公司情况，简要编制企业招聘计划。

② 根据招聘计划，制作该公司的招聘广告（纸面或电子形式均可）。

③ 选择适当的渠道发布该公司的招聘广告。

④ 制作公司宣讲资料或PPT，在招聘会上宣讲。

⑤ 根据招聘需要，设计相关《面试提纲》《面试评估表》等。

（2）各组成员在完成上述工作后，转换角色，假设你是一位应聘者，选择你感兴趣的公司和职位，准备应聘。应聘者需完成如下工作：

① 撰写好个人简历。

② 做好应聘形象和礼仪准备。

（3）在课室或大会议室等场所，正式举办模拟校园招聘会。

## 二、工作实例分析

### 一位人力资源招聘专员的困惑

不知道为何，今年公司招聘应届女生一直不顺利。先是预定3月1日来实习的女生突然都说不来了。好不容易来了一个女生，上了三天班，也不来了，说是考上公务员了。既然是去当公务员，那我也不能妨碍人家的美好前途，只能重新招聘。后来，终于又招到两位较满意的女生，预定4月1日开始实习。结果3月30日与她们确认时，其中一位说考上研究生了，放弃这次实习的机会。当时庆幸，有一位还是来了。结果，历史重演，上了一天班，又说不来了，说是公司离家实在太远（单程1个多小时），身心疲惫，承受不了。记得面试时特地问她，家里住得比较远，能否克服，她信誓旦旦说我是农村出来的，能吃苦，能承受一定压力的。也就是因为这个回答，决定录用不是十分优秀的她，结果却……

于是，我又不得不开始新一轮的招聘。基于以往的经验，我特地提前三天（即周五）发面试通知（以往提前一周发了通知之后，会在几天之后收到放弃面试的信息）。我满心以为本次的出席率会是100%，结果，现实又让我重重受了一次打击，周一中午，收到了3个不来面试的通知，导致面试出席率下跌到了40%。可想而知，本次的招聘又以失败告终。

接二连三的失败让我开始反思，到底是哪个环节出错了呢？是招聘渠道？是简历的筛选？是面试的时间？还是我的通知方式？

●请思考：

这位人力资源招聘专员招聘不顺利的问题出在哪里？该如何解决？

## 三、新闻实例分析

### 欧莱雅招聘新思路：一场抖音直播春招39万人观看

一场线上春季招聘在线观看人数高达39万人次，咨询人数超过2万人次，疫情以来，欧莱雅集团联合抖音春季招聘，打破了以往线下招聘的局限。

"直播已经是一种新的传播方式，我们认为直播在沟通领域发挥着一个很重要的角色。以前我们都是面对面招聘，但现在直播可以一对多，并且可以分主题很深入地去聊，我们把直播定义为一种很重要的沟通方式。"欧莱雅招聘负责人表示，疫情加速了线上直播招聘方式的实现，直播平台受众广泛、流量聚集，能充分满足直播春招需求，这是欧莱雅集团首次开展大规模常态化的直播春招。

自2月以来，欧莱雅集团通过直播，陆续与全国各大高校合作召开宣讲，直播观看总人数近百万，咨询评论数3万条，直播间分享次数超过5 000次，如图4-6所示。

图 4-6 欧莱雅在网络平台的校园招聘直播

通过定位不同主题，欧莱雅发布春季招聘相关短视频，为直播专场提前预热；通过云逛办公区，让学生远程观看办公区环境；通过线上连麦企业高管，了解企业的发展历史及发展前景、人才需求；通过 HR 模拟面试，提前体验线上面试环节；通过在线问答，为学生答疑解惑。

欧莱雅招聘负责人透露，往年 2 月底 3 月初欧莱雅集团会直接去学校开展招聘，通过玩游戏等创新性线下活动带动学生参加，由于教室空间以及时间、信息覆盖范围等方面的限制，前来参加的学生人数有限，但今年线上春招覆盖全国，既有广度，又有深度，且招聘效率更高。第二场直播 39 万人参加，这在线下无法实现。"网络平台推动直播春招，与我们的想法非常契合。"欧莱雅招聘负责人认为，线上招聘 1 对 39 万，这是线下达不到的，而在线下，学生可以现场体验。线上和线下招聘形成良好互补关系。线上招聘的优势还在于，一方面可以让招聘人员看到自己的表现，另一方面可以及时收到学生的反馈，为学生答疑解惑。

……

(上述新闻摘自北国网 2020 年 4 月 28 日报道，有删节)

● 请思考：
欧莱雅招聘的新思路是什么？有何优势与局限性？

思考与练习

1. 员工招聘的含义是什么？
2. 影响员工招聘的因素有哪些？
3. 员工招聘的程序是怎样的？
4. 如何理解人力资源配置中，人岗匹配、人职匹配、人与组织匹配、人与环境匹配的原则？

闯关练习

# 项目五
# 员工培训与开发实务

经过6个多月的工作实践,李明对岗位设计、人力资源规划、员工招聘等模块的内容已经有了一个初步的认识。新聘的一批员工入职后,为了让新员工尽快熟悉企业和新的工作岗位,王经理要李明制定一份新员工的培训方案。如果你是李明,你该从何入手呢?

## 能力目标

- 学会设计培训需求调查问卷。
- 能够正确运用需求调查的方法进行培训需求的调查分析。
- 能够正确运用员工培训与开发的知识,制定合理的企业培训方案。
- 培养学生终身学习的意识和正确的择业观。

培训需求分析　　员工培训与开发的流程

## 知识目标

- 掌握员工培训与开发的含义和特点。
- 掌握员工培训与开发的流程。
- 熟悉常见的培训与开发方法。
- 理解培训需求分析模型,熟悉常用的需求调查方法。

### "培训是找死" VS "不培训是等死"

B公司是一家中外合资服装生产企业,年初曾投资3万美元送6名中方经理到其欧洲公司总部接受近6个月的培训。回到中国后,这6名经理负责管理公司生产,他们的月薪高达4 000美元。可是,他们在同一天同时请了病假,然后再也没回来。原来,一家在中国东北新建立的中资服装生产企业以每人每月8 000美元挖走了他们。

这家合资公司花了巨额培训费,却损失了中国目前接受过最佳专业训练的管理队伍。不仅如此,企业订单和销售渠道也跟着流失。由于骨干出走而造成的职位空缺,因一时难以补充到合适人才而使企业的生产销售陷于瘫痪状态。公司不禁感叹:企业培训,原来是一笔"花钱买流失"的赔本生意!

而在1年前,该公司曾有两名销售精英辞职,辞职的原因则是他们认为公司缺少一套切实可行的员工培训计划,在这里干下去看不到发展的希望。为此,企业才不惜加大培训投入,不曾想却导致如此局面。

公司负责人深感困惑:企业正是为留住人才才耗费巨资进行培训,为什么培训反而加剧了人才流失呢?

受训员工的离职是培训企业一个十分普遍的令人头痛的问题,也是培训发展的一大障碍。有的企业人事经理甚至感叹:"不培训是等死,怎么培训了反而变成找死?"

◉ 请思考:
1. 你是赞同"培训是找死"还是"不培训是等死"的观点?
2. 你认为如何可以让培训不成为"找死"?

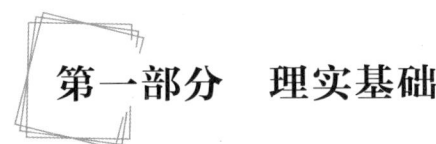

# 第一部分　理实基础

## 一、理论基础

1996年1月,在美国《管理新闻简报》中发表的一项调查指出:68%的管理者认为由于培训不够而导致的低水平技能正在破坏本企业的竞争力,53%的管理者认为通过培训明确降低了企业的支出。企业要在高度竞争的市场经济中获胜,一定要拥有高素质的人才,而员工培训与开发是提高员工素质必不可少的一环。员工培训与开发对于企业满足市场竞争的需要、适应环境的变化、提高企业的效益、满足员工自身发展等方面发挥着重要作用。

### (一) 员工培训与开发的含义

1. 培训与开发

培训与开发(T & D)在很多情况下被统称为培训,实际上二者是有所不同的。培训(training)是组织通过有计划地向员工提供各种培训项目帮助员工提高知识、技能和业绩水平的活动,其目的是使受训者获得当前工作所需的知识和技能,提高员工目前的工作业绩。开发(development)着眼于长远目标,是指员工为今后发展而进行一系列培训活动,可以帮助员工更好地适应新技术、市场和工作变化带来的挑战,提高员工向未来职位流动的能力和员工的可雇佣性。

培训与开发是两个有所不同但是密切联系的概念。培训与开发的共性:都是一种学习的过程;都是由组织来规划的;最终目的是通过把培训内容与所期望的工作联系起来,从而促成个人与组织的双赢。员工培训与开发的比较见表5-1。

随着培训的日趋重要,培训与开发的界限将日益模糊。企业员工的培训与开发,其实都已关注当前与未来,都同等重要。可以说,开发是更广泛意义上的培训,我们在使用该术语时,可区分,也可不区分。

表 5-1 员工培训与开发的比较

| 项目 | 侧重点 | 时间 | 内涵 | 参与 | 阶段性 | 工作经验 |
| --- | --- | --- | --- | --- | --- | --- |
| 培训 | 当前工作 | 较短 | 较小 | 强制 | 较清晰 | 运用度低 |
| 开发 | 未来发展 | 较长 | 较大 | 自愿 | 较模糊 | 运用度高 |

2. 员工培训与开发的含义

企业员工的培训与开发(简称培训)是指为了满足企业不断发展的需要,为了提高员工的知识和技能,改善员工的工作态度,使员工能胜任本职工作并不断有所创新,在综合考虑组织的发展目标和员工的个人发展目标的基础上,对员工进行一系列有计划、有组织的系统学习与训练活动。

从以上定义中,我们可以看出培训的一些特点。

(1) 培训的主要目的是提高员工的绩效和有利于实现企业的目标。

(2) 培训的直接任务是获得或改进与工作有关的知识、技能、动机、态度和行为。

(3) 培训主要包括有计划、有组织的各种努力(学习与训练)。

3. 培训与开发角色分析

企业中参与培训与开发的角色主要有以下4种:最高管理层、人力资源部、职能部门和员工。这四种角色在培训活动中的作用是有明显差异的(见表5-2):有关培训的主要工作由人力资源部负责,但职能部门几乎参与各项培训活动;最高管理层主要负责培训预算,以及一些重要培训项目的计划与评价工作;员工主要是在确定培训的需要和目的、实现培训项目和评价培训项目等方面参与。

表 5-2 不同角色在培训中的作用

| 培训活动 | 最高管理层 | 职能部门 | 人力资源部 | 员工 |
| --- | --- | --- | --- | --- |
| 确定培训需要和目的 | 部分参与 | 参与 | 负责 | 参与 |
| 决定培训标准 | — | 参与 | 负责 | — |
| 选择培训师 | — | 参与 | 负责 | — |
| 确定培训教材 | — | 参与 | 负责 | — |
| 计划培训项目 | 部分参与 | 参与 | 负责 | — |
| 实施培训项目 | 部分参与 | 偶尔负责 | 主要负责 | 参与 |
| 评价培训项目 | 部分参与 | 参与 | 负责 | 参与 |
| 确定培训预算 | 负责 | 参与 | 参与 | — |

(二) 员工培训与开发的类型

员工培训与开发要视企业的需要和员工的具体情况而定。培训与开发从不同的角度可以划分为不同的类型。

（1）按照培训的内容不同，可以将培训开发分为基本技能培训、专业知识培训和工作态度培训。基本技能培训是通过培训使员工掌握从事职务工作必备的技能；专业知识培训是通过培训使员工掌握完成本职工作所需要的业务知识；工作态度培训是通过培训改善员工的工作态度，使员工与组织之间建立起互相信任的关系，使员工更加忠诚于组织。这三类培训对于员工个人和组织绩效的改善都具有非常重要的意义。因此，在培训中应予以足够的重视。

（2）按照培训的对象不同，可以将培训开发分为新员工培训和在职员工培训。新员工培训又称向导性培训或岗前培训，是指对新进员工进行的培训，主要是让新员工了解组织的工作环境、工作程序、人际关系、企业文化等，帮助新员工尽快融入组织；在职员工培训是对组织中已有的人员的培训，主要是为了提高现有员工的工作绩效。

（3）按照培训的目的不同，可以将培训开发分为应急性培训和发展性培训。应急性培训是组织急需什么知识、技能就培训什么。例如，企业计划新购一台高精度的仪器，而目前又没有员工能够操作，就需要进行针对此仪器的应急性培训。发展性培训是从组织长远的发展需要出发而进行的培训。

（4）按照培训的形式不同，可以将培训开发分为岗前培训、在职培训和脱产培训。岗前培训也称入职培训或引导培训，是为了员工能适应新的岗位工作需要而进行的培训；在职培训就是在工作中直接对员工培训，员工不离开实际的工作岗位；脱产培训是让员工离开工作岗位，进行专门性业务和技术培训。

### （三）员工培训与开发的流程

员工培训与开发的工作过程，是从培训需求分析开始的，当组织中出现问题需要通过培训来解决时，培训需求就产生了，即"我到底存在什么问题而需要培训"。接下来，企业会思考什么人在哪些方面需要培训，受训者要学些什么，如何反映在改进工作中等问题。员工培训与开发的流程可分为四个步骤进行：培训需求分析、培训计划制订、培训的实施、培训效果评估和反馈，如图 5-1 所示。

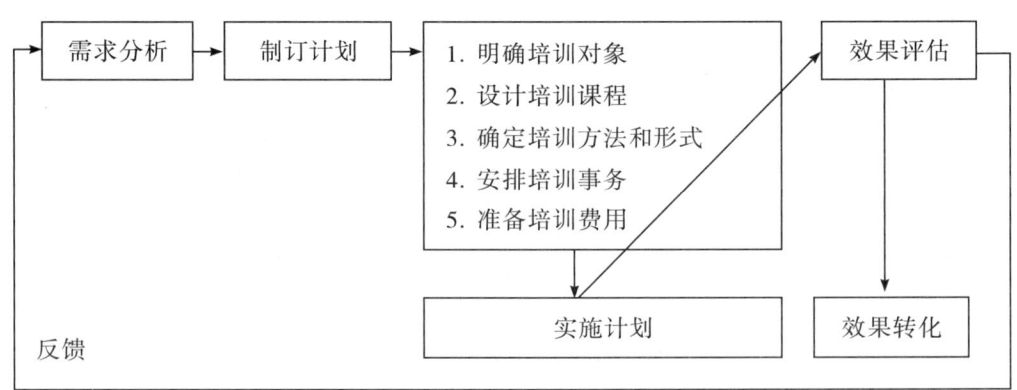

图 5-1　员工培训与开发的流程

1. 培训需求分析

为了使培训计划具有针对性，增强培训效果，培训前必须了解各个岗位的培训需求，即需求分析。需求分析分为企业分析、任务（岗位）分析、人员分析。培训需求信息的收集一般采用问卷调查、个人面谈、团体面谈、重点团队分析、观察法、工作任务调查法等。

2. 培训计划制订

制订培训开发计划，必须根据企业的生产和经营战略，从企业的人力资源规划和开发战略出发，结合企业资源条件和员工素质情况，考虑人才培养的超前性和培训效果的不确定性，制订员工培训开发的目标、对象、内容和方法。

3. 培训的实施

实施计划是培训开发的关键环节。要保证培训开发的效果和质量，必须做到领导重视、员工认同，有经费保障、奖惩措施；还应做好场所、时间、教师、教材的选择等工作以及外送培训组织工作。这方面，国内外的研究学者关注得比较多的是采取怎样的培训方式进行培训，认为多样化的培训方式将比传统的讲授式培训达到更好的效果。

4. 培训效果评估和反馈

效果评估和反馈是不容忽视的，包括评估培训方案是否达到培训的目标，评价培训方案是否有价值，判断培训工作给企业带来的全部效益（经济效益和社会效益），培训的重点是否和培训的需要相一致等。通过效果评估和反馈，可以及时总结经验与教训，发现新的需要和问题，从而有效地指导今后的培训开发工作。目前使用得最广泛的培训效果评估方法是柯克帕特里克的培训效果评估体系。成本—收益分析也是一个比较受推崇的方法之一，这种方法可将培训的效果量化，让企业可以直观地感受培训的作用。

（四）常见的培训与开发方法

虽然培训与开发的侧重点不同，但由于其目的基本一致，在方法上，并没有严格的区分，培训与开发的方法有以下六种。

1. 讲授法

讲授法是教师通过口头语言向学员传授知识、培养能力、进行思想教育的方法，在以语言传递为主的教学中应用最广泛，其他方法在运用中常常要与讲授法结合。

2. 视听技术法

视听技术法是指通过现代视听技术，对员工进行培训的方法。优点是运用视觉与听觉的感知方式，直观鲜明，但学员的反馈与实践较差，且制作和购买的成本高，内容易过时。

3. 讨论法

讨论法是学员在教师的指导下，为解决某个问题而进行探讨、辨明是非真伪以获取知识的方法，其有利于发挥学员的主动性、积极性，培养学员独立思维能力、口头表达能力，促进学生灵活地运用知识。讨论法可分成一般小组讨论与研讨会两种方式。

4. 案例研讨法

案例研讨法是指通过向培训对象提供相关的背景资料，让其寻找合适的解决方案的方法，这种方法可以有效训练学员分析和解决问题的能力。

5. 角色扮演法

角色扮演法是指学员在教师设计的工作情况中扮演其中角色，其他学员与教师在学员表演后做适当的点评。这种方法信息传递多向化、反馈效果好、实践性强、费用低，因而多用于人际关系能力的训练。

6. 国际新技术培训方法

随着现代信息技术的发展，大量的信息技术被引进到培训领域。在这种情况下，出现了网络培训、虚拟培训、远程学习、培训支持技术等培训方式。

网络培训（online training）是一种新型的计算机网络信息培训方式。虽然投入较大，但使用灵活，符合分散式学习的新趋势，节省学员集中培训的时间与费用。该方式网络信息量大，新知识、新观念传递优势明显，为企业所青睐，也是培训发展的必然趋势。

虚拟培训是指利用虚拟现实技术，生成实时且具有三维信息的人工虚拟环境，培训学员通过交互式设备来进行操作。

远程学习（distance learning）是指通过计算机和网络技术使不同领域的人能够同步学习且双向或多向沟通。

培训支持技术是指用专家系统、电子会议软件、电子支持系统等新技术来支持培训。

以上各种培训方法，我们可按需要选用一种或若干种并用或交叉应用。由于不同企业的人员结构、内部岗位、技术要求都各不相同，企业培训必然是多层次、多内容、多形式与多方法的。

### （五）培训与开发的新趋势：企业大学、学习型组织

1. 企业大学

企业大学（corporate university）就是以企业文化和企业战略为核心，运用现代信息技术，按照混合式培训模式建立的企业学习基地。企业大学以构筑企业全员培训体系为基础，通过企业文化的导入和组织学习系统和流程的培育，形成企业战略执行、知识管理、人才培养、核心竞争力的智力平台，最终成为实现企业战略规划的战略工具。

第一，企业大学的实质是企业的学习、培训基地，是传统培训中心职能的延伸和扩展。

第二，企业大学以企业的文化和战略为基础。

第三，企业大学致力于构筑企业的全员培训体系。

第四，企业大学归根结底是帮助企业实现战略的战略工具。

2. 学习型组织

20世纪90年代以来，"学习型组织"引起管理界广泛关注。彼得·圣吉是学习型组织理论的奠基人，被称为"学习型组织"之父。彼得·圣吉在其著作《第五项修炼》中提出："所谓学习型组织，是指通过培养弥漫于整个组织的学习气氛、充分发挥员工的创造性思维能力而建立起来的一种有机的、高度柔性的、扁平的、符合人性的、能持续发展的组织。这种组织具有持续学习的能力，具有高于个人绩效总和的综合绩效"。

学习型组织就是指组织成员能够有意识地、系统地、持续不断地以个体、团队及组织的方式进行学习，以不断获得新的知识、技能、信念与思维方式，改善个体、团队与组织的行为，实现个体、团队与组织的共同进步，并共同去实现组织目标的组织。学习型组织的关键特征包括以下几点。

① 支持性学习环境。员工能够自由大胆地表达自己对工作的想法，发表与管理人员不同的意见，或者承认错误；鼓励从不同的职能与文化的角度考虑问题；鼓励员工冒险、

创新,探索未被证实或未知的领域,比如尝试用已有的流程来开发新的产品与服务;鼓励对公司现在的流程进行深入回顾。

②学习过程与实践。知识的创造、传播、共享与应用具有可操作性;开发用来创造、获取与共享知识的系统;"善于不断学习",强调"终身学习""全员学习""全过程学习"和"团队学习"。

③管理者强化学习。管理者积极听取员工的想法,鼓励对话与争辩;管理者愿意考虑各种不同的观点;组织愿意花时间去识别问题,组织学习与实践,以及事后的回顾;学习能得到奖励、推动与支持。

总之,学习型组织就是通过保持学习的能力,及时铲除发展道路上的障碍,不断突破组织成长的极限,从而保持组织本身持续发展的组织。

## 二、实训基础

### (一) 培训需求分析

培训需求分析是由培训部门、主管和工作人员等收集组织战略、组织与员工相关业绩的信息,然后采用一定的分析方法和技术,对各种组织及其成员的目标、知识、能力等方面进行系统鉴别和分析,以确定组织是否需要进行培训的一种活动或过程。培训需求分析是企业培训的出发点,也是最重要的一步工作,它回答的问题是找到一个培训活动要达到的目标。

1. 培训需求分析模型

(1) Goldstein 模型:20 世纪 80 年代,I. L. Goldstein,E. P. Braverman,H. Goldstein 三人经过长期的研究将培训需求评价方法系统化,指出培训需求评价应从三个方面着手,即组织分析、任务分析和人员分析,如图 5-2 所示。

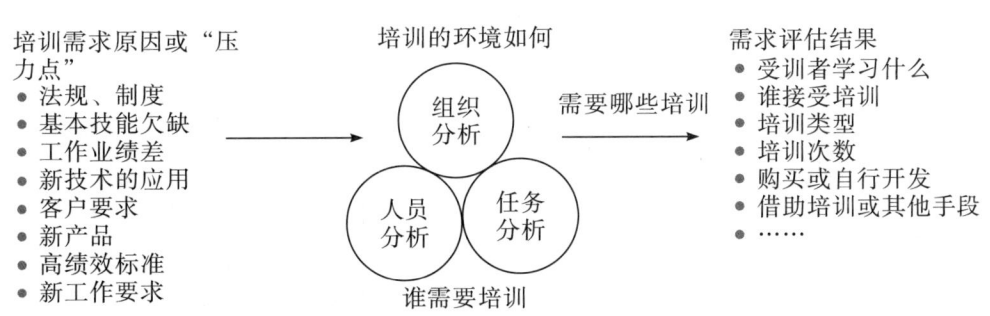

图 5-2 培训需求分析——Goldstein 模型

① 组织层面的培训需求分析包括:组织目标、生命周期、发展战略、组织资源、组织特征、组织所处的环境等方面的分析。

② 任务层面的培训需求分析包括:工作的复杂程度、工作对思维的要求、工作的饱和程度、工作量的大小和工作的难易程度,以及工作所消耗的时间长短等。此外,还应该全面地考虑该项工作所要求的知识、技能和能力,对完成工作所需要的工作者的知识、技能与能力进行描述,即 KSAs (knowledge skills abilities)。知识是技能和能力建立的基础,是将信息组织起来的整体,是人类社会实践经验总结的概括。技能是理论、实践中

经练习而获得的基本操作或活动方式。能力是指完成工作所具备的心理能力,是掌握知识、技能的一种主观条件。

任务分析和 KSAs 分析完成后,对培训者来说,有必要知道哪些任务重要以及这些任务发生的频率,同样有必要确定哪些 KSAs 是重要的以及掌握的难度信息,还有该岗位是否要求员工在承担工作之前就掌握这些 KSAs。为了使培训达到最大的效用,培训项目的设计必须以此为依托。

③ 人员层面的培训需求分析包括:员工知识结构分析、员工的专业(专长)结构分析、员工年龄及性别结构分析、员工个性结构分析、员工能力分析等。

(2) 培训需求差距分析模型。美国学者汤姆·W. 戈特将"现实状态"与"理想状态"之间的"差距"称之为"缺口"。该模型通过对"理想技能水平"和"现有技能水平"之间关系的分析来确认培训需求,侧重于人员层面的分析。模型表明,只要"理想状态"形成,"现实状态"便会与之构成差距,包括:现有知识程度与希望达到的知识程度之间的差距,现有能力水平与希望达到的能力水平之间的差距,现有认识、态度水平与希望达到的认识、态度水平之间的差距,现有绩效与预期绩效之间的差距,已经达到的目标与要求达到的目标之间的差距,现实中的劳动者素质与理想中的劳动者素质之间的差距,等等。随之,以差距的形成而产生"培训需求"。任何培训活动都旨在消除或缩小这种差距。

(3) 绩效咨询模型。此模型综合并细化了工作(任务)层面与人员层面的分析,其分析框架为:第一,以 Goldstein 模型为主体模型,引入绩效咨询模型细化任务分析与人员分析。第二,组织分析以战略性人力资源管理为导向,全面把握企业战略、内部环境、培训资源及外部培训环境等影响因素。主要分析方法有:阅读经营管理报告等企业文件、深入访谈企业高层管理者、查阅政府宏观管理文件等政策性文献。组织分析的结果是得出对应于企业战略目标、培训资源、培训迁移环境、市场竞争压力以及法律法规政策要求的培训需求。第三,吸取差距分析模型"培训旨在缩小差距"的思想精髓,将任务分析与人员分析合二为一。

基于绩效咨询模型界定员工培训需求的核心过程(如图 5-3 所示),首先是发掘公司为实现业务目标、获取行业关键成功因素而必须要做到的事情——理想岗位绩效,然后是构建绩效模型——公司为实现当前和未来战略目标而必须表现出来的绩效行为描述的总和。这属于任务分析的范畴,分析的重点应放在能实现公司战略目标的任务上,不仅要了解员工在实际工作中"正在做什么",而且更重要的是关注员工"应该做什么与怎么做"。在此基础上,通过科学的评估手段分析员工现有技能水平与绩效模型(理想绩效行为)的差距,再根据差距分析模型原理确认出可能存在的培训需求。这属于人员分析的范畴,分析的重点是明确"差距",找出实现公司战略目标的"瓶颈特征"。最后,通过培训使员工的岗位绩效行为尽可能接近理想状态,从而促进业务目标实现。

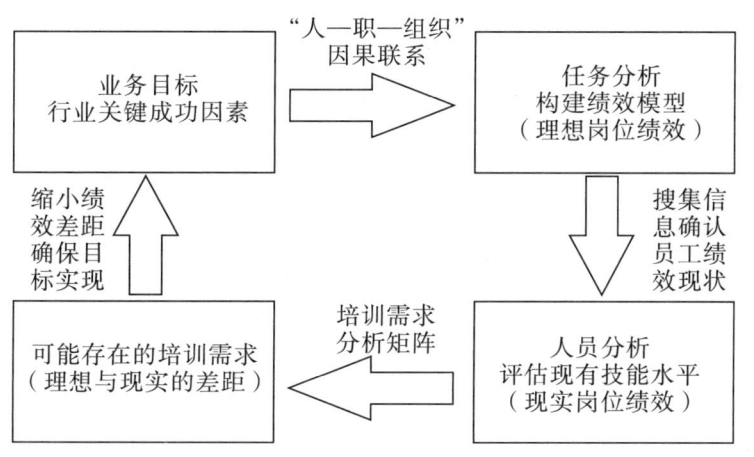

图5-3 基于绩效咨询模型的员工培训需求分析流程

2. 培训需求分析的方法和工具

（1）问卷调查法。问卷调查法是最普遍也是最有效的收集资料和数据的方法。一般由培训部门设计一系列培训需求相关问题，以书面问卷的形式发放给培训对象，待培训对象填写之后再收回进行分析，获取培训需求的信息和数据。利用问卷调查法进行培训需求分析，可以遵循以下5个步骤，见表5-3。

表5-3 问卷调查法的实施步骤

| 步骤 | 内容 | 说明 |
| --- | --- | --- |
| 1 | 制订调查计划 | 明确调查目标及任务，并具体化，紧紧围绕目标展开调查 |
| 2 | 编制问卷 | 调查问卷（表）是问卷调查法的基本工具，通常采用选择题和问答题的方式（见表5-4） |
| 3 | 收集数据 | 发放调查问卷（表），并组织回收、整理 |
| 4 | 处理数据 | 统计数据，将问题进行汇总、分析 |
| 5 | 得出结论 | 根据分析结果得出结论，编写调查报告，提交调查结果 |

表5-4 培训需求调查问卷例表

| 姓名： | | 部门： | | 岗位： | | |
| --- | --- | --- | --- | --- | --- | --- |
| 你对现在岗位的工作程序 | 非常熟悉 | 比较熟悉 | 一般 | 不太熟悉 | 很不熟悉 | |
| | | | | | | |
| 你对本行业的新知识 | 非常熟悉 | 比较熟悉 | 一般 | 不太熟悉 | 很不熟悉 | |
| | | | | | | |
| 以你现有的知识，你对现在的工作 | 非常胜任 | 比较胜任 | 一般 | 不大胜任 | 很不胜任 | |
| | | | | | | |

续上表

| 备选课程 | 培训需要程度 | | | | |
|---|---|---|---|---|---|
| | 很高 | 高 | 中 | 低 | 不需要 |
| 专业知识 | | | | | |
| 专业技能 | | | | | |
| 创新性思维 | | | | | |
| 目标管理 | | | | | |
| 成本管理 | | | | | |
| 时间管理 | | | | | |
| 沟通与表达技能 | | | | | |
| 会议管理与技巧 | | | | | |
| 团队领导与协作 | | | | | |
| 商务礼仪 | | | | | |
| 办公室自动化 | | | | | |
| 心态培养和压力管理 | | | | | |
| 潜能开发 | | | | | |

年　　月　　日

备注：填表时在对应的内容下面用"√"标明。

（2）访谈法。访谈法（又叫面谈法）也是数据收集的一种重要方法。它是指为了得到培训需求的数据和信息，与访谈对象进行面对面交流的活动过程。这个过程不只是收集硬性数据，比如事实、数据等，包括印象、观点、判断等信息。访谈法可以遵循以下7个步骤进行，见表5-5。

表5-5　访谈法的实施步骤

| 步骤 | 内　容 | 说　　明 |
|---|---|---|
| 1 | 访谈计划 | 确定访谈目的、项目，准备相关资料，确定相关人员名单 |
| 2 | 访谈预演 | 进行访谈练习，总结经验，发现问题及时更正 |
| 3 | 访谈开始 | 向访谈对象做简单介绍，营造适合交流的访谈氛围 |
| 4 | 搜集数据 | 通过向访谈对象提问获得信息，基本工具为访谈记录表（见表5-6） |
| 5 | 访谈结束 | 对访谈内容进行小结并让访谈对象确认，重问没有充分回答的问题 |
| 6 | 访谈总结 | 整理访谈记录表，总结访谈记录并收集归档 |
| 7 | 访谈综合 | 对访谈资料进行总结，综合访谈中的发现及结论 |

表 5-6 访谈记录例表

| 访谈对象： | | 职位： | |
|---|---|---|---|
| 访谈人： | | 访谈时间： | |
| 具体问题 | | 访谈记录 | |
| 员工的性格特征、个人素质如何 | | | |
| 员工特别出色的知识、技能表现在什么方面 | | | |
| 员工特别需要学习的知识和技能有哪些 | | | |
| 员工对工作的热忱、关心度如何 | | | |
| 员工有望取得的成绩或者晋升的职务 | | | |
| 对员工参加培训的意见和建议 | | | |
| 其他需要说明的内容 | | | |
| 备注： | | | |
| 记录人： | | 日期： | |

（3）观察法。观察法多用于生产型或服务性行业，是指到培训对象的实际工作岗位上去了解其工作技能、态度、表现，以及在工作中遇到的主要问题等具体情况的一种方法。为了提高观察效果，一般要设计一份观察记录表，以作为需求分析的参考依据，见表 5-7。

表 5-7 观察记录表

| 观察对象： | 部门： | 岗位： |
|---|---|---|
| 观察地点： | 观察时间： | |
| 观察内容 | 记录 | 评价 |
| 工作态度 | | |
| 工作方法 | | |
| 工作熟练程度 | | |
| 工作制度遵守 | | |
| 工作沟通与协作 | | |
| 灵活性与创新性 | | |
| 工作效率 | | |
| 工作完成情况 | | |
| 时间管理 | | |
| 突发事件应对 | | |
| 备注： | | |
| 记录人： | 记录时间： | |

(4) 小组讨论法。小组讨论法（含重点团队分析法）是指从培训对象中选出一部分有代表性且熟悉问题的员工作为代表，通过讨论的形式调查培训需求信息。小组讨论法的形式比较灵活，可以是正式的也可以是非正式的，可以通过头脑风暴、组织对照等多种方式进行。

在小组讨论开始之前，会议的组织者或主持人要事先确定讨论的形式和内容，以便有效地控制讨论的方向和进度。会议一般会形成一份讨论记录表，见表5-8。

表5-8　小组讨论记录例表

| 讨论时间： | | 讨论地点： | |
|---|---|---|---|
| 讨论形式： | | 主持人： | |
| 小组成员： | | | |
| 讨论主题： | | | |
| 讨论项目 | 内　　容 | | 结　　论 |
| 问题一： | | | |
| 问题二： | | | |
| 问题三： | | | |
| 问题四： | | | |
| 备注： | | | |
| 记录人： | | 日期： | |

(5) 现场取样法。现场取样法一般较多使用于服务性行业的培训需求调查（如商场、饭店等），是通过选取培训对象现场实际工作的部分片段进行分析，以确定培训需求的一种分析方法。现场取样法主要包括两种形式：拍摄和取样，见表5-9。

表5-9　拍摄取样表

| 拍摄对象： | | 拍摄地点： | | 拍摄人： | |
|---|---|---|---|---|---|
| 拍摄时间： | 　年　月　日至　年　月　日 | | 是否隐蔽拍摄： | □是 | □否 |
| 分析项目 | 员工表现 | | | | |
| 服务态度 | | | | | |
| 顾客反映 | | | | | |
| 必备工作实施情况 | | | | | |
| 沟通表现情况 | | | | | |
| 工作完成情况 | | | | | |

续上表

| 分析项目 | 员工表现 |
|---|---|
| 存在的问题 |  |
| 拟改善的内容 |  |

备注：

制表人：　　　　　　　　　　　　日期：

后期剪辑：　　　　　　　　　　　存档部门：

取样又分两种形式：一种是"神秘访客"，另一种是客户录音取样，见表5-10。

表5-10　取样分析报告例表

| 取样对象： | | 岗位： | 取样人： |
|---|---|---|---|
| 取样时间： | | 取样地点： | |
| 取样形式（用"√"标出） | | □ 神秘访客　　□ 客户录音取样 | |
| 分析项目 | | 员工表现 | |
| 工作态度 | | | |
| 专业知识 | | | |
| 工作技能 | | | |
| 沟通能力 | | | |
| 工作完成情况 | | | |
| 存在的问题 | | | |
| 拟改善的内容 | | | |

备注：

制表人：　　　　　　　　　　　　日期：

（6）档案资料法。档案资料法即利用现有的有关企业发展、组织目标、岗位工作、人员分析等方面的文件资料，对培训需求进行综合分析的方法。由于档案资料信息纷杂，通常需要利用表格工具进行提炼归纳，见表5-11。

表5-11　资料信息归纳例表

| 归纳人： | 归纳时间： |
|---|---|
| 归纳方式（用"√"标出）： | □ 资料收集　　□ 资料整理 |
| 资料份数： | |

续上表

资料完整情况:

| 资料信息分类 | 内容 |
|---|---|
| 企业信息 | |
| 外部信息 | |
| 管理层信息 | |
| 部门信息 | |
| 岗位信息 | |
| 个人信息 | |

备注:

| 整理人: | 日期: |
|---|---|

（7）关键事件法。关键事件法是指通过分析企业内外部对员工或者客户产生较大影响的事件，以及其暴露出来的问题，确定培训需求的一种方法。常见的典型事件如顾客投诉、重大事故等，见表5-12。

表5-12 关键事件收集例表

| 员工姓名: | | 部门: | 岗位: |
|---|---|---|---|
| 访问者: | | 访问时间: | 访问地点: |
| 访问背景陈述: | | | |
| 访问内容及其描述 | 工作中遇到哪些重要事件 | | |
| | 事件发生的情境 | | |
| | 采取了怎样的应对行动 | | |
| | 事件结果 | | |
| | 经验教训 | | |
| 分析及评价 | 导致事件发生的原因和背景 | | |
| | 员工的特别有效或多余的行为 | | |
| | 关键行为的后果 | | |
| | 员工自己能否支配或控制上述后果 | | |
| | 员工事件处理欠缺的方面 | | |

备注:

| 制表人: | 日期: |
|---|---|

（8）自我分析法。自我分析法即通过培训对象的自我评价，比如对岗位知识、技能、

掌握程度等内容的分析，来判断个人培训需求的一种方法，见表 5-13。

表 5-13　自我分析例表

| 姓名： | 部门： | 岗位： |
|---|---|---|
| 项　　目 | 分　　析 | |
| 岗位任务所需条件 | | |
| 岗位工作胜任情况 | | |
| 工作成绩 | | |
| 工作失误及遇到问题 | | |
| 自身优点 | | |
| 个人不足 | | |
| 应加强哪些方面的学习 | | |
| 学习目标及学习标准 | | |
| 学习方式 | | |
| 部门主管意见： | | |
| 备注： | | 年　　月　　日 |

培训需求分析方法的选择主要取决于培训本身的要求，企业必须首先依据自身条件，再结合各方法的优点和缺点，最后确定培训需求的分析方法，见表 5-14。

表 5-14　培训需求分析方法对比表

| 方法 | 说　明 | 优　点 | 缺　点 |
|---|---|---|---|
| 问卷调查法 | 将有关事项转化成问题以问卷形式进行调查 | 成本低；信息比较齐全；可大规模开展 | 针对性强；很难收集具体信息；难保证回收率 |
| 访谈法 | 可根据访谈的对象和内容灵活变换形式 | 方式灵活；信息直接；易得到支持和配合 | 主观性强；分析难度大；需要高水平访谈员 |
| 观察法 | 到员工的工作岗位上了解员工的具体情况 | 可以得到有关工作环境的信息；所得资料与培训需求相关性较高 | 可能会影响观察对象的行为方式；观察结果只是表面现象 |
| 小组讨论法 | 选择有代表性的成员组成小组进行讨论 | 全面分析；允许当场发表不同观点 | 持续时间长；讨论需要保证组织性和结构性 |
| 现场取样法 | 包括拍摄和取样 | 资料直观、真实 | 实施设备成本高；可能以偏概全 |

续上表

| 方法 | 说 明 | 优 点 | 缺 点 |
|------|------|------|------|
| 档案资料法 | 利用现有文件资料综合分析培训需求 | 耗时少；成本低；信息质量高 | 不能显示解决办法；需要分析专家 |
| 关键事件法 | 以影响较大的事件来搜集培训需求信息 | 易于分析和总结 | 事件具有偶然性；易以偏概全 |
| 自我分析法 | 通过个人情况来判断自己的培训需求 | 信息真实、直接 | 只代表个人情况 |

### （二）培训计划的制订

在进行培训需求分析，确定培训目标以后，就需要根据培训的需求和目标制订培训计划。培训计划是培训目标的具体操作化，即培训目标告诉人们应该做什么，而培训计划告诉人们如何做才能完成任务，达到目的。

1. 培训计划的内容

企业人员培训计划是根据需求预测的结果，具体确定企业人员培训的形式、内容、步骤等，主要包括以下一些内容。

（1）选择设计适当的培训项目。

（2）确定培训对象。

（3）培训项目的负责人，包含组织的负责人和具体培训的负责人。

（4）培训的方式与方法。

（5）培训地点的选择。

（6）根据既定目标，具体确定培训形式、学制、课程设置方案、课程大纲、教科书与参考教材、培训教师、教学方法、考核方法、辅助器材设施等。

制定培训方案必须兼顾企业具体的情况，如行业类型、企业规模、客户要求、技术发展水平与趋势、员工现有水平、政策法规、企业宗旨等，最关键的因素则是企业领导的管理价值观和对培训重要性的认识。

2. 制订培训计划的步骤

（1）确认培训与人力资源开发预算。在制订培训计划时，首先要考虑预算问题，确认企业将有多少预算分配于培训和人力资源开发。在不确定是否有足够经费支持的情况下，制订任何综合培训计划都是没有意义的。通常培训预算都是由企业的决策层决定的，但是人力资源部门应该通过向决策层呈现出为培训投资的"建议书"，说明为什么企业应该花钱培训，企业将得到什么回报。在不同行业，企业的培训预算的差异可能很大，但通常外资企业的培训预算在营业额的 $1\% \sim 1.5\%$ 。人力资源部门需要管理的是培训预算被有效地使用，并给企业带来效益。

（2）分析员工评价数据。企业的评价体系应该要求经理们和员工讨论个人的培训需求，这是关于"谁需要培训什么"的主要信息来源。当然，有时也可能会被企业指定，为了实施新的质量或生产系统而进行全员培训。人力资源部的职责是负责搜集所有的培训需求，有时可能会被部门经理要求给些建议，指出目前有什么类型的培训是最适合部门经理的下属员工。

（3）制定课程需求单。根据培训需求，列出一个清单，上面列明用来匹配培训需求的所有种类的培训课程，可能包含了针对少数员工的个性化的培训需求（甚至是单独的一个人），当然也包含了许多人都想参加的共性化的培训需求。

（4）修订符合预算的清单。经常会遇到的情况是总培训需求量将超出培训预算。在这种情况下，我们需要进行先后排序，并决定哪些课程将会运行和哪些课程不会运行，使培训投入为企业达到最佳绩效产出。如果某些有需求的培训无法安排，应该向提出该需求的员工说明情况。人力资源部应考虑是否有其他方式来满足需求，例如通过岗位传帮带或者轮岗去完成知识传递。

（5）确定培训的供应方。确定了课程清单后，接下来需要决定如何去寻找这些培训的供应方。首先是决定使用内部讲师还是聘请外部讲师。内部讲师的好处是成本较低，而且有时比外部讲师优秀（因为内部讲师更了解组织现状和流程）。然而，有时内部无法找到讲授某个课程的专家，这时就必须寻找外部讲师。另外，对于许多类型的管理培训，尤其是高管培训，外部讲师比内部讲师往往有更多的可信度，这就是我们通常说的"外来的和尚好念经"。

（6）制定和公布开课时间表。人力资源部应该制定一份包含所有计划运营培训的开课时间表，列明开课的时间和地点。一种通常的做法是制作一本包含相关信息的小册子，例如课程描述。这本小册子将被分发或拷贝给所有的部门作为一份参考文件。

（7）为培训安排后勤保障。培训的后勤保障需要确保：有地方运营该课程（内部或外部）、学员住宿（如果需要的话）和所有的设备和设施，如活动挂图、记号笔、电脑、投影仪等。还要确保教材的复印件可供给每个参训者。这些方面往往是经常出错的地方。最好的做法是假定会出差错，二次确认后勤安排，特别是在使用酒店或其他一些外部地点进行培训时。

（8）安排课程对应的参训人员。安排课程对应的参训人员有时可能会有困难。要告知参训人员：预订的培训地点，接送他们参加培训，告诉他们去哪，什么时候到，也许还要建议他们带计算器或在培训前完成一份问卷。公司通常提前两三个月通知培训报名，以便参训人可以安排好他们的时间表参加培训。有时一些参训者在最后一刻取消报名（通常是由于工作的压力或其他原因），所以要有备选学员可以候补空余的培训名额。

（9）分析课后评估，并据此采取行动。要保证培训投入尽可能有效，应该对培训结果进行评估，让参训者上完每门课程后都填写课程评估表格。所有评估表格应由人力资源部作为对讲师的授课质量检查。如果有持续好评，代表这门课程取得了成果。如果有持续劣评的课程，就要利用这些数据来决定课程有什么需要改进的（内容、持续时间或主持人等），并落实改进。其他的评价课程方法，可以通过要求一线经理让参训人员在每个培训之后举行培训小结会，参训人员在课后交流如何学以致用。

（三）培训的实施

培训计划制订后，如何实施无疑是最关键的。在实施员工培训时，培训者要完成许多具体的工作任务。要保证培训的效果与质量，必须把握以下几个方面。

1. 选择和准备培训场所

选择合适的培训场地是确保培训成功的关键。首先，培训场地应具备交通便利、舒适、安静、独立而不受干扰,为参训者提供足够的自由活动空间等特点。其次,培训场地的布置应注意一些细节:检查空调系统以及临近房间、走廊和建筑物之外的噪声;场地的采光、灯光与培训的气氛协调;培训教室结构选择方形,便于参训者看、听和参与讨论;教室的灯光照明适当;墙壁及地面的颜色要协调,天花板的高度要适当;桌椅高度适当,椅子最好有轮子,可旋转便于移动;教室电源插座设置的数量及距离也要适当,便于参训者使用;墙面、天花板、地面及桌椅反射或声音能保持合适的音响清晰度和音量。最后,注意座位的安排,即应根据学员之间及培训教师与学员之间的预期交流的特点来布置座位。一般扇形座位安排对培训十分有效,不仅便于参训者相互交流。当然,也可根据培训目的与方法来布置教室,例如培训主要是获取知识,以讲座和视听演示为主要培训方法,那么传统教室的座位安排就比较合适。总之,选择和准备培训场所应以培训效果为目的。

2. 课程描述

课程描述是有关培训项目的总体信息,包括培训课程名称、目标学员、课程目标、地点、时间、培训方法、预先准备的培训设备、培训教师名单以及教材等。它是从培训需求分析中得到的信息。

3. 课程计划

详细的课程计划非常重要,包括培训期间的各种活动及其先后次序和管理环节。它有助于保持培训活动的连贯性而不管培训教师是否发生变化;有助于确保培训教师和参训者了解课程和项目目标。课程计划包括课程名称、学习目的、报告的专题、目标听众、培训时间、培训教师的活动、学员活动和其他必要的活动。

4. 选择培训教师

员工培训的成功与否与任课教师有着很大关系。要寻找到或培养一位合适的培训师不是一件容易的事,特别是21世纪的员工培训课程,教师已不仅仅是传授知识、态度和技能,而且是参训者职业探索的帮助者。企业应选择那些有教学愿望、表达能力强、有广博的理论知识、丰富的实践经验、扎实的培训技能、热情且受人尊敬的人为培训教师。

5. 选择培训教材

培训教材一般由培训教师确定。教材有公开出版的、企业内部的、培训公司提供的以及教师自编的四种。培训教材应该是对教学内容的概括与总结,包括教学目标、练习、图表、数据以及参考书等。一套好的教材应该是围绕目标、简明扼要、图文并茂、引人入胜。

6. 确定培训时间

要适应员工培训的特点,确定合适的培训时间:何时开始、何时结束、每个培训的周期培训的时间等。

7. 发通知

要确保每一个参训者都收到通知,因此在培训班开课前一天,要与参训者确认培训时间、地点与培训基本内容,从而保证培训的正常实施。

(四) 培训效果评估

培训评价是员工培训系统中的重要环节。一般包括5个方面的工作:确定培训项目评价标准、评价方案设计、培训控制、培训的评价、结果的评价及反馈。

1. 确定评价标准

为评价培训项目，必须明确根据什么来判断项目是否有效，即确定培训的结果或标准。只有目标确定后才能确定评价标准，标准是目标的具体化又称为目标服务。

培训结果可以划分为五种类型：认知结果、技能结果、情感结果、效果以及投资净收益。

（1）认知结果。它可用来判断参训者对培训中强调的概念、原则、事实、技术、程序等的熟悉程度，也是衡量参训者从培训中掌握了哪些知识的指标。通常可用书面测验的方法来评价。

（2）技能结果。它是用来评价参训者的技术及行为的一种指标。技能结果包括技能的获得或学习和技能的在职应用（技能转化）两方面，两者都可以通过观察来评价。

（3）情感结果。它包括参训者的态度和动机两个方面的内容。情感结果的一种类型是参训者对培训项目的反应。反应性结果是指参训者对培训设施、培训者以及培训内容的感知。对反应性结果的评价可通过参训者填写问卷获得，这种信息对于确定哪些因素有利于学习，哪些因素阻碍学习是很有用的。

（4）效果。它用来判断项目给企业所带来的回报，效果性结果表现在企业成本节约、产量增加以及产品或顾客服务质量的改善等。

（5）投资净收益。它是对培训所产生的货币收益与培训的成本进行的比较，企业从培训中所获得的价值。

评价标准通常由评价内容、具体指标等构成，其制定步骤及原则如下。

（1）制定评价标准的具体措施：一是对评价目标进行分解；二是拟订出具体标准；三是组织有关人员讨论、审议，征求意见，加以确定；四是试行与修订。

（2）在确定标准时必须把握一定的原则：评价标准的各部分应构成一个完整的整体；各标准之间要相互衔接、协调；各标准之间应有一定的统一性与关联性。

2. 评价方案设计

企业可以采用不同的评价设计来对培训项目进行评价。主要有以下四种。

（1）小组培训前和培训后的比较。即将一组参训者与非参训者进行比较。对培训结果的信息要在培训之前和之后有针对性地进行收集。如果参训者组的绩效改进大于对比小组，则培训有效。

（2）参训者的预先测验。它是让参训者在接受培训之前先进行一次相关的测试，即实验性测试。一方面使受训人员在接受培训之前受到一次培训，以更好地引导培训的侧重点，另一方面也可对培训效果进行评价。

（3）培训后测试。它只需收集培训的结果信息。如果评价设计中找到对比小组，操作则更方便。

（4）时间序列分析。即利用时间序列的方法收集培训前、后的信息，以此来判断培训的结果。常用于对评价会随着时间发生变化的一些可观察的结果（如事故率、生产率及缺勤率等）。

3. 培训控制

培训控制贯穿于整个培训实施过程之中，即根据培训的目标、员工的特点等调整培训系统中的培训方法、进程等。它要求培训者具有观察力，并经常与培训教师、参训者沟通，以便及时掌握培训过程中所发生的意外情况。

4. 培训的评价

进行培训评价时应对培训目标、方案设计、场地设施、教材选择、教学的管理以及培训者的整个素质等各个方面进行评价。因此，评价内容包括：评价培训者、评价参训者、评价培训项目本身等三方面。评价的一般过程：首先是收集数据，如进行培训前和培训后的测试、问卷调查、访谈、观察、了解参训者观念或态度的转变等；其次是分析数据，即对收集的数据进行科学处理、比较和分析、解释数据并得出结论；最后是把结论与培训目标加以比较，提出改进意见。

5. 结果的评价及反馈

结果的评价是对培训效果转移的评价，即指对员工接受培训后在工作实践中的具体运用或工作情况的评价。对培训效果的评价要考虑评价的时效性。有些培训的效果是即时性的，如对操作人员进行一种新设备操作技能的培训，其培训效果在培训中或在培训结束后就会表现出来，则即时性评价能说明培训的效果；而有些培训的效果要通过一段时间才能表现出来，如对管理人员进行的综合管理能力的培训，在这种情况下，对参训者长期的或跟踪性的评价则是必需的。

员工培训的反馈阶段是员工培训系统中的最后环节。通过对培训效果的具体测定与量比，可以了解员工培训所产生的收益，把握企业的投资回报率；也可以对企业的培训决策及培训工作的改善提供依据，更好地进行员工培训与开发。

（1）培训效果测定。关于培训效果的测定问题，以美国著名学者 D. L. 柯克帕特里克教授提出的"四层次框架体系"（见表 5 – 15）最具有代表性。该体系认为培训效果测定可分成四层次：第一层次测评，即测定参训者对培训项目的反映。如果参训者对所学内容不感兴趣就不会认真学习，培训效果也不会好。第二层次测评，即测定参训者对所学的内容掌握的程度。第三层次测评，即测定参训者在参训后，与工作相关的行为上发生了哪些变化？如果参训者把学到的知识运用于工作中，提出更多的合理化建议，改进工作方法，工作效率明显提高，就说明培训是有效的。第四层次测评，即有多少与成本有关的行为后果，通过评价企业业绩提高程度，评测培训的影响力。

表 5 – 15　评价的四层次框架体系

| 评价时间 | 评价内容 | 举　例 |
| --- | --- | --- |
| 刚结束 | 对培训项目的反映 | 学习愉快吗？<br>有什么感受？<br>教师的授课是否条理清晰？ |
| 结束后不久 | 学习到的内容 | 能否学习到知识和技能？<br>是否能在工作中应用培训学习到的知识和技能？ |
| 结束后几周 | 对行为和举动的影响 | 是否能够承担以前没能力做的事？<br>培训对工作和工作能力带来哪些好处？ |

续上表

| 评价时间 | 评价内容 | 举 例 |
|---|---|---|
| 结束后相当长时间 | 培训的结果 | 工作能力是否提高？<br>错误是否减少？<br>效率是否提高？<br>产量或业务量是否有增加？ |

（2）培训效果测定方法。培训效果测评量化是一项十分复杂的工作。投资回报率是一个重要的培训成果量化指标。下面介绍员工培训的成本收益分析方法，即通过财务会计方法决定培训项目的经济收益的过程。要确定培训的经济收益就是要确定培训的成本和收益。

① 确定成本。培训成本包括直接成本与间接成本。一般可根据企业员工培训系统模型，对培训的不同阶段（培训项目设计、实施、需求分析、开发和评价）所需的设备、设施、人员和材料来计算成本。这种方法有助于比较不同培训项目成本的总体差异；还可以将培训不同阶段所发生的成本用于项目间的比较。另外可用会计方法计算成本。一般地，员工培训共有以下费用需要计算（见表5-16）。

表5-16 员工培训成本构成表

| 项 目 | | 内 容 |
|---|---|---|
| 直接成本 | 薪金和福利 | 参训者、培训者、顾问、培训方案设计者的工资、奖金、福利等 |
| | 材料费 | 向教师与学员提供的原材料费用及其他培训用品 |
| | 设备和硬件费 | 培训过程中使用教室、设备和硬件的租赁费或购置费 |
| | 差旅费 | 教师与学员及培训部门管理人员的交通、住宿费及其他差旅费 |
| | 外聘教师费 | 从企业外部聘请教师所支付的授课费、差旅费与住宿费 |
| | 项目开发或购买 | 员工培训项目的开发成本或购买的员工培训项目 |
| 间接成本 | 设施费 | 一般性的办公用品、办公设施、设备以及相关费用 |
| | 薪资 | 培训部门管理人员与工作人员的薪资以及支持性管理人员和一般人员的薪资 |
| | 培训部门管理费 | 培训部门组织实施培训计划所产生的费用 |
| | 间接费 | 学员参加培训而损失的生产费（或当受训者接受培训时代替其工作的临时工成本） |
| | 其他费 | 无法计入培训项目的差旅费及其他费用 |

② 确定收益。企业应分析培训的原因，如培训是为了降低生产成本或额外成本等。有许多方法可以确定收益：一是运用技术、研究及实践与特定培训计划有关的收益；二是在公司大规模投入资源前，通过实验性培训评价一部分参训者所获得的收益；三是通过对成功的工作者的观察，确定其与不成功工作者绩效的差别。

# 第二部分　操作示例

## 一、培训需求调查分析实例

### ××公司培训需求调查分析

（一）培训需求分析实施的背景

有效的培训需求分析是建立在对培训需求成因有效性的分析这一基础之上的，对培训需求形成的原因进行客观的分析直接关系到培训需求分析的针对性和实效性。培训需求产生的原因大致可以分为以下三类。

1. 由于工作变化而产生的培训需求

企业处在不断发展变化的环境之中，不同岗位的工作内容也会相应地发生变化，为了适应这种变化，培训需求随之产生。

2. 由于人员变化而产生的培训需求

无论员工原来从事何种工作，当他们踏入新的工作领域时，为了尽快地让员工进入工作状态，实现较好的工作业绩，培训是企业的首要选择。

3. 由于绩效变化而产生的培训需求

实现既定的或更优异的绩效是企业所希望的，但部分员工因各种原因，在其现有状况和应有的状况之间会存在一定的差距，由此也产生了相关的培训需求。

（二）培训需求分析的目的和性质

培训需求分析分为目前阶段培训需求分析和未来阶段培训需求分析。目前阶段培训需求分析是为了了解员工目前最需要培训的内容，以解决其目前的实际问题。未来阶段培训需求分析是为了了解员工未来一段时间所需的知识和技能，以便有计划、有针对性地对其进行培训。

（1）有助于了解参训员工现有的全面信息。

（2）有助于了解员工的知识、技能等需求。

（3）有助于了解员工对培训的态度。

（4）可以获得管理者的支持。

（5）有助于估算培训成本。

（6）有利于避免浪费。

（7）有助于使培训做到合理化。

（8）能够为测量培训效果提供依据。

（三）需求分析实施的方法和过程

在需求分析实施过程中，主要采取问卷调查法。

1. 培训需求分析对象及内容

（1）中层管理人员培训需求调查：了解中层管理人员对培训（内容、培训方式）的需求情况。

（2）员工培训需求调查：了解员工对培训（内容、培训方式）的需求情况，员工可以根据所在岗位对工作技能的要求、自我发展计划及公司发展对自身素质提升的要求等提出自己的培训需求。

（3）高层管理人员培训需求调查：了解高层管理人员对培训（内容、培训方式）的需求情况，以及根据公司总体发展规划对培训总体设计的建议与意见调查。

2. 调查问卷结构及内容

调查问卷结构分为两个部分，第一部分为培训意愿和需求调查，目的是了解调查对象的培训意愿、对培训工作的评价及个人的培训需求；第二部分为对培训提出意见和建议。具体内容见附件（员工培训需求调查问卷）。

（四）培训需求调查统计结果及分析（略）

（五）培训的意见及建议

只有了解到参训对象的真实意思和评价，才能有助于我们更好地进行培训工作的规划和改进。以下是汇总的具有代表性的意见和建议。

（1）你在工作中遇到了哪些困惑，希望通过培训得以解决？

①困惑1：专业知识继续深入与扩充。解决设想：这一类型的需求和困惑与公司员工的知识结构、年龄结构息息相关。在竞争日益激烈的市场环境下，从业人员需要不断更新和扩充专业知识，紧跟行业发展的步伐，这样才能在竞争中立于不败之地。对于各岗位的专业知识学习将是下一年培训计划中的重点内容，通过聘请行业专家内训、推荐员工外出培训、鼓励员工自学及向经验丰富的员工学习等多种形式来解决员工的困惑。

②困惑2：团队建设、人际关系的处理及同事间的沟通。解决设想：建议开设关于"沟通技巧"方面的课程，以解决同事之间沟通的问题。这是个长期、系统的工程，很难通过一两节培训课解决。建议公司多组织集体活动，通过活动增加员工之间的沟通，相互增进了解。

③困惑3：个人综合素质的提升（包含临场应变能力、领导艺术、执行力、工作推动力等方面能力的提升）。解决设想：个人综合素质的提升关键在于员工本人，只有本人才更清楚自己欠缺什么和需要提升的方向，公司将尽量提供便利，以提升员工素质。

（2）你个人的定位与发展是怎样规划的，需要公司提供哪些支持和配合？

每位同事个体性差别较大，无法逐一加以列举，现将其中具有代表性的列举说明如下。

代表观点1：希望公司聘请专家讲解行业先进管理技术或与同行交流经验、参观学习。

代表观点2：加强综合素质的培养，全面提升管理技能与方法，希望公司能给予相应的培训费用或时间上的支持。

代表观点3：希望公司能多给予锻炼的机会，希望自己的工作和努力能及时得到领导的肯定。

（3）你对培训的意见及建议。

代表观点1：培训的内容应尽量贴近企业的实际，案例分析可让员工更易理解和接受，现场应以交流和问题分析为主，使培训能真正发挥作用。

代表观点2：对新入职员工开展入职培训；对实操性强的专业技能培训，建议通过师傅带徒弟的方式进行培训。

代表观点3：支持员工的专业培训，给年轻人多提供外出培训的机会。

（六）培训需求分析调查总结

通过上文的分析可以明确，要切实增强培训效果，今后的培训工作必须重视如下问题：

（1）培训时间的安排。根据培训现状、培训需求分析，培训时间应尽量安排在一天以内，尽量少占用周末休息时间。

（2）培训对象的确定。缩小培训范围、明确培训对象有利于培训效果的提升。

（3）培训效果的评估。深入开展培训效果的评估，加强培训后的跟进工作，确实将培训内容落实到实际工作中。

（4）培训的形式。减少枯燥的课堂教授，增加和现有工作项目相关的案例分析、研讨会等培训形式，以提高参训人员的参与程度和实际培训效果。

（5）培训的内容。职业化、专业化应是培训的主题。无论是普通员工还是中层管理人员和高层管理人员，自我减压、时间管理、沟通技巧等职业素养的培训都应列入培训目标。对于专业的培训，则必须从企业实际工作出发引入课程。

附件

# 员工培训需求调查问卷

各位同事：

为做好培训工作，提升员工工作技能和培训满意度，实现公司发展战略，使培训工作真正体现员工所需、公司所需，人力资源部面向公司全体员工开展培训需求调查，通过沟通了解大家对公司培训工作的看法、实际需求、建议和期望。

调查结果将为制订公司培训计划提供重要的参考依据，调查问卷也为您表达自己的建设性意见提供了机会，您的意见将有助于实现您对培训的需求，同时也会促进公司培训体系的改进与提高，更重要的是您的积极参与将有助于公司培训的顺利实施，为公司的发展奠定坚实的文化基础。

非常感谢您抽出宝贵的时间来完成这个问卷，感谢您对我们培训工作的支持和帮助。

一、基本信息

| 姓名 | | 部门 | |
|---|---|---|---|
| 岗位 | | 入职时间 | 年　　月 |

二、培训现状调查（请在您认可的答案"□"内打"√"）

| 1 | 您认为目前公司对培训的重视程度 | □ 很重视　　　　□ 比较重视<br>□ 一般　　　　　□ 有待加强 |
|---|---|---|
| 2 | 您所在的工段是否有培训计划并按计划开展培训工作？ | □ 有计划，并按计划开展<br>□ 有计划，但没按计划开展<br>□ 无计划，但有培训开展<br>□ 无计划，也没有培训开展 |

续上表

| | | | | |
|---|---|---|---|---|
| 3 | 今年您参加过几次培训课程（包括公司级和部门级培训） | □ 1~2次<br>□ 7~8次 | □ 3~4次<br>□ 9~10次 | □ 5~6次<br>□ 11次以上 |
| 4 | 对于今年各级培训中授课教师水平，您认为： | □ 很高<br>□ 一般 | □ 比较高<br>□ 比较低 | □ 很低 |
| 5 | 对于今年各级培训的频率，您认为： | □ 很高<br>□ 一般 | □ 比较高<br>□ 比较低 | □ 很低 |
| 6 | 对于今年各级培训的时间安排，您认为： | □ 很合理<br>□ 一般 | □ 比较合理<br>□ 不太合理 | □ 不合理 |
| 7 | 通过公司各级的培训，您个人感觉收获如何？ | □ 很大<br>□ 一般 | □ 比较大<br>□ 不大 | □ 没有收获 |
| 8 | 您对公司培训的整体感觉如何？ | □ 很满意<br>□ 一般 | □ 比较满意<br>□ 不太满意 | □ 很不满意 |
| 9 | 您认为目前影响培训效果的因素是什么？（可以多选，限3项） | □ 时间安排不太合适<br>□ 课程内容对工作无太大帮助<br>□ 培训师的授课水平有限<br>□ 员工培训意识未跟上<br>□ 形式太单调<br>□ 领导重视不够　□ 其他_____ | | |
| 10 | 您认为目前公司培训需要改进的地方是（可多选，限选3项）： | □ 教师的选择<br>□ 内容的选择<br>□ 培训的形式 | □ 时间的安排<br>□ 效果的评估<br>□ 其他_____ | |

三、培训需求调查（请在您认可的答案"□"内打"√"，如选择"其他"请在空格内简要描述）

| | | | | |
|---|---|---|---|---|
| 1 | 您认为公司的培训重点应该是（可多选，限选3项）： | □ 企业文化<br>□ 专业技能<br>□ 梯队与后备人才培养 | □ 入职教育<br>□ 管理技能 | □ 规章制度<br>□ 营销战略<br>□ 其他_____ |
| 2 | 您希望参加公司各种培训的频率是： | □ 每周1次<br>□ 每两个月1次 | □ 每月2次<br>□ 每季度1次 | □ 每月1次<br>□ 每年1~2次 |
| 3 | 您认为公司培训的讲师来源最好是： | □ 公司外部<br>□ 工段内部 | □ 公司内部<br>□ 其他_____ | □ 部门内部 |
| 4 | 您最喜欢的培训方式是： | □ 课堂讲授<br>□ 音像多媒体<br>□ 其他_____ | □ 案例分析<br>□ 游戏竞赛 | □ 模拟操作<br>□ 研讨会 |
| 5 | 您希望培训师的风格是： | □ 知识丰富<br>□ 生动幽默 | □ 口才好<br>□ 理性 | |
| 6 | 您希望培训时段安排在： | □ 工作时间<br>□ 周末时间 | □ 晚上时间<br>□ 其他_____ | |

续上表

| 7 | 您希望每次培训时间长度为： | □ 0.5~1 小时　　□ 1~2 小时　　□ 2~3 小时（半天）<br>□ 3~6 小时（1 天）　□ 1~2 天　　□ 3~5 天<br>□ 6 天及以上　　□ 无所谓 |
|---|---|---|
| 8 | 您个人感觉，在工作中是否存在下列困惑？（请如实填写，可多选）<br>□ 工作压力大，有时或经常因工作原因情绪低落。（考虑引入《压力与情绪管理》）<br>□ 个人感觉工作任务多，总是忙不过来。（考虑引入《时间管理》）<br>□ 和同事合作时，感觉沟通不够顺畅。（考虑引入《团队协作与沟通管理》）<br>□ 工作中和同事发生意见分歧时，有时不知如何处理，或处理后感觉效果不好。（考虑引入《人际关系与冲突管理》）<br>□ 个人感觉工作已经努力，但目标仍无法完成，或领导有时感到不满意。（考虑引入《目标管理与执行力》）<br>□ 日常活动中，个人的有些行为不知是否恰当，是否合乎礼仪要求。（考虑引入《商务礼仪》）<br>□ 其他（请详细说明）<br>1.<br>2.<br>3. | |
| 9 | 在专业知识、理论方面，结合您个人的职业发展规划，请列出您个人感觉最需要提高的 3 个方面：<br>1.<br>2.<br>3. | |

四、培训建议（如您对公司的培训有任何好的建议，请您在下表中提出，谢谢）

## 二、企业培训方案实例

实例一

## ××公司2019年度培训计划

### 摘　　要

在2019年度培训需求调查分析的基础上，结合公司的经营战略和实际工作情况，确定了公司2019年度的培训工作重点：

（1）引入内部培训师培训课程，逐步建立一支×××自己的内部培训师队伍。

（2）在公司战略人才培训方案的基础上，引入系列课程，采用多种方式，着力提高中高层管理人员的管理技能。

（3）结合公司2019年度各个项目开展情况，根据设计、研发和工程区域的实际工作困难点，引入高水平的专业教师跟进项目1~2天，在了解项目的基础上进行理论提升。

（4）加强培训评估工作的开展，落实培训后续的跟进工作，切实提高培训工作的实际效果。

本计划包括：公司级内训18次，共296课时（内部培训师系列培训4次，合计12天，84个课时；管理技能理论提升系列培训3次，合计6天，72个课时；结合项目的专业提升培训5次，合计10~15天，70~105个课时；新员工入职培训2次，合计4天，28个课时；职业素养培训2次，合计2天，14个课时；外出拓展训练2次，合计4天，28个课时）。外出学习96人次，共192个课时。外出考察120人次，共240个课时。费用总预算182.95万元。

## 第一部分　前　　言

2018年11月中旬，人力资源部在全公司范围内进行了年度培训需求调查。该培训需求调查主要对公司的培训现状和培训需求进行了调查。（调查详细内容参见附件《2018年度培训需求调查分析报告》）

这次调查明确了2019年度培训工作需要注意的几个方面。

（1）培训时间的安排。根据培训现状、培训需求分析，2019年的培训时间应尽量安排在一天以内，尽量少占用周日休息时间。

（2）培训对象的确定。缩小培训范围、明确培训对象有利于培训效果的提升。

（3）培训效果的评估。深入开展培训效果的评估，加强培训后的跟进工作，确实将培训的内容落到实际的工作中。

（4）培训的形式。减少枯燥的课堂讲授，增加和现有工作项目相关的案例分析、研讨会等培训形式，以提高参训人员的参与程度和实际培训效果。

（5）培训的内容。职业化、专业化应是2019年度培训的主题。无论是普通员工还是中层管理人员，自我减压、时间管理、沟通技巧等职业素养的培训都应列入2019年度的培训目标。对于专业的培训，必须与项目、工程紧密结合，从公司实际工作的实践出发引入课程。

## 第二部分　年度培训计划概述

在年度培训需求调查分析的基础上，人力资源部结合公司2018年培训工作的实际开展情况，确定了2019年度的公司培训工作重点：

一、建立学习型组织——加快内部培训师的培养

建立学习型组织，加快公司内部各种知识的积累与分享是打造×××核心竞争力的必由之路。结合目前公司的实际情况，建立完善公司内部培训师制度，逐步培养一支内部培训师队伍。

二、提高个人职业素养，打造团体执行力——着重提升中高层管理技能

在实施公司战略人才培养——"雄鹰"计划的基础上，对中高层管理人员进行重点培养，通过各种培训方式，全面提升其管理能力。

三、结合项目实际，适度理论提升——切实提高技术人员专业水平

为了摆脱专业培训单纯理论讲授，与公司实际结合不紧密的缺陷，2019年度计划采用新的培训方式，即根据各项目的实际需要，聘请行业专家深入公司2天（或1天），紧

跟项目，以解决项目实际问题，然后用1天时间有重点地进行理论提升。

四、逐步实施培训效果评估管理办法——切实提高各种培训效果

对于公司的各种培训全面推行一级评估，大力推广二级评估，逐步尝试三级评估。

## 第三部分 年度培训内容

一、建立学习型组织——加快内部培训师的培养

针对内部培训师要求掌握的技能的不同，对其进行四个层次的逐级培养：富有感染力的演讲者、培训现场指挥家、专业课程设计师、培训项目管理专家。

对于不同层级的培训目标，其培训对象、培训内容、核心产出和培训时间见表5-17。

表5-17 不同层级培训目标

| 层级 | 培训对象 | 培训内容 | 核心产出 | 培训时间 |
| --- | --- | --- | --- | --- |
| 一、富有感染力的演讲者 | 新培训师：需要进行演讲的管理者、技术专家、销售代表等 | （1）演讲内容提炼和设计技巧；<br>（2）起承转合的演讲逻辑；<br>（3）富有感染力的演讲技巧 | 能够设计有逻辑性的演讲内容和富有热情的演讲者 | 2天培训，1天试讲 |
| 二、培训现场指挥家 | 有过一定授课经验的培训师（50课时以上） | （1）成人学习原理与培训互动原则；<br>（2）培训破冰与培训氛围创造；<br>（3）培训互动技巧（提问/追问/反馈）；<br>（4）培训方法使用技巧（讨论/案例分析/角色扮演等）；<br>（5）应对培训突发事件 | 具有良好培训互动能力的培训师 | 2天培训，1天试讲 |
| 三、专业课程设计师 | 有过一定授课经验的培训师（50课时以上）；<br>有明确的课程开发或课程优化任务 | （1）培训标准与培训目标设定；<br>（2）培训方法选择；<br>（3）互动式培训内容开发（案例/练习等）；<br>（4）培训文件制作（讲师用书/PPT/学员用书等） | 合格的课件，能够开发课程的培训师 | 2天培训，1天试讲 |
| 四、培训项目管理专家 | 培训经理/培训项目规划专员/专职/资深的培训师；<br>有丰富的授课经验（200小时以上）；<br>有丰富的课程开发经验（20课时以上）；<br>有过一定的培训项目策划和评估经验 | （1）能力标准建设；<br>（2）课程体系设计；<br>（3）课程开发管理与审核；<br>（4）训练体系设计；<br>（5）培训能力转化与评估体系设计 | 典型岗位的课程与训练体系（能力标准/课程内容/训练体系/评估体系） | 2天培训，1天试讲 |

根据公司目前内部培训师的师资情况，以培养15~20人的内部培训师队伍为宜。

二、提高个人职业素养，打造团体执行力——着重提升中高层管理技能

根据公司战略人才培养方案，针对不同层次的战略人才采用不同的培训方式和内容。

（一）对于普通员工，鉴于公司处于高速发展期，新进员工数量较多，所以对普通员工的培训重点主要放在入职培训、职业规划和职业素养方面。

（1）新员工入职培训。每年举办2次。根据招聘的情况安排在春节后的4月和高校毕业后的9月两个招聘高潮的后期。

（2）职业生涯规划培训。每年举办1次。放在春节过后的3月，使各层次员工在职业发展方面有明确的目标。

（3）员工职业素养培训。每年举办2次。上半年和下半年各一次。

（4）拓展训练。为了缓解员工工作压力，提高员工的团队合作意识，每年举办2个批次。

（5）自主知识积累。年中举办一次各部门自主积累展示会，以达到知识共享的目的。

（二）对于中高层管理人员则以"提高个人职业素养，打造团队执行力"为目标，采用下列三种方式提升其管理技能。

（1）引入管理技能理论提升系列课程，见表5-18。

表5-18 管理技能理论提升课程

| 序列 | 方式 | 内容 | 时间 |
| --- | --- | --- | --- |
| 一、自我管理 | 理论讲授 | 角色认知 | 1.5天 |
| | | 时间管理 | |
| | | 有效沟通 | |
| | 专题研讨 | 轮岗、兼职、外派培训的思考 | 0.5天 |
| 二、绩效管理 | 理论讲授 | 目标管理 | 1.5天 |
| | | 激励 | |
| | | 绩效管理 | |
| | 专题研讨 | 轮岗、兼职、外派培训的思考 | 0.5天 |
| 三、团队管理 | 理论讲授 | 领导 | 1.5天 |
| | | 教练 | |
| | | 授权 | |
| | | 团队建设 | |
| | 专题研讨 | 轮岗、兼职、外派培训的思考 | 0.5天 |

（2）外部标杆企业考察活动。了解标杆企业项目管理、流程运作情况。

（3）研讨会。内部管理问题的专题研讨会。

（三）对于高层管理人员，除参加管理技能理论提升系列课程、外部考察和研讨会外，还进一步采用外派参加研修班、公开课来提高其管理水平。

三、结合项目实际，适度理论提升——切实提高技术人员专业水平

为了进一步提高专业培训的针对性，进一步加强培训内容和公司项目开展的紧密结合程度，2019年度的专业内部培训主要对下列内容采用新的培训方式进行专业提升。

（1）房地产建筑节能与外墙保温。
（2）设计管理与产品创新。
（3）中小户型住宅产品设计。
（4）PMP项目管理通用课程。
（5）房地产工程项目管理体系的建立与实施。
（6）景观设计。
（7）其他。

## 第四部分　年度培训计划表

一、公司年度内训计划

根据上文对各个主题的培训安排，编制2019年度公司级培训课程计划表，见表5-19。

表5-19　年度培训计划表

| 月份 | 课程主题 | 培训对象 | 课时 | 形式 | 讲师 | 费用/万元 |
| --- | --- | --- | --- | --- | --- | --- |
| 1月 | 内部培训师培训① | 内部培训师 | 21 | 讲授/演练 | 外聘 | 4.5 |
| 2月 | 管理技能理论提升① | 中高层管理人员 | 14 | 讲授/讨论 | 外聘 | 4 |
| 3月 | 结合项目的专业提升① | 研发/技术/工程 | 14/21 | 研讨/讲授 | 外聘 | 5 |
| 3月 | 职业生涯规划 | 全员 | 7 | 讲授/讨论 | 外聘 | 0.5 |
| 4月 | 内部培训师培训② | 内部培训师 | 21 | 讲授/演练 | 外聘 | 4.5 |
| 4月 | 新员工入职培训① | 新员工 | 14 | 讲授 | 内部 | — |
| 5月 | 管理技能理论提升② | 中高层管理人员 | 14 | 讲授/讨论 | 外聘 | 4 |
| 5月 | 结合项目的专业提升② | 研发/技术/工程 | 14/21 | 研讨/讲授 | 外聘 | 5 |
| 6月 | 员工职业素养① | 全员 | 7 | 讲授 | 外聘 | 1 |
| 6月 | 拓展训练① | 全员（部分） | 14 | 活动/讨论 | 外聘 | 2 |
| 7月 | 内部培训师培训③ | 内部培训师 | 21 | 讲授/演练 | 外聘 | 4.5 |
| 7月 | 结合项目的专业提升③ | 研发/技术/工程 | 14/21 | 研讨/讲授 | 外聘 | 5 |
| 8月 | 管理技能理论提升③ | 中高层管理人员 | 14 | 讲授/讨论 | 外聘 | 4 |
| 8月 | 自主知识积累展示会 | 全员 | 7 | 研讨 | 内部 | — |

续上表

| 月份 | 课程主题 | 培训对象 | 课时 | 形式 | 讲师 | 费用/万元 |
|---|---|---|---|---|---|---|
| 9月 | 结合项目的专业提升④ | 研发/技术/工程 | 14/21 | 研讨/讲授 | 外聘 | 5 |
| | 新员工入职培训② | 新员工 | 14 | 讲授 | 内部 | — |
| 10月 | 内部培训师培训④ | 内部培训师 | 21 | 讲授/演练 | 外聘 | 4.5 |
| | 拓展训练② | 全员（部分） | 14 | 活动/讨论 | 外聘 | 2 |
| 11月 | 结合项目的专业提升⑤ | 研发/技术/工程 | 14/21 | 研讨/讲授 | 外聘 | 5 |
| | 房地产行业战略研讨会 | 中高层管理人员 | 7 | 研讨 | 内部 | — |
| 12月 | 员工职业素养② | 全员 | 7 | 讲授 | 外聘 | 1 |
| 费用合计（估算）/万元 | | | | | | 61.5 |

说明：以上培训安排届时有可能会根据公司实际情况予以适当调整。每月详细授课安排与方案会在每月5日之前予以公布。周六下午14：00～16：00为公司规定培训时间，公司没有统一安排培训的则由各部门按部门年度培训计划自行组织专业知识学习。

二、外出学习及外出考察

（1）研发、营销、经管区域每季度外出参加公开课不少于一次，外出考察不少于一次。

（2）高层人员每季度外出学习不少于一次。

（3）经管中心每季度外出学习不少于一次。

（4）其他区域依据工作计划和目标参加公开课及外出考察。

## 第五部分　年度培训费用预算

年度培训费用预算见表5-20。

表5-20　年度培训费用预算

| | 支出项目 | 预算费用/万元 |
|---|---|---|
| 内训 | 公司内训讲课费 | 61.5 |
| | 外聘讲师交通费 | 5.6 |
| | 讲师住宿费 | 1.4 |
| | 参训者餐费 | 0.8 |
| | 其他会务支出（场地/资料/杂费） | 7.25 |
| | 部门培训 | 2×22=44 |
| 外训 | 外出学习费用（学费/食宿/交通） | 8×12×0.4（2天）=38.4 |
| | 外出考察费用（杂费/食宿/交通） | 10×12×0.2（2天）=24 |
| 费用合计/万元 | | 182.95 |

实例二

# ××企业2020年度培训计划方案

1. 培训目的

(1) 增强员工对企业的归属感和凝聚力。企业的人才队伍建设一般有两种：一是靠引进，二是靠自己培养。所以企业应不断地进行员工培训，向员工灌输企业的价值观，培训良好的行为，使员工能够自觉地按规范工作，从而形成良好、融洽的工作氛围。培训可以增强员工对组织的认同感，增强员工与员工、员工与管理人员之间的凝聚力及团队精神。就企业而言，对员工培训得越充分，企业越具有吸引力，越能发挥人力资源的高增值性，从而为企业创造更多的效益。培训不仅提高了员工的业务水平，而且提高了职工对自身价值的认识，对工作目标有了更好的理解。

(2) 提升员工技术、能力水准。岗位人员上岗后也需要不断地进步、提高，参加更高层次的专业技能升级和职务晋升等方面的培训，使各自的专业知识、技术能力达到岗位规范的高一层标准，以适应未来岗位的需要。

(3) 有助于企业建立学习型组织。企业要想尽快建立学习型组织，除了有效开展各类培训外，更主要的是贯穿"以人为本"提高员工素质的培训思路，建立一个能够充分激发员工活力的人才培训机制。成功的企业将员工培训作为企业不断获得效益的源泉。

(4) 增强企业竞争优势。一个企业要想建立竞争优势，就必须提供比其竞争对手质量更好的技术或服务，提供竞争对手所不能提供的创新性技术或服务，或者以更低的成本提供与其竞争者相同的技术或服务。研究表明，员工培训对企业竞争优势的建立有着强烈的直接影响。

2. 原则与要求

(1) 坚持按需施教、务求实效的原则。根据公司发展的需要和员工多样化培训需求，分层次、分类别地开展内容丰富、形式灵活的培训，增强教育培训的针对性和实效性，确保培训质量。

(2) 坚持自主培训为主、外委培训为辅的原则。整合培训资源，立足自主培训，做好基础培训和常规培训，通过外委培训做好相关专业培训。

(3) 坚持培训人员、培训内容、培训时间三落实原则。

3. 培训职责

(1) 由人力资源部负责公司的各项培训工作，包括培训制度的拟定、培训体系的建立、培训流程的完善、培训计划的制订、培训通知的发送、培训的组织实施、培训的跟踪与反馈、培训效果的评估与总结等。

(2) 各部门主管负责提交本部门年度培训计划或临时性的培训需求并执行；负责推行本部门培训训练；选派所属员工参加公司的各项培训或委外培训；利用各种方式组织指导对本部门员工的培训。

(3) 员工本人有义务参加公司或本部门举办的各项培训。

4. 培训计划纲要

根据各部门的需求和公司的发展需要，2020年的培训计划纲要如下：

(1) 加强新员工入职培训。人力资源部负责院级（企业级）培训，深入宣传公司的发展史、组织构架、企业文化，使员工了解公司的人事制度，提高其组织、沟通、团队协作等能力，强化组织纪律性，使其能尽快适应公司环境，融入企业文化，完成自身角色的转变。各部门/科室严格做好新员工部门级培训及岗位级培训，从而使新员工尽快适应工作环境，提高工作效率。

（2）丰富一线销售员工的产品知识培训，如顾问式销售技巧、沟通技巧的培训，个人效能管理（时间、目标管理等）的培训，提高销售人员专业技能和提升业绩。

（3）加强一线服务性员工的服务礼仪培训、客户服务技巧和沟通技巧培训，提升顾客的满意度。

（4）强化临床医技人员业务培训。医生助理人员要进行病例书写规范性培训、顾客服务礼仪和沟通技巧培训、专业知识专业技能的培训；各科室临床医生要紧密结合自己专业，鼓励通过自学等方式增长本专业技术的新理论、新技术、新方法，掌握交叉学科和相关学科的知识以及医疗突发事件应急能力培训；各医技科室结合本职岗位，进行专业技术知识和技能的培养；在按需培训的原则、公司经济条件和时间条件许可的情况下，选派医务人员到上级医院交流学习，吸收先进技术，提高技术水平。

（5）提升中高层管理人员的管理技能。中高层管理者是企业战略、规划、制度的制订者、引导者、推行者，中高层管理者队伍的素质和管理水平直接关系到企业的执行力，关系到企业的生存发展。因此，2020年我们要强力推进中高层管理人员的管理技能。以下列的培训内容为主：高效能人士的七个习惯、非人力资源的人力资源管理（招聘、绩效、员工关系等）、执行力、领导力、全面预算管理、角色认知（针对新任主管）等。

（6）加强部门团队建设。团队成员应对团队具有强烈的归属感，愿意为团队的利益和目标尽心尽力，充分发挥团队成员的个体优势，从而提升团队的整体效能。

（7）企业文化塑造与宣传。深化执行《员工福利制度》和其他加强企业文化建设的工作。

（8）加强外部培训的管理。外部培训员工必须签订《外部培训协议》等，从多方面寻找优质的外部培训资源。

（9）资格培训。部分科室部门需要持证上岗的人员，如医师、护士等，按照上级部门的要求定时参加培训、考核，考核合格后持证上岗。

（10）培训时间。2020年，各部门/科室人员培训累计时间应不少于2小时/月。

5. 培训计划方案的时间推进表（见表5-21）

表5-21 培训计划方案的时间推进表

| 步骤 | 培训计划方案的制订流程 | 12月 | | | | | | | | | | | | | | | | | | | | | | |
|---|---|---|---|---|---|---|---|---|---|---|---|---|---|---|---|---|---|---|---|---|---|---|---|---|
| | | 9日 | 10日 | 11日 | 12日 | 13日 | 14日 | 15日 | 16日 | 17日 | 18日 | 19日 | 20日 | 21日 | 22日 | 23日 | 24日 | 25日 | 26日 | 27日 | 28日 | 29日 | 30日 | 31日 |
| 1 | 人力资源部起草《2020年培训计划方案》（以下简称"方案"） | | | | | | | | | | | | | | | | | | | | | | | |
| 2 | 提交领导审核方案 | | | | | | | | | | | | | | | | | | | | | | | |

续上表

| 步骤 | 培训计划方案的制订流程 | 12月 | | | | | | | | | | | | | | | | | | | | | | |
|---|---|---|---|---|---|---|---|---|---|---|---|---|---|---|---|---|---|---|---|---|---|---|---|---|
| | | 9日 | 10日 | 11日 | 12日 | 13日 | 14日 | 15日 | 16日 | 17日 | 18日 | 19日 | 20日 | 21日 | 22日 | 23日 | 24日 | 25日 | 26日 | 27日 | 28日 | 29日 | 30日 | 31日 |
| 3 | 将审批通过的方案下发到各部门负责人,各部门自行制订本部门培训计划,并提交至人力资源部 | | | | | | | | → | | | → | | | | | | | | | | | | |
| 4 | 人力资源部整合并上报审批各部门的培训计划 | | | | | | | | | | | | → | | → | | | | | | | | | |
| 5 | 人力资源部将审批过的培训计划反馈给各部门负责人 | | | | | | | | | | | | | | | | | → | → | | | | | |
| 6 | 培训计划实施 | | | | | | | | | | | | | | | | | | | | → | | → | |

6. 培训计划的制订

(1) 年度培训计划的制订。各部门/科室的年度培训计划制定须根据上述培训计划纲要展开,并贴合自身的实际需求。在此计划中,培训时间只需确定到月份。

(2) 月度培训计划的制订。每月月底28日,各部门/科室需制定下月的月度培训计划(根据年度培训计划),此时的培训时间需精确到日期和时刻,于每月30日之前提交至人力资源部培训专员处,以便人力资源部做好培训安排、支持工作。

7. 培训的实施

(1) 内部培训的实施。

① 各部门、科室负责人严格按照上年底制定的培训计划开展培训工作,若在实施过程中对培训项目、培训时间等有微调的情况,须及时通知人力资源部培训专员。

② 各部门、科室应遵循培训人员、培训内容、培训时间三落实原则,认真地组织与参加各项培训,并做好培训签到记录;培训完成后本部门、科室负责人对本次培训效果做出评估。

③ 人力资源部对各部门、科室的培训做好培训前准备工作(包括培训前沟通协调确认)、培训中服务支持工作、培训后指导完成辅助效果评估工作。

(2) 外派培训的实施。如有外派培训需求,应遵循外派培训审批程序:拟外派培训者提出申请→部门审核→人力资源部审核→总经理批准。拟外派培训者应填写《委外培训申请表》。

8. 培训效果的评估

各类培训结束，都需对培训效果进行评估，并有书面记录。培训效果评估的方式可有笔试、口试、总结培训心得、绩效考核、日常行为观察等，各培训负责人可视其具体情况选择合适的评估方式。

9. 培训档案的保管

所有与培训有关的记录（培训签到表、培训效果评估记录、委外培训申请表等）都需提交至人力资源部保管，以备查验。

## 三、企业培训总结报告实例

### 2019年××公司培训总结

一、2019年培训概况

人力资源部根据2019年培训规划，结合生产实际情况，主要开展了制度流程类、专业知识类、安全知识类、管理类知识和技能提升类等方面的培训。2019年1—10月通过内部、外出和外聘讲师的形式共计对全体员工培训80余次。其中高、中和基层累计参培人数分别为15人、86人和4 162人；培训总课时分别为115课时、248课时和9 760课时；人均培训课时分别为38.33课时、20.67课时和31.69课时。培训覆盖率达100%，培训计划完成率达到98%。（见表5-22）

表5-22  2019年××公司培训统计数据

| 累计参训人次/人 | | | 累计总培训课时/时 | | | 人均培训课时/时 | | | 覆盖率/% | | |
|---|---|---|---|---|---|---|---|---|---|---|---|
| 高层 | 中层 | 基层 | 高层 | 中层 | 基层 | 高层 | 中层 | 基层 | 高层 | 中层 | 基层 |
| 15 | 86 | 4 162 | 115 | 248 | 9 760 | 38.33 | 20.67 | 31.69 | 100 | 100 | 100 |

注：① 参训人次为公司所有培训参训人次的累加总和；② 总培训课时为各项培训的参训人数×当次培训课时后累加的总和；③ 人均培训课时＝总培训课时÷该类员工实际参训人数；④ 覆盖率＝该类员工实际参训人数÷该类员工总人数×100%；⑤ 以上数据来源于公司2019年元月至10月份"员工培训登记表"。

二、培训的实施与效果

1. 应知应会知识技能培训

通过公司管理制度、业务流程、岗位职责、工艺技术流程（主要包括：《新企业文化》《员工手册》《企业制度流程》《酿造标准手册》《啤酒包装标准手册》《微生物标准手册》《酿造车间各岗位工艺流程》《包装车间各机台操作手册》等）课程的培训实施，提升了员工的操作能力和操作技能。

2. 专业管理培训

质量管理培训。通过"食品安全管理""质量管理制度""外包装质量""品酒师培训""消费点质量""异常质量物质处理程序""食品安全关键控制点管理制度""微生物检测规范"等培训课程的实施，提升专业技术人员、基层操作人员的专业知识和质量意识。

设备管理培训。通过"设备基础知识培训""设备维修""电器检修""设备管理制度""设备检修规程""设备润滑知识""电器设备检修"等培训课程的实施,提升设备管理、维修人员等相关岗位人员的专业知识、专业技能,从而进一步提高生产效率。

财务管理培训。通过"财务管理制度和业务流程""财务基础知识""生产系统培训""新瓶箱系统培训""Excel电子表格培训""会计取证培训"等培训课程的实施,提升财务人员的专业知识、专业技能及工作效率。

3. 安全知识类培训

通过"安全与现场管理""行为安全培训""员工安全再教育""安全二三级培训""班组安全培训""岗位安全操作培训"等培训课程的实施,提高职工的安全操作技能,培养职工的安全意识,杜绝安全事故的发生。

4. 针对性培训

针对公司员工管理和操作工技能上存在的明显弱项,开展了有针对性的培训。

为了提高中层管理人员的管理能力和执行力,5—6月组织公司中层管理人员分三个批次到××工厂每人学习一周,通过学习交流,每位中层都找到了自身存在的不足和管理缺陷,并明确了自己能力提升的方向。

针对化验人员对新化验设备了解和操作技能存在的不足,7—9月组织化验人员分两批次到××公司跟班学习,通过3个月的学习,公司化验室的人员整体素质得到提升,有效提高了化验室的工作效率。

为了达到新工厂、新设备对人员素质的要求,9月聘请区域公司的优秀培训师来公司对新招聘的和一部分老职工进行了酿造和包装设备操作、维修和质量控制方面的知识培训,10月组织包装酿造人员分两组到××公司和××公司跟班学习。理论知识和外出实践学习,有效提升了员工操作技能和质量意识,也为新老工厂在顺利交接后新工厂的平稳运行提供了人才保证。

三、2019年培训中存在的问题及建议改进措施

1. 培训制度

不足:公司培训管理体系还不够健全,有些培训工作无法执行或没有制度流程支持,如师带徒和岗位技能等级考评制度等,对现有培训制度在执行过程中有偏差。

改进措施:完善培训体系。对现有培训制度进行修订和完善,补充的制度有《培训评估》《师带徒》《员工技术等级评估》和《培训课程开发管理规定》等;在制度中增加考核项,并加大考核的力度。

2. 培训课程

不足:培训课程教材以Word版本为多,并且内容不能及时更新,培训师缺少培训课程开发的经验;二、三级培训仍以安全类培训居多,技能、管理沟通等方面的培训较少,并缺少相关的培训资料;针对职能部门人员的培训课程偏少。

改进措施:依据区域公司下发的《××区域公司培训课程开发制度》制订公司的培训课程开发制度,并严格按照制度中的流程执行;可适当引进外部课程或购买培训电子资料以弥补教材不足的问题;增加对职能部门人员的培训次数,为职能部门人员多提供一些外出学习的机会。

3. 培训队伍建设

不足：公司没有一支优秀的培训师队伍，依靠现有培训师人员无法满足员工的培训需求。

改进措施：建立自己的兼职培训师队伍。通过报名、确定试讲名单、集中培训、安排试讲、选拔确定等流程选拔一批兼职培训师并定期进行培训；制订兼职培训师队伍的培养计划，定期选派人员参加外部培训，开展企业内训师培训（training the trainer to train，TTT）培训活动。

4. 其他

不足：员工对培训的积极性和参与性不高，培训效果不理想；针对培训效果的评估力度不够，难以准确把握培训是否达到计划目标。

改进措施：采用多种培训方式尤其是加强体验式培训技巧的运用，例如情景模拟培训、现场演练式教学、小组研讨方式等，同时可对培训过程中表现优异者设置奖励环节（如颁发优秀学员证书、实物奖励等）；进一步完善培训管理制度，提高各种培训制度的执行力度，并严格考核；做好培训评估工作，做到评估结果与考核挂钩。

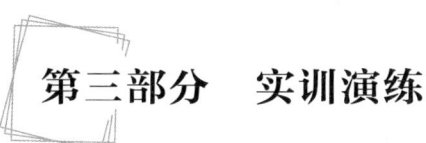

# 第三部分 实训演练

## 一、开展培训需求调查，设计员工培训方案

A 钢铁有限公司是一家集炼铁、炼钢、轧钢为一体的大型钢铁企业，拥有烧结、高炉、转炉、钢板、型钢五大生产厂以及辅助生产厂，可以冶炼 300 个钢号、轧制 650 多个品种规格的钢材，已形成 120 万吨铁、210 万吨钢的年生产规模。2015 年该公司进行了体制改革，组建了新的公司领导班子，给公司带来了全新的现代化生产经营理念，为公司二次创业提供了强大的动力。为满足国内不断增长的不锈钢需求，该公司规划投资建设一个不锈钢精品生产基地，计划总投资 80 亿元的新厂房正在建设之中，预计两年后新产品生产线可建成投产。由于新生产线采用了当今先进的生产设备和技术，相比公司已有的几条生产线，新生产线的技术含量和自动化程度都有很大的提高。为了保证新线上马后能够良好运转，目前相关人员的培训准备工作正在有条不紊地进行着。但是由于 A 公司是老厂，员工学历普遍偏低，60% 的生产人员只有高中及以下学历，具有大专学历的占 30%，本科及以上学历的只占 10%。一些员工正在修读大专或本科学业，部分已获得毕业证书，还有一部分正在考取公司的相关技术职称。公司的管理人员刚刚进行了管理理念及技能提升培训。目前为参加新线脱产培训的员工开设的课程有相关理论知识，新线操作的相关英语知识，新线的生产流水线技术、设备操作等。公司遇到的问题是一些老线上的职工惧怕被抽调去培训，原因是怕新线上岗不通过，原先的工作又被别人取代而导致下岗。人力资源部门的担心是抽调的员工经过培训后仍不能够满足未来新线生产的要求。

◉ 请思考:

1. 以小组为单位,选择合适的培训需求调查方法,进行培训需求调查分析。

2. 请在培训需求调查分析的基础上,设计一个合理的培训方案来解决公司面临的问题,实现公司新生产线的顺利投产。(以小组为单位完成)

## 二、设计培训课程

B 公司是一家大型汽车企业,2019 年初成立新能源汽车子公司。该企业非常重视员工培训工作,子公司建立之初便让人力资源部负责人王经理组织开展员工时间管理的培训课程。

◉ 请思考:

假设你是王经理,你如何设计这一次的培训课程?

思考与练习

1. 员工培训与开发的含义及特点是什么?
2. 现代企业为什么十分重视员工的培训?员工培训与开发包括哪些类型?
3. 试述员工培训与开发的流程。
4. 在管理开发培训中,常见的培训开发方法主要有哪些?各自有哪些优缺点?
5. 概述员工培训需求分析模型。常用的需求调查方法有哪些?
6. 企业培训方案应包括哪些内容?
7. 实施培训方案应注意哪些问题?
8. 简述培训结果评价的内容及方法。

闯关练习

# 项目六
# 绩效管理实务

### ▶ 职业情境

时间过得飞快,一晃就到年底了,李明在人力资源部工作都快一年了。由于他虚心好学,又吃苦耐劳,工作勤恳,追求上进,收获了很多实际工作经验,部门经理和同事都给予了他很高的评价,因此他也顺利地转正成为公司的一名正式员工。公司年度的绩效考核工作一直是一个难点,也是人力资源管理工作的重要环节,经理要李明协助主管把这项工作做好。你认为李明应如何协助主管开展年终的绩效考核工作呢?

### ▶ 学习目标

### ▶ 能力目标

- 能够熟练使用绩效考核的方法。
- 能够设计和制定绩效考核的指标。
- 培养学生工作的"竞争意识"和"绩效意识"。

### ▶ 知识目标

- 掌握绩效管理的含义和内容。
- 掌握绩效考核的内容和方法。
- 熟悉绩效考核指标和标准的设计原则。
- 掌握绩效反馈面谈的基本技巧。

### ▶ 先导案例

#### 影响王经理绩效考核的因素

又到了一年一度考核的时候了,东升公司设备部的王经理,思考着给每一个部下进行考核:

小赵,名牌大学毕业,精明强干,脑子活络,谦逊有礼,给人的第一印象非常好,借调到外单位已经半年了,工作表现肯定不错,先给个优吧。

老李,前几天我的小车坏了,多亏了老李没日没夜地修了两天,这两天我才能开车方便进出了。之前听人说老李倚老卖老,做工不出力,现在看来有失偏颇,给个优吧。

小周,袁总的亲戚,今年要进行高级工程师的资格认定,给一个优对其极其重要。小周已经几次在我面前提起此事,昨天袁总又打来电话。尽管小周平时工作不尽如人意,也只能给个优了。

人力资源部规定考核优秀的要控制在10%以内,本部门30人只有3个名额,其他人除了小吴都打良吧,这样我做经理的面子也好看。至于小吴,上次对我说话很冲,给个差就作为撵他走人的理由吧。

◉请思考:
1. 王经理的绩效考核会产生什么样的效果?
2. 影响王经理的绩效考核的因素有哪些?

# 第一部分 理实基础

## 一、理论基础

### (一)绩效的含义和特点

1. 绩效的含义

所谓员工的绩效,是指员工在一定时间、空间等条件下完成某一任务所表现出的工作行为和所取得的工作结果。绩效包括个人绩效、部门绩效和组织绩效三个层面。组织绩效是建立在部门和个人绩效实现的基础上的。但个人绩效、部门绩效的实现并不一定能保证组织是有成效的。绩效既包括对静态结果的反映,也包括对动态过程的监督,兼顾对员工素质的考察。

2. 绩效的特点

(1)绩效的多因性。多因性是指绩效的优劣不是取决于单一的因素,而要受到主客观多种因素的影响。可以用以下公式表示:

$$P = f(S, O, M, E)$$

公式中P为绩效,S是技能,O是机会,M是激励,E是环境。这个等式说明,绩效与技能、机会、激励与环境有着密切的关系。

(2)绩效的多维性。多维性绩效需沿多种维度去分析与考核。例如,一名生产工人的绩效,除了产量指标完成情况外,产品合格率、原材料消耗率、出勤率、协作性、纪律性等软、硬件方面的表现都要综合考虑,逐一考核。需要注意的是,不同的工作岗位,各维度的重要性不同,考核的侧重点也会有所不同。

(3)绩效的动态性。动态性是指员工的绩效随着时间的推移会发生变化,绩效差的可能改进转好,绩效好的也可能退步变差。因此管理者切不可凭一时印象,以僵化的观点看待员工的绩效。绩效的变动性决定了绩效的时限性,绩效往往是针对某一特定时期而言的。

总之,管理者对员工绩效的考察,应该是全面、发展、多角度和权变的,力戒主观片面和僵化。

## （二）绩效管理的含义、特点和流程

### 1. 绩效管理的含义

绩效管理是指制定员工的绩效目标并收集与绩效有关的信息，定期对员工的绩效目标完成情况做出评价和反馈，以确保员工的工作活动和工作产出与组织保持一致，进而保证组织目标完成的管理手段与过程。

绩效管理是以绩效考核为基础的人力资源管理子系统，它表现为一个有序且复杂的循环管理流程。它首先要明确企业与员工个人的工作目标，并在达成共识的基础上，采取行之有效的方法进行管理。绩效管理不仅着眼于员工个体绩效的提高，还注重组织绩效目标的有机结合，最终实现企业目标和个人能力双赢。

### 2. 绩效管理的特点

（1）绩效管理以目标为导向。绩效管理以组织的战略目标为基础，经过一层一层把战略目标分解，使组织的个人都对自己的个体目标清楚，发挥个人的积极性和主观能动性，达到个人目标，最终完成组织的战略。因此，绩效管理是为一个共同的目标，把各个部门、各级员工紧紧地联系在一起，最终使员工与企业共同达成目标。

（2）绩效管理是不断变化发展的过程。绩效管理是持续改善、相互改进持续的一个循环。一个组织的绩效管理是在不断地改善的，组织总是在此过程中不断地摸索调整。例如制定绩效目标的原则、绩效考核的详细法则，这些都是在持续的运行中不断完善的。所以，绩效管理是持续循环运动的，是一个不断调整的循环过程。如果绩效管理停滞了，不调整、不改进，绩效管理就不能持续地提升。

（3）绩效管理注重持续的沟通。著名组织管理学家巴纳德认为："沟通是把一个组织中的成员联系在一起，以实现共同目标的手段。"在绩效管理中，起到决定性作用的是持续相互的沟通，相互持续的沟通会调动全体员工的积极性，使组织中各种资源得到充分的运用，实现共享资源，使组织各层得到很好的团结。在绩效管理期间，必须经过持续不断的沟通。在绩效计划制订期间，要使基层员工通过持续沟通来参与绩效计划的制订，通过各级协商来制定员工及企业的目标。达成共识后，通过绩效考核的考前动员、培训以及考后组织谈话、集体座谈，有助于建立切实有效的沟通制度。在绩效反馈阶段，通过持续的沟通，才能把绩效结果有效地反馈回来，了解到提高下一周期的绩效的不足。只有有效持续的沟通，才能得到有效的反馈结果。

（4）人是绩效管理中最重要的因素。许多的例子证明，组织绩效管理想要实施成功，"人"是不可或缺的因素。因为，组织的战略是通过提升个人绩效来实现的。组织组织只有把员工个人的发展重视起来，工作满意度不断提高，并且激发员工的工作热情和挖掘其潜在能力，增强员工的主人翁精神，发挥其员工的个人价值，使员工的个人发展得到满足，才能让他们由衷地支持绩效管理工作，使企业的凝聚力大大增强，从而达到组织不断壮大的目的。

（5）绩效管理不仅注重结果的考核，更注重过程的辅导。绩效管理由以前单独的考核丰富化为绩效管理，不仅仅是名称上的改变，更是内涵上的优化。绩效考核太注重评价，不太注意完成任务中的员工辅导，往往形成秋后算账的结局，在很大程度上会引起考核对象的很在意。而绩效管理突出了过程中对绩效不理想员工的业绩辅导，就给领导提出了要求,赋予了一定的辅导责任,从而促进员工的能力提升,实现人力资源的开发。

3. 绩效管理的流程

绩效管理的流程表现为一个循环往复的有序圆形,如图6-1所示。

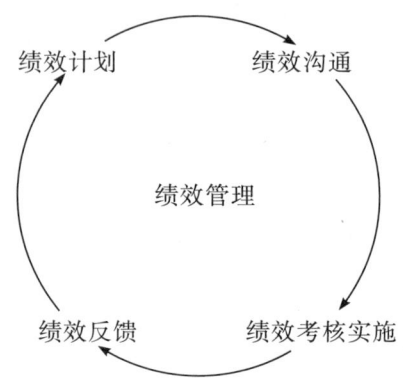

图6-1 绩效管理的循环流程

绩效管理流程是一个完整的系统,由绩效计划、绩效沟通、绩效考核实施、绩效反馈四个核心环节构成。

(1) 绩效计划。绩效计划是绩效管理流程中的第一个环节,它是绩效管理流程的起点。这一阶段主要是完成制定绩效计划的任务,也就是说要通过上级和员工的共同谈论,确定员工的绩效考核目标和绩效考核周期,并对绩效管理其他环节进行初步规划。其主要内容至少包括两个方面:一是绩效计划目标及衡量标准;二是确定目标计划的结果。

(2) 绩效沟通。员工和管理人员通过沟通制订绩效计划并达成绩效契约,但这并不意味着后续的绩效计划执行就会顺利完成。绩效辅导贯穿于绩效管理的全过程。组织的绩效管理说到底就是上下级间就绩效目标的设定及实现而进行的持续不断双向沟通的一个过程。在这一过程中,管理者与被管理者从绩效目标的设定开始,一直到最后的绩效考评,都必须保持持续不断的沟通,任何的单方面决定都将影响绩效管理的有效开展,降低绩效管理体系效用的发挥。因此,不懂沟通的管理者不可能拥有一支高绩效的团队,再完美的考核制度都无法弥补管理者和员工缺乏沟通带来的消极影响。在不断的绩效沟通中,在任务完成的过程中,贯彻对能力差、态度不积极等不利于绩效的行为和人员进行辅导、纠正,以提高个人及至整个团队和组织的绩效水平。

(3) 绩效考核实施。绩效考核是绩效管理中重要的一个环节,它指考评者对照工作目标或绩效标准,采用一定的考核方法,评定员工的工作任务完成情况、员工的工作职责履行程度和员工的个人发展情况,并将上述结果反馈给员工的过程。这个阶段是绩效管理的重心,不仅关系到整体绩效管理的运行和效果,也涉及员工的个人利益,需要人力资源部门和所有参与考评主管高度重视,注意考核的公正和准确。绩效考核也是组织人力资源管理的重要内容,更是组织管理中强有力的手段之一。

绩效考核实施是在制订了绩效计划之后,组织全体员工按照计划开展工作的过程,是整个绩效管理过程中耗时最长、最关键的一个环节。这个过程的好坏直接影响绩效管理的成败。在这个过程中,无论是上级还是下级,他们作为绩效的考核者和被考核者,都必须严格认真地完成各项工作任务。绩效实施包括三个方面的内容:一是管理者与员工之间的持续的绩效沟通；二是辅导与咨询；三是对考核信息的收集和分析。

（4）绩效考核效果反馈。绩效反馈包括绩效诊断和提高，针对考核结果进行面谈运用并提出改进计划。绩效反馈面谈包括两个方面的内容：一是将绩效考核详细情况告知被考核人，给其今后改进工作提供详细的方向和信息；二是从被考核人那里详细了解绩效考核制度及运行机制方面存在的问题，为下一步改进考核办法积累信息。为保证信息与沟通的充分有效性，面谈的效果显然要大于书面通知。绩效考评结果的运用包括两个方面：一是改进作用，即绩效改进，就是确认工作绩效的不足和差距，查明产生的原因，制订并实施有针对性的改进计划和策略，不断提高竞争优势的过程；二是管理作用，根据考核结果对被考核人的浮动工资、奖金发放、职务升降等问题进行调整。

（三）绩效考核的原则和分类

绩效考核是绩效管理中重要的一个环节，是针对企业中每个员工所承担的工作，应用各种科学方法，对员工的工作行为、工作效果及其对组织的贡献或价值进行的合理评价。绩效考核的目的是通过绩效考核来改善员工的工作表现，提高员工的工作业绩，以达到组织经营目标，并提高员工的满意度和成就感。

1. 绩效考核的原则

（1）公开与开放原则。公开与开放式的绩效考评主要体现在两个方面：一是绩效管理制度必须建立在公平、开放的基础上，最大程度地减少考核者和被考核者双方对考评工作的神秘感；二是评价标准是十分明确的。一个良好的绩效考核体系只有建立在公开和开放的前提下，才有可能取得上下员工的认同，从而推动其具体实施。

（2）反馈与修改原则。在绩效考评之后，及时与被考核者进行沟通，把结果反馈给被考核者，同时听取被考核者的意见，把其中正确的行为、方法、程序、计划等保留下来，纠正和改进不足之处。

（3）可靠性与正确性原则。可靠性与正确性是保证绩效考核有效性的重要条件。可靠性又称可信度，绩效考核的可信度是指绩效考核的方法应保证收集到的人员能力、工作结果、工作行为与态度等信息具有稳定性和一致性，其强调不同评价者之间对同一个人或一组人评价的一致性。正确性又称效度，是指测量的结果能有效地反映其所测量的内容的程度。绩效考核的效度是指绩效考核方法测量人的能力与绩效的准确性程度。其强调的是内容效度及考核者能否真实地反映待定工作的内容（包括行为、结果和责任）的程度。

（4）程序化与制度化原则。绩效考核既是对员工能力、工作结果、工作行为与工作态度的评价，也是对他们未来行为表现的一种预测，其是一个连续的管理过程。绩效考核的程序化与制度化有利于组织了解员工的潜能，发现组织中存在的问题，从而有利于提升组织绩效。

（5）可行性和实用性原则。所谓可行性，是指任何一次考核方案所需时间、人力、物力、财力，都能够为使用者及其实施的客观环境和条件所允许。因此，在制定考核政策和方案时，应根据考核目标合理设计。可行性分析主要包括限制因素分析、目标与效益分析及潜在问题分析三个方面的内容。

实用性分析主要包括两个方面的内容：一是考评的方案，应适合企业不同部门和岗位的人员素质特点和要求；二是考评的方法和工具应适合不同考评的目的和要求，据此来设计测评工具。

2. 绩效考核的分类

按照不同的划分标准，绩效考核可以分为不同的类型，具体内容如下。

依据考核形式分为：口头考核与书面考核、直接考核与间接考核、个人考核与集体考核。

依据目的和用途分为：例行考核、晋升考核、转正考核、其他。

依据考核对象分为：技术人员考核、销售人员考核、其他。

依据考核性质分为：定性考核、定量考核。

依据考核主体分为：上级考核、下级考核、同级考核、自我考核、客户考核。

依据时间间隔分为：定期考核、不定期考核。

（四）绩效考核与绩效管理的区别

人们常常认为绩效管理就是绩效考核。因为人们常常把两者混淆。绩效管理与绩效考核是有很大的不同的。

（1）基本含义不同。绩效考核是指考核者以工作目标或绩效标准为依据，使用各种有科学依据的考核方法，对员工成绩、工作的质量进行客观评价的过程。绩效管理则是指管理层和基层以组织战略为依据，共同参与的设定绩效计划、沟通和辅导、考核评价、绩效反馈、改善绩效目标周而复始的过程。

（2）管理和考核的目的不同。绩效管理的中心思想是"战略目标"。因此，其根本是促使组织和个人的绩效提高和员工成长，最终实现组织目标。绩效考核的目的则是一些近期的目标。例如，奖惩制度、岗位的调整等。

（3）所关注对象不同。绩效管理是一个过程，具有持续性，不仅关注过去时间的成绩，更加关注企业组织和员工个人在未来的发展，具有提前性，它是一个动态的连续的过程；绩效考核只对过去一段时间的绩效情况进行总结，是在事后进行考核，相对绩效管理来说是静止的、断续的、不全面的。

（4）两者的内容不同。绩效管理是一个包括制订计划、绩效管理、绩效考核、结果应用的管理体系，这四部分紧密相连，形成一个循环的整体。绩效管理包含绩效考核这个环节。绩效考核是一个动作，绩效管理是一个过程。

绩效管理与绩效考核有着本质的差异，但是它们之间又有着密切相关的联系。绩效管理中包含着绩效考核这一重要过程，它是实现绩效管理的成绩的体现。通过绩效考核，能有效地检验各级目标的达成情况，能够看出绩效管理中的不足和问题，为组织和个人及时地提高绩效提供有力的依据。

（五）绩效指标与绩效标准

所谓绩效指标，一般指单位对个人或部门从哪些方面的工作产出进行衡量或评估，即"评估什么"的问题。绩效评估工作的关键要素，以行为指标和结果指标体现。行为指标是指员工在工作岗位上的行为表现；结果指标是指通过员工的工作所带来的工作和组织的某些变化。绩效指标的设计和提取，对于组织的绩效管理至关重要。

绩效指标有固定的来源：其一，考核指标来源于公司指标目标的分解。也就是说，岗位指标目标来源于部门主管的指标目标，部门主管的指标目标来源于部门的指标目标，部门的指标目标来源于公司的指标目标。其二，公司的指标目标源于公司的战略、公司的年度经营计划和公司的年度预算，如公司销售额指标的目标值就是来源于公司的年度收入预算，公司的重点工作完成率的目标值就来源于公司的年度经营计划中的重点工作等。其三，部门及岗位的指标目标除了来源于公司指标目标外，还取决于部门与岗位的年度工作计划、部门与岗位的工作职责、作业流程等。任何一个企业的考核指标设计的依据，都离不开以上三方面。也就是说，考核指标设计不应该脱离组织战略、年度经营计划、年度预算、职责、流程。

绩效标准是考评者通过测量或通过与被考评者约定所得到的衡量各项考评指标得分的基准。绩效标准一般采取量化和非量化两种方式来考核。一般来说，绩效考核标准要尽量量化，对一些无法量化的行为指标，要找出关键特征、行为特征以及评定等级以实现量化处理。

（1）描述性指标标准。描述性指标标准可以是针对某一特定要素的，也可以是针对整体职责的。一般采用五级程度划分：优秀、良好、中等、合格、不合格。之后每个等级赋予分值。分值之间可以是等距的，也可以不是等距的。

（2）量化指标标准。量化指标是最能够精确描述状态的考核指标，目前被广泛使用在生产、营销、成本、质量等管理领域。量化指标标准的设计，需要考虑两个方面的问题：一是标准的基准点；二是等级间的差距。

基准点的位置就是我们预期的业绩标准，它处于衡量尺度的中间。基准点不等同于中点，一般在中点偏高的水平。比如100制的考试中，60分是及格线即基准点，而不是中点的50分。

（3）基本标准和卓越标准。基本标准就是合格标准，是对评估对象的基本期望，是每个被评估对象经过努力能够达到的水平。设置基本标准的目的是判断员工的工作是否满足基本要求。

卓越标准是指对评估对象没有强做要求，但是一小部分人通过努力能够达到的绩效水平。

（4）绩效标准的设计原则。

① 压力适中原则。绩效标准的设置压力要适中，不能太容易，也不能太苛刻。基本标准水平要使所有能够胜任本职工作的员工有一定压力。在这种压力下经过努力能够实现规定的基本标准。

② 稳定性和变化性。绩效标准一旦确立并证明是适当的，就应当保持相对稳定，不能随意变化，否则会丧失其权威性。对一家新企业来说，确定绩效标准可以参考同行经验，采用标杆学习的方法。同时，绩效标准也会发生变化，它会随着员工素质、技术和管理水平的要求而变化。

## 二、实训基础

### （一）绩效管理的方法

随着经济的发展，更多公司的成立，对于绩效管理的理念，管理者越来越重视。现阶段绩效的理念与以往的绩效考核强调的重点不同，其表现为：以不断地改进学习与结果反馈为改进绩效的重要手段为基础，强调互相配合协作；关注财务以外的各项指标，以组织的目标作为最终目标。

近些年，越来越多的先进的绩效管理方法被各个组织所运用。如关键绩效指标、360°反馈法、平衡计分卡、目标管理法等。这几种方法各有所长，相互间可以互补，可以单独使用，也可以根据实际情况混合方法一起使用。

（1）关键绩效指标（key performance indicators，简称 KPI）。1897 年，意大利经济学家帕脱提出的 KPI 理论基础，其含义是在价值创造过程中，组织的 20% 的关键行为完成了各部门和各员工 80% 的工作任务，要想抓住主体的 80%，就必须抓住这 20% 的关键，因此称之为"二八法则"。后来，"二八法则"广泛地应用到绩效管理中。

KPI 有狭义和广义之分。广义的 KPI 是在目标管理的基础上，通过提取公司成功的关键因素，实现层层分解和传导直到基层单位，确保公司战略目标实现的一种绩效管理方法。狭义的 KPI 是通过对组织及个体关键绩效指标的设立，在层层分解量化的基础上，建立 KPI 体系，以获得个体对组织所做贡献的评价依据，实现对组织重点活动及其核心效果的直接控制和衡量。关键绩效指标法的运用，建立了一种使高收益和竞争力不断提高的机制，把组织大目标转化为具体的过程和活动。部门主管可以通过 KPI 来明确本部门的工作责任，明确本部门员工的绩效指标，在指标量化的基础之上进行业绩考评。

通常依据 SMART 原则建立关键绩效指标体系，SMART 原则包含 specific，measurable，attainable，realistic，time-bound，即具体性、可衡量、可实现、关联性、时限性。关键绩效考核指标应包括过程指标和结果指标两大类。过程指标主要是评价行为过程；结果指标主要是评价业绩，它包含定量指标、定性指标和非权重指标。两种指标不可分割，相辅相成，使绩效考核指标更加完整。

表 6-1 SMART 原则

| 原则 | 正确做法 | 错误做法 |
| --- | --- | --- |
| 具体性<br>（Specific） | 切中目标<br>适度细化<br>随情境变化 | 抽象的<br>未经细化<br>复制其他情境中的指标 |
| 可衡量<br>（Measurable） | 数量化的<br>行为化的<br>数据或信息有可得性 | 主观判断<br>非行为化描述<br>数据或信息无从获得 |
| 可实现<br>（Attainable） | 在付出努力的情况下可以实现<br>在适度的时限内实现 | 过高或过低的目标<br>期间过长 |
| 关联性<br>（Realistic） | 可证明的<br>可观察的 | 假设的<br>不可观察或证明的 |
| 时限性<br>（Time-bound） | 使用时间单位<br>关注效率 | 不考虑时效性<br>模糊的时间概念 |

关键绩效考核指标的特点：① 可衡量性。关键绩效考核指标必须有计算方法、明确的定义、来源可靠的数据支持、评分标准，简单可行。② 组织上下所认同。KPI 是由上下级员工共同参与完成的结果，而不是由上级自行制定下发，体现了上下级双方的意愿，要想顺利实施，必须得到组织上下级一致的认可。③ 组织战略目标的分解的体现。关键绩效考核指标的设置是根据组织的战略目标设定的，如果组织的战略目标重点转移时，关键绩效考核指标也必须随之调整。KPI 将员工的工作与公司远景、战略与部门相连接，层层分解，层层支持，使每位员工的个人绩效和部门绩效与公司的整体效益直接挂钩，保证员工的绩效与内外部客户的价值相连接，共同为实现客户的价值服务。员工绩效考核指标的设计是基于公司的发展战略与流程，而非岗位的功能，如图 6-2 所示。

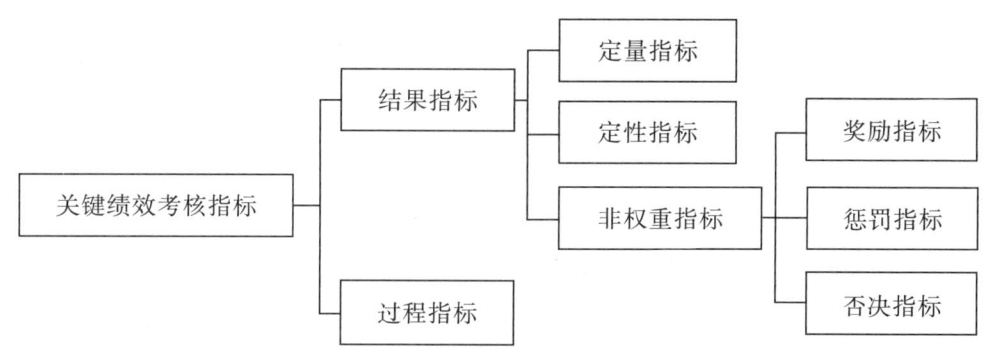

图 6-2 关键绩效指标体系

（2）目标管理法。1954 年，美国管理学家彼得·德鲁克在《管理的实践》一书中提出"目标管理"这一概念。彼得·德鲁克的观点是："如果因为部门的工作状况和结果而使组织的生存和发展受到危机的话，目标管理都是必需的"，"一个领域没有特定的目标，则这个领域必然会被忽视"。各级管理者应以目标实现情况来评定员工贡献度的大小；组织各级人员都应以总目标为基础，根据要求参与制订个人工作目标。彼得·德鲁克认为，是先有了目标后才能确定工作，并非是先工作后有目标。"目标管理就是企业先提出在一定期间内达到的战略目标，然后由各级员工根据总目标和自身的实际情况来确定各自的目标，并为其目标努力实现的方法。"

目标管理就是一个过程，在这个过程中，组织上下级的员工一同协商，以组织的战略目标为基础，制订出组织一定时期内的总目标，据此决定各级部门和员工的小目标，并把其作为各个部门与员工个人绩效产出对组织绩效考核的标准。目标管理法已经发展了几十年。其理论的重点使多年的传统绩效管理上的偏差得到了纠正，真正把绩效考核和绩效管理区分开，真正把命令变成了信任。

目标管理法的特点：① 权责明确，挖掘员工个人潜在能力。目标管理注重组织目标和员工目标的共同发展，在自我控制、自我管理中激励员工，调动员工的积极性。② 更加注重其可操作性、简单性、实效性，有益于既定目标易量化，以目标实现的多少来评价管理的绩效，有益于提高企业管理水平。③ 自我管理和控制相联系。目标管理提倡企业员工在其过程中做到管理和被管理，即协商制订各级部门目标，在工作过程时刻摆正自己的劳动态度，能及时地保质保量地完成自己的小目标。

（3）全方位考核法（360°反馈法）。360°反馈法产生在20世纪40年代，最初是用来评价发展变化和组织绩效等。历经近40年的蜕变，20世纪80年代，美国管理学家Edward & Ewen对此反馈法进行了深入的学习和完善，使其更加贴近企业，许多企业都在使用该绩效考核方法。360°反馈法也称为多源反馈或全方位反馈，是指在被考核者企业中，以与其有各种密切关系的人，包括被考核者的客户、上司、下属、同事，对其绩效的行为进行客观、公平的反馈评价，主要是帮助被考核者及时发现不足、努力改进和提高绩效。

360°反馈法坚持用各种途径的信息来源来获取更加客观、公平的反馈情况，能使一切的利益相关的群体共同参与管理，而不是对员工进行简单的机械管理，其最终目标是注重组织发展和个人成长同时发展。

360°反馈法步骤如下：① 设计调查问卷。包括问卷的内容和样式、设定各方面比例和每题的分数、征求考核意见等选择考核主体，从各个视角体现员工绩效，得到公正、有效的评价结果，必须突出选择考核主体的合理性。② 结果反馈。被考核者可以通过考核结果反馈指导客观地找出不足，找出原因，加强自我分析，有针对性地制订方案，为下一步行动做好铺垫。

360°反馈法与以往的绩效考核方法相比，其主要特点：一是各个视角的信息来源更有说服力，能够深入评价组织与员工绩效；二是因为有多个评价主体，听取多方面评价，反馈的结果信息更客观、公正，具有更高的可信度。

360°考核也称全方位考核或全视角考核，有员工的上司、同事、下属、客户和员工自己等，就德、能、勤、绩，或者是围绕企业的战略目标（定位），从财务、顾客、内部过程、学习与创新等方面对员工绩效进行全面考核。360°考核既包括考核主体的全面性，又包括考核内容的全面性。360°考核主体为：

①上级考核。一般以上级主管的考评为主，其考评分数对被考评者的结果影响很大，占60%~70%。

②同级考核。被考评者的同事比上级更能清楚地了解被考评者。在绩效管理中，同级的考评占有一定的比率，一般控制在10%左右，不宜过大，以防员工之间拉帮结派，排除异己。

③下级考核。作为被考评者的下属，对其工作作风、行为方式、实际成果有比较深入的了解，对其一言一行有亲身的感受。他们对被考评者又容易心存顾虑，致使考评的结果缺乏客观公正性，所以，其评定结果在总体评价中的占比率一般控制在10%左右。

④自我考核。进行自我考评，能充分调动被考评者的积极性。在绩效管理中，由于自我考评涉及个人的切身利益，容易受到个人的多种因素的影响，使其有一定的局限性，所以，其评定在总体评价中的占比率一般控制在10%左右。

⑤外人考核。部门或小组以外的人员很可能不太了解被考评者以及其能力、行为和实际工作的情况，使其考评结果的准确性和可靠性大打折扣。

360°考核的内容要从每一个员工岗位出发进行全方位的考核，由于绩效考核的对象、目标和范围各异，要考核的内容十分繁杂，各单位在实际操作的时候通常把它们概括为德、能、勤、绩四个方面。为了避免用一把尺子去衡量所有的人，可以利用加权归一化处理方法，设置指标弹性，可以相对地增加或减少指标，但却不改变该项的整体权重，

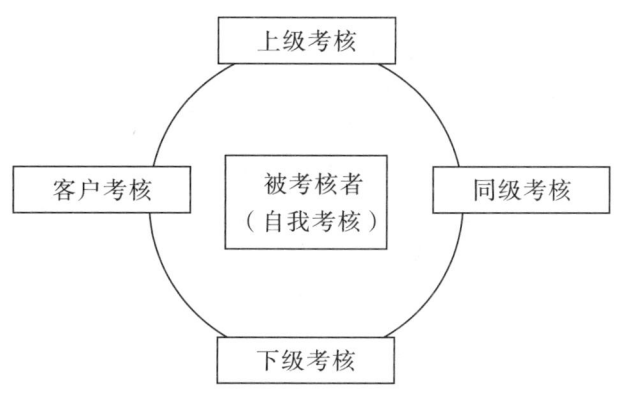

图 6-3　360°考核反馈法

最后的结果统一用 100 分制来表示,求出每一项得分,再把德、能、勤、绩的得分加到一起,可以横向对每一个员工的考核结果进行比较。考核结果取平均值,可以减少个人偏见和评分误差。360°考核也反映了企业对员工绩效考核的重视程度,通过强调团队和内部及外部顾客,可以推动全面的质量管理。因而,360°考核在很多企业逐渐盛行起来。

（4）平衡记分卡（BSC）。卡普兰在 1992 年的《哈佛商业评论》上发表的《绩效考核:平衡计分卡方法》这篇论文,第一次正式提出平衡计分卡这一概念。该方法分别从财务指标和非财务指标两个方面来评价绩效,推翻了过去只重视财务指标分析的传统方法,构建了以内部流程、顾客、学习与发展、财务为框架的体系。作为一种新型的绩效评价工具,它比以前的绩效管理的指标体系更加合理。围绕组织战略的目标,通过对内部流程、客户、学习与发展、财务等指标的建立,综合各种衡量方法,平衡计分卡最终的中心思想是实现组织的战略目标。平衡计分卡的实施流程可以分为以下几步:① 确定组织的宏观战略目标;② 成立专项小组,选择合适的人员进组;③ 使各线人员尤其是一线车间的工作人员了解组织的战略规划目标,可以通过各种方法进行,比如组织内部教育、培训等;④ 以组织的战略目标建立内部流程、顾客、学习与发展、财务各体系;⑤ 分析及处理数据:寻找与各指标体系相关的信息源;⑥ 逐级分解指标:制定合适的指标体系,制定指标体系时,应注意结合自身实际情况;⑦ 实施平衡计分卡,持续地跟踪监控和反馈;⑧ 奖惩机制应依据绩效结果进行奖罚;⑨ 绩效结果根据广泛员工意见对绩效指标和组织战略目标进行调整。

平衡计分卡的主要特点:① 有效地改善和提高内部经营管理和企业核心竞争力,由于平衡计分卡的方法是同时注重企业内部和外部,所以,组织能及时发现组织管理中存在的内部员工无法发现的问题;② 不以财务指标为重点,而是引入非财务的指标内部流程、顾客、学习与发展等,同时实现了组织短期目标和长期目标共同发展。

（二）选择绩效管理方法的考虑要素

在对某企业进行选择构建绩效管理系统时,看其是否适合我们,从组织特点、组织战略目标、收益与成本配比、人员素质能力这四方面进行衡量,这将对决定选择绩效管理的系统和系统实施的效果起着决定性的作用。考虑因素如下:

（1）组织特点。每个组织所处的时期、组织内部特点、行业特点是不尽相同的,但都是为其组织选择适宜的绩效管理方法的重要因素。比如说组织所处的阶段。一个组织一定会经过创业期、壮大期、顶峰期和衰退期这四个时期。在壮大期的组织表现为：开发市场的能力增强，组织的营业额已小有规模，分工有条不紊，组织越来越专业化。结果导向型绩效考核比较合适这个时期的组织。结果导向型绩效考核方法也比较适合用于经营管理者较为注重工作的完成情况的组织。当组织进入成熟期后，组织则应考虑采用关键业绩指标法或平衡计分卡体现战略管理的绩效考核方法。再就是，组织的文化类型也会对绩效管理方法的选择有很大影响。

（2）组织战略目标。组织无论选择什么样的绩效管理方法，首先确定的是战略目标及其如何实现。当一个组织经营状况不佳，为了提高公司的业绩既定目标，急需在短期内扭转不利局面，则应选择结果导向型绩效管理方法。当组织将打造高素质稳定的团队，以提高员工能力水平为首要目标时，比较适合采用行为导向型考核方法。

（3）收益与成本配比。收益与成本配比的原则在组织中有着举足轻重的作用，每当组织要做重大决策的时候或是为组织选择绩效考核管理的方法时，就会以收益与成本配比的原则为依据。由于资金对于中小组织来说就是命脉，对于组织不能负担的成本投入都是不可能通过的。在衡量成本与收益时，不仅要注重其间接带来的机会成本等问题，而且要注重直接产生的绩效考核成本，例如时间成本、费用支出等。通过反复的选择和衡量，组织意识到自身能承担考核成本的最大限额和未来所要面对的系列问题。所以，组织在不突破底线的情况下，以最小成本创造最大利润为原则，在成本与收益配比原则的前提下，揣摩出一个能实现其目标的最佳配比。

（4）人员素质能力。所有的绩效管理方法，其实施都要以"人"为支柱，考核者和被考核者都是"人"。在绩效管理中，不论是考核的主体还是考核的客体，不论地位的高低、发挥作用的大小，都应充分考虑人员对于该种方法的适应性和接受能力来选择其管理方法，员工能力素质的高低是决定性因素。组织员工的整体素质与接受新事物、新思想的能力和个人对于工作的驾驭能力及工作独立性是成正比的。如果员工的水平能力不高，整体知识层次偏低的话，个人的自我控制能力和工作自觉性不高，那么在这样层次不高的组织中推行高层次复杂的绩效管理方法，是得不到良好效果的。

综合以上要素分析，在给组织选择绩效考核模型系统时，应以如下实际情况考虑：① 组织的战略目标。现在的组织小有规模，组织正处于转变为成熟期的瓶颈，组织的战略也会由过去追求短期利益转变成长期发展，因此，新的绩效管理系统应以组织战略目标为依据。② 以人为本的管理。组织主要依靠劳动力从事机械零件的生产加工，所以必须突出以人为本的这个特点，充分地调动基层员工的工作积极性。③ 利润最大化。组织是中小组织，原始投入的资产不多，导致了其在绩效管理活动中所能承受的成本不能太大，因此也应以利润最大化为考虑因素。

### （三）绩效管理的误区

绩效管理中，应避免陷入以下六大误区：

（1）误区1：绩效管理等同于绩效考核。绩效管理首先是管理，管理的所有职能都涵盖有计划、组织、领导、协调、控制。而绩效考核包括在完整的绩效管理当中，只是管理的一个环节。两者既有联系，也有区别。

绩效管理是一个持续不断的交流过程，该过程是为了员工和他的直接主管之间达成共同协议。协议包括：期望员工完成的工作目标；员工的工作对公司实现目标的影响；以明确标准说明"工作完成得好"是什么意思；员工和主管之间应如何共同努力以维持、完善和提高员工的绩效；工作绩效如何衡量，即绩效标准是什么；指明影响绩效的障碍并提前排除或寻求排除的办法。

而绩效考核是依据既定的标准，通过一套正式的结构化制度和系统的方法来评定和测量员工对职务所规定职责的履行程序，以确定其工作成绩的一种管理方法，是对组织人员完成目标情况的一个跟踪、记录、考评。绩效考核是收集、分析、传递有关个人的在其工作岗位上的工作行为表现和工作结果方面的信息情况的过程。

（2）误区2：重考核，轻管理。重视绩效考核，看轻绩效管理，会导致在绩效管理的过程中出现重考核、轻计划、更轻辅导的现象。

（3）误区3：片面追求考核指标量化。绩效考核指标最好可量化，避免评估者主观的偏差，然而并非一切绩效衡量指标都需量化，也可以定性。绩效考核指标是由定性指标和定量指标相结合组成的。

（4）误区4：过分地追求全面的绩效考核指标体系。为了不遗漏工作，有些组织把尽可能多的指标都罗列出来，并进行考核或评价。面对如此之多的指标，在无法全面完成的情况下，员工很可能会舍弃一两个实践难度比较大的指标，而这些被舍弃的指标有可能就是关键绩效指标。

（5）误区5：忽略绩效反馈，认为在员工绩效出现问题时才需要绩效反馈。员工只有时时清楚绩效目标并经常收到反馈，才能做得最好。只有持续地提高和改进员工的个人绩效，才能实现组织整体目标。

（6）误区6：绩效管理是人力资源部门的工作。绩效管理应成为部门经理、员工个人、人力资源部共同承担的工作。

### （四）现代绩效管理的发展趋势

随着社会经济的不断发展，组织所面临的挑战也在不断地发生变化，组织经营管理已经由单一的管理模式，向多元化发展。绩效考核在组织中的推行也越来越广泛，对组织绩效评价体系的发展趋势进行分析，构造了财务绩效评价和非财务绩效评价为一体的新的绩效评价体，未来组织绩效考核的发展趋势总结如下：

趋势1：从注重过去到注重未来（战略导向、平衡计分卡）。
趋势2：从注重对个人的总体评价到注重价值（结果、行为）。
趋势3：从注重评估等级到注重绩效目标（目标导向）。
趋势4：从凭个人主观判断到注重结果衡量（从定性到量化）。
趋势5：从评价表为主到价值创造的过程（绩效辅导）。
趋势6：从填写大量的考核表格到与组织目标相结合（KPI）。
趋势7：从人力资源程序转向组织管理程序（运营回顾、战略回顾）。
趋势8：从单方面从上到下转向员工参与。
趋势9：从用于奖金分配转向帮助员工成长。
趋势10：从各个击破的个人作战转向团队协同。

绩效考核在组织中的实施并不是一成不变的，组织发展的不同时期，绩效考核有所不同，要建立一套符合组织发展的绩效考核体系，必须完善绩效考核体系。

"互联网+"时代，组织的创新发展已从单纯的工具和技术创新，全面扩展到管理理念和模式的深层次创新，并进而带动技术工具进行配套创新的加速创新循环。

绩效管理是组织战略落地的重要抓手，绩效管理的创新本身就是组织创新的重要内容之一。从2015年开始，绩效管理再次成为组织管理的焦点，以KPI为代表的经典绩效管理模式一统天下的局面被打破，组织更关注如何利用工具和系统帮助公司发挥绩效管理的最大价值，从而助力组织的战略实现。现代绩效管理发展趋势的特点如下：

特点1：绩效管理再次成为组织管理的焦点。

2015年伊始，人才管理软件云服务领导者北森公司一篇《KPI要下课了？》的文章在人力资源圈掀起了轩然大波，各大媒体纷纷转载。这说明绩效管理依然是组织管理的焦点，组织面临着管理升级、提高业绩和人效的多重挑战，高管们也再次把关注重心放在了绩效管理上。专业调查机构对众多组织绩效管理者或绩效经理进行调查，结果显示，超过80%的被调研组织仍然把绩效管理作为重点工作；超过50%的被调研组织计划在年内建立、修改和优化内部绩效管理方案。

特点2：以KPI为代表的经典绩效管理模式的局限性越发明显。

KPI是一种衡量员工表现优劣并推进公司整体绩效管理的工具，与公司的整体策略和目标密切联系。如假设公司的目标是赚更多的钱，那么其KPI体系就会包括销售增长率、销售利润率和营业成本等具体指标。

局限一是，由于KPI考核往往和激励结果相关联，因此具有很强的导向性。一旦领导层选了错误的KPI，就意味着员工会执行错误的指令，后果显然很严重。

局限二是，有些事情值得做，但在做出来一部分之前无法衡量，也因此无法制定精确的KPI，这就是很多人起初不愿意制定挑战性目标的根本原因——害怕考核，利益攸关。

局限三是，KPI的完成结果与每个员工的利益紧密相关，因而在制定目标和评价时容易存在人情世故和公平性的问题，严重的还会影响公司士气和内部团结。

BSC是围绕组织的战略目标，从财务、顾客、内部运营、学习与创新这四个方面对组织进行全面评测的绩效管理工具。据调查，世界500强组织中有70%的企业已运用BSC，可见其对组织绩效管理和运营的积极作用。但BSC的不足之处也很明显：一是实施难度大，工作量也大。BSC的考核要素很完整，工作量很大，实施的难度极高。一般而言，如果组织不具备完整、规范的管理平台，没有高素质的管理者和HR专业人员（战略制订及战略解码能力），则很难推广BSC。

二是适合组织绩效考核，但不能有效地考核个人。BSC是以岗位为核心的目标分解，很难分解至个人。个人关键素质要求体现得不明显，会在一定程度上造成岗位职责和任职资格要求不明确。

三是BSC系统庞大，短期很难体现其对战略的推动作用。战略属于长期规划的范畴，所以BSC的实施周期也相对较长，准确来说是一个系统工程，短期内很难见效，而且需要调动整个公司的资源。

其实BSC是在KPI的基础上，按4个维度进行战略分解与执行评测，实质上也是

KPI。因为 KPI 在实践过程表现出上述局限，可以肯定其必将被升级和优化，甚至被新的绩效管理模式所取代，但新的管理思想会发展和继承 BSC 和 KPI 的优点和精髓，比如：组织绩效管理仍会发扬 4 个维度、量化目标等。

需注意的是，在组织里推行绩效管理升级，不是要什么和不要什么那么简单，绩效管理涉及组织的方方面面，特别是组织文化、管理者风格和各种配套机制，需要慎重决策。

特点 3：目标和关键成果绩效管理模式将会被更多组织所青睐。

目标和关键成果（Objectives and Key Results，简称 OKR），是一套定义和跟踪目标及其完成情况的管理工具和方法。OKR 由英特尔于 1999 年首创，后来被逐步推广到 Google、Oracle、LinkedIn 等组织中，现在被广大 IT 及创意项目为主要经营单元的组织所关注。Google 现在不仅将其发展成为十分精密严谨、完全数值化的内部目标考核制度，更视其为各部门任务协作的重要手段。

相比 KPI，OKR 模式在逐级分解公司目标的基础上，细化了每个目标的关键任务和产出成果，具体到时间和数量。这些成果在考核期内可以调整，只要符合目标方向，这就从本质上解决了 KPI 的局限。OKR 更强调每一位员工当下的任务是什么，而不是想着怎么完成已不符合业务实际的 KPI 指标。

特点 4：目标执行与过程管理将使绩效管理发挥最大价值。

绩效管理循环有四个阶段，其中绩效达成过程的沟通和辅导是最重要的一环。而很多组织往往忽略了，甚至根本没有这个过程。把绩效管理简化成了绩效考核，是很多组织绩效管理没有发挥出价值的最关键原因。

而领先的企业更倾向于利用先进的系统工具来帮助员工和经理改善绩效实施的过程管理。北森在研发绩效管理系统时，也将其视为重中之重，北森的系统能够让员工在绩效执行过程中，随时对目标的实现情况、遇到的问题、资源需求、工作思路等与经理进行沟通和互动，直观地展现和时刻提醒员工当下（今天、本周、本月）的任务是什么及完成的情况；经理可随时了解员工目标执行的进展，并给予指导、反馈，在任务完成后即时进行评价或鼓励，在评估打分时，也可参考目标执行过程中的全部沟通痕迹和工作成果，更有理有据、公平客观地评估员工。

特点 5：能力和价值观成为绩效管理的重要组成部分。

随着人才流动的加快和人才竞争的加剧，组织比以往更加关注应该吸引、培养和保留什么样的员工。当组织发现价值观有问题的员工能力越强，对公司的危害越大时，对员工价值观的考核将成为组织绩效管理的重要组成部分。

当然，对员工能力发展目标的考核也越来越为组织所重视，有些组织甚至把员工发展平台作为一项关乎组织未来的重点项目来建设。一个员工如果能力不够全面，有明显的弱项，不仅不能支撑绩效的稳定表现，还会给组织人才的选拔和梯队培养带来诸多风险。

特点 6：移动社交化的绩效管理工具将大受欢迎。

绩效管理是一件非常复杂的工作，涉及全体员工，包括高层，没有一个好的系统工具支撑，根本行不通。但绩效管理系统还应该具备移动社交能力，让各级员工基于目标任务执行情况的沟通、评估及反馈可以更自然、更人性化。

例如，经理和员工需随时沟通及反馈目标与任务的执行情况，这种沟通以往更多依靠打电话或当面口头沟通，最大的问题是"过程不留痕"，在季度或年度考核时找不到足够的"证据"；分管经理无法完全了解主管经理对员工沟通辅导的过程，仅凭主管经理的口头汇报来了解一二，造成许多信息的不对称；经理评价员工时，有时需要了解前任经理对员工的评价和项目经理对参与项目工作的员工的评价，HR人员无法提前知道这些反馈，也无法提前设定个性化的反馈流程，所以给经理一个可以随时邀请他人对被评估人进行评估反馈的工具是非常有价值的。

绩效管理是永恒的话题，也会不断发展、变化。每家组织都有各自的实际问题，没有什么模式或方案能够100%适合你的组织，但不做绩效管理绝对是组织最错误的选择。争取理解绩效管理的发展趋势，并选择优秀的绩效管理系统为落地组织的绩效管理业务、提升绩效管理价值、促进绩效管理模式不断优化，也许是你现在最应该做的。

（五）绩效考核方法

1. 行为导向性主观评价方法

（1）排列法。亦称排序法、简单排列法，是绩效考评中比较简单易行的一种综合比较方法。它通常是由上级主管部门根据员工工作的整体表现，按照优劣顺序依次进行排列。有时为了提高其精度，也可以将工作内容做出适当的分解，分项按照优良的顺序排列，再求总平均的次序数，作为绩效考评的最后结果。

这种方法的优点是简单易行，花费时间少，能使考评者在预定的范围内组织考评并将下属进行排序，从而减少考评结果过宽和趋中的误差。在确定的范围内，可以将排列法的考评结果，作为薪资奖金或一般性人事变动的依据。但是，由于排序法是相对对比性的方法，考评是在员工间进行主观比较，不是用员工工作的表现和结果与客观标准相比较，因此具有一定的局限性，不能用于比较不同部门的员工，个人取得的业绩相近时很难进行排列，也不能使员工得到关于自己优点或缺点的反馈。

（2）选择排列法。选择排列法也称交替排列法，是简单排列法的进一步推广。选择排列法利用的是人们容易发现极端、不容易发现中间的心理，在所有员工中，挑出最好的员工，然后挑出最差的员工，将他们作为第一名和最后一名，接着在剩下的员工中再选择出最好的和最差的，分别将其排列在第二名和倒数第二名，依此类推，最终将所有员工按照优劣的先后顺序全部排列完毕。

（3）成对比较法。成对比较法亦称配对比较法、两两比较法等。其基本程序是：首先，根据某种考评要素如工作质量，将所有参加考评的人员逐一比较，按照从最好到最差的顺序对被考评者进行排序；其次，根据下一个考评要素进行两两比较，得出本要素被考评者的排列次序；依此类推，经过汇总整理，最后求出被考评者所有考评要素的平均排序数值，得到最终考评的排序结果。

应用成对比较法时，能够发现每个员工在哪些方面比较出色，哪些方面存在明显的不足和差距。此种方法只能运用在涉及的人员范围少的部门，并且比较的行为要素较少的部门和企业。

（4）强制分布法。强制分布法亦称正态分布法。假设员工的工作行为和工作绩效整体呈正态分布，那么按照状态分布的规律，员工的工作行为和工作绩效好、中、差的分布存在一定的比例关系，在中间的员工应该最多，好和差的是少数。强制分布法就是按照一定的百分比，将被考评的员工强制分配到各个类别中。类别通常是三类或是五类。百分比的安排通常遵循中间多、两头少的规律。

采用这种方法，可以避免考评者过分严厉或过分宽容的情况发生，克服平均主义。当然，如果员工的能力分布呈偏态，该方法就不适合了。强制分布法通常是在企业人数比较多的情况下运用。通常来说，企业发展比较稳定的情况下下运用。这种方法的准确性较高。

2. 行为导向型客观评价方法

（1）关键事件法。关键事件法也称重要事件法。在某些工作领域内，员工在完成工作任务过程中，有效的工作行为导致了成功，无效的工作行为导致了失败。关键事件法的设计者将这些有效或无效的工作行为称为"关键事件"，考评者要记录和观察这些关键事件，因为它们通常描述了员工的行为以及工作行为发生的具体背景条件。这样，在评定一个员工的工作行为时，就可以利用关键事件作为考评的指标和衡量的尺度。

关键事件法对事不对人，以事实为依据。考评者不仅要注重对行为本身的评价，还要考虑行为的情境，可以用来向员工提供明确的信息，使他们知道自己在哪些方面做得比较好，而又在哪些方面做得不好。例如，一名保险公司的推销员，有利的重要事件的记录是"以最快的速度和热诚的方式反映客户的不满"，而不利的重要事件的记录是"当获得保险订单之后，对客户的反映置之不理，甚至有欺骗行为"。重要事件法考评的内容是下属特定的行为，而不是下属的品质和个性特征，如忠诚性、亲和力、果断性和依赖性等。

由于这种方法强调的是，选择具有代表最好或最差行为表现的典型和关键性活动事例作为考评的内容和标准；因此，一旦考核评价的关键事件选定了，其具体方法也就确定了。

采用本方法具有较大时间跨度，因此可与年度、季度计划的制订与贯彻实施密切地结合在一起。本方法可以有效地弥补其他方法的不足，为其他考评方法提供依据和参考，其主要特点是：为考评者提供了客观的事实依据；考评的内容不是员工的短期表现，而是一年内的整体表现，具有较大的时间跨度，可以贯穿考评期的始终；以事实为根据，保存了动态的关键事件记录，可以全面了解下属是如何消除不良绩效，如何改进和提高绩效的。关键事件法的缺点是：关键事件的记录和观察费时费力；能做定性分析，不能做定量分析；不能具体区分工作行为的重要性程度，很难使用该方法在员工之间进行比较。

（2）行为锚定等级评价法。行为锚定等级评价法是一种将同一职务工作可能发生的各种典型行为进行评分度量，建立一个锚定评分表，以此为依据，对员工工作中的实际行为进行测评的考评办法。

行为锚定等级评价法实质上是把关键事件法与评级量表法结合起来，兼具两者之长。行为锚定等级评价法是关键事件法的进一步拓展和应用。它将关键事件和等级评价有效地结合在一起。通过一张行为等级评价表可以发现，在同一个绩效维度中存在一系列的行为，每种行为分别表示这一维度中的一种特定绩效水平，将绩效水平按等级量化，可以使考评的结果更有效、更公平。其具体的工作步骤是：

① 进行岗位分析，获取本岗位的关键事件，由其主管人员做出明确简洁的描述。

② 建立绩效评价的等级，一般为5～9级，将关键事件归并为若干绩效指标，并给出确切定义。

③ 由另一组管理人员对关键事件做出重新分配，将它们归入最合适的绩效要素及指标中，确定关键事件的最终位置，并确定出绩效考评指标体系。

④ 审核绩效考评指标等级划分的正确性，由第二组人员将绩效指标中包含的重要事件由优到差、从高到低进行排列。

（3）行为观察法。行为观察法也称行为观察评价法、行为观察量表法、行为观察量表评价法。行为观察法是在关键事件法的基础上发展起来的，与行为锚定等级评价法大体接近，只是在量表的结构上有所不同。本方法不是首先确定工作行为处于何种水平上，而是确认员工某种行为出现的概率，它要求评定者根据某一工作行为发生频率或次数的多少来对被评定者打分。如：从不（1分）、偶尔（2分）、有时（3分）、经常（4分）、总是（5分）。既可以对不同工作行为的评定分数相加得到一个总分数，也可以按照对工作绩效的重要性程度赋予工作行为不同的权重，经加权后再相加得到总分。总分可以作为不同员工之间进行比较的依据。发生频率过高或过低的工作行为不能选取为评定项目。

行为观察法克服了关键事件法不能量化、不可比以及不能区分工作行为重要性的缺点，但是编制一份行为观察量表较为费时费力，同时，完全从行为发生的频率考评员工，可能会使考评者和员工双方忽略行为过程的结果。

### （六）绩效考核的实施

**1. 确定合适的考核频率**

不同的组织进行绩效考核的频率可能不同，生产型组织可以按照日、周、旬、月、季、半年、全年这样的频率设置绩效评估点。不同工作性质的员工考核频率也不同。如对销售人员，可以按旬、月、季度来评估；对财务人员或技术开发人员，可以按照季度、半年或全年的频率来设计。

**2. 绩效考核存在的问题**

绩效考核过程中容易出现的五个问题，需要在绩效考核中重点关注。

问题1：绩效考核模式或方法不当。各种不同的绩效考核模式和考核方法各有其优缺点，合适的考核模式或方法可以扬长避短，而不当的考核模式或方法则会削弱绩效考核的作用。

问题2：考核指标失衡，权重设置不合理，忽略考核重点，绩效考核管理泛化，把一切事物都纳入绩效考核管理，导致参与绩效考核的内容过多，冲淡了对关键绩效指标的考核。

问题3：考核标准设置不当，主要表现在绩效目标的设定过于模糊。

问题4：缺乏沟通和反馈，不重视和员工进行及时、细致、有效的沟通。被考核者无从知道考核者对自己哪方面感到满意，哪方面需要加以改进。

问题5：考核结果与奖惩的关系不合理。要避免陷入两个极端：一是不重视绩效考核结果的应用；二是只重视利用绩效考核结果对员工进行约束和惩罚，而忽视了对员工进行激励和鼓舞。

3．绩效考核培训

一般而言，对考核者进行的关于绩效考核的培训主要包括如下的内容。

第一，组织人力资源制度的讲解。主要是对组织整体人力资源制度的结构和内容进行说明，通过讲解使考核者认识到人力资源系统是组织经营战略的一个重要组成部分，从而加深他们对员工考核工作的重视程度。

第二，考核基本知识的介绍。这些基本内容包括如何确定考核项目，怎样设计考核量表，考核方法有哪些以及考核实施过程中应注意的问题等。

第三，说明考核中的误区。在考核工作中经常会出现一些误区，如光环效应、首因效应、近因效应等，这些往往会影响到考核者做出正确的评估结果，因此在培训时要对其进行说明，以使他们尽量避免这些误区。

4．绩效考核中应注意的问题

（1）科学合理地制定考核标准。

第一，绩效指标设置要与工作紧密联系，同时其指标权重的设置也要合理。

第二，定性指标界定应清晰。

（2）尽量避免考评者个人主观的偏见。

第一，晕轮效应。考评工作中，考评人往往以偏概全，把绩效中的某一方面甚至与工作绩效无关的方面看得过重，从而影响了整体绩效的考评，导致对考评者做出过高或过低的评价。

第二，近因效应。一般来说，近期留给他人的印象往往是最强烈的，可以冲淡在此之前产生的各种影响，这就是所谓的近因效应。考评者往往可能只注重被考核者近期的表现和成绩，以近期印象来代替整个考核期的表现。

第三，个人情感。个人情感主要是指在对被考核者进行考核的过程中，考评者带着个人的好恶进行评估，导致做出有失公允的评价。

（3）考评尺度标准的一致性。

对同一工作岗位工作内容，其考核标准应该是一样的。另外，在考核具体实施过程中，防止发生过严或过松的现象。

5．绩效考核结果的应用

（1）员工薪资调整。为了增强薪酬的激励作用，在员工的薪酬组成部分中，有一部分薪酬是与员工绩效直接挂钩的，根据工作性质的不同，其绩效薪酬设置的比例也不同。

（2）工作岗位调整。通过对员工全方位的考核，可以了解员工所取得的成绩、具备的工作能力、发展潜力等，作为员工工作岗位调整（职务晋升、降级、轮换等）的重要参考依据之一。

（3）员工培训与开发。通过绩效评估，发现员工的现有绩效评价结果和组织对他们的期望绩效之间存在差距时，管理者就要考虑是否可以通过培训来改善员工的绩效水平，如果员工仅仅是缺乏完成工作所必需的技能和知识，那么就需要对他们进行培训。因此，除了可以通过绩效评价衡量员工的绩效业绩外，也可以利用绩效评价的信息来对员工能力进行开发。

（4）员工职业生涯发展规划。员工职业生涯发展规划是组织根据员工目前的绩效水平，与员工协商制订长期的工作绩效改进计划和职业发展路径的过程。通过绩效考核的结果，主管人员和员工都可以清晰地认识到个人的优势和不足；经过沟通和讨论，员工便能更加了解工作目标，明确自身的职业发展路径。

### （七）绩效考核的注意事项

（1）考核指标理解差异化。它是指由于考核人对考核指标的理解的差异而造成的误差。同样是"优、良、合格、不合格"等标准，但不同的考核人对这些标准的理解会有偏差。对于同一个员工所做的某项相同的工作，甲考核人可能会选"良"，乙考核人可能会选"合格"。

对策：①修改考核内容，让考核内容更加明晰，使能够量化的尽可能量化。这样可以让考核人能够更加准确地进行考核。②避免让不同的考核人对相同职务的员工进行考核，尽可能让同一名考核人进行考核，员工之间的考核结果就具有了可比性。③避免对不同职务的员工考核结果进行比较，因为不同职务的考核人不同，所以不同职务之间的比较可靠性较差。

（2）晕轮效应。晕轮效应又称光环效应。当一个人某项业绩比较高的时候，人们会误以为他在其他业绩方面也会同样优秀。在考核中也是如此，比如，被考核人工作中善于操作，考核人可能会误以为他的工作业绩也非常优秀，从而给被考核人较高的评价，但实际情况可能并非如此。员工的背景包括毕业学校、学历、家庭出身等，都有可能形成光环效应。

对策：在进行考核时，被考核人将所有考核人的同一项考核内容同时考核，而不要以人为单位进行考核，这样可以有效地防止光环效应。

（3）居中主义。考核人倾向于将被考核人的考核结果放置在中间的位置，这主要是由于考核人害怕承担责任或对被考核人实际情况不熟悉所造成的。这种考核失去了公平性，员工会很快对考核制度失去信心，使得考核制度流于形式。

对策：在考核前，对考核人员进行必要的绩效考核培训，消除考核人的后顾之忧，同时避免雇用对被考核人实际情况不熟悉的考核人进行考核评估。

（4）偏松偏紧的倾向。有的管理者偏好以宽待人，对下属比较宽容，侧重鼓励，评分分数偏高。有的管理者偏好以严待人，对下属要求比较严苛，评分分数偏低。不同的主管对员工的评价不一，这样导致在评比中所得到的分值不能反映员工之间的实际差距和水平。

对策：对考核人员统一进行考核培训，并在考核的结果中要求正态分布。

（5）近因误导。一般来说，人们对最近发生的事情记忆深刻，而对以前发生的事情印象浅显。考核人对被考核人某一阶段的工作绩效进行考核时，往往会只注重近期的表现和成绩，以近期印象来代替被考核人在整个考核期的绩效表现情况，因而造成考核误差。如在一年中的前几个月工作马马虎虎，等到最后的几个月才开始表现较好，照样能够得到好的评价。

对策：考核人每月进行一次当月考核记录，在每季度进行正式的考核时，参考月度考核记录来得出正确考核结果。对整年的考核中，必须参考到每月的月度考核。

（6）个人偏见。考核者通常会对一些人的固有印象产生评价误差。比如对于地域的偏见，认为某个省籍的人士都有固定的特定；比如说对女性员工有偏见。这些偏见对于那些非量化的软性指标会产生影响，继而影响到最终的评价结果。

对策：消除偏见，看重实际绩效考核的各项指标分数，不能以个人偏见对员工进行打分。

（7）相似性误差。通常人们都会认为自己是一名合格的员工。作为上级管理者，对那些拥有与自己相似工作风格，相似爱好、籍贯、信仰等的员工，在心理上会有认同偏好，在评估过程一般会对他们给予有利的评价。

对策：这点同消除偏见一样，也是着重在评价者的误区上进行培训。

（八）绩效管理制度体系设计及组织保障

1. 绩效管理制度体系设计

绩效管理体系是一套科学、完整的系统，除了科学的目标体系外，还非常需要配套以完善的规章制度和强有力的组织保障为基础。反之，绩效管理这座建筑缺少坚固的地基，便会发生随时垮塌的危险。所以，为保证组织的绩效管理制度能够顺利实施，组织应建立和健全规章制度和组织，使各部门权责明晰、团结协作。设计科学合理的绩效管理制度体系，应做到：

（1）健全绩效管理制度。在绩效管理中，健全的保障体系和制度体系都是缺一不可的，不仅要有完善的体系，而且也要完善管理制度作为支撑。通常绩效管理的整个过程必须有一套完善的制度支撑，其中包含着企业管理中的方方面面。所以，组织先应落实工作和做好绩效管理的准备，编写组织的绩效管理规章制度，如辅导制度、人才培养考核制度、奖惩制度、申诉制度等。只有把各种规章制度健全，才能保证绩效管理的各项工作得到政策的强有力支持和有序开展。

（2）明确人力资源部职责。绩效管理工作的主要管理、组织者是人力资源部，应首先明确本部门在绩效管理中所处的位置和工作职责。① 协调组织：组织在改变绩效管理方法时，多数员工的思想会有很大的波动。因此，需要人力资源部把部门之间及员工之间的关系协调好。② 计划评估：组织在制定和实施新的绩效管理体系时，需要人力资源部从组织以往的绩效管理现状、组织的发展阶段和行业特点等几方面做好计划和评估。③ 制定方案与培训：把组织的战略目标逐层分解，帮助分解到部门和员工，以此为基础，最终形成方案；加强绩效的宣传和培训，使各级员工对绩效管理工作有更深层次的认识。④ 日常管理和后续：主要包括收集资料和相关信息，实施过程监督和检查，汇总统计结果，建立员工考核档案，协调、处理员工申诉，改进和完善绩效管理实施方案等。

（3）成立绩效管理小组。组织的绩效管理只靠人力资源部一个部门是开展不起来的。因此，除人力资源部外，还要有专门的绩效管理小组。绩效管理小组一般是由公司高层管理人员、中层管理人员、基层员工代表组成。其职责是组织绩效管理工作，对工作进度起到监督的作用；确定组织的年度绩效考核指标；处理绩效申诉；建立相关的制度；负责绩效考核的反馈工作。

（4）强化各级部门领导。在组织中，中高层管理者是实施绩效管理的主体，他们在绩效管理工作中有着更多的作用和责任。因此，中高层管理者要对绩效管理的认识更加深入，认真履行其职责：① 以组织的战略目标为依据，参与并制定本部门的部门级别和个人级别的目标。② 配合人力资源部和绩效考核小组，制定本部门的部门级别和个人级别的考核指标。③以公司的制度和绩效管理方案为依据，组织本部门绩效管理。④评价本部门员工的绩效考核指标完成情况。⑤考核后，负责本部门员工的绩效改善工作和绩效反馈工作。

2. 组织绩效管理体系的保障

在实施绩效管理时，必须从组织自身状况与所处的社会环境考虑，把一些特定因素对于实施的影响考虑在内。事实上，绩效管理体系的成功实施，除了要具有科学的体系、完善的规章制度和明确的战略目标以外，还需要建立和实施一套保障措施作为支持。

（1）以人为本，完善绩效管理激励机制。马斯洛需求层次理论把人类基本需要分为五个层次，即生理需要、安全需要、感情需要、尊重需要和自我实现的需要。对现今的组织来说，满足其生理需要已经不是其主要需要了，要尊重并容纳人的个性，重视并实现人的价值。

①员工薪酬激励。即将员工的绩效与工资和绩效奖金相联系，依据绩效高低对应其工资和奖金的等级的高低，能避免传统工资制度"混饭吃"的弊端，大大提高员工的劳动积极性。在实施过程中，组织除了采用绩效差别化工资和奖金标准之外，还要把特殊人员奖金、年底红包、休假等一些方法加入其中；为留住高级别人才，可用员工参股、股票期权、年薪制等制度。

②员工尊重激励。在实施各项决策或一系列措施之前，要进行员工的建议听证会，要给予员工一定的决策权利和发言权利；保障员工各项基本权利，如制定考核指标权；组织多种形式的文体业余生活，加强员工心理健康教育；多为员工创造培训和辅导的机会，使其最终实现自我价值。

（2）优化业务流程，完善组织结构。对组织来说，对现有组织结构整合，要坚持以突出主要业务为基础，砍掉无用的行政管理枝叶，不必要的岗位和人员一个不留，使各部门和员工职责明晰，避免出现推诿、扯皮的现象，确保公司战略能够有效、高效地执行，提高工作的执行力，确保绩效管理指挥棒切实有效地发挥作用。

（3）加强绩效管理的宣传。通过之前调查的数据看，中小组织的员工，其素质还没有达到自觉贯彻和完全理解绩效管理的程度。因此要使员工们认识并贯彻新的绩效管理体系，首先要做的是加强绩效管理的宣传，让员工们深刻理解绩效管理，消除"绩效考核就是绩效管理"的错误认识。绩效管理使员工在工作上扬长避短、明确目标、提高凝聚力。绩效管理是一种相互持续沟通的过程，通过管理者与员工的沟通，把工作、目标以及工作价值观从考核者传递给被考核者，使管理者和员工有一致的看法，让员工明白绩效管理的流程及深意，很自然地把绩效管理作为工作中的一部分，这样才能使新的绩效管理体系得到认可和正常运行。所以，加强宣传和沟通，提高全体员工对绩效管理的认识，是一个组织实施新绩效管理体系的保障和基础。

（4）绩效考核结果的合理运用。绩效考核结果的运用是绩效管理中关键的一环，只有客观公平地运用绩效考评结果，才能充分提升员工的积极性，深度挖掘其潜在能力，最终改善公司的绩效。因此，组织对结果的运用要更加重视，实现综合性地运用绩效考核结果。

①对于不同层次的人员，有区别地运用绩效考核结果。在组织里，主要有总经理、部门经理、车间班长、基层员工四个层级。对绩效考评结果进行应用时，除了奖金层次

有区别外，还要在其他方面加以区别。比如，基层员工级别，绩效考核结果适用于调整工资奖金、调整绩效指标、调整岗位、实施培训与开发等方面。部门经理级别进行调整工资奖金、调整职位、制定培训与发展规划、调整绩效指标时，也可参考绩效考评的结果。总经理级别的绩效考核结果可用来作为对其调整薪酬、职位升降、中长期激励等方面的依据。

② 绩效考核结果的多方面运用。绩效考核结果除了对应不同层次的人员实现多样化外，也可以运用到战略目标对照、下一年度制订计划、人力资源管理等方面。一是战略目标对照。年终将绩效考核结果与年初制定的战略目标进行对照，考察组织的战略目标的实现程度，如果未实现，究其原因。在本年的绩效考核结果的基础上，对组织战略进行调整，重新筛选与定位，并以此确定下一年度的战略目标。二是组织文化和制度的建设。在组织实施绩效考评过程中会出现很多问题，管理者应以绩效考核结果为基础，重新调整组织相关的制度，尤其是绩效管理制度。组织文化与组织绩效紧密相连，组织与其各部门绩效结果能够体现出一个企业文化建设的实际效果。三是人力资源管理运用。过去绩效考评结果只是简单地与薪酬或奖金加减相联系，而很少涉及用于培训与发展、职业生涯规划、员工激励、岗位调整、绩效考评指标变动等方面。

（5）建立健全绩效反馈机制，创建良好的持续的绩效沟通氛围。通用电器前总裁韦尔奇有一句名言，"沟通，沟通，再沟通。"许多管理者把管理层与员工之间持续有效的双向沟通，作为组织绩效管理得以顺利实施的保障和基础。

① 建立良好的绩效沟通文化。良好的企业绩效沟通有一个很显著的特征，即小户型沟通。一是"下面"积极向"上面"沟通；二是"上面"放下架子，下车间与基层员工进行交流，运用好的沟通方式，多听听基层员工的心声。此外，持续沟通应始终贯穿于整个绩效循环中。

② 建立绩效沟通的优良传统。良好的绩效沟通传统有益于规范组织员工的行为，树立正确的世界观和共同协作共荣辱的集体意识，使组织内部逐渐形成一种相互尊重、团结协作的融洽关系，使其逐渐成为一种传统文化。管理者也应极力地把自身向企业传统文化上靠。此外，应该运用多种绩效沟通手段、多种沟通渠道和沟通方式，唯此，才能在组织中建立绩效沟通的优良传统。

③ 完善绩效反馈长久有效机制。绩效反馈在绩效管理过程中发挥着相当于沟通桥梁的重要作用，应把绩效结果反馈给管理者，它是改善绩效的重要依据。所以，不但要建立绩效反馈机制，更要持续地稳定下去。

综上所述，一个成熟的组织的成功应该在建立一套完整的绩效管理体系保障措施之上。唯有如此，绩效管理才会真正深入到组织中并发挥其作用。

# 第二部分 操作示例

## 一、绩效管理体系设计实例

### 人力资源部经理绩效管理体系设计

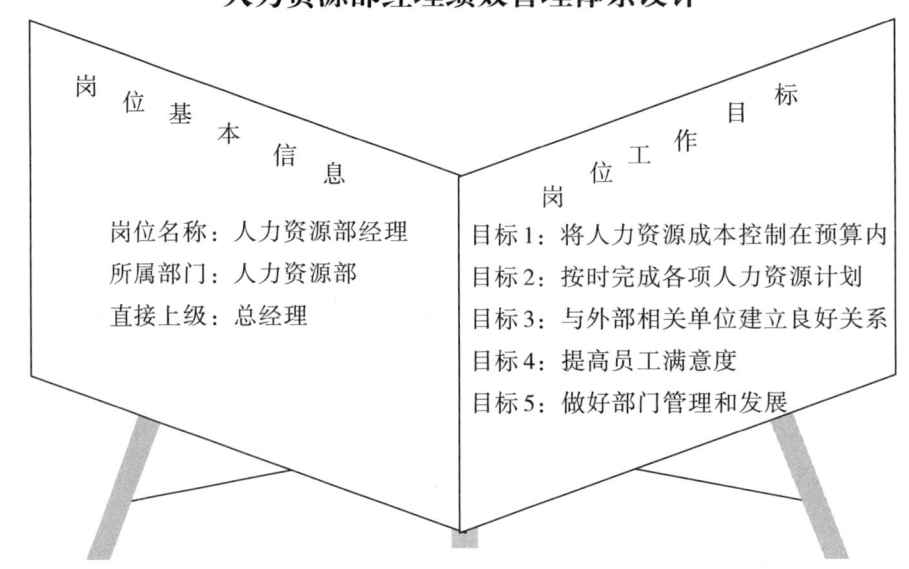

岗位基本信息
- 岗位名称：人力资源部经理
- 所属部门：人力资源部
- 直接上级：总经理

岗位工作目标
- 目标1：将人力资源成本控制在预算内
- 目标2：按时完成各项人力资源计划
- 目标3：与外部相关单位建立良好关系
- 目标4：提高员工满意度
- 目标5：做好部门管理和发展

表6-2 人力资源部经理绩效量化指标

| 目标执行人 | | 岗位 | 人力资源部经理 | 直接上级 | 总经理 |
|---|---|---|---|---|---|
| 考核期限 | | 　　年　　月　　日至　　年　　月　　日 | | | |
| 目标项目 | 量化考核指标 | 权重 | 绩效目标值 | 考核频率 | 考核得分 |
| 成本目标 | 人力资源成本 | 15% | 预算内 | 季度/年度 | |
| 内部运营目标 | 招聘计划完成率 | 20% | 达____% | 季度/年度 | |
| | 薪酬管理差错率 | 15% | 低于____% | 季度/年度 | |
| | 劳动纠纷解决率 | 10% | 达____% | 季度/年度 | |
| 顾客目标 | 部门协作满意度评分 | 10% | 不低于____分 | 年度 | |
| | 员工满意度评分 | 10% | 不低于____分 | 年度 | |
| 发展目标 | 培训计划完成率 | 15% | 达到100% | 季度/年度 | |
| | 核心人才流失率 | 5% | 低于____% | 季度/年度 | |
| 量化考核得分 | | | | | |
| 考核结果划分 | 优秀<br>90分及以上 | 良好<br>80~89分 | 好<br>70~79分 | 合格<br>60~69分 | 待改进<br>59分及以下 |

# 人力资源部经理绩效考核方案

一、考核目的

为考核人力资源部经理的工作绩效是否达到预定目标及人力资源部经理对其岗位责任的承担程度,特制订本目标责任考核方案。

二、考核原则

1. 考核指标的设置必须遵循"被考核人通过自己的努力可以改变绩效"的原则。
2. 既关注工作过程,也关注工作结果。

三、考核周期

对人力资源部经理的考核以年度为考核周期。

四、目标责任与考核

人力资源部经理的目标责任主要包括人力资源制度建设、部门费用管理、招聘培训管理、薪酬考核管理、劳动关系管理及纠纷管理、部门内部管理及外部协调六个方面,具体考核见表6-3。

表6-3 人力资源部经理目标责任与考核表

| 目标责任项 | 责任目标 | 考核标准 |
| --- | --- | --- |
| 人力资源制度建设 | 各项制度规范、完善,符合国家相关法律、法规 | 每有1项制度不规范,减____分;制度体系存在重大漏洞,减____分 |
| 部门费用控制 | 及时编制部门费用预算,根据审批后的预算控制部门费用 | 部门费用高于预算____%,减____分 |
| 招聘培训管理 | 及时搜集相关信息,准确预测企业需求,根据需求及时招聘合适人才并进行后续培训 | 1. 招聘计划完善,重要内容缺失,减____分/项<br>2. 招聘任务完成率低于目标值____%,减____分<br>3. 招聘人员适岗率低于目标值____%,减____分<br>4. 培训任务达成率低于目标值____%,减____分<br>5. 核心人才流失率高于目标值____%,减____分 |
| 薪酬考核管理 | 薪酬编制和核算准确,发放及时且无差错,及时完成考核任务并能及时处理考核申诉 | 1. 员工工资、奖金计算每出现1次错误,减____分<br>2. 薪酬报告提交及时率低于目标值____%,减____分<br>3. 绩效考核未按时完成,减____分/次<br>4. 考核申诉处理及时率低于目标值____%,减____分 |
| 劳动关系管理及纠纷处理 | 及时办理各项劳动关系相关手续,降低人事劳动风险,及时解决劳动纠纷 | 1. 劳动关系办理差错每有1次,减____分<br>2. 劳动纠纷每发生1次,减____分<br>3. 劳动纠纷解决率低于目标值____%,减____分 |

续上表

| 目标责任项 | 责任目标 | 考核标准 |
| --- | --- | --- |
| 部门内部管理及外部协调 | 制订并实施部门培训；做好与外部相关部门的沟通协调工作，建立良好的关系 | 1. 部门培训计划完成率低于目标值____%，减____分<br>2. 公司相关部门对人力资源部工作每有1次投诉，减____分<br>3. 下属人员违规每有1次，减____分 |

五、考核结果应用

人力资源部经理年度考核结果主要用于绩效工资的发放，具体如下。

1. 人力资源部经理年终考核得分高于____分，绩效工资发放浮动薪酬的100%。
2. 人力资源部经理年终考核得分在____~____分，绩效工资发放浮动薪酬的80%。
3. 人力资源部经理年终考核得分在____分以下，每减少____分，绩效工资发放减少____%。
4. 人力资源部经理年终考核得分低于____分，不发放绩效工资。

编制日期：　　　　　　审核日期：　　　　　　实施日期：

## 二、生产部门岗位绩效指标设置实例

1. 生产部指标量化管理分析

生产部量化管理分析，如图6-4所示。

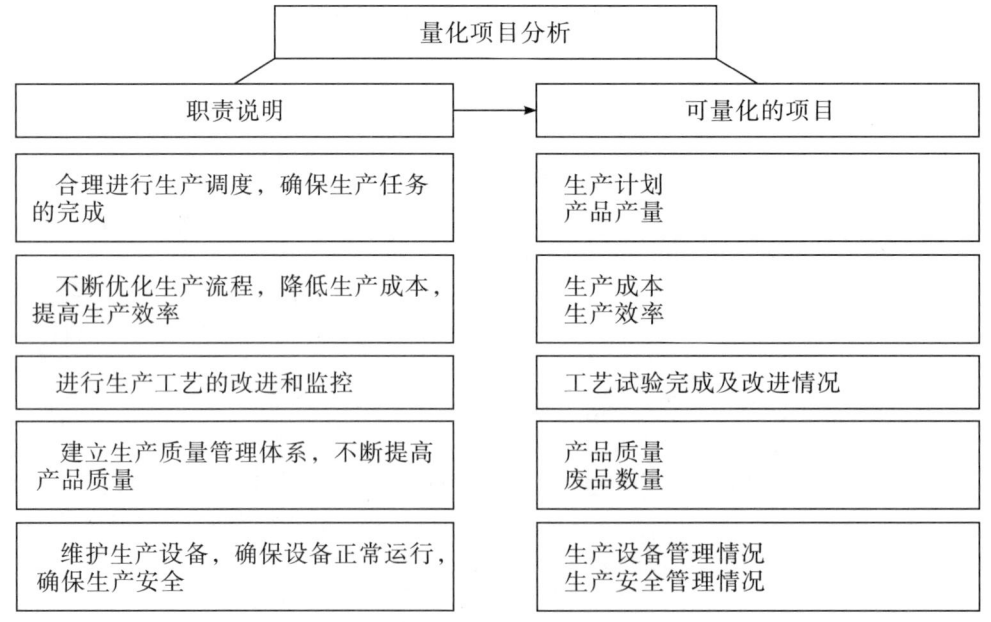

图6-4　生产部量化管理分析

## 2. 生产部量化指标设计

生产部量化指标设计，如图 6-5 所示。

```
目标项目 ────── 量化目标 ────── 量化考核指标
```

| 目标项目 | 量化目标 | 量化考核指标 |
|---|---|---|
| 生产任务 | ____月底生产产量达到____单位 | 生产计划完成率<br>生产产量 |
| 生产工艺、质量 | 及时完成生产工艺设计和改进，确保生产质量合格率达____% | 工艺试验及时完成率<br>产品质量合格率 |
| 生产成本 | 控制在预算以内 | 生产成本降低率<br>生产成本预算达成率 |
| 生产设备 | 每季度进行1次设备检查，确保设备完好率达到____%以上，设备利用率达到____%以上 | 生产设备完好率<br>生产设备利用率 |
| 安全生产 | 无生产安全事故发生 | 生产安全事故发生次数 |

**图 6-5　生产部量化指标设计**

## 3. 车间主任量化考核

（1）车间主任的岗位基本信息和工作目标，见表 6-4。

**表 6-4　车间主任岗位基本信息和工作目标**

| 岗位基本信息 | 岗位工作目标 |
|---|---|
| 岗位名称：车间主任<br>所属部门：生产部<br>直接上级：生产部经理 | 目标1：按时完成车间生产任务<br>目标2：降低车间生产成本，提高产品质量<br>目标3：做好车间安全生产和设备管理工作<br>目标4：做好本车间的人员管理工作 |

（2）车间主任量化考核，见表 6-5。

**表 6-5　车间主任量化考核**

| 目标执行人 | | 岗位 | 车间主任 | 考核时间 | | | |
|---|---|---|---|---|---|---|---|
| 考核期限 | | ____年____月____日至____年____月____日 | | | | | |
| 业务目标 | 实际完成 | 权重 | 评价标准 | 考核得分 | | | |
| | | | | 初核 | 复核 | 得分 | |
| 车间生产任务完成率达到____% | ____% | 30% | 每降低____%，减____分 | | | | |
| 交期达成率达到____% | ____% | 10% | 每降低____%，减____分 | | | | |
| 车间产品废品率低于____% | ____% | 10% | 每升高____%，减____分 | | | | |

续上表

| 业务目标 | 实际完成 | 权重 | 评价标准 | 考核得分 | | |
|---|---|---|---|---|---|---|
| | | | | 初核 | 复核 | 得分 |
| 返工率低于____% | ____% | 10% | 每升高____%，减____分 | | | |
| 车间生产成本降低率达到____% | ____% | 10% | 每降低____%，减____分 | | | |
| 车间安全事故损失控制在____元内 | ____元 | 10% | 每升高____元，减____分 | | | |
| 车间设备完好率达到____% | ____% | 10% | 每降低____%，减____分 | | | |
| 车间员工考核合格率达到____% | ____% | 10% | 每降低____%，减____分 | | | |
| 量化考核得分 | | | | | | |
| 考核结果划分 | 优秀<br>90分及以上 | 良好<br>80~89分 | 好<br>70~79分 | 合格<br>60~69分 | 待改进<br>59分及以下 | |
| 备注 | | | | | | |

## 三、绩效考核 KPI 体系分析实例

### 东升公司的公司级 KPI 的确立

东升公司根据"争取在3年内达到或超过同行业的平均水平"战略目标，通过对去年的各项指标的分析，并咨询了有关专家，进行了认真的市场调研，在公司内部广泛讨论的基础上制定一系列的公司级的KPI，见表6-6。

表6-6 东升公司的KPI

| 项 目 | 2005年 | 2006年 | 2007年 | 2008年 | 2009年 | 增长率/% |
|---|---|---|---|---|---|---|
| 销售收入/亿元 | 3 | 4 | 5 | 6 | 7 | 70 |
| 利润总额/万元 | 900 | 1 200 | 1 500 | 1 800 | 2 100 | 70 |
| 出口创汇/万美元 | 500 | 800 | 1 000 | 1 600 | 2 600 | 94 |
| 人均销售收入/万元/人 | 100 | 120 | 140 | 160 | 180 | 62 |
| 人工成本占比/% | 9 | 8.9 | 8.8 | 8.6 | 8.5 | 8.5 |
| 人事费用率/% | 8.8 | 8.5 | 8.3 | 8.1 | 8.0 | 7.9 |
| 人工成本利润率/% | 34.1 | 35.3 | 36.1 | 37 | 37.5 | 38 |
| 增加值劳动生产率/万元 | 15 | 18 | 22 | 25 | 30 | 35 |

## 四、绩效反馈面谈实例

### 失败的面谈

经理：小A，有时间吗？（点评：面谈时间没有提前预约）

小A：什么事情，经理？

经理：想和你谈谈，关于你年终绩效的事情。（点评：谈话前没有缓和气氛，沟通很难畅通）

小A：现在？要多长时间？

经理：嗯……就一小会儿，我9点还有个重要的会议。哎，你也知道，年终大家都很忙，我也不想浪费你的时间。可是HR部门总给我们添麻烦，总要求我们这儿那儿的。（点评：推卸责任，无端发牢骚）

小A：……

经理：那我们就开始吧，我一贯强调效率。

于是小A就在经理放满文件的办公桌的对面，不知所措地坐下来。（点评：面对面的谈话容易造成心理威慑，不利于沟通。双方最好呈90°直角面谈）

经理：小A，今年你的业绩总的来说还过得去，但和其他同事比起来还差了许多，但你是我的老部下了，我还是很了解你的，所以我给你的综合评价是3分，你认为怎么样？（点评：评估没有数据和资料支持，主观性太强，趋中效应严重）

小A：经理，今年的很多事情你都知道的，我认为自己还是做得不错的，年初安排到我手里的任务我都完成了，另外我还帮助其他的同事做了很多的工作……

经理：年初是年初，你也知道现在公司的发展速度，在半年前部门就接到新的市场任务，我也对大家做了说明的，结果到了年底，我们的新任务指标还差一大截没完成，我的压力也很大啊！

小A：可是你也并没有因此调整我们的目标啊！（点评：目标的设定和调整没有经过协商）

这时候，秘书直接走进来说："经理，大家都在会议室里等你呢！"

经理：好了好了，小A，写目标计划什么的都是HR部门要求的，他们哪里懂公司的业务！现在我们都是计划赶不上变化，他们只是要求你的表格填写完整。（点评：HR部门在考核的时候多注重了形式而忽视了内容）

其实大家都不容易，再说了，你的工资也不错，你看小王，他的基本工资比你低（点评：将评估与工资混为一谈），工作却比你做得好，所以我想你心理应该平衡了吧。明年你要是做得好，我相信我会让你满意的。（点评：轻易许诺，而且有第三人在场）好了，我现在很忙，下次我们再聊。

小A：可是前年、去年年底评估的时候……

经理没有理会小A，匆匆地和秘书离开了自己的办公室。

分析：这是一次失败的绩效面谈，由于经理缺乏准备和根据，绩效考核仅仅流于形式，最后都未能达成一致意见，必然使员工产生不满情绪。不难看出，这个谈话之所以不成功，主要存在以下问题：一是考核的着眼点是关注过去，不重将来；二是针对人，评价性格;三是气氛严肃;四是感到突然;五是缺乏资料数据的支持;六是凭主观印象;七是单向沟通。

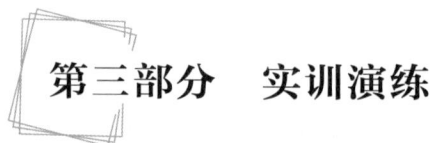

## 第三部分 实训演练

### 一、绩效考核指标设计练习

把下列绩效指标填到相应的空格内:纪律性、判断力、合作性、指导力、积极性、服从性、上进性、责任感、执行力、人际关系、个人修养、早退、集体荣誉感、旷工、理解力、协调力、应变力、策划力、出勤率、表达力、迟到、事假、病假、销售总量、销售收入、特别贡献。(见表6-7)

表6-7 绩效指标设计

| 绩效项目 | 项目权重 | 绩效指标 | 指标性质 | 指标权重 |
| --- | --- | --- | --- | --- |
| 德 | 15% |  | 定性 | 10% |
|  |  |  | 定性 | 10% |
|  |  |  | 定性 | 10% |
|  |  |  | 定性 | 20% |
|  |  |  | 定性 | 10% |
|  |  |  | 定性 | 10% |
|  |  |  | 定性 | 10% |
|  |  |  | 定性 | 10% |
|  |  |  | 定性 | 10% |
| 能 | 25% |  | 定性 | 15% |
|  |  |  | 定性 | 15% |
|  |  |  | 定性 | 10% |
|  |  |  | 定性 | 20% |
|  |  |  | 定性 | 10% |
|  |  |  | 定性 | 10% |
|  |  |  | 定性 | 10% |
|  |  |  | 定性 | 10% |

续上表

| 绩效项目 | 项目权重 | 绩效指标 | 指标性质 | 指标权重 |
|---|---|---|---|---|
| 勤 | 20% | | 定量 | 20% |
| | | | 定量 | 20% |
| | | | 定量 | 20% |
| | | | 定量 | 10% |
| | | | 定量 | 10% |
| 绩 | 35% | | 定量 | 50% |
| | | | 定量 | 50% |
| 其他 | 5% | | 定性与定量 | 5% |

◉ 请思考：

除以上指标之外，你还能添加哪些指标？

## 二、绩效标准设计练习

把表6-8分要素描述定义分级标准混乱的顺序调整好，并写出执行力的分级标准。

表6-8 分级标准练习

| 项目 | 评价等级定义 |
|---|---|
| 计划与组织管理 | 定义：有效地利用人、财、物，计划性安排和组织工作。<br>1级：具有系统、准确、迅速解决问题的工作行为特征，并进行有效的工作分解，以较佳的方式达到工作目标。<br>2级：对工作的执行和可能遇到的问题有计划性解决方案，并能够组织实施。<br>3级：有计划，但缺乏系统性，导致工作执行不利。<br>4级：缺乏预先制订的工作计划，解决问题准备不足 |
| 目标管理 | 定义：建立工作目标，制定合理的行为规范与行为标准。<br>1级：在多数情况下，目标设置合理现实，但会出现目标设置标准忽略现实要求的情况。<br>2级：设置目标合理、有效、计划性、时间性强。仅设置总体目标，细化分解不足。<br>3级：制定标准不恰当，时间要求不合理。<br>4级：总是设置具有现实性的目标，但有时目标设置过难。<br>5级：目标设置模糊、不现实，实现标准不明，没有明确的时间要求 |
| 管理控制 | 定义：组织协调各种工作关系，领导群体实现目标。<br>1级：善于激励，能对下属及同事的行为产生影响，以管理者的身份体现其影响力。<br>2级：面临困难易放弃原则，管理思想和工作风格不易为他人接受。<br>3级：回避群体控制，批评多但不提建议。<br>4级：保持必要的指示、控制，获得他人的协作，对他人表现出信任。<br>5级：善于控制、协调、干预，使群体行为趋同于目标的实现 |

续上表

| 项目 | 评价等级定义 |
|---|---|
| 管理决策 | 定义：设计决策方案，并对方案进行迅速评估，以适当的方法采取行动。<br>1级：决策恰当，一般不会引起争议。<br>2级：做出日常的、一般性决策，在较为复杂的问题上采取中庸决策策略。<br>3级：善于综合利用决策信息，经常做出超出一般的决策，且大多数情况下是正确的选择。<br>4级：较少制定、做出决策或表现出决策的随意性。<br>5级：决策犹豫，忽略决策的影响信息 |
| 沟通合作 | 定义：交流沟通，与人合作。<br>1级：善于沟通，力求合作，引人注意。<br>2级：很强的沟通愿望和良好的沟通方式，使合作成为主要的工作方式、方法。<br>3级：缺乏沟通方式，不善交流，难以表达自己的思想、方法。<br>4级：沟通清楚易于接受，表现出互相接受的合作倾向。<br>5级：交流、沟通方式混淆，缺乏中心议题，不易于合作 |
| 执行力 | |

## 三、设计绩效考核调查问卷

各小组选取熟悉的企业，制定一份绩效考核调查问卷。

### 思考与练习

1. 什么是绩效？绩效有哪些特点？
2. 什么是绩效管理？绩效考核和绩效管理有何不同？
3. 简述绩效管理的流程。
4. 常见的绩效管理方法有哪些？
5. 绩效考核的原则有哪些？
6. 绩效考核的方法有哪些？
7. 绩效考核指标和绩效标准如何设计？

闯关练习

案例：朗讯的矩阵式评估风暴

案例：绩效面谈

# 项目七
# 薪酬管理实务

## 职业情境

受全球经济低迷的影响,李明所在的公司业务也受到冲击,产品销量大幅下滑,公司经营遭遇危机,公司决定进行薪酬福利制度改革,减少人力成本支出,对之前一些设计不合理的项目进行适当调整,以降低成本,缩减开支,同时还要保证不引起人员波动。李明作为人力资源部的一员,也将参与公司此次薪酬福利制度改革工作。那么,他应该如何配合公司做好这项工作呢?

## 学习目标

### 能力目标

- 能够依据组织实际情况制定合理有效的薪酬管理体系。
- 能够设计组织员工福利方案。
- 培养学生正确看待物质激励,摒弃"拜金主义"。

### 知识目标

- 掌握薪酬的内涵和核心职能。
- 熟悉薪酬管理的主要内容及指导思想。
- 熟悉薪酬管理体系的设计步骤和设计原则。
- 掌握现代企业常见的薪酬计算方法。

## 先导案例

### H 公司该怎么做?

H 公司在人力资源管理方面起步较晚,原有基础比较薄弱,尚未形成科学的体系,尤其是薪酬福利方面的问题比较突出。公司成立初期人员较少,单凭领导一双眼、一支笔,还可以分清楚给谁多少工资。但随着人员的激增,只靠过去的老办法显然不灵,这样做带有很浓的个人色彩,缺乏公平性和公正性,对外的竞争性就更谈不上了。员工对目前公司的薪酬水平、员工之间的薪酬差距都不满意。由于其他人力资源管理职能不健全,所以目前公司薪酬分配的依据不足,难以反映员工之间真正的能力差别、岗位价值差别和贡献差别。

现在，该公司决定要重新设计薪酬方案。

◉请思考：

1. 你认为怎样才能正确地制定员工薪酬级别，并制定出一个合理的薪酬管理制度？
2. 如何衡量薪酬管理制度的合理性？

# 第一部分　理实基础

## 一、理论基础

### （一）薪酬内涵界定

**1. 薪酬**

薪酬，由薪和酬组成。薪，指薪水，又称薪金、薪资，所有可以用现金、物质来衡量的个人回报都可以称之为薪，也就是说薪是可以数据化的，组织发给员工的工资、保险、实物福利、奖金、提成等都是薪。酬，指报酬、酬谢，是一种着眼于精神层面的酬劳。薪酬的实质是一种公平的交易或交换关系，是员工在向组织让渡其劳动或劳务使用权后获得的回报。

薪酬在任何组织都是非常基础而且是非常重要的。科学与严谨的薪酬内涵界定是组织进行薪酬管理的基本理论前提。但是，国内外众多管理学家对薪酬内涵的理解众说纷纭，使用不尽统一。由此可见，薪酬概念在使用上较混乱，同时也说明，薪酬的理论和实践发展被赋予更多的内涵。

薪酬是员工因向所在的组织提供劳务而获得的各种形式的报酬。狭义的薪酬指货币和可以转化为货币的报酬。广义的薪酬包括经济性报酬和非经济性报酬。经济性报酬指工资、奖金、福利待遇和假期等；非经济性报酬指个人对组织及对工作本身在心理上的一种感受。

我们认为，薪酬是组织对员工付出劳动的各种回报，为使员工能够与组织一同分享组织发展所带来的收益，把组织与个人的短期、中期、长期收益结合起来，是员工劳动收入的总和，具体包括薪金、工资、奖金、佣金、红利及福利待遇等各种报酬形式。因此，薪酬实质上可以看成是员工与组织间的一种公平交易，是员工在向组织让渡其劳动或劳务使用权后获得的报偿。

**2. 薪酬构成**

薪酬是一个综合性的概念，不同的划分依据可以分为不同类别。最常见的一种薪酬划分方式是依据薪酬形式进行划分，分为经济性薪酬（外在薪酬）和非经济性薪酬（内在薪酬）两大部分，如图7-1所示。

### （二）薪酬管理

薪酬管理是组织管理者对组织员工薪酬的发放标准、薪酬水平、要素结构、管理系

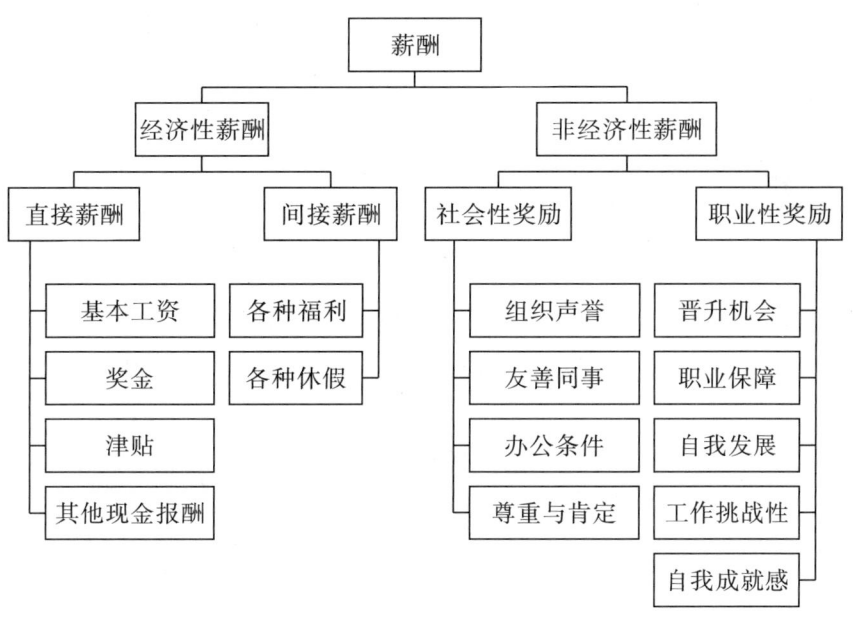

图 7-1　薪酬构成

统等要素进行调整、分析和确定的管理过程。主要内容涉及：薪酬市场调查、工作评价、薪酬控制与薪酬调整。正是在这些具体的常规的管理过程中，现代薪酬管理理念的着眼点转移到以人为中心。现代薪酬管理是人力资源开发与管理的重要环节，它将物质薪酬的管理过程与员工激励过程紧密结合起来，成为一个有机的整体。

1. 薪酬管理的原则

薪酬管理的目标是让薪酬最大限度地激励人和吸引人，努力实现组织目标与员工个人发展目标的协调。为了实现目标，就要进行科学、有效、合理的薪酬管理，一定要设计制定相应的薪酬原则与薪酬政策。薪酬管理主要原则有：

（1）公平性。这是最主要的原则。主要包含内部、外部、过程、结果公平等内容，要使员工认识到人人平等，只要在相同岗位上，做出相同业绩就可以得到相同的薪酬。

（2）安全性。薪酬系统要让员工感到安全，不能朝令夕改，重要内容变动要慎重。

（3）激励性。要在内部各类、各级岗位的薪酬水准上，适当拉开差距，真正体现薪酬的激励效果，强化对员工的激励作用，为企业做出更大的贡献。

（4）经济性。薪酬水平的高低不能不受经济性的制约，即要考虑组织的实际承受能力的大小。一般来说，薪酬管理应该接受成本控制，也就是在成本许可的范围内制订薪酬管理系统。

（5）认可性。薪酬系统由组织管理层制订，但是应该使大多数员工认可，激励才能大众化。

（6）合法性。现代组织的薪酬系统必须符合国家和地方政府的法律法规，符合组织各项规章制度等内容。

2. 薪酬管理的政策

薪酬政策就是组织管理者对薪酬管理运行的目标、任务以及手段的选择和组合。各个组织的薪酬管理中的政策各不相同，大致涉及对外薪酬政策、对内薪酬政策。对外薪酬政策侧重企业的薪酬水平和外部竞争力，对内薪酬政策主要调整薪酬的纵向等级结构和横向要素组合方式。常见的政策有以下几种：

（1）业绩优先与表现优先。业绩优先是指组织主要根据员工业绩的优劣来支付薪酬；表现优先是指组织主要根据员工努力与否来支付薪酬。

（2）工龄优先与能力优先。

（3）工资优先与福利优先。

（4）需要优先与成本优先。

（5）物质优先与精神优先。

（6）公开化与隐蔽化。员工之间相互知道薪酬多少为公开化，员工之间不提倡相互了解薪酬多少的为隐蔽化。两种政策各有利弊，有的组织将二者结合起来使用，扬长避短。

3. 战略性薪酬管理的目标

战略性薪酬管理的目标是使组织的薪酬管理系统做到公平性、有效性和合法性。

（1）公平性。公平性是指组织在设计薪酬战略时确保公平地对待每一位员工，承认员工的贡献，保证公平的薪酬体系、公平的薪酬决策程序和公平的薪酬决策结果。公平性要求做到：① 内部公平，即关注组织内部员工之间薪酬公平的问题。在实践中，组织要根据经营战略目标进行工作设计，科学地进行职位评价，与员工进行沟通，强化组织的核心价值观，保证每位员工获得公平的对待。② 外部公平。关注组织内部员工的薪酬与劳动力市场基准薪酬水平的公平问题。外部公平原则要求组织要做好市场薪酬调查，再根据本企业的经营战略，科学决策薪酬支付水平。③ 绩效薪酬公平。组织要根据员工对组织目标贡献的大小分别设计职位、技能、能力绩效薪酬计划。对绩效薪酬计划的制订、考核程序、考核结果都要做到公平合理。员工对公平性的感知会对员工的行为产生很大的影响，若员工感觉不公平，会影响员工积极性的发挥，或者以不正当的手段来增加自己的收入，或者会产生离职的想法。因此，薪酬的公平性对企业凝聚力的形成起着重要的作用。

（2）有效性。有效性是指薪酬战略支持组织实现战略目标的程度。薪酬体系的设计、薪酬支付的水平、薪酬结构的构成、薪酬管理的政策等直接影响员工的工作效率，进而影响到组织目标的实现。通过薪酬管理，可以把员工个人目标和组织的战略目标结合起来，同时也把众多组织成员的单个行为与组织的战略实施过程联系起来，通过员工的行动推动组织战略顺利实施，亦可通过对组织战略目标的实现程度的衡量来检验。

（3）合法性。合法性是指组织制定薪酬政策必须遵守相关的法律法规。虽然不同国家的法律条款不同，但多数法律都规定了员工必须有享受最低工资、加班工资和福利、反歧视法的权利。一旦法律发生了变化，薪酬体系必须随之调整，以保证与法律的一致性。随着经济全球化的发展，跨国公司必须遵守所在国的法律法规。

（三）薪酬制度

薪酬制度是关于组织标准报酬的制度，它是以员工劳动的熟练程度、复杂程度、责任及劳动强度为基准，按照员工实际完成的劳动定额、工作时间或劳动消耗而计付的劳动薪酬。各类组织根据不同的业务和发展时期，可以采取不同的薪酬制度。

1. 工资制度。工资制度是薪酬制度中最基本的制度，它关系着员工的切身利益，也是吸引优秀人才的重要方面。就工资计量的形式而言，可分为计时工资和计件工资。

2. 奖励制度。奖励性薪酬是一种补充性劳动报酬形式，一般是指对员工超额劳动或工作高绩效的一种货币形式的劳动报酬。在实践中，许多组织都根据自身的需要设立了奖励制度，以期比较全面地贯彻按劳分配原则，促进员工努力工作，创造更多的超额劳动，为实现组织的目标多做贡献。奖励的种类分为绩效奖、建议奖、特殊贡献奖、节约奖以及超利奖等。

3. 福利制度。福利是组织对员工劳动贡献的一种间接补偿，是组织薪酬制度的一个重要组成部分。员工福利项目的类型可从不同的角度划分。根据福利的内容，员工福利可以分为法定福利与补充福利；根据福利享受的对象，可以分为集体福利和个人福利；根据福利的表现形式，可分为经济性福利和非经济性福利。

4. 津贴制度。津贴是对员工额外的劳动消耗或因特殊原因而支付的劳动报酬，是员工工资的一种补充形式，也是员工工资的重要组成部分。津贴是国家对工资分配进行宏观控制的手段之一。按津贴的性质区分，大体可分为岗位性津贴、地区性津贴、保证生活性津贴。

（四）薪酬管理体系的基本模型

组织的薪酬体系是多元化的，很多组织都划分很细，包含多个层次及多个项目。不同性质的组织，其薪酬体系的具体构成因侧重点不同而有所不同，按照不同类型的员工设计不同的薪酬体系，但大体上都是以薪酬等级表、薪酬标准、技术等级标准及职务统一名称表等形式表现的。目前，大多数组织正在采用的薪酬体系，称为通用薪酬体系，主要是由一级薪酬和二级薪酬构成的，如图7-2所示。

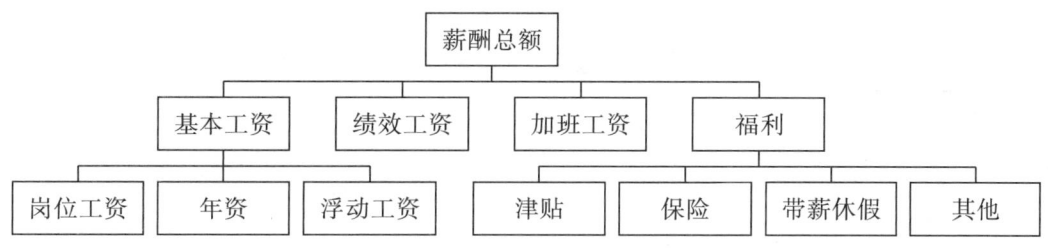

图7-2 薪酬体系通用模型Ⅰ

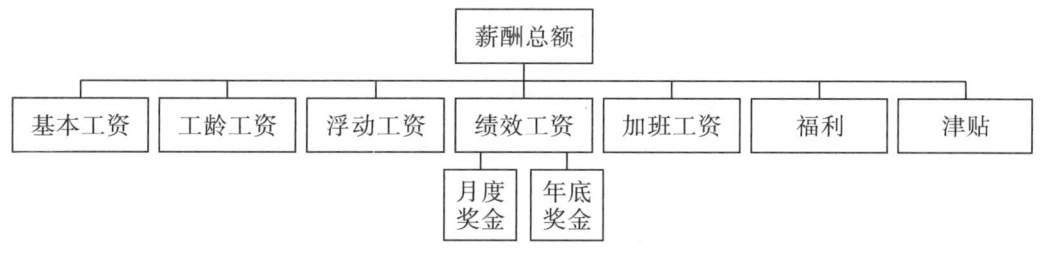

图7-3 薪酬体系通用模型Ⅱ

从图7-3可以看出，与图7-2不同的是工龄工资和浮动工资从基本工资中剥离出来，薪酬一级构成主要包括基本工资、工龄工资、浮动工资、绩效工资、加班工资和薪酬福利，这种薪酬管理体系思路目前正在推广应用，效果比较明显，值得各组织参考借鉴。

（五）当代组织薪酬管理的潮流与创新

随着人力资源管理在现代组织管理理论与实践中地位的提升，薪酬管理成为新的研究热点。21世纪薪酬管理的创新发展趋势主要包括以下五种。

1. 战略性的薪酬管理：内在薪酬与外在薪酬的完美结合

现代组织日益重视薪酬全面性，把合理的物质奖励与丰富的精神奖励结合起来，让员工的工作既有意义，又有趣味，还有收获和成就，就能使薪酬制度的效益最大化，并让组织的成本收益比最小化。内容也更加丰富，如可变或浮动薪酬的开发与管理、绩效薪酬的开发与管理、薪酬激励项目的设计和实施等。

2. 长期激励薪酬：股权薪酬化

现代组织更注重雇员激励长期化，即通过股权薪酬化来实现。实施对象既可以是全员，也可以是专门的技术人员，目的是要留住关键人才和技术，稳定员工队伍，并激发他们的工作积极性。其方式主要有利润分享，员工股票选择计划，股票增值权，限定股计划，虚拟股票计划、送、购股计划和股票期权制，经营者薪酬等。

3. 薪酬与员工绩效紧密挂钩

与员工绩效紧密挂钩的薪酬制度近年来在西方比较流行，其全称是 performance-related pay，即与业绩挂钩的薪酬制度。从某种角度来看，它其实是一种利润分享制度，在我国常常提到的分工制度，其实也是同样的。与绩效紧密挂钩的、灵活的薪酬制度取代过去那种僵化的薪酬制度，用以激发员工最大的积极性，使组织利润达到最大化，也用以适应瞬息万变的技术升级和组织结构的转换、创新。

4. 打破保密薪酬制度：薪酬制度公开化，支付方式透明化

实行保密工资制度的企业，自有其理由。保密工资制度可以减少人事矛盾，降低组织薪酬管理的难度和成本。但是这总给人以不能见光的感觉，因此员工也容易产生不公平感，而真正能做到绝对保密的公司在现实中很少。人都有好奇心，尤其是关系到自己切身利益的事情。可以说，保密薪酬制度使得薪酬应有的激励作用大打折扣。组织管理者正努力探寻公开、透明的薪酬制度，为员工筑起一座指引奋进之路的灯塔。

5. 宽带薪酬

宽带薪酬起源于美国20世纪80年代末90年代初，是一种源于美国传统薪酬而又优于传统薪酬的现代薪酬模式。随着薪酬设计发展趋势的变化，为了迎合当前组织机构普遍扁平化的趋势，加宽薪酬等级的带宽成为普遍的做法，也就是时下比较流行的"宽带薪酬"的概念。

宽带薪酬就是对传统薪酬结构中多个薪酬等级或狭窄薪酬区间进行重新整合压缩，使他们变成少数几个相互很少重叠的宽泛薪酬区间或薪酬宽带。从本质上说，它是一种强调基于员工绩效而增加薪酬的现代薪酬模式。它是要在扁平的组织结构中，增加各岗位薪酬的垂直空间，摆脱过去的薪酬与岗位牢牢捆绑在一起的局面。

## 二、实训基础

### （一）设计有效薪酬管理体系的四大核心步骤

设计打造一个科学、合理、有效的薪酬管理体系，需遵循四步完成，下面将薪酬管理体系设计的四个步骤分别进行系统阐述。

1. 建立薪酬管理战略规划——明确薪酬管理体系的总体思路和指导思想

在薪酬管理体系设计中，薪酬战略规划是一项十分重要而且往往又很容易被众多组

织忽视的工作。组织设计薪酬管理体系时必须从战略的角度进行分析,制定的薪酬政策和制度必须体现组织发展战略的要求。组织的薪酬不仅仅是一种制度,更是一种机制,合理的薪酬制度驱动那些有利于发展战略的因素的成长和提高,同时使那些不利于组织发展战略的因素得到有效的遏制、消退和淘汰。因此,组织设计薪酬体系必须从战略的角度分析重要因素和不重要因素,这些因素包括战略发展阶段、文化、市场和价值因素等,分清主次,并通过一定的价值标准,给予这些因素即薪酬指标适宜的权重,进而确定薪酬指标的薪酬标准。

俗语说,没有调研就没有发言权。在制定战略规划之前,必须先做薪酬调研。薪酬调研为公司薪酬理念和薪酬管理体系的制定提供依据,对外部劳动力市场的薪酬水平、行业公司的薪酬水平、地区公司的薪酬水平进行必要的调研是必不可少的,尤其是本地区、本行业、竞争对手的薪酬状况。参照薪酬调研报告,结合本组织实际情况,调整本组织应对职务的薪酬,以制定战略性的组织薪酬管理体系,见表7-1。

表7-1 组织薪酬管理战略规则与经营战略规则的关系

| 经营战略 | 企业生命周期 | 薪酬策略 | 薪酬水平 | 薪酬组合战略 |
| --- | --- | --- | --- | --- |
| 以投资促进发展 | 幼年 | 刺激创业 | 高于平均水平 | 高额基本薪酬;中、高等奖金与津贴;中等福利 |
| 保持利润和保护发展 | 中年 | 奖励管理技巧 | 平均水平薪酬与个人业绩相结合 | 平均的基本薪酬;较高比例的奖金和津贴;中等福利 |
| 收获利润并转移阵地 | 老年 | 成本控制 | 低于平均水平与成本控制的适当奖励相结合 | 较低的基本薪酬;与成本控制相结合的奖金;标准的福利 |

不同的成长阶段,根据不同的经营战略、不同的市场地位和发展阶段,制定选择与之相适应的薪酬管理体系,以达到有力支持组织总体发展战略的目的。

2. 工作分析与评估——编写岗位说明书

(1)工作分析与评估。工作分析(又称岗位分析或职位分析),是对组织各个工作岗位的性质、任务、职责、隶属关系及任职人员所需的资格条件等进行系统分析和研究,并制定出岗位规范和工作说明书等成果文件的过程。工作分析就是要依据组织的需要,将影响工作的因素一一列举分析,首先决定组织中需要设置哪些工作,其次再决定每项工作所需的人力。

工作分析的价值和意义不在于工作分析成果本身,而在于职位分析所获得的信息能够为战略传递、组织与人力资源管理体系的设计提供重要的信息与数据。工作分析是确定薪酬的基础。在工作分析的基础上,明确各部门职能和职位的关系,编写出岗位说明书,这样才能为薪酬设计打下一个坚实的基础,使薪酬设计有科学的依据。薪酬制订要以工作说明书为依据,工作说明书是工作分析和评估的结果,员工所从事的工作难度越大,其薪酬相应就应该越高。职位分析信息可以用来确定任务、职责的权重,对难度较大的工作给予较大的权数,从而付给更好的薪酬。因此,工作分析与评估是薪酬制度制定的基础。

既然工作分析是编写岗位说明书的过程和手段，那么就可以运用多种工作分析方法来收集编写岗位说明书所需要的信息。目前，在人力资源管理上存在四种行之有效的工作分析常用方法，分别为面谈法、观察法、现场工作日志法和问卷法。

（2）编制岗位说明书。工作分析的直接结果之一就是形成岗位说明书，工作分析与评估通过收集、分析、归纳有关某项工作的信息资料，最终形成岗位说明书。编写工作说明书要依据组织的实际情况，结合以上四种分析方法进行工作分析，完成编写。

一份完整的岗位说明书，编写过程是十分严谨而且环环相扣的，其内容主要由三大部分组成：一是岗位基本信息。二是岗位任职资格（该岗位上的人应该具备什么条件）。三是工作描述（岗位职责和权限——以岗位为中心，对岗位的全面描述）。见表7-2。

表7-2 岗位说明书

| ××公司岗位说明书 || 文件编号 ||
| :---: | :---: | :---: | :---: |
| ^^ || 文件版本 ||
| ^^ || 生效日期 ||
| 岗位信息 || 报告关系 ||
| 岗位名称 | | | |
| 所属部门 | | | |
| 薪资等级 | | | |
| 直接上司 | | | |
| 直接部属 | | | |
| 岗位编号 | | | |
| 岗位编制 | | | |
| 任职资格 || | |
| 性别 | | | |
| 年龄 | | | |
| 学历 | | | |
| 专业 | | | |
| 知识 | | | |
| 经验 | | | |
| 技能 | | | |
| 工作环境与条件 ||||
| 使用工具 | | 工作环境 | |

续上表

| 事件特征 | | |
|---|---|---|
| 职责描述 | | |
| 职责模块 | 职责细则 | 见证表单/文档 |
| | | |
| | | |
| | | |
| | | |
| | | |
| | | |
| | | |

3. 薪酬定位——确定薪酬水平和薪酬等级

综观目前被很多人力资源专家所推崇、在组织运用也比较广泛的薪酬定位模式，主要有如下几种。

（1）基于职位的薪酬定位。根据职位的不同进行职位评估，确定职位的重要程度，然后依据市场行情来确定"有竞争力"的薪酬。员工的主要基本薪酬差距取决于员工所从事职位的责任、技能要求、努力程度以及工作条件等因素。在同一职级，不同资历和绩效的员工，其薪酬会存在一些差距。因此，此模式是以职位为主线，同时考虑技能和经验，而不是由职位、技能、工龄等各自决定一块工作，然后再并列构成基本薪酬。

（2）基于技能的薪酬定位。根据员工的技能与职位的要求吻合度来确定薪酬。

在技能薪酬定位中，主要是员工掌握某种技能的熟练程度以及所掌握技能的深度和广度。这类薪酬制度的岗位概念往往变得非常模糊，尤其是当它的适用对象是那些从事工作内容大体相同但技术能力和知识水平差异较大的专业技术类人员时。

按理说，这是一种比较合理的定薪方式。但是，这种定位的假设条件是"所有的员工是均质"的，即每一位员工都能自觉地发挥其主观能动性。然而，在实践中，此种定薪方略很难执行，最常见的情况便是员工"出工不出力"，于是出现价格定位与实际价值的背离，从而导致员工的薪酬大于价值的现象。

（3）基于绩效的薪酬定位。根据员工的绩效表现来定位薪酬。至少从理论上讲，此种薪酬定位模式远比前两种合理。将绩效与薪酬联系起来，是绩效薪资制度的出发点和归宿，绩效薪资的增加，应该既能反映员工以前的工作水平，又能鼓励员工尽最大的努力提高工作绩效。基于绩效的现代薪酬体系设计，解决了基于职位的基本薪酬所不能解决的员工绩效评估及关键绩效指标在薪酬中的激励作用。

（4）基于宽带的薪酬定位。在组织内用少数跨度较大的薪资范围来代替原有数量较多的薪资级别的跨度范围，将原来十几甚至是二十几、三十几个薪酬等级压缩成几个级别，取消原来狭窄的薪资级别带来的工作间明显的等级差别。但同时将每一个薪酬级别所对应的薪酬浮动范围拉大,从而形成一种新的薪酬管理系统及操作流程。

基于宽带的薪酬定位打破传统薪酬结构所维护和强化的等级观念,减少工作间的等级差别;引导员工重视个人技能的增长和能力的提高;有利于职位轮换,培育那些新组织的跨职能成长和开发;有利于提升组织的核心竞争优势和组织的整体绩效。

(5)薪酬权重——薪酬层级数目的设计。一般来说,在确定薪酬等级数目时,岗位价值评估所获得的职位层级可以直接等于薪酬等级,但常需要考虑组织的规模、性质与组织结构(规模大、纵向等级结构明显的组织,薪酬等级相对较多)、职位系列内工作的复杂程度差别、薪酬级差以及行业的特征等因素,并对职位层级做相应调整来获得薪酬等级,如图7-4所示。

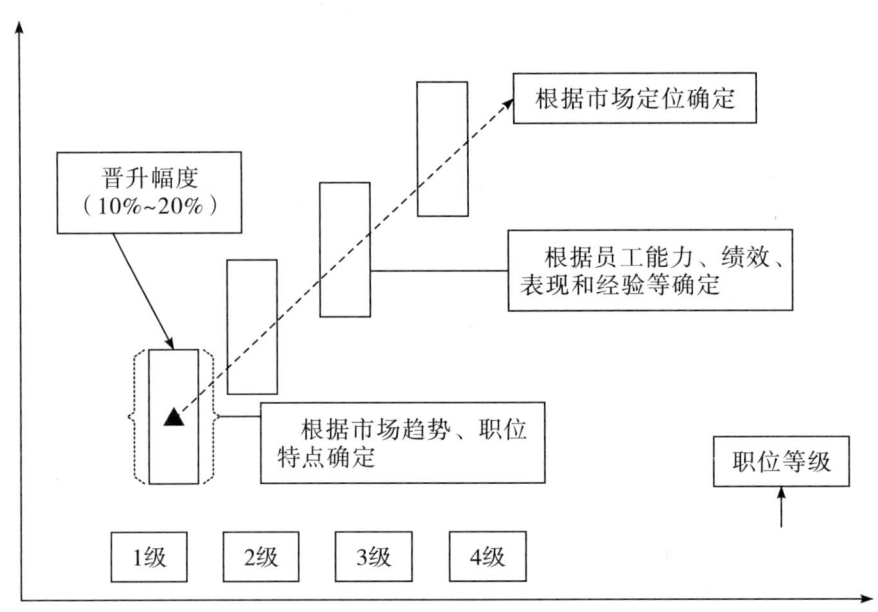

图7-4 薪酬等级设计

目前,组织的薪酬等级结构出现宽带化趋势,即薪酬等级数目减少,每个薪酬等级之间的薪酬幅度拉宽,同一薪酬等级内的薪酬差距拉大。

依据岗位价值评估的分数,可以计算出所有层级的相对系数,这个系数就是薪酬层级系数。虽然不同岗位价值模型评价出的绝对分数不同,但薪酬层级系数却是基本相同的。举例说明,见表7-3。

表7-3 薪酬层级系数

| 层级 | 岗位价值分数 | 薪酬层级系数 |
| --- | --- | --- |
| A1 | 355 | 7.10 |
| A2 | 331 | 6.62 |
| A3 | 307 | 6.14 |
| A4 | 283 | 5.66 |

以最低的岗位价值分数50分为标准,用实际的岗位价值分数除以50,这个系数就是岗位价值系数

续上表

| 层级 | 岗位价值分数 | 薪酬层级系数 |
|---|---|---|
| A5 | 259 | 5.18 |
| A6 | 235 | 4.70 |
| B1 | 230 | 4.60 |
| B2 | 220 | 4.40 |
| B3 | 210 | 4.20 |
| B4 | 200 | 4.00 |
| B5 | 190 | 3.80 |
| B6 | 180 | 3.60 |
| C1 | 175 | 3.50 |
| C2 | 165 | 3.30 |
| C3 | 155 | 3.10 |
| C4 | 145 | 2.90 |
| C5 | 135 | 2.70 |
| C6 | 125 | 2.50 |
| D1 | 120 | 2.40 |
| D2 | 112 | 2.24 |
| D3 | 104 | 2.08 |
| D4 | 96 | 1.92 |
| D5 | 88 | 1.76 |
| D6 | 80 | 1.60 |
| E1 | 75 | 1.50 |
| E2 | 70 | 1.40 |
| E3 | 65 | 1.30 |
| E4 | 60 | 1.20 |
| E5 | 55 | 1.10 |
| E6 | 50 | 1.00 |

（岗位价值系数等于薪酬层级系数）

根据薪酬层级系数，员工的薪酬水平就可以确定。

4. 设计薪酬制度与选择——绘制薪酬管理体系

组织的薪酬制度与选择因组织自身的实际情况而定，可供设计和选择的薪酬制度见

表 7-4。组织基本薪酬体系通常以职位、技能、能力、绩效当中的一种作为主要依据,因此在实践中存在职位薪酬体系、技能薪酬体系、能力薪酬体系、绩效薪酬体系等几种不同的薪酬体系。

表 7-4 薪酬体系模式和选择一

| 项 目 | 内 容 | 操作流程 | 适用范围 |
| --- | --- | --- | --- |
| 结构工资制度 | 六大部分：基本工资；岗位工资；技能工资；绩效工资；浮动工资；年功工资 | 1. 做好基础工作；<br>2. 设计基本模式；<br>3. 确定各工资单元内部结构；<br>4. 确定最低和最高工资额；<br>5. 测算、检验并调整方案；<br>6. 实施、整改 | 我国所有的国有组织、民营组织和合资组织等 |
| 岗位技能工资制度 | 以岗位和技能工资为主要内容的基本工资制度 | 1. 建立岗位劳动评价体系；<br>2. 确立岗位工资单元；<br>3. 确立技能工资单元；<br>4. 确定岗位技能工资标准；<br>5. 设置辅助工资单元 | 所有组织均可采用，特别是生产性和技术含量较高的组织 |
| 岗位薪点工资制度 | 用点数和点值来确定劳动报酬的制度 | 1. 采取比较合理的点数因素分析法和科学的点数确定法确定点数；<br>2. 实践中岗位薪点工资制具体操作方法（略） | 经济比较发达地区的组织 |
| 技术等级工资制度 | 主要构成：工资标准；工资等级表；技术等级标准 | 1. 划分与设置工种；<br>2. 确定技术等级标准；<br>3. 对员工进行技术等级考核，确定其技术等级；<br>4. 制定工资等级标准表；<br>5. 制定技术等级实施细则 | 技术复杂程度比较高、员工劳动差别较大、分工较粗及工作不固定的工种 |
| 岗位等级工资制度 | 一岗一薪制度、一岗数薪制度、复合岗薪制度 | 1. 设立组织，配备人员，进行培训；<br>2. 工作标准化；<br>3. 工作分析；<br>4. 工作评价；<br>5. 货币转换；<br>6. 与市场工资率平衡；<br>7. 制定实施细则 | 岗位生产特点比较明显，且同一岗位内部有技能要求差异的组织和工种 |
| 职能等级工资制度 | 单一型、多元型 | 1. 职务分类；<br>2. 确定事务等级；<br>3. 职能分析；<br>4. 职能评价；<br>5. 根据职能等级制定职能工资制度 | 营业职系、技能、事务和技术研究职系等职种 |

不同类型的薪酬体系各有其优点和不足，所适用的对象和环境也存在一定差异。通

常情况下，如果组织内部的人员构成较为复杂且差距较大，可以考虑针对不同类型的人员采取不同的基本薪酬体系。见表7-5。

表7-5 薪酬体系模式和选择二

| 职位类别 | 薪酬模式 | 依 据 |
| --- | --- | --- |
| 事务类、管理类、生产类 | 职位薪酬制度 | 对这些岗位上的任职者要求是有效地履行其职能职责 |
| 专业技术、研发类 | 技能薪酬制度 | 员工获得报酬的差异主要来自本身技能水平的差异，而非职位等级的高低，从而鼓励员工发展深度技能和广度技能，员工技能的不断提升，使组织核心竞争力增强 |
| 高级专业人士 | 能力薪酬制度 | 在强调以员工的能力为基础提供薪酬时，注重员工的潜力和创造更好业绩的能力，鼓励员工加强自身能力的提高，使组织更加适应环境变化 |
| 营销类 | 绩效薪酬制度 | 个人对工作控制力较强，工作结果容易量化，激励员工提高业绩 |

总之，在设计薪酬模式时，根据薪酬设计原则，考虑到不同类型岗位的特点，为不同类型的岗位设计不同的薪酬激励模式，建立组织的分层分类薪酬体系。

### （二）薪酬计算

1. 加班工资

什么叫加班？一般将在法定节假日和公休日内进行工作的，称为加班；在标准工作日内的标准工时外进行工作，称为加点。但习惯把加班和加点统称为加班，加班工资是指因加班加点而支付的工资。

在《劳动法》中明确规定，国家实行劳动者每日工作时间不超过8小时，平均每周工作时间不超过40小时的工时调度。同时也明确指出，一旦超过最长工作时间，用人单位应当按照下列标准支付高于劳动者正常工作时间工资的工资报酬：安排劳动者延长工作时间的，支付不低于工资的150%的工资报酬；休息日安排劳动者工作又不能安排补休的，支付不低于工资的200%的工资报酬；法定节假日安排劳动者工作的，支付不低于工资的300%的工资报酬。

在计算加班工资前，我们需要弄清楚一个非常重要的概念，即加班工资的计算基数是什么？如何确定？

一般认为，计算员工加班工资的基数是最低保障工资，而不是薪酬结构中的基本工资，这一点需要特别注意。当然，以基本工作作为计算加班工资的基数也可以，但会增加组织的薪酬压力。在这里需明确一些计算工资基数的相关数据，法定节假日为11天，员工全年平均月工作天数为（365-115）÷12=20.83天，工作小时数分别调整为166.67小时，月计薪天数为（365-104）÷12=21.75天。

2. 社会保险缴费基数

社保个人缴费基数：本人上年度月平均工资。

社会保险是社会保障体系的核心部分，是指以国家为主体，由法律法规的专门机构负责实施，运用社会力量，通过立法手段向劳动者及其雇主筹措资金建立专项基金，以保证在劳动者失去劳动收入后获得一定程度的收入补偿，从而保证劳动力再生产和扩大再生产的正常运行，保证社会安定的一种制度。中国社会保险主管单位为中华人民共和国人力资源和社会保障部。根据相关法律法规规定，社会保险共涵盖五大险种。

（1）医疗保险。当劳动者生病或受到伤害后，由国家或社会给予的一种物质帮助，即提供医疗服务或经济补偿的一种社会保障制度。我国20世纪50年代初建立的公费医疗和劳保医疗统称为职工医疗保险。

（2）养老保险。国家和社会根据一定的法律和法规，为解决劳动者在达到国家规定的解除劳动义务的劳动年龄界限，或因年老丧失劳动能力退出劳动岗位后的基本生活而建立的一种社会保险制度。

（3）生育保险。通过国家立法规定，在劳动者因生育子女而导致劳动力暂时中断时，由国家和社会及时给予物质帮助以确保劳动者基本生活及孕产期的医疗保健需要的一项社会保险制度。

（4）失业保险。对因失业而暂时中断生活来源的劳动者提供物质帮助进而保障失业人员失业期间的基本生活，促进其再就业的制度。

（5）工伤保险。指国家和社会为在生产、工作中遭受事故伤害和患职业性疾病的劳动者及其亲属提供医疗救治、生活保障、经济补偿、医疗和职业康复等物质帮助的一种社会保障制度。

社会保险基数是指职工在一个社保年度的社会保险缴费基数。职工的上年度工资收入总额是指，职工在上一年的1月1日至12月31日整个日历年度内所取得的全部货币收入，包括计时工资、计件工资、奖金、津贴和补贴、加班工资、特殊情况下支付的工资。社会保险缴费基数，即本人上年度月平均工资。其计算公式为：

$$社保缴费金额 = 缴费基数 \times 缴费比例$$

社会保险职工个人缴费基数按照职工本人上年度月平均工资核定；新设立单位的职工和用人单位新增的职工按照本人起薪当月的工资核定。本人上年度月平均工资或起薪当月的工资低于上年度全市职工月平均工资60%的，按照上年度全市职工月平均工资的60%核定；超过上年度全市职工月平均工资300%的，按照上年度全市职工月平均工资的300%核定。在60%~300%之间的，按实申报。职工工资收入无法确定时，其缴费基数按当地劳动行政部门公布的当地上一年度职工平均工资为缴费工资确定。缴费基数在同一缴费年度内一年一定，中途不作变更。每年4—6月，用人单位应根据所在市社会保险经办机构的通知，申报本单位职工新一年度的社会保险缴费基数。

组织缴费基数为本企业上月职工工资总额。工资口径按国家统计局规定列入工资总额统计的项目计算，其中包括组织发给劳动者的工资、奖金、津贴、补贴等。如根据北京市社会保险的相关规定，每年4月1日起，凡参加该市社会保险的单位与职工将按照新的缴费工资基数缴纳各项社会保险费，所以，每年2—3月单位将与每位员工就社会保险缴费工资基数进行签字确认。

3. 代通知金

代通知金：劳动者上一个月的工资标准。

代通知金，即代替通知金。代通知金有两种：第一种是北京市的"代通知金"，是在《北京市劳动合同规定》中的第40条、第47条规定，是终止劳动合同代通知金；第二种是在《劳动合同法》中的第40条规定的，是解除劳动合同代通知金。

《劳动合同法实施条例》规定，用人单位依照劳动合同法第40条的规定，选择额外支付劳动者一个月工资解除劳动合同的，其额外支付的工资应当按照该劳动者上一个月的工资标准确定。

《劳动合同法》第40条有下列情形之一的，用人单位提前30日以书面形式通知劳动者本人或者额外支付劳动者一个月工资后，可以解除劳动合同。

（1）劳动者患病或者非因工负伤，在规定的医疗期满后不能从事原工作，也不能从事由用人单位另行安排的工作的。

（2）劳动者不能胜任工作，经过培训或者调整工作岗位，仍不能胜任工作的。

（3）劳动合同订立时所依据的客观情况发生重大变化，致使劳动合同无法履行，经用人单位与劳动者协商，未能就变更劳动合同内容达成协议的。

但需注意，一些地方对此有特别规定，如上海《劳动合同法实施条例》规定"代通金"的支付标准，应当以上个月的工资标准来确定，如果只以单月的工资为准，可能会过高或过低，既有可能对用人单位不利，也有可能对劳动者不利，从整体上看不利于促进和形成和谐稳定的劳动关系。所以，结合《劳动法》和《劳动合同法》的立法精神，上个月的"工资标准"，应当是指劳动者的正常工资标准。如其上月工资不能反映正常工资水平的，可按解除劳动合同之前劳动者12个月的平均工资确定。

另外，法律并未规定每种解除合同行为均适用"代通知金"的规定，《劳动合同法》只在第40条中对"代通知金"进行规定。因此，"代通知金"仅在用人单位以第40条规定三种情形解除合同且未提前30日书面通知时才适用，如果用人单位解除合同不是上述三种情形解除合同或已经提前30日书面通知的，可不支付"代通知金"。

4. 经济补偿金

经济补偿金：劳动合同解除前12个月的平均工资。

经济补偿金是用人单位解除劳动合同时，给予劳动者的经济补偿。经济补偿金是在劳动合同解除或终止后，用人单位依法一次性支付给劳动者的经济上的补助。我国法律一般称作"经济补偿"。

《劳动合同法》规定经济补偿金的基数为"劳动者在劳动合同解除或者终止前12个月的平均工资"，劳动者月工资高于用人单位所在直辖市、设区的市级人民政府公布的本地区上年度职工月平均工资的三倍，向其支付经济补偿的标准按职工月平均工资的三倍数额支付，向其支付经济补偿的年限最高不超过12年。《劳动合同法实施条例》进一步规定："劳动者在劳动合同解除或者终止前12个月的平均工资低于当地最低工资标准的，按照当地最低工资标准计算。劳动者工作不满12个月的，按照实际工作的月数计算平均工资。"工资口径包括企业发给劳动者的工资、奖金、津贴、补贴、加班费等。

《劳动合同法》第47条规定，经济补偿的计算方式按劳动者在本单位工作的年限，每满1年支付1个月工资的标准向劳动者支付。6个月以上不满1年的，按1年计算；不满6个月的，向劳动者支付半个月工资的经济补偿。

在经济补偿金的工资计算标准这一问题上，最容易引发混淆和纠纷的地方常见于计发经济补偿金的工资标准是否包括加班加点劳动报酬的问题。根据上述规定，组织在正常生产情况下，支付给职工的加班加点劳动报酬属于工资的组成部分，计发经济补偿金的工资标准应包括加班加点的劳动报酬。

5. 未休年休假补偿基数

未休年休假月工资基数：前12个月剔除加班工资后的月平均工资。

职工连续工作满12个月以上的，享受带薪年休假（以下简称年休假）。

《组织职工带薪年休假实施办法》第11条规定："计算未休年休假工资报酬的日工资收入按照职工本人的月工资除以月计薪天数（21.75天）进行折算。月工资是指职工在用人单位支付其未休年休假工资报酬前12个月剔除加班工资后的月平均工资。在本用人单位工作时间不满12个月的，按实际月份计算月平均工资。"

针对用人单位与职工解除或终止劳动合同时，当年度未安排职工休满年休假如何支付未休年休假工资报酬的情况，《组织职工带薪年休假实施办法》做出了规定。

（当年度在本单位已过日历天数÷365天）×（职工本人全年应当享受的年休假天数－当年度已安排年休假天数），但折算后不足1整天的部分不支付未休年休假工资报酬。用人单位当年已安排职工年休假的，多于折算应休年休假的天数不再扣回。

### （三）员工福利管理

员工福利是企业基于雇佣关系，以组织自身的支付能力为依托，向员工提供的除享受得到在职工资收入之外，用以改善本人和家庭生活质量的各种以非货币工资和延期支付形式为主的实物和服务。

尽管员工的福利项目设计种类已经让人眼花缭乱，但是它的潜力是无止境的。大多数组织为员工设置多种不同种类的福利项目，但是由于福利项目具有全员性的特点，所以福利项目一般不会太多，最后往往固定在几个基本的项目上。这里介绍企业运用较广泛的两种基本福利项目：法定员工福利和企业员工福利。

1. 法定员工福利

法定员工福利是国家通过立法强制实施的对员工的福利保护政策，包括社会保险和各类休假制度。法定员工福利的主要内容有以下几种。

（1）五险一金。

① 社会保险。社会保险主要有养老保险、医疗保险、失业保险、工伤保险、生育保险五种，但计算薪酬部分已做过描述，这里就不再详细阐述说明。

② 住房公积金。住房公积金在严格意义上讲，虽然不属于社会保险的范畴，但它属于国家法定福利的一部分。住房公积金是指国家机关、国有组织、城镇集体组织、外商投资组织、城镇私营组织及其他城镇组织、事业单位、民办非组织单位、社会团体（单位）为其在职职工缴存的长期住房储金。住房公积金具有强制性、互助性、保障性特点。

职工和单位住房公积金的缴存比例均不得低于职工上一年度月平均工资的5%；有条件的城市，可以适当提高缴存比例。具体缴存比例由住房公积金管理委员会拟订，经本级人民政府审核后，报省、自治区、直辖市人民政府批准。城镇个体工商户、自由职业人员住房公积金的月缴存基数原则上按照缴存人上一年度月平均纳税收入计算。

（2）法定假期。我国《劳动法》规定的员工享有的休息休假（法定假期）待遇主要包括六个基本方面：劳动者每日休息时间；每个工作日内的劳动者的工作时间、吃饭、休息时间；每周休息时间；法定节假日放假时间；带薪年假；特殊情况下的休假，如探亲假、病假休息等。这是国家关于法定假期的母法规定。详细规定如下：

① 法定节假日。根据《全国年节及纪念日放假办法》第二条中规定：a. 元旦，放假 1 天（每年 1 月 1 日）；b. 春节，放假 3 天（农历正月初一、初二、初三）；c. 清明节，放假 1 天（农历清明当日）；d. 劳动节，放假 1 天；e. 端午节，放假 1 天；f. 中秋节，放假 1 天；g. 国庆节，放假 3 天（10 月 1 日、2 日、3 日）。

除了全体公民放假的节日外，还有第二类是部分公民放假的节日及纪念日，包括：妇女节（3 月 8 日妇女放假半天）、青年节（5 月 4 日 14 周岁以上 28 周岁以下的青年放假半天）、儿童节（6 月 1 日 14 周岁以下的少年儿童放假 1 天）、中国人民解放军建军纪念日（8 月 1 日现役军人放假半天）。

② 公休假日。公休假日是劳动者工作满一个工作周后的休息时间。按《劳动法》第 38 条规定，用人单位应当保证劳动者每周至少休息 1 天。根据国务院 1995 年发布的《国务院关于职工工作时间的规定》，每周休假日为周六和周日。

③ 带薪年休假。我国《劳动法》第 45 条规定，国家实行带薪休假制度。劳动者连续工作 1 年以上的，可享受带薪年休假。

④ 其他假期，包括探亲假、婚丧假、病假等。

a. 探亲假。指职工同家人分居两地，又不能在公休日与配偶或父母团聚，从而可享受的带薪假期。《国务院关于职工探亲待遇的规定》第 3 条中规定：职工探望配偶的，每年给予一方探亲假 1 次，假期为 30 天；未婚职工探望父母的，原则上每年给假 1 次，假期为 20 天；已婚职工探望父母的，每 4 年给假 1 次，假期为 20 天。

b. 婚丧假。我国《婚姻法》规定，结婚年龄，男性不得早于 22 周岁，女性不得早于 20 周岁。鼓励晚婚晚育。因此，职工享受婚假的前提是，达到上述法律规定的结婚年龄，且与配偶正式办理了结婚登记手续。丧假享有的条件是，职工的直系亲属死亡。所谓直系亲属，是指职工的父母、配偶、子女。此外，对请丧假范围的划定，有的地方规定除直系亲属死亡可给予职工丧假外，岳父母和公婆死亡也可给予职工丧假。

c. 病假。劳动者本人因患病或非因工负伤，需要停止工作医疗时，组织应该根据劳动者本人实际参加工作年限和在本单位工作年限，给予一定的医疗假期。病假期劳动者可照常拿工资，对于病假工资，不低于当地最低工资的 80%。

2. 组织员工福利

组织自主决定，向本组织员工提供的一些福利项目。组织福利计划是企业在没有政府立法要求的前提下，为增强自身的凝聚力，吸引更多高素质的劳动力和人才，并鼓励他们在岗位上长期服务而主动提供的福利。组织的福利种类很多，包括免费工作餐、交通服务或交通补贴、住房福利、补充养老保险、带薪假期、卫生设计及医疗保健、文娱体育设施、教育培训福利、法律和职业发展咨询、休闲旅游、员工股票所有权计划等。

# 第二部分 操作示例

## 一、员工薪酬管理制度设计实例

### 房地产企业薪酬体系设计方案

方案名称：××房地产公司薪酬体系设计方案

编制部门：

执行部门：

一、方案设计目的

为规范员工管理，提高员工工作的积极性，有效达成公司的经营目标，特制订本方案。

二、薪酬系列

员工的薪酬系列根据职位的工作岗位、性质、种类不同来划分，公司全体员工分为经营管理系列、专业系列、财会系列、行政事务系列、销售系列及后勤辅助系列共六个系列。其中，经营管理系列实行与企业年度经营业绩相关的年薪制度；专业系列、财会系列、行政事务系列、后勤辅助系列实行与公司年度绩效相关的等级工资制度；销售系列实行与销售业绩相关的提成工资制度。

三、年薪制度

（一）原则要求

1. 高管年薪收入水平与企业规模、经营业绩及房地产开发产品特点挂钩。

2. 激励与约束相结合。

（二）年薪收入构成

本公司高管年薪收入由基本年薪、绩效年薪、奖励年薪构成。

1. 基本年薪

公司对高管人员基本年薪，设置了三个标准，见表7-6。

表7-6 ××房地产公司高管人员基本年薪水平

| 企业规模 | 基本年薪 | 浮动范围 |
| --- | --- | --- |
| 项目开发体量在____万平方米 | ____元/年 | ±____% |
| 项目开发体量在____万平方米 | ____元/年 | ±____% |
| 项目开发体量在____万平方米 | ____元/年 | ±____% |

2. 绩效年薪

根据公司综合效益评定，效益评定分值根据公司绩效评价指标体系进行测算，并据此确定发放额度。

3. 奖励年薪

奖励年薪是对高管完成开发目标的奖励,具体发放标准见公司相关规定。

(三) 相关说明

实行年薪制的高管,不得再享受本公司内部的工资、奖金、津贴等工作性收入及其补贴,如住房补贴、通信补贴等,但国家另有规定的除外。

四、岗位绩效工资制

本公司员工的薪酬由岗位工资、绩效工资、奖金、福利补贴等部分构成。

(一) 岗位工资

本公司员工岗位工资标准见表 7-7。

表 7-7　××房地产公司职位薪酬等级表

| 岗位工资 | 工资等级 | 岗位类型 | | | | | |
|---|---|---|---|---|---|---|---|
| ____元 | 30 | 总经理 | | | | | |
| ____元 | 29 | | 副总经理、总经理助理 | | | | |
| ____元 | 28 | | | | | | |
| ____元 | 27 | | | 项目经理 | | | |
| ____元 | 26 | | | | 总工程师及各总监 | | |
| ____元 | 25 | | | | | | |
| ____元 | 24 | | | | | | |
| ____元 | 23 | | | | | | |
| ____元 | 22 | | | | | 部门经理级及高级专业人员 | |
| ____元 | 21 | | | | | | |
| ____元 | 20 | | | | | | |
| ____元 | 19 | | | | | | |
| ____元 | 18 | | | | | | 主管级及中初级专业人员 |
| ____元 | 17 | | | | | | |
| ____元 | 16 | | | | | | |
| ____元 | 15 | | | | | | |
| ____元 | 14 | | | | | | 助理级职能人员及材料员、施工员等 |
| ____元 | 13 | | | | | | |
| ____元 | 12 | | | | | | |
| ____元 | 11 | | | | | | |

续上表

| 岗位工资 | 工资等级 | 岗位类型 | | | | | | | |
|---|---|---|---|---|---|---|---|---|---|
| ____元 | 10 | | | | | | | 办事员级别，如前台、文员、售楼员等 | |
| ____元 | 9 | | | | | | | | |
| ____元 | 8 | | | | | | | | |
| ____元 | 7 | | | | | | | | |
| ____元 | 6 | | | | | | | | |
| ____元 | 5 | | | | | | | | 保洁员、仓库管理员等 |
| ____元 | 4 | | | | | | | | |
| ____元 | 3 | | | | | | | | |
| ____元 | 2 | | | | | | | | |
| ____元 | 1 | | | | | | | | |

（二）绩效工资

本公司员工绩效工资计发按照表7-8所示的标准进行。

表7-8 ××房地产公司员工绩效工资计发标准

| 员　工 | 绩效工资发放标准 |
|---|---|
| 项目部员工 | 岗位工资×30%×考核得分系数 |
| 财务系列员工 | 岗位工资×20%×考核得分系数 |
| 事务类员工 | 岗位工资×15%×考核得分系数 |
| 后勤辅助类员工 | 岗位工资×10%×考核得分系数 |

（三）奖励

1. 项目部员工奖励

（1）项目节约奖励。管理经费节约部分的____%计入成本节约奖励中。

（2）项目效益奖励。按照单位效益利润的____%计发。

（3）特殊奖励。见公司制定的《特殊奖惩管理办法》。

（4）年终奖。根据公司效益综合确定，一般情况下为员工岗位工资的____%。

2. 其他员工奖励

非项目部员工的奖励包括年终奖、合理化建议奖等类别，详见《员工奖励管理办法》。

（四）福利补贴

本公司员工福利补贴标准见公司《员工福利补贴管理办法》。

五、销售提成工资制

销售职级工作人员主要指公司内部从事房产销售工作的人员（销售经理除外），其薪酬构成包括底薪、销售提成、奖金、福利等。

（一）薪酬构成

1. 底薪

销售职级工作人员底薪统一为____元。

2. 提成

销售职级工作人员提成比例标准详见表7-9。

表7-9 提成比例标准表

| 房屋销售收入 | 提成比例 | 说　明 |
| --- | --- | --- |
| ____万元 | ____‰ | 提成以签订房屋正式认购合同，并收取定金或首付款为准。在认购期签订的合同，按照销售提成规定比例的____%提取，剩余____%在签订正式销售合同并办理相关手续后提取 |
| ____万~____万元 | ____‰ | |
| ____万元以上 | ____‰ | |

3. 奖金

（1）合理化建议奖。销售人员在工作中对某一事项提出合理化的建议，从而给公司带来一定效应的奖励。奖励额度为____~____元。

（2）特别奖。特别奖是对有突出行为的员工给予的奖励，一般由总经理颁发。

（3）其他奖励。其他奖励发放标准见《员工奖励管理办法》。

4. 福利

销售职级工作人员享有社会保险、法定假期、免费午餐等福利项目。

（二）薪酬发放

1. 底薪发放与工作人员的考勤相关，一般按月发放。

2. 销售提成发放。销售提成的____‰按房款到账金额计提发放，剩余部分平均分两次发放。一次是在年终发放，一次是在房屋实际交付使用后发放。销售职级工作人员在房屋实际交付使用前离开本公司（包括自动离职及公司辞退），其余客户后续工作将由公司指派的其他员工负责，所余的____‰的计提额无权领取；如因工作调动到公司其他部门工作，客户后续跟进工作仍可继续进行，其____‰的计提额仍可以领取。

六、薪金调整

（一）公司每年____月份进行一次薪金调整，调整幅度根据公司经营和发展情况确定。

（二）根据年度考核评议等，进行职员薪金级别调整（见表7-10）。职员因职务变动，如职务晋升、降职等，薪金从公司下发有关通知（或决定）的下月指定日起执行。

表7-10 年终考核薪级调整

| 年度考核结果 | 调整级别 |
| --- | --- |
| 连续两年考核得分均为90分以上者 | 在本职系系列内晋升____级 |
| 当年考核得分均为60分以下者，或连续两年考核得分均为60~70分 | 在本职系系列内下调____级 |
| 连续两年考核得分均为60分以下者 | 调岗 |

（三）奖励性薪金晋级对象为经营活动中为公司创利成绩显著者、促进组织经营管理、提高经济效益方面成绩突出者及总经理办公会认为应奖励的其他人员。

七、附则

（一）本方案未尽事项，另行规定或参见其他规定的相应条款。

（二）本方案解释权归本公司人力资源部。

编制人员：　　　　　　　审核人员：　　　　　　　批准人员：

编制日期：　　　　　　　审核日期：　　　　　　　批准日期：

## 二、员工福利管理制度设计实例

### 化妆品公司的福利管理

某化妆品有限公司成立于2000年，是一家集产品研发、销售、生产于一体的专业化妆品生产组织。目前，该化妆品有限公司已拥有一支铿锵有力的研发团队和经过严格培训的、技术娴熟的生产员工，严格遵行国际质量标准 ISO 9001：2000 认证标准。该公司经过多年研发，以生产、销售日化产品护肤系列为主，其公司品牌根据不同的市场细分为数十种不同的产品线，产品销售遍及全国。

企业文化宗旨：品质第一、服务至上。福利项目包括以下两点。

一、法定福利

法定福利如图7-5所示。

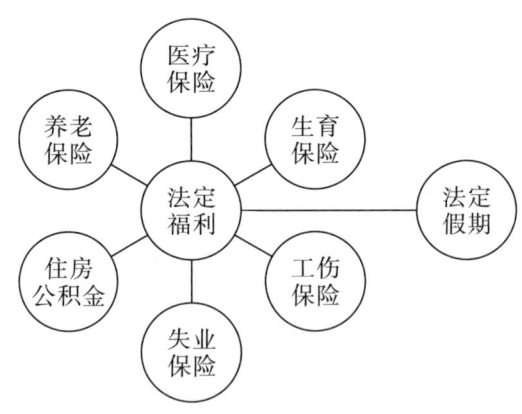

图7-5　法定福利

办理时间：员工自试用期满，成为本公司正式员工，办理完毕入职手续的当月起，按照国家有关政策办理相关保险。

停办时间：公司自员工办好离职手续、停发该员工工资起，停办该员工的相关保险。

转移时间：员工离职时，在档案关系转出后，可办理各种保险关系转移手续。

法定假期如图7-6所示。

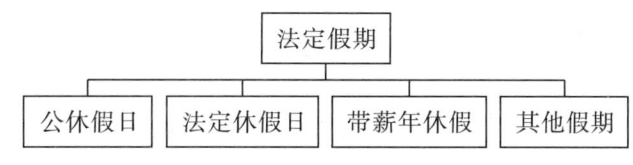

图7-6 法定假期

备注：
公休假日：销售人员每周休息1天。
法定休假日：销售人员节假日工作，以国家规定相应的工资进行补偿。

二、企业福利

员工无差别基本福利，见表7-11。

表7-11 企业福利

| 项 目 | 金 额 | 发放频率及说明 | 发放方式 |
| --- | --- | --- | --- |
| 交通补贴 | | 月 | 现金 |
| 午餐补贴 | | 月 | 现金 |
| 高温补贴 | | 年 | 现金 |
| 过节费 | | 国定节假日 | 购物卡 |
| 妇女节 | | 年，女工 | 现金 |
| 家庭报纸 | | 年 | 统一订购 |
| 健康体检 | | 年 | 统一组织 |
| 生日福利 | | 年 | 现金 |
| 年资补贴 | | 年，第二年开始计发 | 现金 |
| 年假 | | 小于或等于5年，可享受7天/年；大于5年，每增加1年增加1天休假日 | 休假 |
| 工作服 | | 1件/年 | 统一定做 |

备注：特殊基本福利。
通信补贴：初级、中级、高级销售人员按月以不同比例的现金形式发放。
福利物品定价：某件福利物品的价格＝该福利物品的市场定价×对应职等折扣。

表7-12 福利物品定价

| 职等 | H | G | F | A～E |
| --- | --- | --- | --- | --- |
| 折扣 | 6.5折 | 6折 | 5.5折 | 5折 |

备注：职等说明见附表。

1. 新进员工福利

对于新入职员工，公司将按正式员工工资的10%以现金的形式发放入职金。

2. 员工购买住房贷款福利

根据该员工在本公司的职位等级，以本人或配偶名义购房者享受以下贷款福利：贷款数额最高不得超过申请人全年标准工资数额（岗位工资+绩效工资+奖金），且最高不得高于10万元。贷款全额由福利基金支出，分60期还款，每月一期，自贷款日起，每月从贷款人工资中扣除当期应还款。贷款未还清前离职者，应在离职前一次性偿清剩余贷款。

3. 娱乐福利

每年举行一次联谊活动，以外出旅游和派对为主要选择形式，员工可携带1~2名亲朋好友参加。与健身房或美容会所合作，给员工提供优惠券，让员工在工作之余更好地放松。

服务年限每满5年有一次出国休假机会，在由公司提供的备选项里选择自己喜欢的旅游线路，往返路费由公司承担。休假期间工资照发。

4. 员工辅助计划

为员工定期提供心理咨询服务。

5. 教育援助计划

6. 进修补贴标准（见表7-13）

表7-13　进修补贴标准

| 员工层级 | 员工级 | 主管级 | 经理级 | 总监级以上 |
| --- | --- | --- | --- | --- |
| 补贴标准（区间） | | | | |

图书费：员工每年可购买200元与自己工作相关的图书，由公司报销。

## 三、员工奖金管理制度设计实例

## 员工奖金管理规定

### 总　　则

第1条　为鼓励员工有效超额劳动，更多地为公司做出贡献，特制定本规定。

第2条　本规定适用于集团公司、各二级法人公司及事业部。

### 第一章　颁发奖金的原则

第3条　要把颁发奖金作为重要的激励手段，充分发挥其应有的作用。

第4条　颁发奖金要严格执行以提高组织经济效益为中心，多超多奖、少超少奖、不超不奖的分配原则。

第5条　颁发奖金要执行公平合理的原则，主要工种和超额完成任务比较困难的工种要高于辅助工种和超额完成任务比较容易的工种。

第6条　组织经营管理者由于所负责任重大，奖金应高于一般员工。

## 第二章 奖金的种类

第 7 条 公司设立奖金如下：(1) 效益奖金。指各单位（或各部门）在完成本单位（或部门）季度计划指标后，超额部分按一定比例提取的部分。(2) 总裁奖金。指集团公司在完成季度总体计划指标后，超额部分按一定比例提取由总裁按相关单位（或个人）工作（或绩效）表现核发的部分。

## 第三章 奖金标准的制定

第 8 条 效益奖金的确定：二级法人公司及事业部在完成季度计划指标（生产产值或销售回款额）后，从超额部分中提取 5% 作为效益奖金总额。集团公司在完成季度计划销售回款额指标后，从总超额部分中提取 5% 作为效益奖金总额。

第 9 条 总裁奖金的确定：集团公司在完成月总计划销售回款指标后，从总超额部分中提取 1% 作为总裁奖金。

## 第四章 奖金分配

第 10 条 各二级法人公司和事业部有具体计划指标的员工效益奖金分配，按其超额多少领取高低不同的奖金。

有具体计划指标员工平均效益奖金 = 超标部分 × 5% × 自身系数 ÷ 本系数的人员总数。无具体计划指标员工平均效益奖金 = 有量化指标员工的平均效益奖金 ÷ 1.5 × 自身系数。

第 11 条 集团公司员工效益奖金的分配办法如下：每季度由人力资源部组织集团公司各部门依据员工岗位描述和规章制度的执行情况，对其进行绩效考核，并分为优、甲、乙、丙、丁五等，然后将结果报行政总监。员工奖金也依据绩效考核的结果分为优、甲、乙、丙、丁五等。

第 12 条 集团公司效益奖金系数分配如下：绩效考核结果优、甲、乙、丙、丁，效益奖金系数分别为 1.4、1.2、1、0.8、0.6。

第 13 条 集团公司有具体计划指标和无具体计划指标员工的效益奖金分配，参照二级法人公司和事业部员工效益奖金分配的办法执行。

## 第五章 奖金颁发

第 14 条 效益奖金和总裁奖金每季度颁发一次。

第 15 条 效益奖金和总裁奖金发放时统一存入个人银行卡。

第 16 条 效益奖金颁发程序同工资发放程序。（见《员工工资管理制度》中第五章"工资核算及发放规定"）

## 第六章 附 则

第 17 条 本制度由劳资制定并负责解释。

第 18 条 本制度报总裁批准后施行，修改时亦同。

第 19 条 本制度施行后，凡既有的类似制度自行终止，与本制度有抵触的规定，以本制度为准。

第 20 条 本制度自颁布之日起施行。

## 四、生产人员薪酬方案设计实例

### 生产一线人员薪酬体系设计方案

编制部门：
执行部门：

**一、制定目的**

为了建立科学合理的薪酬体系，激励一线生产人员的积极性以完成生产任务，特制订本设计方案。

**二、方案设计原则**

（1）激励性原则：设计的薪酬体系要体现激励性，提高生产一线人员的工作积极性。

（2）公平性原则：设计的薪酬体系要体现公平性，同工同酬。

（3）合法性原则：设计的薪酬体系要符合相关法律、法规的规定。

**三、方案设计流程**

生产一线人员薪酬设计具体流程如下：

（1）确定薪酬结构的构成及各部分所占的比例。

（2）确定岗位目标收入。根据岗位价值评估、测算岗位目标收入。

（3）确定薪酬结构各组成部分的内容、工资数额。

（4）构建完整的生产一线人员薪酬体系。

**四、薪酬设计**

为了体现薪酬设计原则，为生产一线人员建立公平、具有激励性的薪酬体系，生产一线人员薪酬体系设计具体如下：

薪酬总额＝基本工资（50%）＋计件工资（30%）＋绩效工资（5%）＋技能工资（5%）＋全勤奖（5%）＋其他福利（5%）

（一）基本工资

根据生产一线人员的学历、岗位等因素来确定，占工资总额的50%。

（二）计件工资

计件工资是根据生产一线人员的生产产量而计算的工资形式，占工资总额的30%。

应付计件工资＝∑（某工人本月生产每种产品产量×该种产品计件单价）

（三）绩效工资

绩效工资是根据生产一线人员的考核而确定的工资，主要是依据生产人员的任务完成情况、日常工作表现、工作态度和工作能力、团队合作精神等而确定的薪酬的一部分。具体发放标准如下：

（1）月度考核在80分及以上者，绩效工资为＿＿＿元。

（2）月度考核在70~79分者，绩效工资为＿＿＿元。

（3）月度考核在60~69分者，绩效工资为＿＿＿元。

（4）月度考核在60分以下者，绩效工资为＿＿＿元。

（四）技能工资

技能工资是根据生产一线人员的技术水平、操作熟练程度等技术性因素而确定的薪酬。技能工资根据生产一线人员的技术等级不同而不同，具体内容见表7-14。

表7-14　技能等级技能工资表

| 技能等级 | 学徒工 | 普通工 | 熟练工 | 高级工 |
| --- | --- | --- | --- | --- |
| 技能工资 | ＿＿元 | ＿＿元 | ＿＿元 | ＿＿元 |

（五）全勤奖

全勤奖是对生产一线人员全勤的一种奖励，定为＿＿元/月。

五、附则

（1）本方案未尽事宜，参考公司薪酬管理制度。

（2）本方案由人力资源部制定并负责解释。

编制人员：　　　　　　审核人员：　　　　　　批准人员：

编制日期：　　　　　　审核日期：　　　　　　批准日期：

## 五、企业员工工资发放实例

# 员工工资发放管理制度

## 总　则

第1条　按照公司经营理念和管理模式，遵照国家有关劳动人事管理政策和公司其他有关规章制度，特制定本制度。

第2条　本制度适用于公司全体员工（试用工和临时工除外）。本制度所指工资，是指每月定期发放的工资，不含奖金和风险收入。

## 第一章　工资结构

第3条　员工工资由固定工资、绩效工资两部分组成。

第4条　工资包括：基本工资、岗位工资、技能工资、职务津贴、工龄工资、住房补贴、误餐补贴、交通补贴。

第5条　固定工资是根据员工的职务、资历、学历、技能等因素确定的，是相对固定的工作报酬。固定工资在工资总额中占40%。

第6条　绩效工资是根据员工考勤表现、工作绩效及公司经营业绩确定的，是不固定的工资报酬，每月调整一次。绩效工资在工资总额中占0~60%。

第7条　员工工资总额由各部门经理、项目经理拟定后报总经理审批。部门经理、项目经理每月对员工进行考核，确定绩效工资发放比例并报人力资源部审核、总经理审批后予以发放。

第8条　员工工资扣除项目包括：个人所得税、缺勤、扣款（含贷款、借款、罚款等）、代扣社会保险费、代扣通信费等。

## 第二章　工资系列

第9条　公司根据不同职务性质，分别制定管理层、职能管理、项目管理、生产、营销五类工资系列。

第10条  管理层系列适用于公司总经理、副总经理。

第11条  职能管理工资系列适用于从事行政、财务、人事、质管、物流等日常管理或事务工作的员工。

第12条  项目管理工资系列适用于各项目经理及项目部成员。

第13条  生产工资系列适用于生产部从事调试、焊接、接线等生产工作的员工。

第14条  营销工资系列适用于销售部销售人员（各项目部销售人员可参照执行）。

第15条  员工工资系列适用范围见表7-15。

表7-15  员工工资系列适用范围

| 序号 | 工资系列 | 适用范围 |
|---|---|---|
| 1 | 管理层系列 | 总经理、副总经理 |
| 2 | 职能管理系列 | 办公室、人力资源部、财务部、生产部、质管部、物流管理部所有员工 |
| 3 | 项目管理系列 | 各项目经理及项目部成员 |
| 4 | 生产系列 | 生产部从事调试、焊接、接线等生产工作的员工 |
| 5 | 营销系列 | 销售部销售人员（各项目部销售人员可参照执行） |

## 第三章  工资计算方法

第16条  工资计算公式：

$$应发工资 = 固定工资 + 绩效工资$$

$$实发工资 = 应发工资 - 扣除项目$$

$$固定工资 = 工资总额 \times 40\%$$

$$绩效工资 = 工资总额 \times 60\% \times 绩效工资计发系数（0 \sim 1）$$

第17条  工资标准的确定：根据员工所属的岗位、职务，依据《岗位工资一览表》确定其工资标准。待岗人员工资按照本地区当年度最低生活保障标准执行。

第18条  绩效工资与绩效考核结果挂钩，试用期与待岗员工不享受绩效工资。绩效工资确定方法见表7-16。

表7-16  绩效工资确定方法

| 考核成绩 | 绩效工资计发系数 | 绩效工资发放数额 |
|---|---|---|
| 90（含）~100分 | ≤1 | 绩效工资×计发系数 |
| 80（含）~90分 | ≤0.8 | 绩效工资×计发系数 |
| 60（含）~80分 | ≤0.5 | 绩效工资×计发系数 |
| 60分以下 | ≤0.3 | 绩效工资×计发系数 |

第19条  职能部门普通员工考核由其部门经理负责；部门经理考核由其主管副总负责；项目部成员考核由其项目经理负责。考核成绩和计发系数每月8号前上报至人力资源部。

注：（1）原则上管理层工资由公司承担，若管理层人员兼任项目经理，则其基本工

资由公司承担，绩效工资由项目部承担。

（2）总经理绩效工资计算方法：总经理月绩效工资＝项目经理月平均绩效工资×1.5。总经理的收入原则上最高限额为 5 500 元。副总经理兼任项目经理时绩效工资原则上按其负责的项目的经营情况确定其月绩效工资。

第 20 条　为鼓励公司部门经理、项目经理及以上管理者为公司忘我工作，体现责、权、利相结合的原则，公司按月发放职务津贴，具体见表 7 – 17。

表 7 – 17　职务津贴

| 职　　务 | 总经理 | 副总经理 | 部门经理 | 项目经理 |
|---|---|---|---|---|
| 职务津贴/元 | 1 000 | 800 | 600 | 700 |

## 第四章　薪级调整

第 21 条　原则上公司在每个财务年度结束后，根据当年的经营业绩，并根据年终综合考核成绩对全体员工发放二次绩效工资（年终奖），并酌情对工资标准予以调整，重新确定所有员工的工资。年工资总额增减幅度与上年度公司经济效益成正比。

第 22 条　年终绩效考核采用档级评分制，评分方法与考核工具见《工作绩效考核办法》。职能部门员工年终考核成绩与薪级调整幅度的对应关系，见表 7 – 18。

表 7 – 18　年终综合考核成绩与薪级调整幅度对应关系

| 考核成绩 | 薪级调整幅度 | 薪级计算公式 |
|---|---|---|
| 90（含）~100 分 | 上调 1~1.5 个薪级 | 薪酬区间（上限＋下限）÷2÷10 |
| 80（含）~90 分 | 上调 0.5 个薪级 | 薪酬区间（上限＋下限）÷2÷10 |
| 60（含）~80 分 | 工资保持不变 | 薪酬区间（上限＋下限）÷2÷10 |
| 60 分以下 | 下调 0.5~1.5 个薪级 | 薪酬区间（上限＋下限）÷2÷10 |

## 第五章　关于员工工资

第 23 条　员工工资标准的确立、变更。

（1）公司员工工资标准经董事长批准。

（2）根据公司经营状况，可以变更员工工资标准。

第 24 条　员工工资核定。员工根据本人业绩表现、工作能力、工作态度、聘用的岗位和职务，核定其工资标准。具体的人员工资确定应根据薪酬区间，由用人部门提议，经人力资源部审核，报总经理审批后确定。部门经理、项目经理的工资直接由总经理确定。对于特殊人才的工资标准，由总经理提议，报董事长特批。初次从事该岗位的员工，原则上自该岗位薪酬区间下限起薪，经年终考核后，再调整薪级。

第 25 条　销售员的薪酬按《销售工作管理办法》执行。

第 26 条　工龄工资。工龄工资以到公司服务的时间计算，每满一年每月发工龄工资 50 元，每年年初增发，5 年封顶。

第 27 条　员工工资变更。根据岗动薪变原则，晋升增薪，降级减薪。员工职务、岗位变动，从生效之日起下一个支薪日，按新岗位标准调整。

第28条 员工工资变更办理。由薪资申报人员填写《工资调整申请表》，由直接主管建议调整薪级，并报人力资源部按有关审批流程办理。

## 第六章 工资发放

第29条 工资计算以月为计算期。月平均工作日为20.92天，若需计算日工资，应按以下公式计算：日工资额＝当月工资/20.92。

第30条 公司考勤实行指纹打卡管理，由人力资源部每月对员工的考勤情况进行汇总统计，在考勤扣款中体现。

第31条 公司员工固定工资发放日为每月15日，绩效工资在次月15日合并发放。关于加班、带薪休假以及当月考勤扣款等项目将在次月兑现。如果工资发放日恰逢节假日，工资在节假日前一天提前发放。

第32条 加班工资。在法定节日加班的员工，遵照国家相关法律法规支付其加班费。员工加班工资的折算以每月20.92天，每天7小时计算。

第33条 带薪休假工资。员工在休假期间按照实际休假天数扣除当月绩效工资，即当月绩效工资扣发额＝当月绩效工资÷20.92×休假天数，其他福利待遇不变。

第34条 员工请假、休假时工资标准按《考勤管理制度》的相关规定执行。

第35条 员工试用期满后的转正工资，均于正式转正之日起计算。

第36条 辞职（辞退、停职、免职）人员，于办理完交接手续正式离开公司（或命令到达）之日起停发工资。

第37条 工资误算、误发时，当事人（部门）必须在发现后立即纠正，公司还将对相关责任人进行同等额度的处罚。因误算而超付的工资，人力资源部、财务部可向员工或部门行使追索权。

第38条 公司集会或经公司同意的培训、教育或外事活动，公司按规定付给员工工资。

## 第七章 福利与补贴

第39条 视公司经营状况，发放下列福利与补贴：

（1）发放取暖、降温费：12月—次年2月，每人每月30元；7月—9月，每人每月10元。

（2）节日补助（春节、五一、元旦、国庆等节日）公司给予一定的补贴。

（3）生日礼物为公司盖章的生日贺卡和生日蛋糕券。

（4）员工结婚，公司赠送一定数额的礼金。

（5）直系亲属（父母、配偶、子女）丧葬，公司给予一定的慰问金。

（6）公司根据情况不定期组织各种集体活动，活动费由公司承担。

第40条 通信补贴：根据工作需要确定移动通信费补贴标准。总经理按实际发生额的90%报销，报销上限为600元/月；副总经理按实际发生额的90%报销，报销上限为500元/月；部门经理按实际发生额的80%报销，报销上限为300元/月；项目经理按实际发生额的80%报销，报销上限为400元/月；司机按实际发生额的70%报销，报销上限为150元/月；销售人员及特殊岗位人员的通信补贴另定。

第41条　员工的固定工资作为公司为员工办理各种保险的基数。当员工固定工资未达到本市办理各类保险的最低限时，按本市低保基数为其办理保险。

#### 第八章　附　　则

第42条　本制度经公司总经理办公会讨论通过报董事会审批，自颁布之日起执行。

第43条　本制度由人力资源部负责解释。

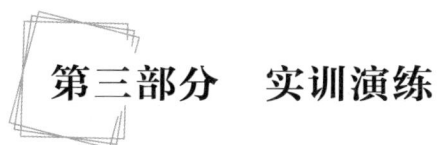

## 第三部分　实训演练

### 一、设计薪酬制度

收集国内外成功组织的薪酬制度，研究其发展历程，分析其薪酬体系在组织发展过程的影响并撰写组织薪酬调研报告。

### 二、薪酬加班费计算

2010年的中秋、国庆假期安排见表7-19，中秋节法定节假日为1天，即9月22日，调整休息日为22日、23日、24日，9月19日（星期日）、9月25日（星期六）上班。10月1日至7日放假调休，共7天，其中10月1日至3日为法定假日。9月26日（星期日）、10月9日（星期六）上班。整个假期共计法定假日4天，休息日6天。见表7-19。

表7-19　假期安排

| 星期日 | 星期一 | 星期二 | 星期三 | 星期四 | 星期五 | 星期六 |
| --- | --- | --- | --- | --- | --- | --- |
|  | 13 初六 | 14 初七 | 15 初八 | 16 初九 | 17 初十 | 18 十一 |
| 上班 19 十二 | 20 十三 | 21 十四 | 放假 | 22 中秋节 | 23 秋分 | 24 十七 | 上班 25 十八 |
| 上班 26 十九 | 27 二十 | 28 二十一 | 29 二十二 | 30 二十三 |  |  |
|  |  |  |  | 放假 | 1 国庆 | 2 二十五 |
| 3 二十六 | 4 二十七 | 5 二十八 | 6 二十九 | 7 三十 | 8 寒露 | 上班 9 初二 |
| 10 初三 |  |  |  |  |  |  |

◉请思考：

如果中秋和国庆期间全部加班，那么计算加班费是多少？

### 三、薪酬综合计算

2008年7月，小张大学毕业后到北京某公司任职，2009年1月至2009年12月劳动合同约定每月工资2 500元，另外每月有固定发放的交通、伙食补贴500元。2009年7月，小张得到公司发放的一次性奖金3 000元。2010年1月起劳动合同约定工资调整为2 800元，加上交通、伙食补贴每月实际发放3 300元。2010年元旦小张加班一天。1月小张得到一次性奖金2 500元。2010年5月，小张再次得到公司发放的一次性奖金2 000元。2010年5月31日，因劳动合同订立时所依据的客观情况发生重大变化，致使劳动合同无法履行，经用人单位与小张协商，未能就变更劳动合同内容达成一致，公司决定解除劳动关系。当年小张未休年休假。

◉请思考：

小张的社会保险个人缴费基数、加班费基数、解除劳动合同经济补偿金、代通知金、支付未休年休假工资基数应当如何计算？

### 四、福利项目设计

2003年1月1日惠普中国公司正式宣布完成了与康柏公司的合并，公司进入了全面腾飞的阶段。公司在一些福利项目的额度方面做了调整和变更，但员工福利种类并没有太大的变化。惠普中国公司的福利项目除了政府强制缴纳的保险外，还包括以下几个方面。

双薪，这意味着员工每年有14个月的薪水；员工工资36倍的人身保险（上限是120万元，下限是30万元），工作年限越长，保险金就越多；员工基本工资20%的住房公积金；员工休假福利，休假日每隔五年递增一次；商业医疗保险（承担家属和孩子的部分费用）；教育培训类福利；文化体育休闲类福利等。其中文化体育休闲类包括电影卡、文化演出券、一定面额的健身娱乐代金券等。有些项目员工在一定的范围内有自主选择权，如员工一般每半年有1 400元的健身娱乐费用，公司是以代金券的形式发给员工的，员工可以在与公司签订协议的体育馆、健身房、美容美发店使用，还可以在与公司签订协议的车行使用，享受租车服务。

总体上，惠普中国公司员工的福利项目比较丰富，考虑了员工的生活、文化、教育及休闲等多方面的需要，而且给了员工一定的自主选择权。惠普中国公司员工福利的管理主体由三方面组成：一是负责管理各种保险和补充保险的社会管理机构；二是负责管理员工普遍福利项目，如休假、住房公积金等的公司人力资源部；三是负责管理文化体育、休闲、福利等的公司工会组织。

◉请思考：

1. 惠普公司的福利项目优势在哪里？起到什么样的作用？
2. 请列举你知道的福利项目。

## 思考与练习

1. 什么是薪酬？薪酬有哪些种类？
2. 薪酬管理需遵循哪些原则？
3. 21 世纪薪酬管理的发展趋势有哪些？这些发展趋势有何优势？
4. 绘制薪酬体系的通用模型。
5. 如何设计一个科学、合理、有效的薪酬管理体系？
6. 法定员工福利有哪些？

闯关练习

案例：萨费利特玻璃公司的绩效工资

案例：炎黄玩具公司的薪酬设计问题与对策

# 项目八
# 劳动关系管理实务

 职业情境

这天上班没多久,李明就听到隔壁经理办公室传来吵吵嚷嚷的声音,仔细一听,是财务部主管方强正跟经理在争执。原来,公司去年由于账目管理混乱,收到了上级主管行政部门的警告处罚,因此公司决定调方强到行政部门从事后勤工作,并降低其薪酬。而方强提出,当初公司和他签订的劳动合同约定其工作岗位为财务主管,不能变更,否则违反《劳动法》,他要向当地劳动争议仲裁机构提出申诉。

公司和方强到底孰是孰非?李明决定从《劳动法》和《劳动合同法》中寻找答案。

学习目标

劳动合同管理流程

劳动争议处理流程

能力目标

- 能依法签订劳动合同,协助或完成新员工的入职手续的办理。
- 能独立或协助上级合法处理员工的劳动关系。
- 培养学生良好的职业素养,学会依法管理劳动关系。

知识目标

- 熟悉劳动关系、劳动法律关系的含义和特征。
- 掌握劳动合同的含义和内容。
- 掌握劳动合同的签订规范、劳动合同变更的条件。
- 掌握劳动合同管理的基本内容。
- 熟悉劳动争议处理的方式方法。

 先导案例

**困扰小许的问题**

2018年4月,某公司员工小许与公司的劳动合同即将到期,但由于公司正准备换总经理,新的劳动合同需等到新总经理来了再签。2018年5月,小许的合同到期。2018年7月,新总经理终于上任了。新

官上任三把火，第一把火就决定裁员。小许不幸收到了公司发出的终止劳动合同通知书。小许在办理离职手续前，找到人事部，要求公司向自己支付经济补偿金，没想到却遭到了拒绝。"你的劳动合同是到期终止，不是中途解除，所以没有经济补偿金。"人事经理这样解释道。"可是，我的合同是两个月前到期的，你们当时没有终止啊。"小许觉得有点儿委屈。"不管怎么说，合同到期后，公司没再跟你续签，就可以随时终止劳动关系。"人事经理态度很强硬。小许走在回家的路上，脑子还是转不过弯来：难道劳动合同过期后，公司不立即终止也不续签，以后就可以想让我什么时候走，就让我什么时候走了？甚至连补偿金也可以不给？

● 请思考：
如果让你帮小许解答困扰他的问题，你将如何解答？

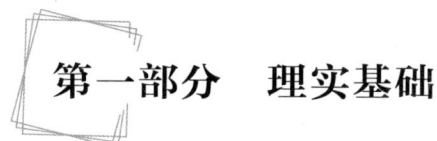

## 第一部分　理实基础

### 一、理论基础

#### （一）劳动关系的含义和内容

**1. 劳动关系的含义**

劳动关系，又称劳资关系、雇用关系，是指用人单位（雇主）与劳动者（雇员）之间在运用劳动者的劳动能力，实现劳动过程中所产生的关系。劳动关系是社会生产中，劳动者与用人单位（包括各类企业、个体工商户、商业单位等）在实现生产劳动过程中所结成的一种必然的、不以人的意志为转移的社会经济利益关系。

从广义来讲，劳动关系是指任何劳动者与任何用人单位之间因从事劳动而结成的社会关系。

从狭义来讲，劳动关系是指依照国家劳动法律法规规范的权利、义务关系。

（1）劳动关系定义的几个要点：

① 市场经济体制下，人力资源的配置是通过劳动力市场来实现的。

② 劳动关系领域中，劳动者通常被表述为雇员，用人单位被表述为雇主。

③ 劳动关系所反映的是劳动给付与工资的交换关系。

（2）劳动关系有如下特征：

① 劳动关系主体特征：劳动关系的主体，一方是劳动力所有者和支出者，即劳动者；另一方固定为生产资料的占有者和劳动力使用者，即用人单位。发生在两个单位之间以及职工之间的关系，即使与劳动有关，也不是劳动关系。

② 劳动关系的内容特征：发生在劳动者与用人单位之间的关系，不一定都是劳动关系，只有与劳动权利与义务有关的关系，才是劳动关系。

③ 劳动关系的主体具有从属性。劳动者一经招聘录用而提供实际劳动，成为用人单位的劳动者后，就要服从用人单位的管理和指挥，在用人单位的管理下从事劳动，因而这是一种隶属关系，用人单位在现行劳动法律框架下依据规章制度对劳动者享有管理权。

2. 相关概念

劳动法律关系,是劳动法律规范在调整劳动关系过程中所形成的雇员与雇主之间的权利义务关系。劳动法律关系的特点有:是劳动关系的现实形态;内容是权利和义务;是一种双务关系;具有国家强制性。

事实劳动关系,是指用人单位招用劳动者后不按规定订立劳动合同,或者用人单位与劳动者以前签订过劳动合同,但是到期后用人单位同意劳动者继续在本单位工作却没有与其及时续订劳动合同的情形。这种关系不影响劳动关系的成立,劳动者享有法律法规规定的一切权利和义务。简单来讲,就是用人单位与劳动者之间没有签订劳动合同,但劳动者在事实上为用人单位提供有偿劳动的一种劳动关系。

劳务关系,属于民事关系的一种,是指平等民事主体之间就一方向另一方提供劳务,另一方接受劳务并支付对价而形成的相互间的权利义务关系。劳务关系与劳动关系的相似之处在于:二者都以劳动体现关系的内容,接受劳动的一方应向提供劳动的一方支付报酬。正是由于有这样的相似之处,人们往往将二者混淆。

3. 劳动关系的调整方式

(1) 劳动法律、法规。是调整劳动关系应当遵循的原则性规范、最低标准。基本特点:体现国家意志。

(2) 劳动合同规范。是劳动者与用人单位确立劳动关系、明确双方权利义务的协议。基本特点:体现劳动关系当事人双方的意志。

(3) 集体合同规范。集体合同——集体双方代表根据劳动法律法规,就劳动报酬、工作时间、休息休假、劳动安全卫生、保险福利等事项,在平等协商一致的基础上签订的书面协议。集体合同由工会(没工会的由职工代表)代表全体职工与企业签订。集体协商比个别协商更为必要的原因:一是企业中有很多"公共事务",对每个雇员都有影响;二是雇员个人不可能与雇主保持在力量上的均衡。

(4) 民主管理制度(职工代表大会、职工大会)。我国职工参与管理的形式主要是职工代表大会制度和平等协商制度,制度的特点是劳动者意志对企业意志的渗透和影响。雇员参与管理的要点:一是以被管理者的身份进行参与;二是参与的是企业内部管理事务;三是参与形式多种多样(组织、代表、岗位、个人)。

(5) 企业内部劳动规则(规章制度)。调整对象:劳动过程中的企业和劳动者之间以及劳动者相互之间的关系。制定主体:企业(虽有劳动者参与,但属单方法律行为);表现形式:企业公开、正式的行政文件,适用于本企业,体现企业(雇主)的意志。

(6) 劳动争议处理制度。劳动关系处于非正常状态下,经劳动关系当事人请求,由依法建立的处理机构——调解机构、仲裁机构依法进行调查、协调和处理的程序性规范,是对劳动关系的社会性调整。

调解——企业劳动争议调解委员会(职工、用人单位、工会代表),具有群众性、自治性、非强制性(自愿原则)的特点。

仲裁——劳动争议仲裁委员会(劳动行政部门、同级工会、用人单位代表),是兼有司法性特征的劳动行政执法单位。

(7) 国家劳动监督检查制度。实施主体:县级以上各级人民政府劳动行政部门、有关部门、各级工会。为了保证《劳动法》的贯彻执行,是关于法定监督检查主体的职权、监督检查的范围、监督检查的程序以及纠偏和处罚的行为规范，具有保证劳动法体系全面实施的功能。

### （二）劳动合同的定义、种类和内容

劳动合同是劳动关系调整的主要形式之一，因此要了解劳动合同的定义、原则，熟悉劳动合同的内容，掌握劳动合同的订立、履行、变更及解除程序和条件。

**1. 劳动合同**

劳动合同，又称劳动契约、劳动协议，是指劳动者同企业、事业、机关单位等用人单位确立劳动关系，明确双方责任、权利和义务的协议。

劳动合同的一般特征有主体特定性，劳动者（自然人）和用人单位（法人、非法人经济组织）；以确定劳动关系为目的，明确权利和义务内容；当事人的法律地位平等，但在组织管理上具有隶属关系。劳动者在同一时间只能与一个用人单位签订劳动合同，法律允许范围内的兼职应订立劳务协议，而不是劳动合同；书面形式，合同属于法定要式合同，要式合同是必须具备特定形式或履行一定手续才具有法律效力的合同（劳动合同应当以书面形式订立、必须具备法定条款）。

**2. 劳动合同的种类**

劳动合同按照不同的分类依据，种类各不相同。依据劳动合同期限长短可分为固定期限、无固定期限、以完成工作为期限；依据用工制度可分为固定工、合同工、临时工；依据劳动者人数可分为个人合同和集体合同。

**3. 劳动合同的内容**

一份劳动合同必须包括法定条款和约定条款才是合法的，具体见表8-1。

表8-1 劳动合同内容

| | 劳动合同期限 | 有固定期限 |
| --- | --- | --- |
| 法定条款 | | 无固定期限 |
| | | 以完成一定工作为期限 |
| | 工作内容（工种、岗位、工作地点和场所）；劳动保护和劳动条件；劳动报酬；社会保险；劳动纪律；劳动合同终止的条件；违反劳动合同的责任 | |
| 约定条款 | 试用期限（最长不超过6个月；按照合同期的1/12确定；包含在劳动合同期限之内）；保守商业秘密条款；培训；保密事项（重复）；补充保险和福利待遇；第二职业条款［不能与其他单位签订劳动合同，可订立劳务协议（兼职）］；变更、解除合同的条件；当事人协商约定的其他事项 | |

（1）必备条款。《劳动合同法》第17条规定劳动合同应当具备以下条款：

①用人单位的名称、住所和法定代表人或者主要负责人。

②劳动者的姓名、住址和居民身份证或者其他有效证件号码。

③劳动合同期限。劳动合同期限可分为固定期限、无固定期限和以完成一定工作任务为期限。签订劳动合同主要是建立劳动关系，但建立劳动关系必须明确期限的长短。如果合同期限不明确，则无法确定合同何时终止，如何给付劳动报酬、经济补偿等，容

易引发争议。

④工作内容和工作地点。所谓工作内容，是指劳动法律关系所指向的对象，即劳动者具体从事什么种类或者内容的劳动，这里的工作内容是指工作岗位和工作任务或职责。这一条款是劳动合同的核心条款之一。它是用人单位使用劳动者的目的，也是劳动者通过自己的劳动取得劳动报酬的缘由。劳动合同中的工作内容条款应当明确具体，便于遵照执行。如果劳动合同没有约定工作内容或约定的工作内容不明确，用人单位将可以自由支配劳动者，随意调整劳动者的工作岗位，难以发挥劳动者所长，也很难确定劳动者的劳动报酬，造成劳动关系的极不稳定，因此，约定工作的内容是必不可少的。工作地点是劳动合同的履行地，是劳动者从事劳动合同中所规定的工作内容的地点，它关系到劳动者的工作环境、生活环境，以及劳动者的就业选择。劳动者有权在与用人单位建立劳动关系时知悉自己的工作地点。

⑤工作时间和休息休假。工作时间是指劳动时间在企业、事业、机关、团体等单位中，必须用来完成其所担负的工作任务的时间。一般由法律规定劳动者在一定时间内（工作日、工作周）应该完成的工作任务，以保证最有效地利用工作时间，不断地提高工作效率。这里的工作时间包括工作时间的长短、工作时间方式的确定，是8小时工作制还是6小时工作制，是日班还是夜班，是正常工时还是实行不定时工作制，或者是综合计算工时制。在工作时间上的不同，对劳动者的就业选择、劳动报酬等均有影响，因此，工作时间成为劳动合同不可缺少的内容。休息休假是指企业、事业、机关、团体等单位的劳动者按规定不必进行工作而自行支配的时间，休息休假的权利是每个国家的公民都应享受的。

⑥劳动报酬。劳动合同中的劳动报酬，是指劳动者与用人单位确定劳动关系后，因提供了劳动而取得的报酬。劳动报酬是满足劳动者及其家庭成员物质文化生活需要的主要来源，也是劳动者付出劳动后应该得到的回报。因此，劳动报酬是劳动合同中必不可少的内容。劳动报酬主要包括以下几个方面：一是用人单位工资水平、工资分配制度、工资标准和工资分配形式；二是工资支付办法；三是加班、加点工资及津贴、补贴标准和奖金分配办法；四是工资调整办法；五是试用期及病、事假等期间的工资待遇；六是特殊情况下职工工资（生活费）支付办法；七是其他劳动报酬分配办法。劳动合同中有关劳动报酬条款的约定，要符合我国有关最低工资标准的规定。

⑦社会保险。社会保险是政府通过立法强制实施，由劳动者、劳动者所在的工作单位或社区以及国家三方面共同筹资，帮助劳动者及其亲属在遭遇年老、疾病、工伤、生育、失业等风险时，防止收入的中断、减少和丧失，以保障其基本生活需求的社会保障制度。社会保险由国家成立的专门性机构进行基金的筹集、管理及发放，不以营利为目的，一般包括养老保险、医疗保险、工伤保险、生育保险、失业保险等。

⑧劳动保护、劳动条件和职业危害防护。劳动保护是指用人单位为了防止劳动过程中的安全事故，采取各种措施来保障劳动者的生命安全和健康。在劳动生产过程中，存在着各种不安全、不卫生因素，如不采取措施加以保护，将会发生工伤事故。如矿井作业可能发生瓦斯爆炸、冒顶、片帮、水火灾害等事故；建筑工地施工可能发生高空坠落、物体打击和碰撞等。所有这些，都会危害劳动者的安全健康，妨碍工作的正常进行。职业危害是指用人单位的劳动者在职业活动中，因接触职业性有害因素如粉尘、放射性物

质和其他有毒、有害物质等而对生命健康所引起的危害。根据《职业病防治法》第 30 条的规定，用人单位与劳动者订立劳动合同时，应当将工作过程中可能产生的职业病危害及其后果、职业病防护措施和待遇等如实告知劳动者，并在劳动合同中写明，不得隐瞒或者欺骗劳动者。

《职业病防治法》中还规定了用人单位在职业病防护中的义务：用人单位应当为劳动者创造符合国家职业卫生标准和卫生要求的工作环境和条件，并采取措施保障劳动者获得职业卫生保护；应当建立、健全职业病防治责任制，加强对职业病防治的管理，提高职业病防治水平，对本单位产生的职业病危害承担责任；必须采用有效的职业病防护设施，并为劳动者提供个人使用的职业病防护用品；应当对劳动者进行上岗前的职业卫生培训和在岗期间的定期职业卫生培训，普及职业卫生知识，督促劳动者遵守职业病防治法律、法规、规章和操作规程，指导劳动者正确使用职业病防护设备和个人使用的职业病防护用品。

⑨ 法律、法规规定应当纳入劳动合同的其他事项根据。

（2）约定条款。劳动合同除前面规定的必备条款外，用人单位与劳动者可以约定试用期、培训、保守商业秘密、补充保险和福利待遇等其他事项。

① 试用期。它是指在劳动合同期限内，用人单位对劳动者是否合格进行考核，劳动者对用人单位是否适合自己要求进行了解的期限。用人单位和劳动者可以依据法律、法规的规定，合理约定试用期的期限、劳动报酬、劳动合同的解除等。《劳动合同法》第 19 条规定："劳动合同期限 3 个月以上不满 1 年的，试用期不得超过 1 个月；劳动合同期限 1 年以上不满 3 年的，试用期不得超过 2 个月；3 年以上固定期限和无固定期限的劳动合同，试用期不得超过 6 个月。同一用人单位与同一劳动者只能约定一次试用期。以完成一定工作任务为期限的劳动合同或者劳动合同期限不满 3 个月的，不得约定试用期。试用期包含在劳动合同期限内。劳动合同仅约定试用期的，试用期不成立，该期限为劳动合同期限。"第 20 条规定："劳动者在试用期的工资不得低于本单位相同岗位最低档工资或者劳动合同约定工资的 80%，并不得低于用人单位所在地的最低工资标准。"

② 培训。它是指根据社会职业的需求和劳动者从业的意愿及条件，按照一定的标准，对劳动者进行的旨在培养和提高职业技能的教育训练活动。劳动者接受培训是提高劳动者技能的重要措施，也是劳动者享受再教育的权利。用人单位和劳动者可以在劳动合同中约定培训费用的承担、对培训成果的考核、经过培训后劳动者的服务期、培训费用的支付方式等。

③ 保守商业秘密。它是指用人单位和劳动者在劳动合同中约定对用人单位的商业秘密负有保守秘密。用人单位的商业秘密关系到用人单位在市场竞争中的地位，关系到用人单位的生存和发展，对用人单位有着特殊的意义。用人单位和劳动者可以在劳动合同中约定保守商业秘密的内容、范围、期限、措施及违反约定事项的责任。

④ 补充保险。它是指除了国家基本保险以外，用人单位根据自己的实际情况为劳动者建立的一种保险，它用来满足劳动者高于基本保险需求的愿望，包括补充医疗保险、补充养老保险等。补充保险的建立依用人单位的经济承受能力而定，由用人单位自愿实行，国家不作强制的统一规定。

⑤ 福利待遇。它是指用人单位和有关社会服务机构为满足劳动者生活的共同需要和

特殊需要，在工资和社会保险之外向本单位的劳动者及其亲属提供一定货币、实物、服务等形式的物质帮助，其包括为减少劳动者生活费用开支和解决劳动者生活困难而提供的各种补贴；为方便劳动者生活和减轻劳动者家务负担而提供的各种生活设施和服务；为活跃劳动者文化生活而提供的各种文化设施和服务。

⑥ 其他事项。劳动合同的约定条款不是劳动合同的必备条款，只要用人单位和劳动者不违反法律、法规的规定，双方可以对劳动合同的约定条款经过协商一致，自主决定。例如，用人单位和劳动者可以对竞业条款的适用范围、期限、补偿、违约责任等做出约定。仅指劳动保障行政部门依法对劳动合同的订立、履行、变更、解除、终止及违约责任承担等一系列活动进行统一化、专门化的管理。

### （三）劳动合同的管理

劳动合同的管理指司法机关、劳动保障行政机关、用人单位、工会组织以及用人单位内部行政和工会组织，在各自的职责范围内，根据法律、法规和政策的要求，运用鉴证、指导、组织、监督、检查、评价、奖惩等手段，分别对企业合同的订立、履行、变更、解除等行为进行管理，并对违反劳动法规的行为予以纠正或者处罚的活动。

其中，劳动合同鉴证是劳动行政管理部门对劳动合同内容、订立程序的合法性、真实性进行审查并予以证明的制度，是劳动行政管理、监督服务的一种手段。劳动合同鉴证审查以下内容：双方当事人是否具备签订劳动合同的资格；合同内容的合法性，合同条款是否完备、权利义务是否明确；若雇佣外籍员工，中外合同文本是否一致；劳动合同签订程序的合法性。

劳动合同管理主要包括劳动合同的订立与变更、劳动合同的解除与终止。

1. 劳动合同的订立

根据《劳动合同法》的相关规定，建立劳动关系应当订立书面劳动合同；已建立劳动关系，未同时订立书面劳动合同的，应当自用工之日起一个月内订立书面劳动合同。订立劳动合同分为要约和承诺两个阶段。劳动合同的续订，劳动合同期满前 30 日由用人单位送达续订劳动合同意向通知书；续订劳动合同不得约定试用期；工作满 10 年的劳动者续订时提出订立无固定期限劳动合同时，用人单位应同意；固定期限劳动合同期限届满未终止又未续订，劳动关系仍存在的视为续订劳动合同。

（1）以下劳动合同无效：
① 劳动合同主体不合法（权利能力和行为能力）。
② 劳动合同内容不合法。
③ 劳动合同形式不合法（书面形式）。
④ 劳动合同订立程序不完备。
⑤ 意思表示不真实（欺诈、威胁）。

（2）注意事项：
① 无效劳动合同从订立时起就没有法律效力。
② 如果属于部分条款无效，有效部分有法律效力。
③ 劳动合同是否无效由劳动争议仲裁委员会或人民法院确认。

2. 劳动合同的变更

劳动合同的变更是指劳动合同双方当事人就已经订立的合同条款达成修改或补充的

法律行为。

(1) 劳动合同变更的条件包括：

① 订立劳动合同所依据的法律、行政法规、规章制度发生变化，应变更相关的内容；

② 订立劳动合同所依据的客观情况发生重大变化，致使劳动合同无法履行，应变更相关的内容（自然灾害、迁移厂址等）；

③ 双方当事人协商一致，可以变更劳动合同；

④ 劳动者患病或非因工负伤，不能从事原工作的，单位应为其适当调整工作岗位。这种情况下用人单位调整劳动者的工作岗位是单位的义务，单位应与劳动者协商变更劳动合同。

(2) 注意事项：

① 劳动合同的变更仅限于劳动合同内容的变化，而不是主体的变更。

② 要依照法定程序进行。提出劳动合同的变更的一方应提前书面通知对方，平等协商一致方可。

③ 在合同有效期内变更。

3. 劳动合同的解除

劳动合同的解除是指劳动合同签订以后，尚未全部履行之前，由于一定事由的出现，提前终止劳动合同的法律行为。劳动合同的解除可分为双方约定解除和单方解除两种。

(1) 劳动合同的协议解除（双方约定解除）。

① 经劳动合同当事人协商一致，劳动合同可以解除。

② 双方协议解除劳动合同时，应提前书面通知对方。

③ 如果是用人单位提出的，发给经济补偿金（最多 12 个月）。

(2) 用人单位单方解除劳动合同（单方解除）。

① 随时提出解除劳动合同并不承担经济补偿的情况：

a. 在试用期间被证明不符合录用条件的。

b. 严重违反劳动纪律或者用人单位规章制度的。

c. 严重失职、营私舞弊，对用人单位利益造成重大损害的。

d. 被依法追究刑事责任的。

e. 劳动者同时与其他用人单位建立劳动关系，对完成本单位的工作任务造成严重影响，或者经用人单位提出，拒不改正的。

需要说明的是，根据上述 b、c、d 开除、除名劳动者时应遵循的惯例：一是做出处理决定的时间不能超过处理时效。二是以开除的形式解除劳动合同的应征求工会的意见。三是劳动者涉嫌违法犯罪被限制人身自由且未被判决期间不能解除劳动合同，用人单位也无须承担劳动合同规定的义务。

违纪和重大损失的判断可依法律，也可依企业的合法且公示的管理规则，用人单位单方解除劳动合同（单方解除）。

② 提前 30 天书面形式通知，并要承担经济补偿的情况：

a. 劳动者患病或者非因工负伤，医疗期满后，不能从事原工作也不能从事由用人单位另行安排的工作的。

b. 劳动者不能胜任工作，经过培训或者调整工作岗位，仍不能胜任工作的。

c. 劳动合同订立时所依据的客观情况发生重大变化，致使原劳动合同无法履行，经当事人协商不能就变更劳动合同达成协议的。

③ 经济性裁员的条件（给予经济补偿）：

a. 用人单位濒临破产进行法定整顿期间的。

b. 用人单位生产经营状况发生严重困难，确需裁减人员的。

相关要求：一是应当提前 30 日向工会或者全体员工说明情况，听取工会或者职工的意见，经向劳动行政部门报告后，方可裁减人员。二是用人单位依据本条规定裁减人员，在 6 个月内录用人员的，应当优先录用被裁减人员。

④ 用人单位不得解除劳动合同的情况：

a. 从事接触职业病危害作业的劳动者未进行离岗前职业健康检查，或者疑似职业病病人在诊断或者医学观察期间的；

b. 在本单位患职业病或者因工负伤并被确认丧失或者部分丧失劳动能力的；

c. 患病或者非因工负伤，在规定的医疗期内的；

d. 女职工在孕期、产期、哺乳期的；

e. 在本单位连续工作满十五年，且距法定退休年龄不足五年的；

f. 法律、行政法规规定的其他情形。

(3) 劳动者单方解除劳动合同（单方解除）。

① 随时向用人单位提出解除劳动合同（不承担赔偿责任）。

a. 劳动者提前三十日以书面形式通知用人单位，可以解除劳动合同，试用期内解除劳动合同，只要提前 3 日通知用人单位即可。

b. 用人单位未按照劳动合同约定提供劳动保护或者劳动条件的；

c. 用人单位未及时足额支付劳动报酬的；

d. 用人单位未依法为劳动者缴纳社会保险费的；

e. 用人单位的规章制度违反法律、法规的规定，损害劳动者权益的；

f. 法律、行政法规规定劳动者可以解除劳动合同的其他情形；

g. 用人单位以暴力、威胁或者非法限制人身自由的手段强迫劳动者劳动的，或者用人单位违章指挥、强令冒险作业危及劳动者人身安全的，劳动者可以立即解除劳动合同，不需事先告知用人单位。

② 提前 30 天通知用人单位解除劳动合同，即辞职。对用人单位造成损失的，应承担如下赔偿责任：

a. 用人单位招收录用所支付的费用。

b. 用人单位支付的培训费用。

c. 对生产经营和工作造成的直接经济损失。

d. 劳动合同约定的其他赔偿费用。

需要说明的是，第三方招用未与原用人单位解除劳动合同的劳动者的，对原用人单位的损失承担连带赔偿责任。

4. 劳动合同的终止

劳动合同的终止是指劳动合同关系的消灭，即劳动关系、双方权利义务的失效。

（1）法定的终止条件有：

① 劳动合同期满的。

② 劳动者开始依法享受基本养老保险待遇的。

③ 劳动者死亡，或者被人民法院宣告死亡或者宣告失踪的。

④ 用人单位被依法宣告破产的。

⑤ 用人单位被吊销营业执照、责令关闭、撤销或者用人单位决定提前解散的。

⑥ 法律、行政法规规定的其他情形。

（2）注意事项：

劳动合同依法解除或终止时应注意：

① 用人单位应一次性付清劳动者工资。

② 依法办理相关保险手续。

③ 用人单位依法破产的，清偿时劳动者工资优先得到支付。

（3）劳动合同期满并不终止，合同需要顺延的特别规定。

劳动合同期满，有如下情形，劳动合同应当续延至相应的情形消失时终止：

① 从事接触职业病危害作业的劳动者未进行离岗前职业健康检查，或者疑似职业病病人在诊断或者医学观察期间的。

② 在本单位患职业病或因工负伤并被确认丧失或者部分丧失劳动能力的。

③ 患病或者非因工负伤，在规定的医疗期内的。

④ 女职工在孕期、产期、哺乳期的。

⑤ 在本单位连续工作满 15 年，且距法定退休年龄不足 5 年的。

⑥ 法律、行政法规规定的其他情形。

5．终止、解除劳动合同的经济补偿金的核算

经济补偿金是指按照法律的规定，在法定情况下解除或终止劳动合同时，由用人单位依法支付给劳动者的经济上的补助。其一般以货币形式支付给劳动者，故称"经济补偿金"。

（1）用人单位应当支付经济补偿金的情形。

按《劳动合同法》的规定，下列情形用人单位应支付劳动者经济补偿金：一是用人单位与劳动者协商一致，并由用人单位提出动议解除劳动合同的。二是用人单位有过错，导致劳动者解除劳动合同的。三是用人单位非过失性解除劳动者的劳动合同。四是用人单位进行经济性裁员的。五是部分劳动合同终止的情形，包括：劳动合同期满，除用人单位维持或者提高劳动合同约定条件续订劳动合同，劳动者不同意续订的情形外；用人单位被依法宣告破产的；用人单位被吊销营业执照、责令关闭、撤销或者用人单位决定提前解散的。这些情形导致的劳动合同终止，用人单位都要支付劳动者经济补偿金。

（2）用人单位支付经济补偿金的标准。

支付标准经济补偿按劳动者在本单位的工作年限，每满 1 年支付 1 个月工资的标准向劳动者支付。6 个月以上不满 1 年的，按 1 年计算；不满 6 个月的，向劳动者支付半个月工资的经济补偿。

（3）用人单位支付经济补偿金的限制。

根据《劳动合同法》的规定，劳动者月工资高于用人单位所在直辖市、设区的市级

人民政府公布的本地区上年度职工月平均工资3倍的,向其支付经济补偿的标准按职工月平均工资3倍的数额支付,向其支付经济补偿的年限最高不超过12年。也即,这里的"高薪员工"是指月工资高于用人单位所在直辖市、设区的市级人民政府公布的本地区上年度职工月平均工资3倍的劳动者。如北京市2007年市政府公布的平均工资是3322元,那么其3倍就是9966元,如果2008年解除劳动合同要支付员工经济补偿金的话,凡是月平均工资高于9966元的,就属于《劳动合同法》中规定的高薪劳动者。

(4) 用人单位支付经济补偿金的时间。

《劳动合同法》规定,用人单位依照有关规定应当向劳动者支付经济补偿金的,在办结工作交接时支付。如劳动者未办理工作交接,则用人单位可以暂不支付经济补偿金。这里的月平均工资,是指劳动者在劳动合同解除或终止前12个月的平均工资。

### (四) 劳动争议与处理

根据《中华人民共和国劳动合同法》的有关规定:劳动争议又称劳动纠纷,是指员工与企业之间在履行劳动合同的过程中,发生的因权利与义务之间的纠纷。劳动争议的内容主要有以下几个方面:一是因确认劳动关系发生的争议;二是因订立、履行、变更、解除和终止劳动合同发生的争议;三是因除名、辞退和辞职、离职发生的争议;四是因工作时间、休息休假、社会保险、福利、培训以及劳动保护发生的争议;五是因劳动报酬、工伤医疗费、经济补偿或者赔偿金等发生的争议;六是法律、法规规定的其他劳动争议。企业与员工发生劳动争议,当事人可以依法申请调解、仲裁或提起诉讼,也可以协商解决。

劳动纠纷是现实中较为常见的纠纷。国家机关、企事业单位、社会团体等用人单位与职工建立劳动关系后,一般都能相互合作,认真履行劳动合同。但由于各种原因,双方之间产生纠纷也是难以避免的事情。劳动纠纷的发生,不仅使正常的劳动关系得不到维护,还会使劳动者的合法利益受到损害,不利于社会的稳定。因此,应当正确把握劳动纠纷的特点,积极预防劳动纠纷的发生,对已发生的劳动纠纷进行正确的处理,有利于维护和谐的劳动关系,有效利用人力资源。劳动争议的当事人是指劳动关系当事人双方——职工和用人单位(包括自然人、法人和具有经营权的用人单位),即劳动法律关系中权利的享有者和义务的承担者。

1. 劳动争议的分类

劳动争议按照不同的标准,可划分为以下三种:

(1) 按照劳动争议当事人人数多少分,可分为个人劳动争议和集体劳动争议。个人劳动争议是劳动者个人与用人单位发生的劳动争议;集体劳动争议是指劳动者一方当事人在3人以上,有共同理由的劳动争议。

(2) 按照劳动争议的内容分,可分为:因履行劳动合同发生的争议;因履行集体合同发生的争议;因企业开除、除名、辞退职工和职工辞职、自动离职发生的争议;因执行国家有关工作时间和休息休假、工资、保险、福利、培训、劳动保护的规定发生的争议;等等。

(3) 按照当事人的国籍分,可分为国内劳动争议与涉外劳动争议。国内劳动争议是指我国的用人单位与具有我国国籍的劳动者之间发生的劳动争议;涉外劳动争议是指具有涉外因素的劳动争议,包括我国在国(境)外设立的机构与我国派往该机构工作的人员之间发生的劳动争议、外商投资企业的用人单位与劳动者之间发生的劳动争议。

2. 劳动争议特征

(1)劳动纠纷是劳动关系当事人之间的争议。劳动关系当事人,一方为劳动者,另一方为用人单位。劳动者主要是指与在中国境内的企业、个体经济组织建立劳动合同关系的职工和与国家机关、事业组织、社会团体建立劳动合同关系的职工。用人单位是指在中国境内的企业、个体经济组织,以及国家机关、事业组织、社会团体等与劳动者订立了劳动合同的单位。不具有劳动法律关系主体身份者之间所发生的争议,不属于劳动纠纷。如果争议不是发生在劳动关系双方当事人之间,即使争议内容涉及劳动问题,也不构成劳动争议。如劳动者之间在劳动过程中发生的争议,用人单位之间因劳动力流动发生的争议,劳动者或用人单位与劳动行政管理中发生的争议,劳动者或用人单位与劳动行政部门在劳动行政管理中发生的争议,劳动者或用人单位与劳动服务主体在劳动服务过程中发生的争议等,都不属于劳动纠纷。

(2)劳动纠纷的内容涉及劳动权利和劳动义务。劳动纠纷是为实现劳动关系而产生的争议。劳动关系是劳动权利义务关系,如果劳动者与用人单位之间不是为了实现劳动权利和劳动义务而发生的争议,就不属于劳动纠纷的范畴。劳动权利和劳动义务的内容非常广泛,包括就业、工资、工时、劳动保护、劳动保险、劳动福利、职业培训、民主管理、奖励惩罚等。

(3)劳动纠纷可以表现为非对抗性矛盾与对抗性矛盾两种形式。这两种形式在一定条件下可以相互转化。在一般情况下,劳动纠纷表现为非对抗性矛盾,给社会和经济带来不利影响。

## 二、实训基础

### (一)劳动关系和劳务关系的区别

劳动关系和劳务关系的区别见表8-2。

表8-2 劳动关系和劳务关系

| 区别点 | 劳动关系 | 劳务关系 | 雇佣关系 |
| --- | --- | --- | --- |
| 主体不同 | 用人单位与劳动者 | 主体不确定 | 一般为自然人之间 |
| 关系不同 | 经济关系和人身关系,成为内部职员 | 经济关系平等、独立 | 经济关系:没有隶属关系,但要接受管理和指挥 |
| 劳动主体的待遇不同 | 工资报酬、社保等福利待遇 | 劳务报酬 | 劳务报酬 |
| 适用的法律不同 | 适用《劳动法》《劳动合同法》 | 适用《合同法》 | 民法调整 |
| 合同的法定形式不同 | 法定形式为书面的 | 法定形式除书面外,可以口头的或其他形式 | 口头或书面 |

## (二) 劳动关系管理流程

劳动关系管理的基础领域主要有两个方面：一是促进劳动关系合作的事项，主要形式是劳动合同制度和集体合同制度；二是缓和、解决劳动关系冲突的事项。劳动关系管理的基本程序大体如图 8-1 所示，不同的企业会根据实际情况有所删减。

图 8-1　劳动关系管理程序

1. 劳动合同订立的程序（如图 8-2 所示）

说明：（1）劳动关系管理专员准备劳动合同书。劳动合同书要在双方介绍各自的实际情况的基础上签订。用人单位应如实介绍本单位生产、工作环境和条件以及具体生产任务；劳动者应如实介绍自己的专长和身体健康状况。双方经协商，就劳动合同的内容取得一致意见后，签名盖章。用人单位要盖单位公章和法定代表人章。劳动者须本人签名或盖本人章。

（2）鉴证劳动合同。劳动合同签订后，用人单位应在一个月之内到劳动行政部门鉴证，以证明劳动合同的真实性和合法性，以利于劳动合同的认真履行，而且一旦发生劳动争议时，也便于调解和仲裁。

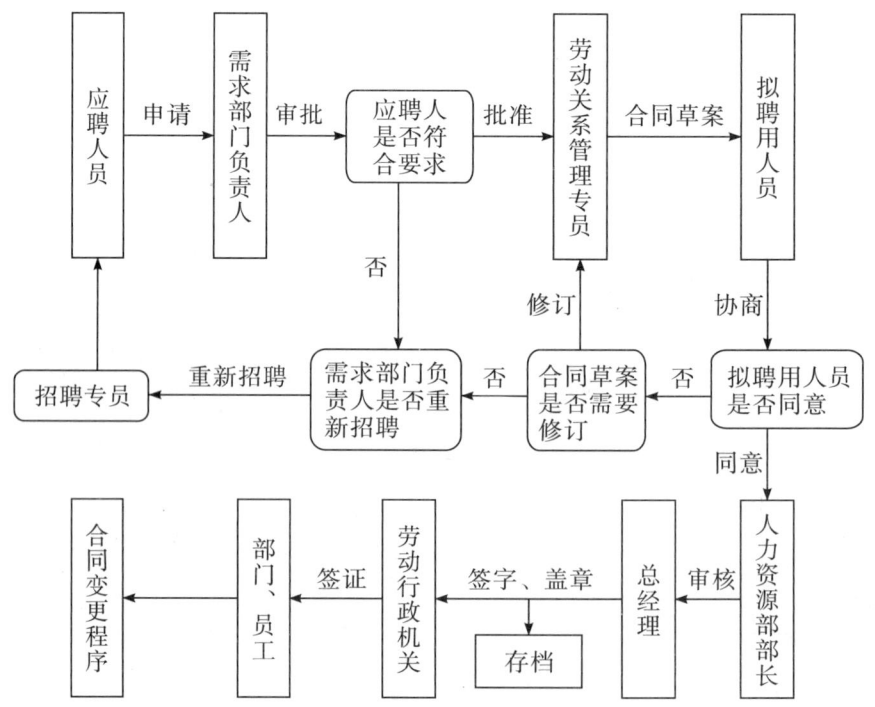

图 8-2　劳动合同订立的程序

## 2. 劳动合同变更程序（如图 8-3 所示）

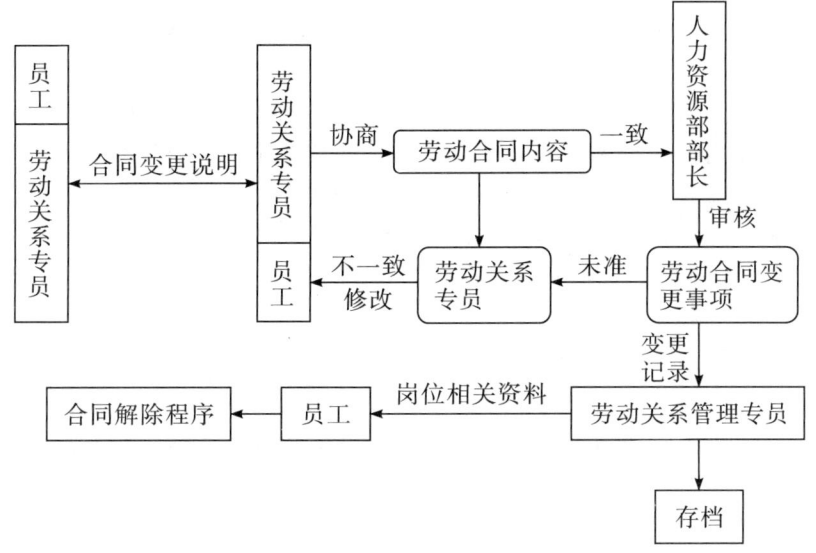

图 8-3　劳动合同变更程序

说明：劳动合同的变更，仅限于条款内容的变更，不包括合同当事人的变更。基本的程序一般分为三个步骤：

（1）一方及时提出变更合同的要求。

（2）对方按期做出答复。

（3）双方达成书面协议。变更劳动合同，应当由双方协商，达成一致意见后，在劳动合同书中"劳动合同变更记录"栏内填写有关变更内容。变更后的劳动合同应到劳动争议仲裁机构鉴证。

## 3. 劳动合同解除程序（如图 8-4 所示）

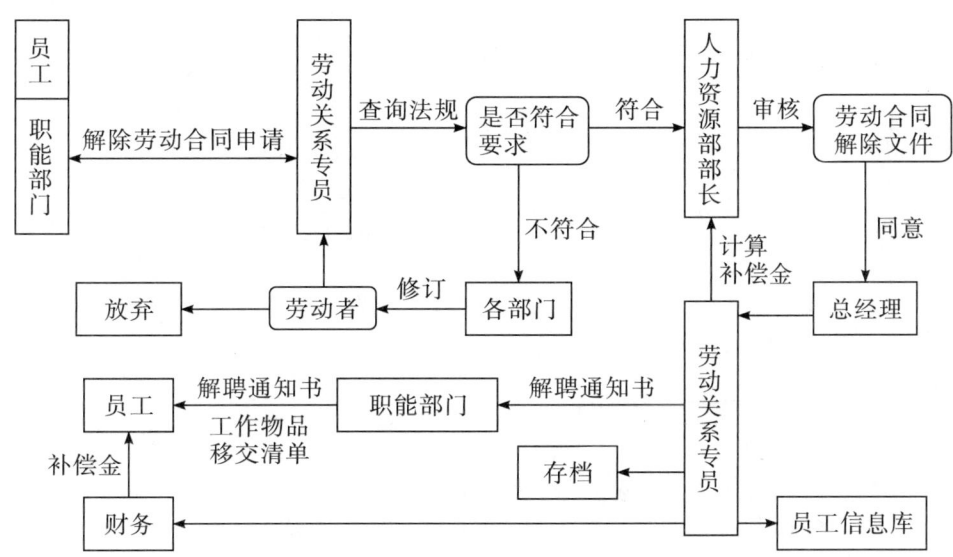

图 8-4　劳动合同解除程序

说明：

（1）用人单位提前30日提出解除劳动合同的要求和方案。

（2）劳动关系专员（合同管理员）整理相关资料，包括解除劳动合同的原因、解除劳动合同信息表、劳动合同正副本、经济补偿金等。

（3）用人单位法定代表人审批。填写解除劳动合同证明书，在解除劳动合同信息表上签字，并在劳动合同正副本上加盖作废章，对有经济补偿的予以审批。

（4）办理相关解除手续。包括合同文本正本进个人档案、保险手续、离职手续以及将解除合同信息传递给劳动行政管理部门等。

4. 劳动合同终止程序（如图8-5所示）

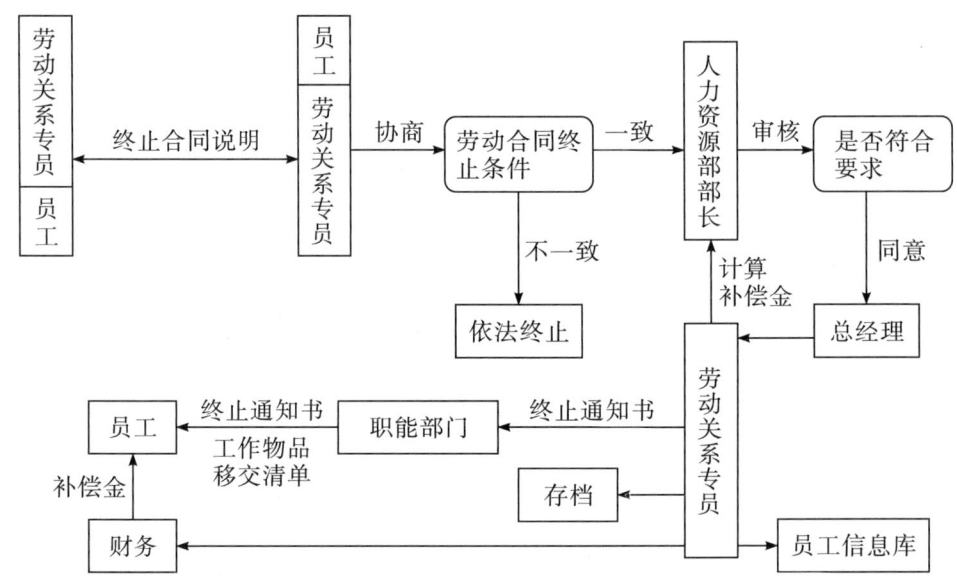

图8-5 劳动合同终止程序

说明：

（1）劳动合同期满不再续签劳动合同或其他劳动合同终止的条件出现，双方当事人均可提出终止。

（2）劳动关系专员（合同管理员）整理相关资料，包括终止劳动合同信息表、劳动合同正副本、经济补偿金等。

（3）用人单位法定代表人审批。填写终止劳动合同证明书，在终止劳动合同信息表上签字，并在劳动合同正副本上加盖作废章，对有经济补偿的予以审批。

（4）办理相关解除手续。包括合同文本正本进个人档案、保险手续、离职手续以及将终止合同信息传递给劳动行政管理部门等。

（三）劳动合同的管理技巧

1. 劳动合同订立的程序

（1）要约。首先由用人单位提出要约邀请，寻找并确定劳动者，一般来讲，用人单位通过公布招工简章或就业规则、自愿报名、全面考核和择优录取几个步骤，就可以确定受要约人，即愿意接受用人单位条件并与该单位协商订立劳动合同的劳动者，于是进入第二阶段。

（2）承诺和签订合同。这是完成要约和承诺的全过程。经过上一阶段，受要约人确定后，即由用人单位提出劳动合同的草案，劳动者如果完全同意，即视为承诺，劳动合同即告成立。如果劳动者对劳动合同草案提出修改意见或要求增加新的内容，应视为对要约的拒绝。双方继续经过新的要约、再要约，反复协商，直至最终达成一致的协议。

劳动合同书应由用人单位的法定代表人或其书面委托代理人与劳动者签字（盖章），并注明签订日期。经双方当事人签字（盖章）的劳动合同书一式两份，用人单位和劳动者各持一份。

2. 劳动合同的变更

它是指劳动合同依法订立后，在合同尚未履行或者尚未履行完毕之前，经用人单位和劳动者双方当事人协商同意，对劳动合同内容做部分修改、补充或者删减的法律行为。劳动合同的变更是原劳动合同的派生，是双方已存在的劳动权利义务关系的发展。

（1）劳动合同变更的条件。

①订立劳动合同时所依据的法律、法规已修改或废止；劳动合同中约定的部分条款与国家新颁布的法律、法规相抵触，必须修改有关条款的。

②用人单位转产或调整、改变生产任务；企业经上级主管部门批准转产，原来的组织仍然存在，原签订的劳动合同也仍然有效，只是由于生产方向的变化，原来订立的劳动合同中的某些条款与发展变化的情况不相适应，需要做出相应的修改的；上级主管机关决定改变企业的生产任务，致使原来订立的劳动合同中有关产量、质量、生产条件等都发生了一定的变化，需要做出相应的修改，否则原劳动合同无法履行的。

③用人单位严重亏损或发生自然灾害，确实无法履行劳动合同规定的义务。

④当事人双方协商同意。

⑤法律允许的其他情况。如劳动合同订立时所依据的客观情况发生重大变化，致使原劳动合同无法履行，经当事人协商可以变更劳动合同的。

（2）劳动合同的变更程序。

①及时提出变更合同的要求。首先由一方当事人依法向对方当事人提出变更劳动合同的建议，并说明变更的理由和修改的条款，请示对方限期答复。

②按期做出答复。由对方当事人在限期内给予答复，表示同意或不同意变更，或者建议再协商解决。

③双方达成书面协议。经双方当事人充分协商达成一致协议后，签订书面协议，双方签字盖章，变更协议即行生效。

3. 劳动合同的其他事宜

（1）合同的效力。《劳动合同法》第26条规定了由劳动争议仲裁机构或者人民法院确认的无效或部分无效的劳动合同的情形：

①以欺诈、胁迫的手段或者乘人之危，使对方在违背真实意思的情况下订立或者变更劳动合同的。

②用人单位免除自己的法定责任、排除劳动者权利的。

③违反法律、行政法规强制性规定的。

（2）合同的期限。一般有三种，分别是有固定期限的劳动合同、无固定期限的劳动合同和以完成一定工作为期限的劳动合同。

（3）违反劳动合同的责任。一般可约定两种形式的违约责任，一是由于一方违约给对方造成经济损失，约定赔偿损失的方式；二是约定违约金，采用这种方式应当注意根据职工一方承受能力来约定具体金额，不要出现显失公平的情形。另外，这里讲的违约，或者称违反劳动合同，不是指一般性的违约，而是指违约程度比较严重，如职工违约离职、单位违法解除劳动者合同等。

（4）劳动合同适用法律法规。包括《中华人民共和国劳动合同法》和《中华人民共和国劳动合同法实施条例》。

### （四）劳动争议处理

1. 劳动争议处理应遵循的原则

（1）依法处理劳动争议原则。在处理劳动争议过程中，劳动争议处理机构和劳动争议当事人，必须在查清事实的基础上依法协商、依法解决劳动争议。首先，当事人应积极就自己的主张和请求提出证据；其次，劳动争议处理机构应及时调查取证，两者有机结合，才能达到查清事实的目的。依法处理争议，就要依据法律规定的程序要求和权利、义务要求去解决争议，同时要掌握好依法的顺序，即有法律依法律，没有法律依法规，没有法规依规章，没有规章依政策。另外，处理劳动争议还可以依据依法签订的集体合同、劳动合同，以及依法制定并经职代会或职工大会讨论通过的企业规章。

（2）当事人适用法律上一律平等原则。劳动争议双方当事人虽然在其劳动关系中存在行政上的隶属关系，但其法律地位是平等的，也就是说，不管用人单位大小如何，也不管职工一方职位高低，双方在法律面前是平等的。适用法律时不能因人而异，不能因为某单位是重点企业，或者是当地创利创汇大户，而对其侵害职工劳动权益的行为进行袒护。

（3）着重调解劳动争议原则。处理劳动争议，应当重视调解方式，调解既是一道专门程序，也是仲裁与审判程序中的重要方法。着重调解原则，首先是有利于增加当事人之间的相互理解，使其在今后的工作中能够相互支持和配合；其次是可以简化程序，有利于及时、彻底地处理劳动争议。

实行着重调解的原则应注意：一是必须遵守自愿原则，当事人向企业劳动争议调解委员会申请调解，必须经争议双方当事人同意，否则调解委员会不予受理。三种劳动争议处理机构进行调解必须是当事人真正自愿和解和自愿达成调解协议，不得对争议案件强行调解，也不得采取强迫或变相强迫的方法进行调解。二是必须坚持合法、公正原则。调解是建立在查明事实、分清责任的基础上，通过说服教育，使当事人在法律许可的范围内达成和解协议，并不是无原则地进行的。三是必须将及时裁决或及时判决结合起来。对于当事人不愿调解或调解不成的，不应久调不决，以免拖延时日，有损于当事人的合法权益，甚至造成不良后果。

（4）及时处理劳动争议的原则。首先，劳动争议发生后，当事人应当及时协商或及时申请调解以至申请仲裁，避免超过仲裁申请时效，丧失申请仲裁的权利。其次，劳动争议处理机构在受理案件后，应当在法定结案期限内，尽快处理完毕。劳动争议往往涉及当事人尤其是职工一方的切身利益，如果不及时加以处理，势必会损害劳动者合法权益，甚至使矛盾激化。因此有关劳动争议法规对争议处理规定了严格的时间限制，以免"案无定日"、久拖不决的现象。最后，对处理结果，当事人不履行协议或决定的，要及时采取申请强制执行等措施，以保证案件的顺利处理和处理结果的最终落实。

（5）基层解决争议原则。劳动争议案件应主要由企业设立的调解委员会和当地县、市、市辖区仲裁委员会解决。向法院起诉，也是按法定管辖权由当地基层法院受理。基层解决原则，方便当事人参加调解、仲裁和诉讼活动，有利于争议的及时处理和法律文书的送达与执行，有利于就地调查，查明事实真相。

2. 劳动争议处理的方法

《中华人民共和国劳动法》第77条至第80条规定，企业与员工发生劳动争议，当事人可以协商解决或依法向在本单位设立的劳动争议调解委员会申请调解，调解不成可申请仲裁，对仲裁不服，可申请提起诉讼。解决劳动争议，应当根据合法、公正、及时处理的原则，依法维护劳动争议当事人的合法权益。

（1）劳动争议协商。劳动争议协商是指由劳动关系双方采取自治的方法解决纠纷，是由工会代表和雇主代表出面，根据双方集体协议，组成一个争议处理委员会，就工资、工时、劳动条件等工人提出的争议内容，双方相互协商，达成协议，以和平手段解决争议。

（2）劳动争议的调解。劳动争议调解是指第三者介入劳动争议，促使当事人达成和解协议。从我国情况看，一般是企业劳动争议调解委员会对用人单位与劳动者的纠纷，在查明事实、分清是非、明确责任的基础上，依据法律或合同约定，推动双方互相谅解，以解决争议的方式。当事人可以到下列调解组织申请调解：一是企业劳动争议调解委员会。企业劳动争议调解委员会成员包括职工代表，由工会成员担任或由全体职工推举产生；企业代表由企业负责人指定；调解委员会主任由工会成员或者双方推举的人员担任。二是基层人民调解组织。三是乡镇、街道劳动关系协调组织。调解的步骤包括：

① 申请和受理。劳动争议发生后，当事人如果认为需要通过调解方式解决劳动争议，就应当向所在企业的劳动争议调解委员会明确提出调解申请，企业劳动争议调解委员会只有在接到当事人的申请后，才能考虑是否受理。根据《工作规则》第14条的规定，当事人申请调解，应当自知道或者应当知道其权利被侵害之日起30日内，以口头或书面形式向调解委员会提出申请，并填写《劳动争议调解申请书》。

当事人申请调解的方式可以是书面的，也可以是口头的，不管采取何种方式，必须符合三个条件，即：申请人必须与本争议有直接的利害关系；有明确的相对人，即申请人必须说明与谁发生了争议，在哪些问题上发生了争议；有具体的调解请求、事实和理由。申请人以书面或口头形式向企业劳动争议调解委员会提出申请后，企业劳动争议调解委员会应当依法进行审查，然后根据不同情况，分别做出决定。

企业劳动争议调解委员会审查，主要应从以下几个方面着手：审查申请调解的争议是否属于劳动争议，不是劳动争议的，不予受理；审查调解申请人是否合格；审查申请调解的劳动争议是否符合劳动争议调解委员会接受申请的范围和条件。《工作规则》第15条规定："调解委员会接到调解申请后，应征询对方当事人的意见，对方当事人不愿调解的，应做好记录，在3日内以书面形式通知申请人；审查申请调解的劳动争议是否已经经过仲裁裁决或法院判决。"对已经过仲裁裁决或法院判决的，企业劳动争议调解委员会不应受理，应当告知当事人按照申诉办理。企业劳动争议调解委员会应在4日内做出受理或不受理申请的决定，对不受理的，应向申请人说明理由。

② 调查和调解。调解前的准备工作主要包括：一是弄清争议的基本事实，即劳动争议产生的原因、发展过程、争议的焦点等；二是了解与争议有关的劳动法律法规及劳动

合同的规定，为判断争议的是非曲直和确定当事人的责任提供准确的法律依据；三是对调查得到的材料进行综合分析研究，并结合劳动法规的有关规定，判明是非，分析双方各自应承担的责任，拟定调解方案和调解意见；四是召开调解员会议，通报调查情况，讨论确定调解方案，在统一认识的基础上确定调解意见；五是指定调解委员会成员与劳动争议当事人谈话，宣传有关劳动法律法规，提出正确对待调解的要求，通过宣传法律知识及对当事人做耐心细致的思想工作，为调解奠定良好的思想基础。劳动争议的调解一般分为以下几个步骤：调解委员会主任宣布申请人请求调解的争议事项、调解纪律、当事人应持的态度；听取当事人意见；说明调解委员会对争议的调查结果和调解意见；当事人协议。

③ 调解终结。调解终结的具体方式有以下几种：一是当事人自行和解；二是当事人撤回申请；三是当事人拒绝调解；四是当事人达成调解协议；五是当事人在法定期限内未能达成调解协议。调解劳动争议，应当自当事人申请调解之日起30日内结束，到期未结束的，视为调解不成。调解达成协议的，制作调解协议书；调解不成的，也应做好记录，并在调解意见书上说明情况。

调解原则：调解与自愿原则是密不可分的，当事人是否申请调解委员会进行调解，当事人是否接受调解建议，是否达成调解协议完全出于自愿不得强迫。调解协议的内容还必须符合有关法律、法规的规定，否则自愿达成的协议也无效。在调解中要注意防止久调不决的现象，即能够调解的就调解，不能够调解的就尽快进入裁决或者判决，尊重当事人申请仲裁和诉讼的权利。

（3）劳动争议仲裁。劳动争议仲裁申请范围有：自劳动争议调解组织收到调解申请之日起15日内，未达成调解协议的；达成调解协议后，一方当事人在协议约定期限内不履行调解协议的，另一方当事人可以依法申请仲裁。仲裁也称公断，是一个公正的第三者对当事人之间的争议做出评断。其特点是专业性较强，又较司法程序简便、及时。它是劳动争议处理程序的中间环节，也是诉讼的前置程序。向仲裁委员会申请仲裁的案件，必须经过仲裁委员会的调解，调解无效再仲裁。但这种调解和企业劳动争议调解委员会的调解不同，它是由仲裁委员会进行的调解，其调解书有法律效力。若调解成功，则应当根据协议内容制作调解书；调解未达成的，进行裁决，制作裁决书。

（4）劳动争议诉讼。劳动争议诉讼是人民法院按照民事诉讼法规定的程序，以劳动法规为依据，对劳动争议案件进行审理的活动。按照《企业劳动争议处理条例》的规定，当事人如果对仲裁庭的裁决不服，可自收到裁决书之日起15天内，向人民法院起诉，引起诉讼活动。人民法院对劳动争议案件的审理一审、二审及再审程序，当事人不服地方人民法院第一审判决的，有权在判决书送达之日起15日内向上一级人民法院提起上诉。到期不上诉的，判决书自动发生法律效力。《劳动合同法》第77条规定："劳动者合法权益受到侵害的，有权要求有关部门依法处理，或者依法申请仲裁、提起诉讼。"

3. 劳动争议的处理程序

（1）劳动争议协商程序，如图8-6所示。

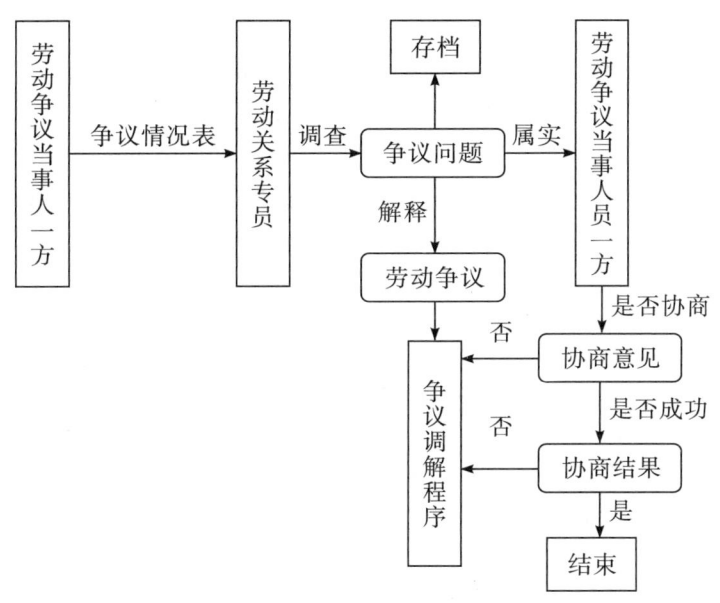

图 8-6 劳动争议协商程序

说明：

① 劳动关系当事人在履行劳动合同中因对劳动权利和劳动义务问题产生分歧、矛盾，劳动争议由此产生。劳动争议当事人一方填写纠纷情况表交给劳动关系管理专员。

② 劳动关系管理专员调查反映情况是否属实，如果确定无误，则告知双方是否需要协商；双方不愿意协商解决或协商不成功，则转入争议调解阶段。

（2）劳动争议调解程序，如图 8-7 所示。

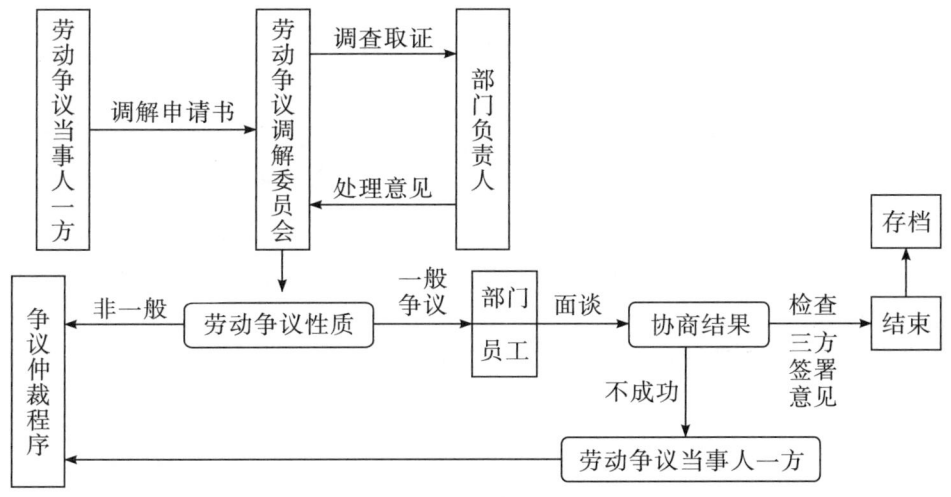

图 8-7 劳动争议调解程序

说明：

① 对愿意通过调解委员会调解的，双方当事人都可以自知道或应当知道其权利被侵害之日起的 30 日内，以书面的形式向调解委员会提出申请，并填写《劳动争议调解申

请书》。

②劳动争议调解委员会主任或调解员主持调解会议，到员工所在部门取证，部门经理确定纠纷情况并签署部门处理意见。

③劳动争议调解委员会对所得资料进行分类整理。情况不属实，劳动争议调解委员会将情况反馈给员工和劳动关系管理专员。如判断是一般纠纷，则与员工及部门面谈寻求解决办法，达成一致意见后，三方在人事纠纷处理表上签署意见，纠纷处理表一式四份，工会、人力资源部、员工、调解委员会各一份。

④调解委员会对调解不成的，即双方达不成协议、调解期限届满而不能结案或调解协议送达后当事人反悔等三种情况，则提请当地劳动部门仲裁。

（3）劳动争议仲裁程序，如图8-8所示。

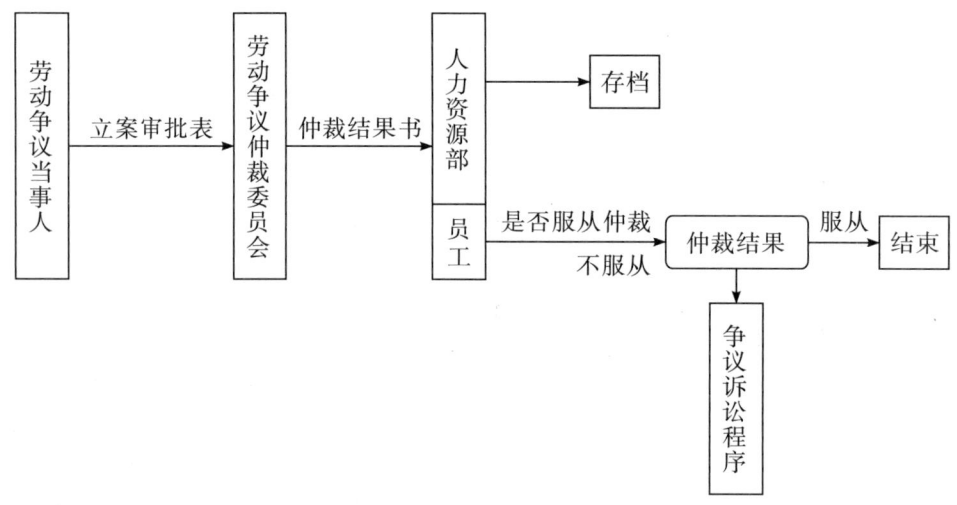

图8-8　劳动争议仲裁程序

说明：

①劳动争议发生后，当事人申请仲裁，应依法向仲裁委员会提交仲裁申诉书。审查符合受理条件的案件，填写"立案审批表"报仲裁委员会负责人审批，审批应在填表5日内做出决定。

②劳动争议仲裁委员会组成仲裁庭或指定仲裁员，审阅案件材料，进行必要的调查取证，公正裁决。

③仲裁委员会制作仲裁调解书，一经送达当事人且当事人不反悔的，即发生法律效力；仲裁裁决书自双方当事人收到之日起的15日内不向人民法院起诉的，即发生法律效力。当事人不服从仲裁裁决则进入劳动争议诉讼程序。

（4）劳动争议诉讼程序，如图8-9所示。

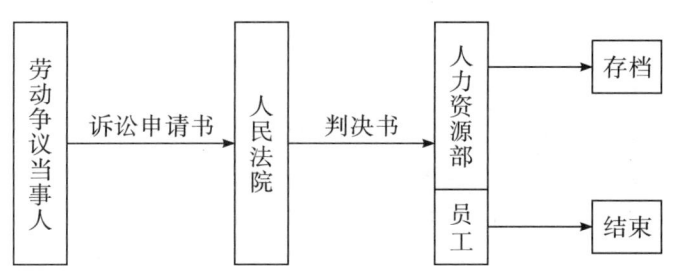

图 8-9 劳动争议诉讼程序

说明：

① 当事人对仲裁裁决不服的，自收到裁决书之日起 15 日内，可以向人民法院起诉；期满不起诉的，判决书即产生法律效力。

② 人民法院依照民事诉讼程序，依法对劳动争议案件进行审理。这是劳动争议的最终程序，它通过司法程序保证了劳动争议的最终彻底解决。

# 第二部分　操作示例

## 一、劳动合同书实例（以广东省为范例）

### 广东省劳动合同范本

编号：

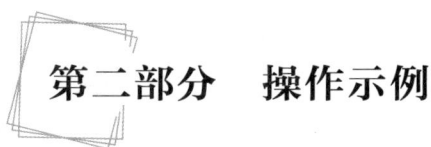

广东省职工劳动合同
使用说明

一、双方在签订本合同前，应认真阅读本合同书。本合同一经签订，即具有法律效力，双方必须严格履行。

二、本合同必须由用人单位（甲方）的法定代表人（或者委托代理人）和职工（乙方）亲自签章，并加盖用人单位公章（或者劳动合同专用章）方为有效。

三、本合同中的空栏，由双方协商确定后填写，并不得违反法律、法规和相关规定；不需填写的空栏，划上"/"。

四、工时制度分为标准工时、不定时、综合计算工时三种。实行不定时、综合计算工时工作制的，应经劳动保障部门批准。

五、本合同的未尽事宜，可另行签订补充协议，作为本合同的附件，与本合同一并履行。

六、本合同必须认真填写，字迹清楚、文字简练、准确，并不得擅自涂改。

七、本合同（含附件）签订后，甲乙双方各保管一份备查。

甲方（用人单位）：　　　　　　　　　乙方（职工）：
名称：　　　　　　　　　　　　　　　姓名：
法定代表人：　　　　　　　　　　　　身份证号码：
地址：　　　　　　　　　　　　　　　现住址：
经济类型：
联系电话：　　　　　　　　　　　　　联系电话：

根据《中华人民共和国劳动法》和国家及省的有关规定，甲乙双方按照平等自愿、协商一致的原则订立本合同。

一、合同期限

（一）合同期限

双方同意按以下第____种方式确定本合同期限：

1. 有固定期限：从____年____月____日起至____年____月____日止。

2. 无固定期限：从____年____月____日起至本合同约定的终止条件出现时止（不得将法定解除条件约定为终止条件）。

3. 以完成一定的工作为期限：从____年____月____日起至工作任务完成时止。

（二）试用期限

双方同意按以下第____种方式确定试用期期限（试用期包括在合同期内）：

1. 无试用期。

2. 试用期从____年____月____日起至____年____月____日止。

（试用期最长不超过6个月。其中合同期限在6个月以下的，试用期不得超过15日；合同期限在6个月以上1年以下的，试用期不得超过30日；合同期限在1年以上2年以下的，试用期不得超过60日。）

二、工作内容

（一）乙方的工作岗位（工作地点、部门、工种或职务）为_____。

（二）乙方的工作任务或职责是_____。

（三）甲方因生产经营需要调整乙方的工作岗位，按变更本合同办理，双方签章确认的协议或通知书作为本合同的附件。

（四）如甲方派乙方到外单位工作，应签订补充协议。

三、工作时间

（一）甲乙双方同意按以下第____种方式确定乙方的工作时间：

1. 标准工时制，即每日工作____小时，每周工作____天，每周至少休息1天。

2. 不定时工作制，即经劳动保障部门审批，乙方所在岗位实行不定时工作制。

3. 综合计算工时工作制，即经劳动保障部门审批，乙方所在岗位实行以_____为周期，总工时____小时的综合计算工时工作制。

（二）甲方因生产（工作）需要，经与工会和乙方协商后可以延长工作时间。除《劳动法》第42条规定的情形外，一般每日不得超过1小时，因特殊原因最长每日不得超过3小时，每月不得超过36小时。

四、工资待遇

（一）乙方正常工作时间的工资按下列第____种形式执行，不得低于当地最低工资标准。

1. 乙方试用期工资____元/月；试用期满工资____元/月（____元/日）。

2. 其他形式。

（二）工资必须以法定货币支付，不得以实物及有价证券替代货币支付。

（三）甲方根据企业的经营状况和依法制定的工资分配办法调整乙方工资，乙方在60日内未提出异议的视为同意。

（四）甲方每月____日发放工资。如遇节假日或休息日，则提前到最近的工作日支付。

（五）甲方依法安排乙方延长工作时间的，应按《劳动法》第44条的规定支付延长工作时间的工资报酬。

五、劳动保护和劳动条件

（一）甲方按国家和省有关劳动保护规定提供符合国家劳动卫生标准的劳动作业场所，切实保护乙方在生产工作中的安全和健康。如乙方工作过程中可能产生职业病危害，甲方应按《职业病防治法》的规定保护乙方的健康及其相关权益。

（二）甲方根据乙方从事的工作岗位，按国家有关规定，发给乙方必要的劳动保护用品，并按劳动保护规定每____（年/季/月）免费安排乙方进行体检。

（三）乙方有权拒绝甲方的违章指挥、强令冒险作业，对甲方及其管理人员漠视乙方安全和健康的行为，有权要求改正并向有关部门检举、控告。

六、社会保险和福利待遇

（一）合同期内，甲方应依法为乙方办理参加养老、医疗、失业、工伤、生育等社会保险的手续，社会保险费按规定的比例，由甲乙双方负责。

（二）乙方患病或非因工负伤，甲方应按国家和地方的规定给予医疗期和医疗待遇，按医疗保险及其他相关规定报销医疗费用，并在规定的医疗期内支付病假工资或疾病救济费。

（三）乙方患职业病、因工负伤或者因工死亡的，甲方应按《工伤保险条例》的规定办理。

（四）甲方按规定给予乙方享受节日假、年休假、婚假、丧假、探亲假、产假、看护假等带薪假期，并按本合同约定的工资标准支付工资。

七、劳动纪律

（一）甲方根据国家和省的有关法律、法规通过民主程序制定的各项规章制度，应向乙方公示；乙方应自觉遵守国家和省规定的有关劳动纪律、法规和企业依法制定的各项规章制度,严格遵守安全操作规程,服从管理,按时完成工作任务。

(二)甲方有权对乙方履行制度的情况进行检查、督促、考核和奖惩。

(三)如乙方掌握甲方的商业秘密,乙方有义务为甲方保守商业秘密,并作如下约定:＿＿＿＿＿＿＿＿＿＿＿＿＿＿＿＿＿＿＿＿＿＿＿＿

八、本合同的变更

(一)任何一方要求变更本合同的有关内容,都应以书面形式通知对方。

(二)甲乙双方经协商一致,可以变更本合同,并办理变更本合同的手续。

九、本合同的解除

(一)经甲乙双方协商一致,本合同可以解除。由甲方解除本合同的,应按规定支付经济补偿金。

(二)属下列情形之一的,甲方可以单方解除本合同:

1. 试用期内证明乙方不符合录用条件的。

2. 乙方严重违反劳动纪律或甲方规章制度的。

3. 严重失职、营私舞弊,对甲方利益造成重大损害的。

4. 乙方被依法追究刑事责任的。

5. 甲方歇业、停业、濒临破产处于法定整顿期间或者生产经营状况发生严重困难的。

6. 乙方患病或非因工负伤,医疗期满后不能从事本合同约定的工作,也不能从事由甲方另行安排的工作的。

7. 乙方不能胜任工作,经过培训或者调整工作岗位,仍不能胜任工作的。

8. 本合同订立时所依据的客观情况发生重大变化,致使本合同无法履行,经当事人协商不能就变更本合同达成协议的。

9. 本合同约定的解除条件出现的。

甲方按照第 5、6、7、8、9 项规定解除本合同的,需提前 30 日书面通知乙方,并按规定向乙方支付经济补偿金,其中按第 6 项解除本合同并符合有关规定的还需支付乙方医疗补助费。

(三)乙方解除本合同,应当提前 30 日以书面形式通知甲方。但属下列情形之一的,乙方可以随时解除本合同:

1. 在试用期内的。

2. 甲方以暴力、威胁或者非法限制人身自由的手段强迫劳动的。

3. 甲方不按本合同规定支付劳动报酬,克扣或无故拖欠工资的。

4. 经国家有关部门确认,甲方劳动安全卫生条件恶劣,严重危害乙方身体健康的。

(四)有下列情形之一的,甲方不得解除本合同:

1. 乙方患病或非因工负伤,在规定的医疗期内的。

2. 乙方患有职业病或因工负伤,并经劳动能力鉴定委员会确认,丧失或部分丧失劳动能力的。

3. 女职工在孕期、产期、哺乳期内的。

4. 法律、法规规定的其他情形。

(五)解除本合同后,甲乙双方在 7 日内办理解除劳动合同有关手续。

十、本合同的终止

本合同期满或甲乙双方约定的本合同终止条件出现，本合同即行终止。

本合同期满前1个月，甲方应向乙方提出终止或续订劳动合同的书面意向，并及时办理有关手续。

十一、违约情形及责任

（一）甲方的违约情形及违约责任：

（二）乙方的违约情形及违约责任：

十二、调解及仲裁

双方履行本合同如发生争议，可先协商解决；不愿协商或协商不成的，可以向本单位劳动争议调解委员会申请调解；调解无效，可在争论发生之日起60日内向当地劳动争议仲裁委员会申请仲裁，也可以直接向劳动争议仲裁委员会申请仲裁；对仲裁裁决不服的，可在11日内向人民法院提起诉讼。

十三、其他

（一）本合同未尽事宜，按国家和地方有关政策规定办理。在合同期内，如本合同条款与国家、省有关劳动管理新规定相抵触的，按新规定执行。

（二）下列文件规定为本合同附件，与本合同具有同等效力：

1.
2.
3.

（三）双方约定（内容不得违反法律及相关规定，可另加双方签名或盖章的附页）：

甲方：（盖章）　　　　　　　　　　　乙方：（签名或盖章）
法定代表人：
（或委托代理人）

　　年　月　日　　　　　　　　　　　　年　月　日

鉴证机构（盖章）：
鉴证人：
鉴证日期：　　年　月　日

## 二、续签劳动合同实例

## 劳动合同续签案例分析

一、案例实情

杨某在北京某公司工程部上班,劳动合同期限为 2007 年 4 月 3 日至 2008 年 4 月 2 日。劳动合同到期后,杨某仍在该公司工作,双方未办理劳动合同续签手续。2008 年 12 月 22 日,杨某提出辞职,双方的劳动关系解除。此后,杨某向北京市东城区劳动争议仲裁委员会申请仲裁,要求该公司向其支付解除劳动合同经济补偿金 2 300 元,未签书面劳动合同的两倍工资差额及 2008 年 9 月的工资。

二、仲裁和诉讼过程

(一)仲裁过程

本案没有调解过程,杨某直接申请了仲裁。2009 年 6 月 8 日,北京市东城区劳动争议仲裁委员会做出裁决,该公司向杨某支付 2008 年 9 月的工资 1 104.51 元,以及 2008 年 5 月 3 日至 2008 年 12 月 22 日未签订书面劳动合同的两倍工资差额 9 067.43 元。该公司不服,认为双方没有办理劳动合同续签手续的主要原因是杨某拒绝签订,故不同意支付未签订劳动合同的两倍工资差额 9 067.43 元,但同意支付 2008 年 9 月的工资 1 104.51 元。于是该公司向东城区人民法院提起了诉讼。

(二)诉讼过程

在案件审理过程中,该公司申请证人刘某、宋某出庭作证。刘某、宋某证明在 2008 年六七月间曾经接到过公司人事部的电话,通知杨某去签合同,宋某将此通知转达给了杨某。但对于杨某不与公司续签的情况,该公司缺乏证据说明,法院认为该公司仍应负有提示杨某续签的义务,且直至杨某提出辞职时,公司也未采取任何措施履行此义务。

三、适用法律法规

1.《劳动合同法》第 3 条规定:"订立劳动合同,应当遵循合法、公平、平等自愿、协商一致、诚实信用的原则。"

2.《劳动合同法实施条例》第 6 条规定:"用人单位自用工之日起超过 1 个月不满 1 年未与劳动者订立书面劳动合同的,应当依照《劳动合同法》第 82 条的规定向劳动者每月支付两倍的工资,并与劳动者补订书面劳动合同;劳动者不与用人单位订立书面劳动合同的,用人单位应当书面通知劳动者终止劳动关系,并依照《劳动合同法》第 47 条的规定支付经济补偿。"

3.《劳动法》第 17 条规定:"劳动合同的具体内容包括必备条款和约定条款两大类。"

4.《劳动合同法》第 10 条规定:"建立劳动关系,应当订立书面合同。已经建立劳动关系,未同时订立书面劳动合同的,应当自用工之日起 1 个月内订立书面合同。"

四、执行结果

北京市东城区人民法院一审判决该公司向劳动者韩某支付 1 0171.94 元。

## 三、解除劳动合同实例

化工专业的小杨大学毕业后应聘到一家事业单位工作,与其签订了一份为期3年的劳动合同,其中约定试用期为3个月。为了防止职工随意跳槽,在合同中该单位还特意与小杨等新员工约定了关于违约的赔偿内容,即若职工提前辞职,每提前1年,需要支付违约金1万元,赔付各种教育培训费,赔偿给单位的生产经营造成的经济损失费。3个月试用期满后,小杨觉得在这家事业单位条件不理想,工作没有大的发展前途,同时另一家化工研究机构表示愿意接收她,小杨经过思考后就向原单位提出了辞职。单位同意了小杨的辞职,但要求她按照合同约定支付违约金2.7万元,包括1万元上岗培训费,并赔偿给单位生产带来的经济损失5万元。小杨则认为单位的要求不合理。她认为自己是在试用期刚刚结束时辞职,不应支付违约金,单位的上岗培训只是简单的作业指导,没有什么成本,而她不过刚刚参加工作,并非业务骨干,她的离开根本不会给单位生产造成损失,因此拒绝赔偿公司要求的以上费用。

律师解答:

小杨由于个人原因辞职应当向单位支付违约金,但是单位要求其支付培训损失和给单位生产带来的经济损失5万元,显然证据不足。如果小杨是在试用期内辞职,就无须承当上述费用。

相关知识:

有固定期限的劳动合同期满后,用人单位与劳动者终止劳动合同的,不需要支付经济补偿金,但是对符合条件的国有单位职工和农民工,用人单位应当支付生活补助费。关于伤残职工的合同问题,如果是因工负伤,1～6级的不得单方终止,7～10级的可以终止。如果是非因工负伤5～10级的,都可以依法终止。

无固定期限劳动合同是没有约定终止日期的劳动合同,但是并不等于终身合同。在出现《劳动法》第24、25、26、27条的情形时,也可以依法终止。

劳动合同到期以后,单位既没有通知职工履行终止劳动合同的手续,也没有与其续签合同,形成劳动关系事实上的延续,若此时用人单位再解聘职工或职工主动辞职,应认定为劳动关系的解除。

关于妇女特殊时期劳动合同的问题。妇女在孕期、产期、哺乳期,用人单位不得单方解除或者终止其劳动合同,应当将劳动合同期限延长至孕期、产期、哺乳期期满。如果该女工有《劳动法》第24、25条的情形,用人单位可以解除其劳动合同。

至于农民工,农民工也属于劳动者,用人单位与其解除劳动合同或劳动关系,同样应当支付经济补偿金。

## 四、终止劳动合同实例

佟女士到某日本独资公司已经工作8个月了,与她同时进公司的其他员工,在工作上都早已能独当一面了,唯独她还不能够胜任本职工作。她十分着急,经常利用业余时间补习业务,可收效甚微。公司领导认为,佟女士虽然干活儿比较笨,但工作态度还是认真的,于是决定给她一次提高技术水平的机会,让她脱产3个月,去参加技术培训。

佟女士也真是不争气,参加完3个月的技术培训,回到公司仍然不能胜任本职工作。

公司领导对她彻底失望了，做出了30日后与她终止劳动合同的决定。

"总经理，公司跟我签订的劳动合同是无固定期限的，怎么能现在就终止呢？"很显然，佟女士不愿离开公司。

"不错，咱们公司所有人的劳动合同都是无固定期限的。但是，这并不意味着不能终止，因为劳动合同中已经约定了一些终止条件，只要这些终止条件出现，劳动合同就可以终止。"总经理边说边找出了佟女士的劳动合同，"你看，你这份劳动合同中第52条就规定：'乙方（指佟女士）若不能胜任本职工作，经培训或调整工作岗位后仍不能胜任时，甲方（指公司）可提前30日通知乙方终止劳动合同。'"

"就算公司可以按这条规定跟我终止劳动合同，是不是也应该给我一些经济补偿金呢？"佟女士问。

"终止合同和解除合同是不一样的，按国家规定，解除劳动合同时企业应当支付经济补偿金，而终止劳动合同时企业就可以不给予经济补偿金。根据公司劳动合同中的约定，你现在是属于终止合同，所以公司不支付经济补偿金。"

那么，公司可否这样终止合同，并且不支付补偿金？

根据上述案情，公司终止合同必须支付补偿金。

现行劳动法允许用人单位与劳动者约定劳动合同的终止条件，但是约定的终止条件必须是法定解除条件以外。《劳动法》第23条规定"劳动合同期满或者当事人约定的劳动合同终止条件出现，劳动合同即行终止"。原劳动部关于印发《关于贯彻执行〈中华人民共和国劳动法〉若干问题的意见》的通知（劳部发〔1995〕309号）第20条规定："无固定期限的劳动合同是指不约定终止日期的劳动合同。按照平等自愿、协商一致的原则，用人单位和劳动者只要达成一致，无论是初次就业的，还是由固定工转制的，都可以签订无固定期限的劳动合同。无固定期限的劳动合同不得将法定解除条件约定为终止条件，以规避解除劳动合同时用人单位应承担支付给劳动者经济补偿的义务。"而本案中，公司与佟女士约定的终止条件，是《劳动法》第26条第二项规定的法定解除条件，单位在此种情况下解除劳动合同，是需要支付经济补偿金的。所以，公司虽然可以因为佟女士不能胜任工作，且对其经过培训后仍不能胜任工作，而解除与佟女士签订的无固定期限合同，但是必须依法向佟女士支付经济补偿金。

由于《劳动法》规定的可以解除劳动合同的条件是向保护劳动者一方倾斜的，对用人单位是有一定限制的；因此，在劳动合同中约定终止条件，从保护用人单位权益来说，不仅是必要的，而且是至关重要的。但是，约定终止条件必须满足以下两个要件：（1）需经当事人双方平等自愿、协商一致，并将终止条件在劳动合同中做出明确约定。（2）约定内容应合法，不得把法定解除条件约定为终止条件。同时，需要注意的是，约定的条件是将来可能发生的客观事实。

但是，现行的《劳动合同法》并没有规定，劳动合同当事人可以约定劳动合同的终止条件，没有规定是否可以沿用原来《劳动法》的规定，这一点还不确定，但从立法者的本意来看，是要禁止当事人约定劳动合同终止条件的。也就是说，除了法定解除条件和终止条件外，用人单位将无法通过约定终止条件来实现用工的灵活性。

### 五、劳动争议处理实例

2012年1月,某化工厂雇佣50名工人,对其生产的香皂进行手工包装。双方签订了一份书面劳动合同。合同中规定,合同有效期为2年,从2012年1月至2013年12月,月工资2 200元。同年6月,厂里采纳了技术科的建议,决定购买香皂包装机械,实行自动化包装,这样不仅能够提高工作效率,从长远来看还节约资金。同年11月25日,香皂包装机械运到化工厂并开始安装调试。厂里书面通知50名雇工,不久香皂包装机械就要投入使用,希望他们能够及时重新联系工作,双方签订的合同只能履行1年。2013年1月全部雇工应离开化工厂,厂里对此表示歉意,愿意再给每人1个月的工资作为补偿。接到厂里的通知后,这50名工人中当即就有人表示反对。厂里多次派人与这批工人协商也没有达成一致意见。2013年1月,化工厂宣布劳动合同解除,每位工人多发1个月工资2 200元,同时每人再发500元过节费。刘某等十几名工人由于未联系到工作,要求继续留在化工厂工作,但遭到拒绝,于是向人民法院起诉,要求保护他们的合法权益。

本案中刘某等十几名工人在与某化工厂发生劳动争议后能否直接向人民法院起诉?我国《劳动法》第79条规定:"劳动争议发生后,当事人可以向本单位劳动争议调解委员会申请调解;调解不成,当事人一方要求仲裁的,可以向劳动争议仲裁委员会申请仲裁。当事人一方也可以直接向劳动争议仲裁委员会申请仲裁,对仲裁裁决不服的,可以向人民法院提起诉讼。"可见,仲裁是处理劳动争议诉讼的必经程序,只有不服仲裁裁决的,才可以向人民法院起诉。同时,《劳动法》第83条还规定:"劳动争议当事人对仲裁裁决不服的,可以自收到仲裁裁决书之日起15日内向人民法院提起诉讼。一方当事人在法定期限内不起诉又不履行仲裁裁决的,另一方当事人可以申请人民法院强制执行。"本案中,出于刘某等十几名工人在未向劳动争议仲裁委员会申请仲裁的情况下,直接向人民法院起诉,因此,人民法院应以劳动争议应先行仲裁为由驳回起诉。此外,应当注意某化工厂解除合同也是合法的。依据《劳动法》第26条的规定,劳动合同订立时所依据的客观情况发生重大变化,致使原劳动合同无法履行,经当事人协商不能就变更合同达成协议的,用人单位可以解除劳动合同,但是应当提前30日以书面形式通知劳动者本人。本案中,合同订立时,化工厂并没有购买香皂包装机械。而到2012年底,化工厂不仅购买而且已安装调试了香皂包装机械,使得化工厂需人工包装香皂的情况不存在了。可以说"劳动合同订立时所依据的客观情况发生重大变化"。为此厂里书面通知工人,并和工人多次进行协商,在未能达成一致意见的情况下,化工厂是可以解除劳动合同的,但是应当依法给予工人经济补偿。《劳动法》第28条规定:"用人单位依据本法第24条、第26条、第27条的规定解除劳动合同的,应当依照国家有关规定给予经济补偿。"《劳动合同法》规定:"劳动合同订立时所依据的客观情况发生重大变化,致使原劳动合同无法履行,经当事人协商不能就变更劳动合同达成协议,由用人单位解除劳动合同,用人单位按劳动者在本单位工作的年限,工作时间满1年发给相当于1个月工资的经济补偿金。"本案中,所雇工人在化工厂工作1年,因此化工厂发给每人1个月的经济补偿也是合法的。尽管如此,刘某等工人也可以通过合法的程序,向劳动争议仲裁委员会申请仲裁,如果对仲裁裁决不服,还可以向人民法院起诉。

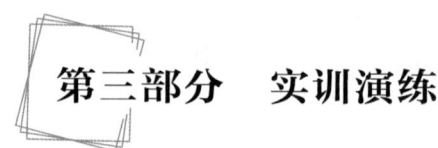

# 第三部分　实训演练

## 一、劳动关系判断

判断：用人者和被用者是否存在劳动关系？

（1）某年轻夫妇因工作繁忙，无法照看年幼的孩子，于是在劳务市场请了一个家庭保姆。

（2）村民王某在农忙时节雇了几个同村的农民来帮自己收割庄稼。

（3）某户家庭打算维修房屋，请来了几个工人。

（4）某公司司机突然离职，公司经理找来朋友的表弟临时帮忙，以解燃眉之急，并发给日工资。朋友的表弟是现役军人，其时正在休假。

（5）某个体工商户聘请了3名员工在自己经营的百货商店里上班。

## 二、劳动合同签订

要求：以2个同学为一组，分别扮演公司方代表和新入职员工，模拟签订《劳动合同》。

信息说明：

（1）《劳动合同》采用《广东省职工劳动合同》。

（2）填写技巧与要求。

①根据背景信息正确填写，字迹清晰、工整，不得涂改，合同中不需填写的空栏，画上"/"。

②其他相关事宜，可研读合同的使用说明。

（3）相关背景信息。

①公司方信息。

公司名：从化信达股份有限责任公司

法人代表：公司方扮演者姓名

人力资源部门经理：文三

用人部门主管：武广

公司地址及电话：从化环市东路一街1号；邮政编码：510900；电话：（020）12345678

经济类型：民营

规模：300人

合同有效期限：合同有效期为1年，从次日零时起生效；试用期：1个月

工作部门：生产部管理岗位储备干部

工作内容：现场生产管理

工作时间：8小时/日，40小时/周

工资发放规定：按"计时工资"核算，以"标准工时制度"执行

工资数额：2 300元/月

工资发放时间：每月15日发上个月工资

试用期工资额：标准工资的80%

福利：公司按国家相关规定为员工购买五险一金，并每年安排体检1次

若处于医疗期间而不能到岗，其待遇按"广州市最低工资标准的80%"发放。

合同编号：学号

② 员工信息。

员工方：员工方扮演者信息

### 三、劳动合同变更

李英原是滨江饭店保龄球馆的一名服务员。由于经营不善，保龄球馆连续18个月亏损，饭店决定撤销保龄球馆，将保龄球馆改为美容厅。饭店打算对保龄球馆的职工进行安置，决定调整李英到桑拿浴室做服务员。

**请思考：**

1. 变更劳动合同需要办理哪些手续？
2. 根据上述背景材料，制作一份劳动合同变更通知书。

### 四、经济补偿金的核算

BZ公司由于经营不善，依破产法进入重整期间，依法进行经济性裁员，老张和老王均在被裁之列。老张为BZ公司的司机，解除劳动合同前12个月的平均工资为1 800元。而老王为BZ公司的总工程师，解除劳动合同前12个月的平均工资为8 200元。当地2017年的社会平均工资为2 200元。老王和老张均在BZ公司工作了20年，现二人均因经济性裁员而被解除劳动合同。

请核算一下公司应向二人支付多少经济补偿金？

### 五、劳动争议的处理

2014年9月，小朱硕士研究生毕业后与一家外资公司签订了为期3年的劳动合同。公司为了提升小朱的工作技能，2015年9月，把小朱送到日本进行专门培训3个月，并与小朱签订了培训协议。协议约定在接受培训后，小朱必须再为公司工作4年，在这4年里小朱如果要离开该公司，必须赔偿该公司培训费用4万元。但是，公司与小朱并没有重新修改劳动合同的期限。

2017年9月，小朱与该公司的劳动合同到期，小朱提出双方终止劳动合同，而该公司却认为双方签订了培训协议，小朱的服务期还未满，小朱应继续为该公司工作。如果小朱一定要离开该公司，就应该按照培训协议的约定赔偿该公司培训费用4万元。

●**请思考：**

小朱认为自己与公司的劳动合同期限已届满，合同当然应该自然终止，不知道自己是否要依据培训协议承担赔偿责任？若要承担，应承担多大的赔偿责任？

**思考与练习**

1. 什么是劳动关系?它与劳务关系有何区别?
2. 什么是劳动法律关系?它有哪些特征?
3. 简述集体合同与劳动合同的区别。
4. 简述集体合同订立的程序。
5. 简述劳动合同变更的程序。
6. 劳动合同解除的条件有哪些?
7. 劳动合同终止的程序是什么?
8. 劳动争议处理的原则及处理方法有哪些?

闯关练习

# 项目九
# 职业生涯规划与管理实务

工作一年多后，由于对公司在某些方面的不满意，李明萌生了跳槽的想法，但李明毕竟来公司才一年多，这么快就跳槽是否合适？对自己今后的发展有没有影响？在别的公司是否会遇到同样的情形？跳槽是否解决问题的唯一办法？自己未来的职业道路该如何规划？企业在员工职业发展中是否应该有所作为？……这些问题都让李明很困扰，他很想能找到答案。那么，李明应该怎么办？

### 能力目标

- 学会制定组织和个人的职业生涯规划。
- 能够正确理解霍兰德职业兴趣类型，分析员工职业匹配度。

个人职业生涯规划

霍兰德职业兴趣测试

### 知识目标

- 掌握职业生涯规划的含义和内容。
- 掌握职业生涯规划管理的内容和意义。
- 掌握职业生涯规划的理论。

### 小 A 的苦恼

小 A 是某大学计算机专业的毕业生，现从事房地产销售行业两年。小 A 说："当年毕业时就业压力大，网上和报纸上以及学校的老师都开导我们放下心态，'先就业，再择业'，我当时也没想那么多，就随随便便找了一份工作……工作两年后我逐渐感觉到自己对这份工作非常不满意，成天上班也没劲，纯粹就是抱着应付的心态工作，两年下来，感觉自己的性格不适合做销售，而且因为不满意也没有投入太多精力到工作中，业绩很一般，自己也感觉没有什么太大的进步……我想从事自己喜欢的计算机专业相关工作，可是很多企业招聘非应届毕业生都要有相关工作经验，而且计算机技术日新月异，目前简历投了几十份,一份面试通知都没有收到,我现在连找工作的信心都没有了,不知道接下来的路究竟要怎么走……"

◉ 请思考:
1. 请你评价一下小 A 的职业发展?你能给他一些什么建议吗?
2. 请就"兴趣是最好的职业"阐述你自己的观点。

# 第一部分　理实基础

职业生涯管理(career management)是近十几年来从人力资源管理理论与实践中发展起来的新学科。如何为员工价值提升建立制度性通道,吸引和帮助合适的员工在企业中发展,建立一支可靠的员工队伍,是人力资源管理的战略任务。在实际工作中,这是通过职业生涯规划实现的。

## 一、理论基础

### (一)职业生涯规划的含义和内容

1. 职业

职业是一个人所从事的工作,详细地说就是利用专门的知识和技能,为社会创造物质财富和精神财富,获取合理报酬,作为物质生活来源,并满足精神需求的工作。

"When my children grow up, I don't want them to have a job, I want them to have a career."这是英国首相布莱尔在参观 Sheffield Job Centre 时说的一番话。另外,也有一位哲人说过:"如果一个人能够把工作当成事业来做,那么他就成功了一半。"

那什么是事业呢?"事业"指人所从事的具有一定目标、规模和系统,对社会发展有影响的日常活动。一般来说,事业是终身的,而工作是阶段性的。工作往往是对伦理规范的认同,比如自己从事了某项工作,获得了一定报酬,伦理规范就要求他尽心尽力完成相应的职责,如此才能对得起自己所获得的报酬。事业则往往是自觉的,是由奋斗目标和进取之心促成的,是愿为之付出毕生精力的一种"工作"。

2. 生涯

生涯有经历、历程和生活道路之说。一个人从生下来到死亡或者说一个人的一生,按生命成长,可以划分为不同的阶段,或者说划分为不同的生命阶段。如幼年、少年、青年、中年、老年等。而在生命期内起决定性作用的则是工作,这是人生存发展的前提条件。为了从事一定的工作,就需要接受具备工作能力的职业教育。人的一生中,大部分时间是与职业有关的,或者处于职业选择阶段,或者处于就业阶段,或者已经结束了就业阶段,但仍然在社会上继续从事一定的职业劳动阶段。这样,一个人从职业学习开始到职业劳动最后结束的人生旅程就是职业生涯。

综合职业+生涯,其实就如上述所说:追求一种愿为之付出毕生精力的"工作"——事业。

3. 职业生涯规划

职业生涯规划则是指一个人对其一生所承担职务相继历程的预期和计划，包括了与工作相关的活动、行为、价值和愿望等。职业生涯规划是针对个人职业选择的主观和客观因素进行分析和测定，确定个人的奋斗目标并努力实现这一目标的过程。职业生涯规划目的就是通过企业和个人的努力，使企业目标与个人目标渐趋一致，并使员工自我价值得到实现，企业获得长足的人力资本，以顺利实现企业目标。

根据立场不同，职业生涯规划可以分成两类：一是立足于企业方，企业主动给员工实施的组织职业生涯规划；二是员工个体主动进行的个人职业生涯规划。

（1）组织职业生涯规划，是指通过员工的工作及职业发展规划的设计，协调员工个人需求和企业组织需求，实现个人和企业的共同成长和发展，这是一种以人为中心的人本主义管理方法。

（2）个人职业生涯规划，则是个人对职业的一种主观愿望，他希望得到的工作类型、内容及职业发展计划，这是由个人的能力、兴趣、气质、价值观以及对家庭义务、休闲需求等多种因素决定的。

（二）职业生涯管理的内容和意义

职业生涯管理的内容主要包括组织和个人两个层面，两个层面既有区别，也相互联系，如图 9-1 所示。

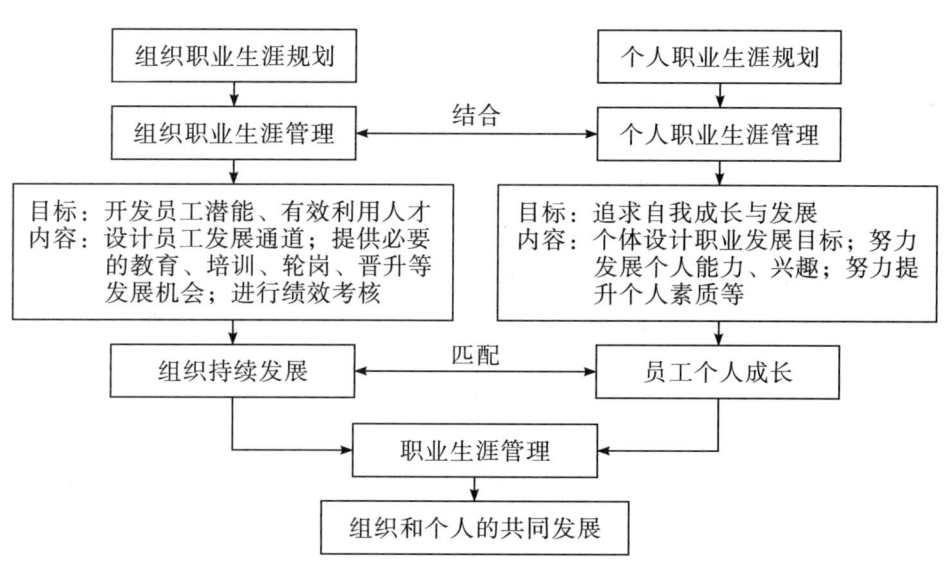

图 9-1　职业生涯管理的内容体系

1. 组织职业生涯管理和个人职业生涯管理的区别

组织职业生涯管理，它是一项系统的、复杂的管理工程，是组织人力资源管理的重要组成部分，涉及企业未来发展、组织机构设置、企业文化、培训机制、考核机制、晋升机制等；同时，随着个体价值观、家庭环境、工作环境和社会环境的变化，每个人的职业期望都有或大或小的变化，因此它又是一个动态变化的过程。

个人职业生涯管理，是以实现个人发展的成就最大化为目的，通过对个人兴趣、能力和个人发展目标的有效管理实现个人的发展愿望。它是在组织环境下,由员工自己主动实施的、用于提升个人竞争力的一系列方法和措施。个人职业生涯管理的重要性,对个人来说关系到个人的生存质量和发展机会;对组织来说,关系到保持员工的竞争力。

2. 组织职业生涯管理和个人职业生涯管理的联系

(1) 组织在进行职业生涯管理时,所考虑的因素主要是组织的整体,以及所有组织成员的整体职业生涯发展,即要掌握组织成员的情况,例如员工个人性格、智能、潜能、情绪以及价值观等。

(2) 无论是个人或组织,都不能过分依赖于对方,因为有些工作是对方不能替代的。从个人角度看,职业生涯规划必须由自己决定,要结合自己的性格、兴趣进行设计。员工个人需要了解和掌握组织各方面的情况,例如组织的发展战略、经营观念、人力资源的供求情况、职位的空缺等。

(3) 职业生涯管理是一种互动式的管理,个人和组织都必须承担一定的责任,由双方共同完成。

3. 职业生涯管理的意义

加强职业生涯管理对于组织和个人都有重要意义。

(1) 对组织的意义。

① 有利于人才的合理配置,避免给企业带来损失,使每个员工的职业生涯目标与组织发展目标相一致,降低和减少个人职业生涯规划与组织职业生涯规划相违背的情况发生,避免给企业带来损失。同时合理配置企业人力资源,保证企业未来人才需求和企业的可持续性发展,避免企业人才断档和后继无人的情况出现。

② 有利于提高人才培养的针对性和留住人才。开展职业生涯规划,有利于企业根据发展需求,有针对性地培养人才,把培训、管理等资源与手段聚焦在所需的岗位人才上,实现资源的合理配置,帮助人才尽快成长。员工普遍对于自己未来发展趋向和潜力的关注将会超过对目前薪酬的关注程度,进行员工职业生涯规划有利于稳定员工队伍,增加员工满意度,留住现有优秀人才,吸引外来优秀人才加入,从而为企业的发展带来无限希望。

(2) 对员工的意义。

① 可以发掘自我潜能,增强个人实力,提高自我定位的准确性。开展职业生涯规划,可以增强自己对职业环境的把握能力和对职业困境的控制能力,摒弃职务不提升即职业不成功的旧观念,对自己有一个准确定位,在企业提供的工作平台上更好地发挥自己的最佳才智与能力。

② 可以增强发展的目的性与计划性,提升成功的机会。职业生涯发展要有计划、有目的,不可盲目地"撞大运"。很多时候,我们的职业生涯受挫,就是由于生涯规划没有做好。好的计划是成功的开始。古语讲,凡事"预则立,不预则废"就是这个道理。

(三) 职业生涯规划的理论

美国著名职业指导专家或心理学家对职业生涯发展过程进行过长期的研究,包括帕森斯、金斯伯格、舒伯、霍兰德等人对指导人们开展工作产生过广泛影响。这里粗略介绍帕森斯等人的理论,重点介绍霍兰德职业兴趣模型。

1. 帕森斯人职匹配理论

1908年,"职业辅导之父"——美国波士顿大学教授弗兰克·帕森斯创办了波士顿职业指导局,从事职业指导工作,这也成为人们公认的职业指导工作的雏形。1909年,帕森斯撰写了《选择职业》,该书第一次运用了"职业辅导"这一专门学术用语,建构了帮助青少年了解自己、了解职业,以及人职相配的职业指导模式,标志着职业指导活动的历史性开端。帕森斯的这三个步骤包含了"知己、知彼与决策"的三重含义,其理论成为以后职业指导理论的基石。

帕森斯的人职匹配理论认为,只有人与职业相匹配,职业选择才是成功的,人力资源才能最大限度地得到开发。人职匹配可分为:

① 因素匹配:如所需专业技术和专业知识的职业,与掌握这种特殊技能和专业知识的择业者相匹配;或脏、累、苦和条件差的职业,与能吃苦、身体健康者相匹配。

② 特性匹配:如有敏感、易动感情、个性强、理想主义等人格特性的人,易于从事审美性、自我情感表达的艺术创业类型的职业。

2. 金斯伯格、舒伯等职业发展阶段理论

1951年,金斯伯格等人出版了《职业选择》一书,通过对不同家庭背景的大学生职业选择过程及其间所遇到的问题进行研究,提出了"职业发展是一个与人身心发展相一致的过程",向动态的职业生涯管理理论迈出了一步。

1953年,舒伯提出了生涯发展理论,重在对个人的职业倾向和职业选择过程本身进行研究。他以差异心理学和现象学作为解释职业选择的理论基础,提出了个体生涯发展中成长、探索、建立、维持和衰退五个阶段,以及不同阶段的发展任务。这一思想把职业指导上升到更高的层面,不仅以个人的发展为着眼点,同时也兼顾社会的需要和利益,从个体发展和整体生活的高度来考察个人与职业、个人与社会的关系。舒伯生涯发展理论的提出被认为是职业生涯管理理论形成的标志。下面是舒伯职业发展阶段理论的五个阶段。

(1) 成长阶段(出生至14岁),分为三个时期。

幻想期(4~10岁):儿童从外界获得各种关于职业的知识,在幻想中扮演自己喜爱的职业角色。

兴趣期(11~12岁):儿童以兴趣为中心,对自己所理解的职业进行选择与评价。

能力期(13~14岁):这一时期孩子们开始更多地考虑自身条件,并有意进行能力培养。

(2) 探索阶段(15~24岁),由三个时期组成。

试验期(15~17岁):人们对自身的兴趣、能力以及对职业的社会价值、就业机会都已有考虑,开始以各种方式进行择业尝试。

过渡期(18~21岁):青年开始进入劳动力市场,或开始进行专门的职业培训。

尝试期(22~24岁):青年在这个阶段差不多选定了自己的工作领域,开始从事某种职业。

(3) 建立阶段(25~44岁),有两个从属期。

尝试期(25~30岁):劳动者对以前选定的职业并不满意,在找到终身职业以前,变换1~2次工作。

稳定期（31~44岁）：职业模式已经确定，开始致力于稳定工作。

（4）维持阶段（45~64岁）。在这一阶段，劳动者在工作中已经取得了一定的成就，获得了一定的社会地位，劳动者已不再考虑重新变换职业，只想维持自己的工作成就，提高自己的社会地位。

（5）衰退阶段（60岁以上）。在这一阶段，人的健康状况和工作能力都在逐步衰退，职业生涯接近尾声。劳动者将退出工作领域，成为职业活动的旁观者。

3. 霍兰德职业兴趣理论

有人说："兴趣是最好的老师。"也有人说："如果人能从事自己感兴趣的工作，那么，人生就是天堂。"兴趣给人的活动过程带来的乐趣由此可见一斑。职业兴趣测验能够帮助企业或个人准确地把握应聘者的职业兴趣，以及他未来职业可能的发展方向，对于企业来说可以招聘到适合岗位的人才，而且应聘者更倾向于稳定、长期效力于企业。

（1）霍兰德职业兴趣理论简述。1953年，美国心理学家、职业指导专家约翰·亨利·霍兰德（John Henry Holland）编制了职业偏好量表，提出职业兴趣理论，把职业兴趣的测试和个体分析有机地结合在一起。此后，这一理论不断完善，经过几十年的验证，体系完善，有广泛的应用实例。直至目前，霍兰德职业兴趣理论是最具影响力的职业发展理论和职业分类体系，成为人才测评中的重要理论。

该理论表明，同一类型的人与同一类型的职业互相结合，才能达到适应状态。例如：喜欢与"人"共事并且在该方面颇具技巧的人能在与他人的交往中获得乐趣，并且喜欢人际交往中的领导、劝说、教导或咨询等事务，这样的人做销售、公关等工作非常合适；对"数据"颇感兴趣的人对数字特别敏感，喜欢通过词语和符号表达自己的思想，这类人做财务、统计、数据分析方面的工作更容易取得成功；喜欢使用机器、工具、器械的人则属于喜欢"事物"的人，他们喜欢在实际的物理环境中解决问题，这类人比较适合做技术人员。

然而，数以万计的职业如何与兴趣相匹配？由于职业、工作种类太多，因此必须对庞杂的职业做一个科学的、适合操作的分类，即上述霍兰德职业偏好量表（或称职业兴趣测试表）。你儿时或现在的兴趣点到底可以从事哪些实际的职业？霍兰德职业兴趣测试或许能使你找到答案。

（2）霍兰德职业偏好量表（或称职业兴趣测试表）。本项目第二部分"操作示例"有简版的测试题，可供测试。

（3）霍兰德职业兴趣类型。霍兰德认为，职业兴趣（包括价值观、动机和需要等）是决定一个人选择何种职业的重要因素。霍兰德提出个人选择职业的六种基本职业类型，分别是实际型、研究型、社会型、常规型、企业型和艺术型，见表9-1。

表 9-1  霍兰德职业兴趣类型、性格特征与职业选择

| 职业兴趣类型 | 共同特点 | 职业选择 |
| --- | --- | --- |
| 实际型（R） | 愿意使用工具从事操作性工作，动手能力强，做事手脚灵活，动作协调。<br>偏好于具体任务，不善言辞，做事保守，较为谦虚。<br>缺乏社交能力，通常喜欢独立做事 | 技术性职业（计算机硬件人员、摄影师、制图员、机械装配工），技能性职业（木匠、厨师、技工、修理工、农民、一般劳动） |
| 研究型（I） | 思想家而非实干家，抽象思维能力强，求知欲强，肯动脑，善思考，不愿动手。<br>喜欢独立的和富有创造性的工作；知识渊博，有学识才能，不善于领导他人。<br>考虑问题理性，做事喜欢精确，喜欢逻辑分析和推理，不断探讨未知的领域 | 科学研究人员、教师、工程师、电脑编程人员、医生、系统分析员 |
| 艺术型（A） | 有创造力，乐于创造新颖、与众不同的成果，渴望表现自己的个性，实现自身的价值。<br>做事理想化，追求完美，不重实际，具有一定的艺术才能和个性。善于表达、怀旧，心态较为复杂 | 艺术方面（演员、导演、艺术设计师、雕刻家、建筑师、摄影家、广告制作人），音乐方面（歌唱家、作曲家、乐队指挥），文学方面（小说家、诗人、剧作家） |
| 社会型（S） | 喜欢与人交往，不断结交新的朋友，善言谈，愿意教导别人。<br>关心社会问题，渴望发挥自己的社会作用，寻求广泛的人际关系，比较看重社会义务和社会道德 | 教育工作者（教师、教育行政人员），社会工作者（咨询人员、公关人员） |
| 企业型（E） | 追求权力、权威和物质财富，具有领导才能。<br>喜欢竞争，敢冒风险，有野心、抱负。<br>为人务实，习惯以利益得失、权利、地位、金钱等来衡量做事的价值，做事有较强的目的性 | 项目经理、销售人员、营销管理人员、政府官员、企业领导、法官、律师 |
| 常规型（C） | 尊重权威和规章制度，喜欢按计划办事，细心、有条理，习惯接受他人的指挥和领导，自己不谋求领导职务。<br>喜欢关注实际和细节情况，通常较为谨慎和保守，缺乏创造性，不喜欢冒险和竞争，富有自我牺牲精神 | 秘书、办公室人员、记事员、会计、行政助理、图书馆管理员、出纳员、打字员、投资分析员 |

然而，大多数人都并非只有一种倾向（比如，一个人的倾向中很可能是同时包含着社会型、实际型和研究型这三种）。霍兰德认为，职业类型越相似，相容性越强，则一个人在选择职业时所面临的内在冲突和犹豫就会越少，例如实际型和研究型；反之，若此

人的两种倾向是相互对立的，例如实际型和社会型，则他的职业选择较困难，因为他的多种兴趣将使他很难在很多截然不同的职业之间进行选择。为了帮助描述这种情况，霍兰德建议将这六种倾向分别放在一个正六角形的每一角，如图9-2所示。

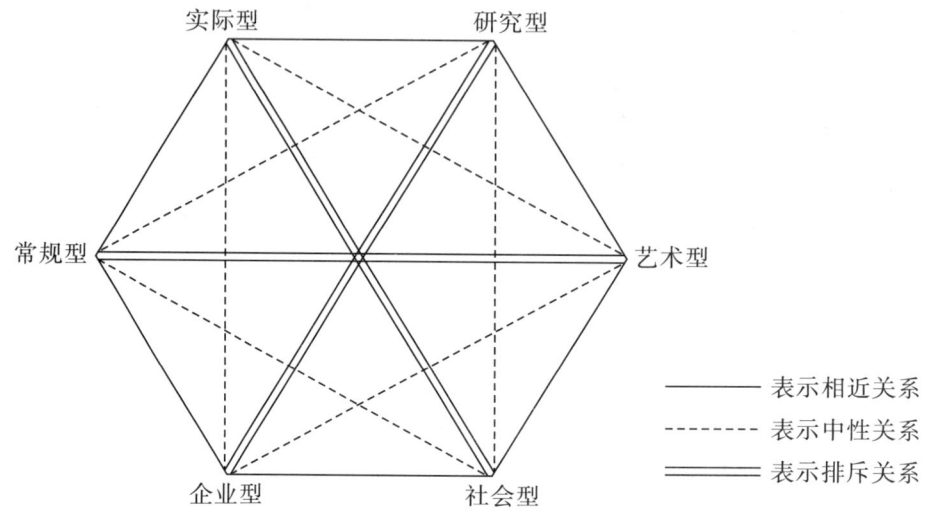

图9-2　霍兰德职业兴趣模型

（4）霍兰德职业兴趣理论应用。员工的工作满意度与流动倾向性，取决于个体的人格特点与职业环境的匹配程度。当人格和职业相匹配时，会产生最高的满意度和最低的流动率。例如，社会型的个体应该从事社会型的工作，社会型的工作对实际型的人则可能不合适，从图9-2可以看出，这两种类型是排斥关系。这一模型的关键在于：一、个体之间在人格方面存在着本质差异。二、个体具有不同的类型。三、当工作环境与人格类型协调一致时，会产生更高的工作满意度和更低的离职可能性。

如今，职业兴趣测验已经在教育、培训、企业管理等众多领域有了越来越多的应用，很多学校通过职业兴趣测验帮助学生进行职业规划，对于个人升学就业均有重要指导作用，它已经成为众多职业咨询机构的重要工具。在企业人力资源管理中，职业兴趣也发挥了重要作用。例如招聘时，通过测试应聘者的职业兴趣，以决定其录用的职位；在日常管理中，根据员工的职业兴趣安排匹配的岗位。以下是企业实际应用的一个案例：

某公司频繁接到顾客对一线员工的投诉，总经理要求人力资源部门介入调查。人力资源部经过初步调查，发现一个奇怪的现象：公司销售部、售后服务部、咨询部共300多名一线员工中，上级主管考评与顾客评分之间实际上并无明显联系：得到上级主管好评的，大部分的顾客评分都较低；相反，顾客评分较高的一线员工，大部分的上级主管评分较低。为什么上司喜爱的员工却受到客户的抱怨呢？

人力资源部采用霍兰德职业兴趣测试工具和性格测试工具对每个员工进行了测试，再进行一对一的面谈，以掌握每个人的"霍兰德密码"和性格特点。测试结果显示，得到顾客较高评分的员工中，表现出社会型的员工占96%，表现出企业型的员工占89%；而得到上级主管较高评分的员工中，表现出常规型的员工占98%。按照霍兰德职业兴趣理论不难理解：社会型的人有自己的主见和特长，喜欢从事为他人服务的工作；企业型的人善交际，口才好，能影响他人；而常规型的人尊重权威，习惯接受他人指挥和领导，工作踏实，忠诚可靠，上级主管当然喜欢。同时，人力资源部还发现了另一个有趣的现象：负责招聘的主管人员倾向于聘用与自己同类型的人。

至此，人力资源部胸有成竹地提出了调整招聘制度和绩效管理制度的建议报告：一是摒弃主管考评制度，代之以比较客观的业绩评估顾客满意度评分的绩效管理制度。二是把职业兴趣为社会型或企业型作为招聘服务顾客的一线员工的标准。三是将招聘程序改为：首先通过人力资源中心测试，挑选出社会型或企业型的候选人；然后由人力资源部将这些候选人推荐给部门经理；再由部门经理确定最后的人选。

改革半年后，该公司社会型和企业型的一线员工的比例增加了26%，平均顾客评分提高了21%。该公司的人力资源部成功地运用"职业兴趣理论"解决了顾客满意度持续偏低的问题。

## 二、实训基础

组织职业生涯规划和个人职业生涯规划，具体要做哪些准备和实践？以下将从流程角度进行说明。

### （一）组织职业生涯规划

组织职业生涯规划，要做的是明确员工在企业中的发展目标，为员工搭建职业发展的制度平台，引导员工为实现自己的职业目标而自觉努力。

1. 组织职业生涯规划的流程

组织职业生涯规划侧重于从企业战略角度，帮助员工进行分析和定位。一般包括如下五个步骤：

（1）组织职业生涯规划准备。组织职业生涯管理需要各方面的有效配合，包括个人、人力资源部门、直线部门和上级的共同合作与努力，这是做好职业生涯规划与管理的基础。

（2）岗位分析+员工分析。组织应当帮助员工进行比较准备的自我评估，并根据员工自身特点设计相应的职业发展方向和目标。一方面，企业要提前做好岗位分析；另一方面，企业需要对员工的个性特点、智力水平、管理能力、职业兴趣、能力倾向等进行测评，对员工的优劣势进行有效全面的了解，以便为他们安排合适的工作，同时针对员工的不足，结合岗位分析的情况，对其进行合适的职业生涯规划。

（3）制定员工生涯策略。职业生涯策略是组织采取的各种积极行动和措施，一般都是具体的、可行性较强的。企业可以为不同职业定位的员工提供不同的发展道路，并对不同类型、不同素质和能力的员工采用不同的管理方式。按不同职业定位的员工，我们划分为专业技术发展道路和行政管理发展道路。

平时我们观察到，专业技术人员与管理者在行事风格上有着很大的不同。例如，专业技术人员在工作上常常从深处、细微处着眼，咬定青山不放松；而管理人员则主要从宏观上进行把握，不太追求事事完备，相对而言比较粗放。

第一，专业技术发展道路。专业技术型指的是以工程、财务、销售、生产、设计、策划、法律等具有专业性的岗位为职业发展方面的类型。

这些岗位具有一定的专门技术和知识技能,以及较好的分析能力。该类型员工对专业技术内容及其活动本身感兴趣,并追求这方面的提高和成就;对管理行政类工作兴趣不大,或并不擅长。这类员工的发展阶梯为技术职称的晋升、技术性成就的认可、奖励等级的提高及物质待遇的改善。

第二,行政管理发展道路。行政管理型以管理类职位为职业发展目标。这类型的员工有较强的人际沟通能力、人际关系处理能力及经营管理所需要的个人素质及思维应变能力。其中既具备专业能力,又善于处理人际关系,并且能够承受压力,则往往可以担任职能部门的主管职务,并可能晋升到企业决策层负责全面管理工作。

如果按新员工、中期员工和老员工三类人员进行操作的话,有如下策略:

第一,对新员工的职业规划策略。针对新员工提供一个富有挑战性的最初工作,能产生相当的吸引力。实践证明,企业应争取做到为新员工提供的第一份工作,应该符合这个人最初的意愿和带有挑战性的特点。比如,在一项以某公司年轻管理人员为对象的调研和评价中发现,这些人在公司第一年所承担的工作越富有挑战性,他们的工作也就显得越有效率,越容易达到目标,即使在成长阶段后期,这种情况依然存在。因此,提供富有挑战性的起步性工作是帮助新员工取得职业发展的有效方法和途径之一。在一家成功的企业,上级总是期望年轻的专业人员能够比较快地做出成绩,并希望他们能够通过承担富有挑战性的项目工作,而迅速地找到自己的位置。一个有趣的发现是:当某个小组与客户商谈时,即使小组负责人手下全是一帮刚刚进入公司的员工,往往充当第一个发言的人是最新进公司的员工。

第二,对中期员工的职业规划策略。提拔晋升,且职业道路畅通,让员工很容易且清晰地找到个人发展的方向,对员工有极大的吸引和动力。同时,安排富有挑战性的工作和轮换岗位方式让其保持新感觉,或者安排探索性的职业工作,对于处于职业中期的员工,也是一种很实在而有效的职业规划策略。

第三,老年员工的职业规划策略。到职业后期阶段,员工退休问题必然提到议事日程上。如何让这些员工发挥最大的"余热",是对其进行规划要考虑的问题。

(4)职业生涯规划的评估与修正。规划和现实之间往往会存在一定的偏差,因此,组织应当关注偏差,并有意识地回顾员工的表现,不断修正对员工的认识与判断,检验员工的职业定位与职业方向的一致性,同时通过评估与修正,还可增加员工实现职业目标的可能性。

2. 职位晋升

在企业中,不同员工有着不同的发展要求。一般来说,员工的职业发展需求包括三个方面。一是组织地位的上升,即职业晋升;二是职业技能的提高,即期望自己的专业技能或职业技能不断深化,并且公司适时给予肯定;三是工作范围拓展,达到从事其他更富有挑战性的工作的需求。这三方面最需要关注的是职位晋升。

(1)晋升通道。晋升通道是员工借以实现职业发展的路径,是组织促进员工价值提升的制度化途径,即员工发展走哪条路,也就是上文所说的专业技术发展道路还是行政管理发展道路。

(2)晋升阶梯。晋升阶梯是指在各个通道中员工按怎样的等级序列实现发展。晋升通道只为员工职业发展提供方向性指导,而晋升阶梯可以清晰地呈现员工价值的提升方式，使职业发展制度更具操作性。

在晋升阶梯设计中，要寻找职位体系状况和员工发展要求之间的结合点，为员工发展提供真实可行的制度路径。在此过程中，不仅要考虑到同一晋升通道中的等级划分，还要考虑不同通道之间的衔接方式。

在考虑企业职位体系对职业发展阶梯影响时，要考虑现有职位类型、等级和数量是否合理，是否让所有员工都能在晋升体系中找到自己的位置（见图9-3）。这就和前面的工作分析、定岗、定人等知识相联系。如果新员工很有上进心，这两年都有不同程度的素质和能力提升，却对于晋升到上一级的"5年经验"的门槛望尘莫及，势必打击员工的积极性。

关于晋升通道与晋升阶梯的内容见表9-2，详细的职业阶梯图见图9-3。

表9-2 晋升通道与晋升阶梯

| 晋升通道 | 职业成功标准 | 晋升阶梯 |
| --- | --- | --- |
| 专业技术发展道路 | 在本技术区域内，达到最高专业技术职务，保持自己的技术优势 | 见习生—一般员工—专业技术岗位专员—高级技术专业—资深工程师等 |
| 行政管理发展道路 | 管理越来越多的下级，承担越来越大的责任，独立性越来越强 | 见习生—一般员工—管理岗位专员—主管—经理—副总经理 |

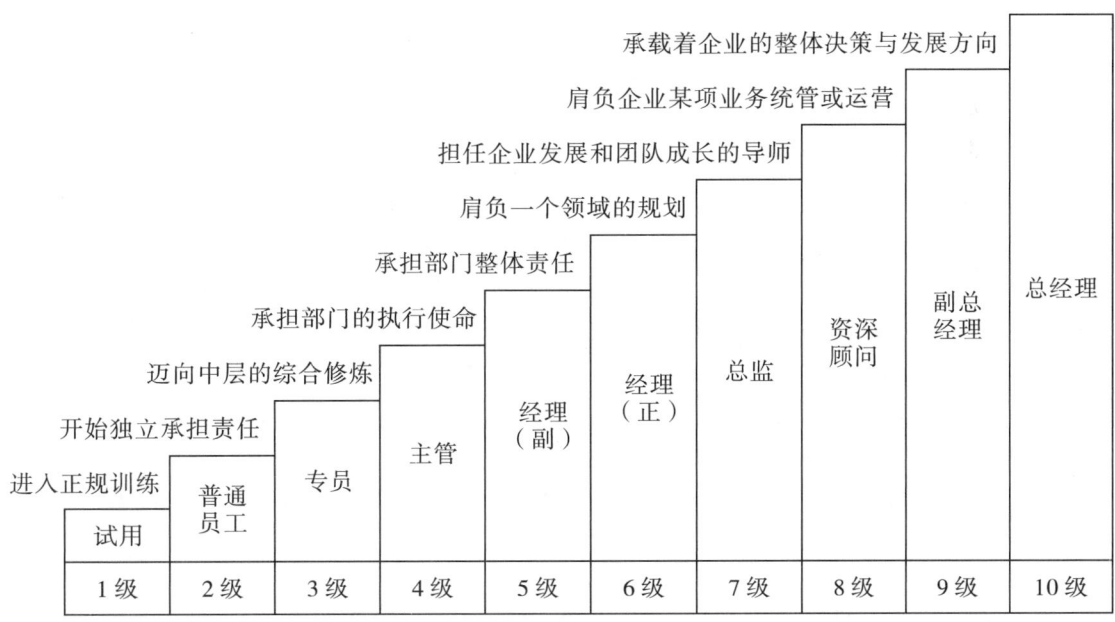

图9-3 职业阶梯图

（3）不同通道之间的衔接。关于不同通道之间的衔接，是保证员工在不同通道间转换成为可能。当一位员工不愿意走专业技术路线时，企业可以帮其实现管理路线的转换，以实现员工在企业更好的发展。

（4）破格晋升。破格晋升，是指超出正常通道获得的晋升，通常用于肯定专业技术或管理方面突出的员工，在其不具备晋升基础条件的情况下所获得的特殊对待，即"不拘一格降人才"。

3. 职业发展动力

从员工角度来看，员工希望工作获得薪资增长和待遇提高，那么，企业应创造条件助力个人职业需求，针对不同员工给予其不同规划。企业要做到：

（1）建立薪酬等级，保证薪酬与员工职业生涯联系在一起，使员工的职业发展有明确的参照物和相应的激励。员工职业发展的等级越高，薪资水平也应该越高，所以要做好薪酬体系设计工作。这种薪资导向和激励作用，将直接影响员工对企业的认同程度和职业发展方式。

（2）给予培训支持，保证将培训指导落到实处，考虑员工的能力开发。

（3）给予发展方向，保证帮助每一位员工树立一个阶段性目标，促进其进入新的、具有挑战性的工作领域。例如鼓励专业技术人员学习项目管理知识，将来成为合格的项目经理。

### （二）个人职业生涯规划

成功的人生需要规划，你今天站在哪里并不重要，但是你下一步迈向哪里却很重要。以下介绍个人职业生涯规划的流程。

1. 自我评估

一个有效的职业生涯规划设计，必须是在充分且正确地认识自身条件与相关环境的基础上进行的。对自我及环境的了解越透彻，越能做好职业生涯规划设计。

自我评估是认识自己、了解自己的一个过程，包括自己的兴趣、特长、性格，也包括学识、技能、智商和情商测试，还包括对自己的思维方式、方法、道德水准评价等认识。

同时，你要详细了解自己的内外环境的优势和劣势，设计出自己合理可行的职业生涯发展方向，通过对自己的以往经历及经验的分析，找出自己的专业特长和职业兴趣点。值得注意的是，很多人往往认为选择"最热门"的职业就意味着最有前途，其实并不如此。要正确地分析自己，找到自己"最适合"做的专业，然后努力成为本行业的佼佼者。

2. 职业生涯机会评估

职业生涯机会评估主要是对内外环境进行分析，确定这些因素对自身职业生涯发展的影响。人必须生活在一定环境之中，环境为个体提供了活动的空间、发展的条件和成功的机遇等，因此要充分掌握环境的发展变化情况，明确自己在这个环境中的地位，以及环境对自己提出的要求和创造的条件等。环境因素包括组织环境、政治环境、社会环境和经济环境。

个体在进行生涯机会评估时可以采用SWOT分析方法，S代表优势（strengths）、W代表劣势（weaknesses）、O代表机会（opportunities）、T代表威胁（threats）。个体通过SWOT分析能了解自己的优缺点，以及组织能否满足自己当前和未来的职业发展，根据分析结果，可以进行个人职业生涯规划。个人职业生涯规划SWOT矩阵如表9-3所示。

表9-3　个人职业生涯规划SWOT矩阵

| | 优势（S） | 劣势（W） |
|---|---|---|
| 内部个人因素 | 个体可控制的内在优势因素：<br>1. 非智力因素：意志力、勤奋、乐于合作等；<br>2. 能力：专业能力、组织能力、技术能力；<br>3. 社会资本：人际关系丰富；<br>4. 教育状况：培训经历丰富、学历高；<br>5. 工作经验：丰富的工作阅历，多样化的职业岗位 | 个体可控制的内在薄弱因素：<br>1. 非智力因素：上进心不强，有惰性，不善于与人交流等；<br>2. 能力：缺乏专业技能，学习能力较差等；<br>3. 社会资本：初入职场，没有丰富的人际关系；<br>4. 教育状况：学历低，未受过专门培训；<br>5. 工作经验：无工作经验 |
| | 机会（O） | 威胁（T） |
| 外部环境因素 | 个体不可控但可利用的外部因素：<br>1. 行业就业机会增加；<br>2. 劳动力市场完善；<br>3. 经济持续发展；<br>4. 组织发展机会；<br>5. 新行业的出现 | 个体不可控但可以使其弱化的外部因素：<br>1. 就业压力增大；<br>2. 劳动力市场不完善；<br>3. 夕阳行业；<br>4. 组织发展停滞 |

**3. 确定职业发展目标**

职业发展目标是指一个人渴望获得的与职业相关的结果，反映出一个人的理想、胸怀、情趣和价值观，是职业生涯规划的核心。职业发展目标的设定要与自己的性格、兴趣、特长与选定的职业匹配，更重要的是考察自己所处的内外环境与之是否相适应，不能妄自菲薄，也不能好高骛远。

**4. 选择职业发展路线**

在职业目标确定后，向哪条路线发展，是走技术发展路线，还是管理发展路线，先走哪条，后走哪条，此时要做出分析与选择。一般来说，有三个维度进行分析：一是沿职能维度横向移动，即在同一级别的不同职位间水平移动，在组织内部不同职能部门之间轮换，这种移动可以创造学习机会，提升综合技能；二是沿等级维度垂直移动，即向职务阶梯往上提升，提高成就感；三是向组织核心层移动，即在组织中的级别没变，但获得更多的影响力和权力。

**5. 制定职业生涯策略**

确定了职业发展路线后，要开始落实行动，制定职业生涯策略，即确定具体措施。措施一般包括工作、培训、教育、轮岗等方面的内容。例如，为达到目标，在工作方面，你计划采取什么活动提高你的工作效率；在业务素质方面，你计划学习哪些知识、掌握哪些技能来提高你的业务能力；在潜能开发方面，你打算采取什么样的措施开发你的潜能；等等。

另外，从时间角度来看，可以将职业目标分解为短期目标、中期目标和长期目标。分解后的目标有利于跟踪检查，同时可以根据环境变化制定和调整各阶段目标。

6. 反馈与控制

由于社会环境的变化以及其他不确定性因素的存在，原来的职业生涯规划与实际情况肯定会存在一定的偏差。在此状态下，就应不断对职业生涯规划执行情况进行评估。首先，要对年度目标的达成情况进行总结，确定哪些已完成，哪些目标未完成。其次，对未完成的目标进行分析，找出问题，制定相应的对策及方法。最后，依据评估结果对下年的计划进行修订与完善。

# 第二部分　操作示例

## 一、霍兰德职业兴趣测试实例

霍兰德职业兴趣类型测试题量比较大，在此只提供简化版（全面版及正版需要采购），简化版并不影响职业兴趣倾向测试结果的准确性。

指导语：

人格和职业有着密切的关系，不同职业对从业者的人格特征的要求是有差距的。如果通过科学的测试，可以预知自己的人格特征，这有助于选择适合于个人发展的职业。你将参与测试的这个职业兴趣测试量表，可以帮助你做一次简单的人格自评，从而使你更加清楚自己的人格特征适合从事哪方面的工作。

请根据对每一题目的第一印象作答，不必仔细推敲，答案没有好坏、对错之分，根据自己的实际情况回答"是"或"否"。

本问卷共90道题目，每道题目是一个陈述，请你根据自己的真实情况对这些陈述进行评价，如果符合实际情况就在相应的题目前打"√"，否则打"×"，不要漏答。

| | |
|---|---|
| 1. 强壮而敏捷的身体对我很重要。 | 11. 我喜欢竞争。 |
| 2. 我必须彻底地了解事情的真相。 | 12. 我在开始一个计划前会花很多时间去计划。 |
| 3. 我的心情受音乐、色彩和美丽事物的影响极大。 | 13. 我喜欢使用双手做事。 |
| 4. 和他人的关系丰富了我的生命并使它有意义。 | 14. 探索新构思使我满意。 |
| 5. 我自信会成功。 | 15. 我寻求新方法来发挥我的创造力。 |
| 6. 我做事必须有清楚的指引。 | 16. 我认为能把自己的焦虑和别人分担是很重要的。 |
| 7. 我擅长自己制作、修理东西。 | 17. 成为群体中的关键任务执行者，对我很重要。 |
| 8. 我可以花很长的时间去想通事情的道理。 | 18. 我对于自己能重视工作中的所有细节感到骄傲。 |
| 9. 我重视优美的环境。 | 19. 我不在乎工作把手弄脏。 |
| 10. 我愿意花时间帮别人解决个人危机。 | 20. 我认为教育是个发展及磨炼脑力的终身学习过程。 |

续上表

| | |
|---|---|
| 21. 我喜欢非正式的穿着，尝试各种颜色和款式。 | 51. 大自然的美深深地触动我的灵魂。 |
| 22. 我常能体会到某人想要和他人沟通的需要。 | 52. 亲密的人际关系对我很重要。 |
| 23. 我喜欢帮助别人不断改进。 | 53. 升迁和进步对我极重要。 |
| 24. 我在决策时，通常不愿冒险。 | 54. 当我把每日工作计划好时，我会较有安全感。 |
| 25. 我喜欢购买小零件，制作成成品。 | 55. 我不害怕过重工作负荷，且知道工作的重点。 |
| 26. 有时我会长时间阅读，玩拼图游戏，冥想生命本质。 | 56. 我喜欢阅读能使我思考、给我新观念的书。 |
| 27. 我有很强的想象力。 | 57. 我希望能观看艺术表演、戏剧及优秀的电影。 |
| 28. 我喜欢帮助别人发挥天赋和才能。 | 58. 我对别人的情绪低潮相当敏感。 |
| 29. 我喜欢监督事情直至完工。 | 59. 能影响别人使我感到兴奋。 |
| 30. 如果我面对一个新环境，会在事前做充分的准备。 | 60. 当我答应一件事时，我会竭尽所能监督所有细节。 |
| 31. 我喜欢独立完成一项任务。 | 61. 我希望粗重的肢体工作不会伤害任何人。 |
| 32. 我渴望阅读或思考任何可以引发我好奇心的东西。 | 62. 我希望能学习所有使我感兴趣的科目。 |
| 33. 我喜欢尝试创新的概念。 | 63. 我希望能做些与众不同的事。 |
| 34. 如果我和别人摩擦，我会不断尝试化干戈为玉帛。 | 64. 我对别人遇到困难时乐于伸出援手。 |
| 35. 要成功就必须设定高目标。 | 65. 我愿意冒一点险以求进步。 |
| 36. 我喜欢为重大决策负责。 | 66. 当我遵循成规时，我感到安全。 |
| 37. 我喜欢直言不讳，不喜欢转弯抹角。 | 67. 我选择车辆时，最先注意的是好的引擎。 |
| 38. 我在解决问题前，必须把问题进行彻底分析。 | 68. 我喜欢听到能刺激我思考的话。 |
| 39. 我喜欢重新布置私人空间，使之与众不同。 | 69. 当我从事创造性的工作时，我会忘掉一切以往工作经验。 |
| 40. 我经常借着和别人交谈来解决自己的问题。 | 70. 我会关注社会上许多需要帮助的人。 |
| 41. 我常想起草一个计划，而细节由别人完成。 | 71. 说服别人依计划行事是件有趣的事情。 |
| 42. 守时对我来说非常重要。 | 72. 我擅长观察细节。 |
| 43. 从事户外活动令我神清气爽。 | 73. 我知道如何应付紧急事件。 |
| 44. 我会不断地问："为什么？" | 74. 阅读新书是一件令人兴奋的事情。 |
| 45. 我喜欢自己的工作能够抒发我的情绪和感觉。 | 75. 我喜欢美丽、有特点的东西。 |
| 46. 我喜欢帮助别人找可以和他人相互关注的办法。 | 76. 我经常关心孤独和不善交流的人。 |
| 47. 能够参与重大决策是件令人兴奋的事情。 | 77. 我喜欢讨价还价。 |
| 48. 我经常保持清洁，喜欢有条不紊。 | 78. 我花钱时会小心翼翼。 |
| 49. 我喜欢周边环境简单而实际。 | 79. 我用运动来保持强壮的身体。 |
| 50. 我会不断地思索一个问题，直到找出答案为止。 | 80. 我经常对大自然的奥秘感到好奇。 |

续上表

| | |
|---|---|
| 81. 尝试不平凡的新事物是件相当有趣的事情。 | 86. 我喜欢研读所有的事实,通过逻辑分析做出决定。 |
| 82. 当别人向我诉说他的困难时,我是个好听众。 | 87. 没有美丽事物的生活,对我而言是不可思议的。 |
| 83. 做事失败了,我会再接再厉。 | 88. 人们经常告诉我他们存在的问题。 |
| 84. 我需要确切地知道别人对我的要求是什么。 | 89. 我常能借着资讯网络和别人取得联系。 |
| 85. 我喜欢把东西拆开,尝试能否重新修理它们。 | 90. 小心谨慎地完成一件事让我有成就感。 |

评分办法:下列数字代表职业兴趣类型测试中的题号。

| 现实型: | 1 | 7 | 13 | 19 | 25 | 31 | 37 | 43 | 49 | 55 | 61 | 67 | 73 | 79 | 85 |
|---|---|---|---|---|---|---|---|---|---|---|---|---|---|---|---|
| 研究型: | 2 | 8 | 14 | 20 | 26 | 32 | 38 | 44 | 50 | 56 | 62 | 68 | 74 | 80 | 86 |
| 艺术型: | 3 | 9 | 15 | 21 | 27 | 33 | 39 | 45 | 51 | 57 | 63 | 69 | 75 | 81 | 87 |
| 社会型: | 4 | 10 | 16 | 22 | 28 | 34 | 40 | 46 | 52 | 58 | 64 | 70 | 76 | 82 | 88 |
| 企业型: | 5 | 11 | 17 | 23 | 29 | 35 | 41 | 47 | 53 | 59 | 65 | 71 | 77 | 83 | 89 |
| 常规型: | 6 | 12 | 18 | 24 | 30 | 36 | 42 | 48 | 54 | 60 | 66 | 72 | 78 | 84 | 90 |

请算出每种类型打"√"的数目,并填在下面。

现实型_____ 研究型_____ 艺术型_____ 社会型_____ 企业型_____ 常规型_____

将上述数目从高到低依次排好,并填在下面:

第一位_____ 第二位_____ 第三位_____ 第四位_____ 第五位_____ 第六位_____

测评结果中,最高分数的类型即第一位是主要类型。

**测试结果**

以下是编者的经济管理系学生阚玲玲所做的测试结果(是正式版测试题,题量是180~200题)。为了方便理解,测试结果以三维图呈现,如图9-4所示。

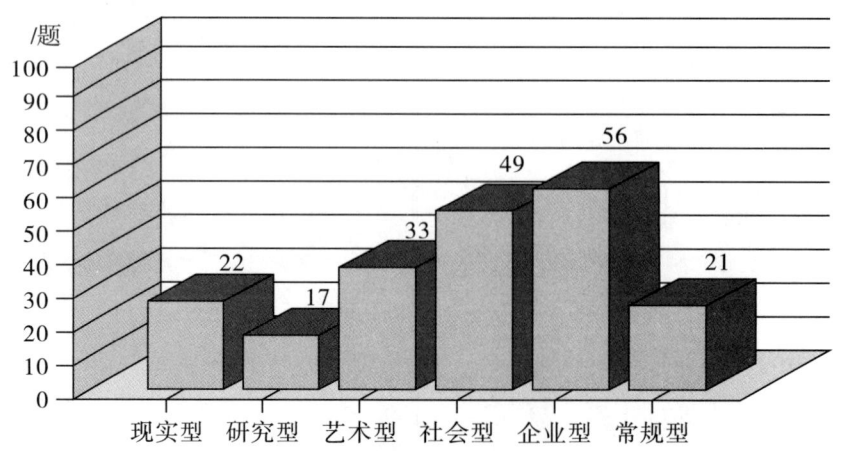

图9-4 职业兴趣类型三维图

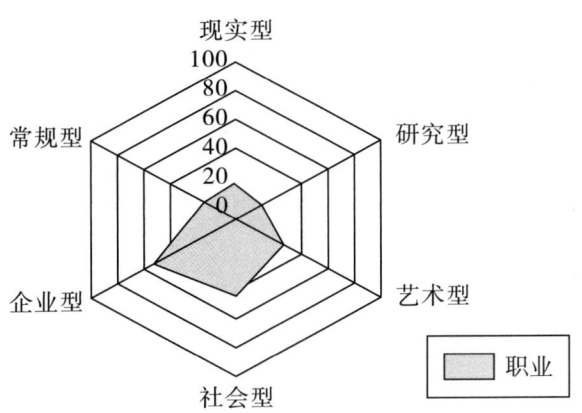

图 9-5 职业兴趣测试结果

图 9-5 显示的是阚玲玲的职业兴趣测评结果。阚玲玲的职业兴趣类型为：企业型和社会型。

## 阚玲玲的职业兴趣测试结果分析

阚玲玲的兴趣特点：对经营事务很有兴趣，也非常喜欢与人打交道，有支配欲，喜欢影响和感染他人。她可有效地控制别人，在日常生活中与同事友好相处，待人热情，乐于助人，善于与别人建立亲密关系，行为大方慷慨，态度和蔼可亲，处事周密、得体，处理各种复杂人际关系游刃有余，对自己的行动、行为有责任感，受人尊重，受人欢迎，对金钱权力和他人感兴趣。

阚玲玲适宜的工作类型：经营性活动，需要较多人际交往的工作，要求责权利的明确、统一，给予个人努力和成就的机会。

阚玲玲的优势与不足：（文中的"她"，指测试者）她具有很强的影响别人、说服别人的倾向，也具备相应的能力，具有很好的领导才能和口才，是天生的领导者，爱冒险、精力充沛，抱负心强，能够自我激励。但是有时她也过于追求成功而过分地表现自己，太注重待人接物、为人处世的技巧，使人感觉她不够诚恳。她很热心，喜欢帮助人，有责任心，对人慷慨，人际交往能力强，人们通常认为她随和、有亲近感，喜欢跟她做朋友，所以她的朋友很多。同时她也常为友情所累，不会拒绝别人的要求，过多地承担任务和责任，从而影响了自己的生活。

阚玲玲今后的发展方向：她在需要管理能力或者需要热心、社交能力强的工作中，兴趣维持持久、工作动机和上进心比较强，容易取得成就。推荐的职业如：销售人员、管理者、人力资源管理者等。

给企业人力资源或指导测评的老师提示：如果阚玲玲认为本测验的结果不符合自己，或者阚玲玲认为自己对某类职务很感兴趣，非常想从事那方面的工作，测评的结果显示阚玲玲与这类职务并不匹配，那么请在与阚玲玲面谈的时候通过以下途径来进一步探索：

1. 请她说说为了感兴趣的事情做了哪些工作和努力。
2. 请详细列举两个实例谈谈。
3. 了解她的理想和追求是什么。

4. 请问她对自己感兴趣的工作和职位的了解有多深。
5. 请问她为何对此工作感兴趣,关键理由是什么,兴趣维持了多长时间。

## 二、企业职业生涯规划

### ××公司职业生涯规划管理制度

1. 总则

为充分、合理、有效地利用公司内部的人力资源,实现公司人力资源需求和员工个人职业生涯需求之间的平衡,对人力资源的开发与管理进行深化与发展,最大限度地发掘本公司的人才,规划公司员工的职业生涯发展,使员工的发展同组织与公司的发展保持一致,依据公司的有关规定,制定本管理制度。本管理办法适用于公司全体员工。员工的职业生涯规划应遵循以下原则:

**系统性原则**:针对不同类型、不同特长的员工设立相应的职业生涯发展通道。

**长期性原则**:员工的职业生涯发展规划要贯穿员工的职业生涯始终。

**动态原则**:根据公司的发展战略、组织结构的变化与员工不同时期的发展需求进行相应调整。

2. 职业生涯规划的组织管理

2.1 公司成立员工职业发展辅导人,员工的直接上级即主管人员为自己的职业发展辅导人;人力资源部负责职业辅导委员会的运作,每年召开一次会议,计划和总结公司个人职业生涯规划管理工作,建立职业发展档案,并负责保管与更新。

2.2 建立员工发展两条通道:管理通道和技术通道。管理通道适用于公司各类人员,技术通道适用于从事技术工作人员。

2.3 人力资源部应同员工的主管人员一起为员工建立职业发展档案,其中包括《个人职业生涯规划表》,包括员工知识、技能、资质及职业兴趣等内容,以备日后对照检查及不断完善。

2.4 人力资源部和员工职业发展辅导人每年必须在本年度工作结束、考核结果确定后,与被辅导员工就个人工作表现与未来发展谈话,肯定其成绩和进步,指出其存在的问题,确定下一步目标与方向。人力资源部应根据员工年度情况,选定其不同发展策略。

3. 员工个人职业生涯规划

3.1 基本规定。人力资源部和员工职业辅导人应协助员工进行个人职业生涯规划。

个人职业生涯规划按以下四个步骤操作:自我评价—现实审查—目标设定—行动规划。

在个人职业生涯规划过程中,公司有义务使员工认识到:职业讨论并未暗含承诺或担保。员工的发展直接取决于公司的需要和机会,以及员工自己的业务技能水平。

3.2 具体操作程序。

3.2.1 进行自我评价。

目的:帮助员工确定兴趣、价值观、资质以及行为取向,指导员工思考当前他正处于职业生涯的哪一个位置,制订出未来的发展计划,评估个人的职业发展规划与当前所处的环境以及可能获得的资源是否匹配。

员工与公司的责任。

员工的责任：根据自己当前的技能或兴趣与期望的工作之间存在的差距确定改善机会和改善需求。

公司的责任：提供评价信息，判断员工的优势、劣势、兴趣与价值观。

3.2.2 进行现实审查。

目的：帮助员工了解自身与公司潜在的晋升机会、横向流动等规划是否相符合，以及公司对其技能、知识所做出的评价等信息。

员工与公司的责任。

员工的责任：确定哪些需求具有开发的现实性。

公司的责任：就绩效评价结果以及员工与公司的长期发展规划相匹配之处与员工进行沟通。

3.2.3 确定职业发展目标。

目的：帮助员工确定短期与长期职业目标。这些目标与员工的期望职位、应用技能水平、工作设定、技能获得等其他方面紧密联系。

员工与公司的责任。

员工的责任：确定目标和判断目标进展状况的方法。

公司的责任：确保目标是具体的、富有挑战性的、可以实现的；承诺并帮助员工达成目标。

3.2.4 制定行动规划。

目的：帮助员工决定如何才能达成个人的短期与长期的职业生涯目标。

行动计划的方式：主要取决于员工开发的需求以及开发的目标，可采用安排员工参加培训课程和研讨会，获得更多的评价、新的工作经验等方式。

员工与公司的责任。

员工的责任：制定达成目标的步骤及时间表。

公司的责任：人事专员确定员工在达成目标时所需要的资源，其中包括课程、工作经验以及关系等。

4. 职业发展通道

4.1 基本规定。

4.1.1 公司鼓励员工专精所长，为不同类型的人员提供平等的晋升机会，给予员工充分的职业发展空间。根据公司各岗位工作性质的不同，设立两个职系，包括管理职系、技术职系，使从事不同岗位工作的员工均有可持续发展的职业发展通道。

管理职系：适用于公司综合管理、专业管理、技术管理、生产管理和销售管理岗位的员工。

技术职系：适用于公司在调研、工程、开发、基建等领域的技术研究开发、技术服务和技术监督等岗位的员工。

公司通过晋升、通道转换和岗位轮换等方式，为各类员工提供多重发展通道。每一职系对应一种员工职业发展通道，随着员工技能与绩效的提升，员工可以在各自的通道内获得平等的晋升机会。考虑公司发展需要、员工个人实际情况及职业兴趣，员工在不同通道之间有转换机会，即技术岗位员工有机会转换到管理岗位，但转换必须符合各职系相应职务任职条件，并按公司相关制度执行。

在员工选定的职业发展通道内没有晋升机会的时候，公司将为绩效好、有发展潜力的员工提供工作轮换的机会，使他们有机会到不同岗位或核心岗位工作，让他们承担更大的责任，丰富不同岗位的工作经验，使优秀员工有机会贡献他们的价值，并成为公司的储备人才。

4.1.2 培养本岗位的接替候选人是每位主管人员的重要责任。主管人员有义务将接替计划的相关信息传达给候选人，使候选人清楚个人的绩效、能力水平和公司对他的评价以及晋升潜力。每年考核结束后，行政部应和主管人员一起，对每个岗位的接替计划做出修正，只有那些绩效和能力持续提升的人才有可能留在候选人中。

4.1.3 内部晋升的条件。同时满足以下条件的具备内部晋升资格：

任公司低一级职务1年以上；连续四个季度绩效考核成绩在优秀以上；具备拟任职位的任职资格和管理技能，具有发展潜力。

4.1.4 内部晋升的程序。当管理岗位出现空缺时，人事专员应首先考虑以内部晋升的方式填补空缺，同用人部门一起从候选人中选出当前绩效优秀、具备提升能力的员工，经初审后，填写《内部晋升申报表》（见附录），报公司副总裁及总裁审批。

5. 员工开发措施

为了帮助员工为未来工作做好准备，公司采取各种活动对员工进行开发。员工开发主要通过四种方法实现：培训、绩效评价、工作实践以及开发性人际关系的建立。

5.1 培训。包括专门为公司员工设计的公司外培训计划和公司内培训计划；由咨询公司和大学所提供的短期课程；高级经理人员的工商管理硕士培训计划。公司针对不同人员采取不同的培训计划。

新进员工：专业开发计划，为特定的职业发展道路做好准备。

管理人员：核心领导能力计划，开发职能性专业技术，促进卓越的管理方式以及提高变革能力。

高潜质的专业人员与高级经营管理人员：高级管理人员开发系列计划，提高战略性思考能力、领导能力、跨职能整合能力、竞争能力以及赢得客户满意能力等。

培训的具体实施按我司培训管理制度的规定实施。

5.2 绩效评价。用于搜集员工的行为、沟通方式以及技能等方面的信息，并且提供反馈信息；确认员工的潜能以及衡量员工的优点与缺点；挖掘有潜力向更高级职位晋升的员工。员工的主管人员应该在绩效评价过程中发挥重要作用，通过考核后的信息反馈，帮助员工提高绩效，持续提升能力。

绩效评价的具体操作按我司绩效考核管理制度执行。

5.3 工作实践。员工在工作中遇到各种关系、问题、需要、任务及其他特征，为了能够在当前工作中取得成功，员工必须学习新的技能，以新的方式运用其技能和知识，获取新的工作经验。

公司运用工作实践对员工开发的途径有：扩大现有的工作内容、工作轮换、工作调动、晋升或降职等。

5.3.1 扩大现有工作内容：在员工的现有工作中增加更多的挑战性或更多的责任，即安排执行特别的项目，在一个团队内部变换角色，接触新类型的工作等。

5.3.2 工作轮换。在公司的几种不同职能领域中为员工做出一系列的工作安排，或者在某个单一的职能领域或部门中为员工提供在各种不同工作岗位之间流动的机会。工作轮换可以帮助员工对公司的目标有一个总体性的把握，增强他们对公司中不同职能的理解和认识，形成公司内部的联系网络，提高他们解决问题的能力和决策能力，使他们了解我司经验与知识的获得、薪资水平的上升以及晋升机会的增加等之间所存在的关系。

5.3.3 工作调动。根据员工的个人爱好、资质、经验、学历和表现等将员工从一个不恰当的岗位调动到一个更适合该员工的岗位。

5.3.4 晋升或降职。为更好地激励员工，使员工有成就感，以便发挥更大的作用，公司实行"能上能下"的灵活的用人机制。

6. 附则

本管理办法的拟定和修改由公司人力资源部负责，报公司副总裁及总裁审议批准后执行。

## 三、个人职业生涯规划

### ×××（某会计专业学生）职业生涯规划书

目　录

一、自我认知

1. 职业兴趣分析（喜欢干什么）
2. 职业能力（能够干什么）
3. 个人特质（适合干什么）
4. 职业价值观（最看重什么）

二、职业认知

1. 家庭环境分析
2. 社会环境分析
3. 职业环境分析

三、职业定位

1. SWOT 分析
2. 结论

四、计划实施

五、调整（备选职业规划方案）

一、自我认知

1. 职业兴趣分析（喜欢干什么）

自己比较喜欢具有挑战性的工作。能全面发挥自己的优势，处理不同的事务。

2. 职业能力（能够干什么）

由于本科学习的是会计专业，所以考虑从事相关专业的工作。计划考财务管理、企业管理等方面的研究生，所以毕业之后会具备财会方面的相关技能，能够胜任这方面的工作。

3. 个人特质（适合干什么）

适合做具有挑战性的工作，而不是一成不变、呆板的工作。

4. 职业价值观（最看重什么）

最看重的不是薪酬（当然这也是必要方面之一），而是自身在这个行业的发展前景是否广阔，是否有升职发展空间。

二、职业认知

1. 家庭环境分析

家庭环境分析见表9-4。

表9-4 家庭环境分析

| | 家庭状况 | 对我的影响 |
| --- | --- | --- |
| 经济条件 | 父母均为工薪阶层，有固定的薪水和福利，经济来源比较稳定 | 由于家庭经济状况相对良好，所以可不必急于考虑自己从事的职业是否能改善家人生活环境等问题，择业范围较宽松 |
| 家庭文化 | 父母均受过高等教育 | 会从事脑力劳动相关工作，并对自己的情况有客观的认识，在遇到挫折时父母能给出适当的合理的建议 |
| 家庭期望 | 身体健康的前提下在行业内有所建树 | 树立高目标并为之努力 |

2. 社会环境分析

社会环境分析见表9-5。

表9-5 社会环境分析

| | 社会环境 | 对我的影响 |
| --- | --- | --- |
| 就业形势 | 1. 供需差别大；<br>2. 选材要求高；<br>3. 专业相同的人多，热门专业人才过剩；<br>4. 薪酬逐年降低；<br>5. 缺乏工作经验 | 财会专业近年来的热门导致人才供需极度不平衡，就业时压力会比较大，但高层次人才需求广泛。所以决定考取研究生并尽量取得CPA、ACCA等职称资格 |
| 就业政策 | 1. 鼓励和引导毕业生到城乡基层就业，鼓励毕业生到中小企业和非公有制企业就业；<br>2. 鼓励骨干企业和科研项目吸纳和稳定高校的毕业生就业；<br>3. 鼓励和支持毕业生自主创业；<br>4. 强化毕业生就业服务；<br>5. 提升毕业生就业能力；<br>6. 建立和完善困难毕业生援助制度 | 由于政策影响，可能会选择竞争压力较小的中小企业或者基层就业 |
| 竞争对手 | 1. 随着近年来留学热、考研热盛行，大学生就业形势更加严峻；<br>2. 竞争对手不仅有校内外相关专业学生，还有海归、上几年未就业者等 | 增强自己的核心竞争力，做到"人无我有、人有我精" |

3. 职业环境分析

职业环境分析见表9-6。

表9-6 职业环境分析

| | 职业环境 | 对我的影响 |
|---|---|---|
| 行业分析 | 1. 总体需求：供大于求，但是精英人才紧缺。<br>2. 会计作为一种商业语言，在经贸交往中起着不可替代的作用，在我国具有良好的就业前景。适应中国外向型经济迅速发展的形势，本专业旨在为国家培养一批既懂中国会计行业规范，又懂国际会计惯例的会计人才。为企事业单位、政府机关、会计师事务所培养具有良好思想素质和职业道德水平、基础扎实和具有较强业务能力、有较强外语水平和具有创造品质的会计与财务管理的专门人才 | 考取相关财管或者企管的研究生，多学习专业知识，增加自己的知识储备 |
| 职业分析 | 1. 注册会计师专业就业前景好。<br>2. 注册会计师是一个热门职业。在我国，近年来注册会计师资格考试报名人数每年都保持在60万人左右。<br>3. 注册会计师行业发展对人才的需求巨大。早在10年前，我国就提出要发展30万注册会计师的目标。随着市场经济的深化，对注册会计师队伍的需求还将进一步扩大。目前，行业的人才缺口依然很大。<br>4. 社会对高素质财经人才的需求更为突出。注册会计师专业方向十分注重专业能力、综合素质和国际视野的培养，毕业生在就业时，已成为各大企业和金融证券机构竞相争抢的对象 | 在大学深造期间，通过了解目标行业情况，充分认识到要在这方面谋求一份好职业，过硬的专业知识是必不可少的，但光有理论知识是不够的，更重要的是争取机会积累经验。在以后的学习中会更加注重理论与实践相结合 |
| 企业分析 | 1. 内资企业：需求量大，待遇、发展欠佳。<br>（1）职业状况：这一块对会计人才的需求是最大的，也是目前会计专业毕业生的最大就业方向。很多中小国内企业特别是民营企业，对于会计岗位他们需要找的只是"账房先生"，而不是具有财务管理和分析能力的专业人才。而且，此类公司在财务监督和控制体系方面相对缺乏。因此，在创业初期，他们的会计工作一般都是掌握在自己的亲信（戚）手里。到公司做大，财务复杂到亲信（戚）无法全盘控制时，才会招聘"外人"记账。<br>（2）薪资情况：新人月薪绝大部分集中在2 500～3 500元。<br>2. 外企：待遇好。<br>（1）职业状况：大部分外资企业的同等岗位待遇都远在内资企业之上。更重要的是，外资企业财务管理体系和方法都成熟，对新员工一般都会进行一段时间的专业培训。 | 1. 通过对就职企业的分析，了解了各种企业的利弊，更偏向于事务所、外企等更有发展前途的企业；<br>2. 在这些大企业中虽然工作繁重，但能学到很多实际技能，为以后晋升、深造积累资本 |

续上表

| | 职业环境 | 对我的影响 |
|---|---|---|
| 企业分析 | （2）薪资情况：新员工的合理月薪在 4 000～5 000 元，绝大部分外企能解决员工的各种保险以及住房公积金。<br>3. 事务所：小所和外资大所有云泥之别。<br>（1）职业状况：所有的事务所工作都有一个特点，那就是累。区别在于很多小事务所，待遇低，加班不给加班费，杂事多，而外资事务所例如普华永道则待遇要好得多。但在事务所确实能学到很多东西，即使是小所，因为人手有限的问题，对于一个审计项目，你必须从头跟到尾，包括和送审单位的沟通等，能充分锻炼个人能力。大所则是对团队合作以及国际会计准则、专业性、意志等方面能给予地狱般的磨炼。<br>（2）薪资水平：有的小会计事务所月薪只有 2 000 元，相对大一点的事务所则在 3 500 元左右，外资大所实习生（试用期）都能拿到 5 000 元以上。<br>4. 理财咨询：方兴未艾的阳光职业。<br>（1）职业状况：去过银行等金融机构招聘会的同学应该知道，现在对个人理财咨询职位的招聘需求量正在慢慢放大，而且，由于社会投资渠道的增多和保障制度的改革，理财咨询服务必将走进更多城市白领的生活。此类人才的需求增长点应在社会投资理财咨询服务机构。<br>（2）薪资水平：银行个人理财咨询师的待遇因区域不同而有差异，但最少也应该在月薪 2 000 元以上。随着经验的增长，收入也必将增长。<br>5. 公务员、教师：稳定有余，发展不足。<br>会计人员考上公务员或被招进高校做老师，和其他专业的人从事这些职业一样，有稳定、压力小的优势，也有发展艰难的劣势 | |
| 地域分析 | 纵观这几年财会人员地域分布情况发现：发达地区财会人员明显多于不发达地区，且薪资有很大差异，东西部差距明显。很多高层次财会人员更偏向于在东部发达地区、沿海等城市就业 | 避开热门城市，争取更多的机会及更好的发展。对于就职的地域，会选择较为发达的城市，但不拘泥于一线城市 |

三、职业定位

1. SWOT 分析

综合第二部分与第三部分的主要内容，得出本人职业的 SWOT 分析，见表 9-7。

表 9-7  SWOT 分析

| | 优势因素（S） | 劣势因素（W） |
|---|---|---|
| 内部环境因素 | 学习的是会计专业，对考研及考取 CPA、ACCA 有很大的帮助。且有家人的鼓励与支持，使自己更有动力为之而奋斗 | 家人中没有从事相关职业的人，所以不能学到相关的经验。学校的会计学专业为新增专业，师资力量相对薄弱 |
| | 机会因素（O） | 威胁因素（T） |
| 外部环境因素 | 当前社会对注册会计师的需求很大，缺少全面的、高素质人才，为自己的发展提供一个更宽松的空间 | 当前报名注册会计师考试的人数逐年增多，随着财会的热门，竞争压力会很大 |

2. 结论

结论见表 9-8。

表 9-8  职业定位结论

| 最终职业目标 | 从事（财会行业）财务总监职位 | |
|---|---|---|
| 职业发展战略 | 进入事务所、外企等类型的公司，先积累经验，再谋求更高的发展 | |
| | 具体职位 | 主要工作 |
| 具体路径 | 研究生 | 能从事相关的课题研究工作，深入了解问题并提出解决方案。培养全面思考、独立解决问题的能力，为工作打基础。同时多接触一些有经验的人，为以后就业垫好开门砖 |
| | 注册会计师助理 | 帮助注册会计师整理相关资料，处理各种基础问题 |
| | 注册会计师 | 为各公司进行会计审计工作 |
| | 财务经理 | 管理该部门的财务工作，协助财务总监做好财务工作 |
| | 财务总监 | 协调整个公司的财务事务 |

四、计划实施

计划实施见表 9-9。

表 9-9  计划实施

| 计划名称 | 时间跨度 | 目标 | 策略和措施 | 成功关键因素 |
|---|---|---|---|---|
| 短期计划 | 2015—2018 年 | 考过注册会计师六门课程，考取研究生 | 每年报考两门课程，争取难易搭配，相关性较强的科目一起学习，大四时准备考研 | 是否能持之以恒地将注册会计师考过，是否能耐得住寂寞。考取研究生的院校、专业也是决定未来发展的关键因素 |

续上表

| 计划名称 | 时间跨度 | 目标 | 策略和措施 | 成功关键因素 |
|---|---|---|---|---|
| 中期计划 | 2018—2023年 | 在大型会计师事务所工作 | 研究生毕业后争取在大型事务所工作，从助手、基层做起，积累经验，开阔视野，之后根据自己的发展程度决定未来发展方向 | 锻炼自己的能力，增强核心竞争力是决定能否在大型事务所工作的关键因素。要能忍受刚开始烦琐、枯燥的工作 |
| 长期计划 | 2023—20××年 | 到外企发展 | 已在事务所积累一定的经验，见过各类事务的处理方法，到外企可以很快适应工作，增强自己的协调、沟通能力，争取得到老板的赏识与提拔 | 前几年在事务所积累的各方面经验此时便派上了用场，自己与公司环境的融合、管理能力的高低成为关键。争取高层次发展 |

五、调整（备选职业规划方案）

备选职业规划方案见表9-10。

表9-10 备选职业规划方案

| 调整内容 | 具体实施 |
|---|---|
| 职业重新选择 | 研究生毕业后若不能到事务所工作，可选择去较小的公司或企业，只要努力也能学到很多东西；如果觉得自己不能适应可选择留校，继续深造，在校工作，在研究教学领域有所作为 |
| 职业生涯路线选择 | 在小公司做起，积累经验，争取能到更好的公司发展；继续深造，从事感兴趣的领域课题研究，成为相关领域的著名教授 |

# 第三部分 实训演练

## 一、企业人才工程关注员工职业生涯规划

### 苏宁"1200工程"

"1200工程"是苏宁人才培养的品牌工程。

自1993年起，苏宁开始引进应届大学毕业生。从此，一批批优秀的大学生先后加入苏宁，他们的到来为苏宁之后的快速发展积蓄了力量。2002年，由董事长张近东先生亲

自领导,面向大学应届毕业生的人才引进培养计划——"1200 工程"正式启动。首期即在全国范围内招募引进 1 200 名 2003 届本科毕业生,"1200"因此得名。经过一年多的实践证明,大学生们经过苏宁系统的培训和实践操作,大多数能够较好地胜任本职工作,为苏宁高速发展起到了很好的保障作用。也正因为如此,张近东在公司内部将"1 200 名人员"定位为苏宁未来的接班人。此后,每年苏宁都会在全国大范围展开应届大学毕业生的招聘工作。苏宁"1200 工程"是苏宁人数最多、历史最久、影响最大的人才工程。

苏宁专门成立了"1200 工程"项目组,专项负责大学生的招聘、培训、选拔和任用工作。"1 200"名员工进入公司第一年内,苏宁会安排总部集训、终端轮岗、岗前培训等来着重培养他们的"激情、团队、执着"的品质,使他们能尽快融入苏宁大家庭;在"1 200 名员工"进入部门后,苏宁会安排部门带教人,进行一对一带教,使他们能明确自己的岗位职责,早日上岗,实现价值;此外,苏宁在坚持"自主培养、内部提拔"的原则下,建立起标准化人才培养体系,分层级全力打造出色的企业接班人。

迄今为止,"1200 工程"已经连续实施 18 期,目前苏宁引进的大学毕业生在苏宁管理干部体系中占比已经超过 15%,"1 200"名员工进入公司 2~3 年内,80% 以上的人员成长为部长级以上中层管理骨干;大批优秀的管培生一期、二期、三期员工已成长为公司高管,在苏宁转型变革、多元发展的道路上,扮演着重要的角色。

◉ 请思考:

根据上述苏宁实例,谈谈苏宁的"1200 工程"为组织的职业生涯规划带来什么长远有利影响?

## 二、个人职业生涯规划

本章详细地阐述了职业生涯规划的过程和具体规划方法。请根据对上述内容的理解,为你自己制定一个职业生涯规划,并写出一份个人简历。

## 思考与练习

1. 什么是职业生涯规划?根据不同角度,职业生涯规划分为哪两种?
2. 从企业及个人角度来看,职业生涯规划有何重要意义?
3. 简述个人职业生涯规划的程序。

闯关练习